MARILYN. DE LAATSTE SESSIE

Michel Schneider

Marilyn

De laatste sessie

Vertaling Martine Woudt

2007
DE BEZIGE BIJ
AMSTERDAM

De vertaalster ontving voor deze vertaling een werkbeurs van de
Stichting Fonds voor de Letteren.

Cargo is een imprint van uitgeverij De Bezige Bij, Amsterdam

Copyright © 2006 Éditions Grasset & Fasquelle
Copyright Nederlandse vertaling © 2007 Martine Woudt
Oorspronkelijke titel *Marilyn dernières séances*
Omslagontwerp Edith Leusink
Omslagillustratie Magnum Photos / Eve Arnold
Foto auteur Opale
Vormgeving binnenwerk Perfect Service, Schoonhoven
Druk Hooiberg, Epe
ISBN 978 90 234 2622 6
NUR 302

www.uitgeverijcargo.nl

Er zitten altijd twee kanten aan een verhaal.
Marilyn Monroe

Voor Marilyn

New York, april 1955. Schrijver Truman Capote is met Marilyn Monroe bij een begrafenis.

'M'n haar moet nodig geverfd,' zegt ze. 'En ik heb geen tijd gehad om me daarmee bezig te houden.'

Ze wijst hem op een donker spoor in haar scheiding.

'Wat een sukkel ben ik. Ik heb altijd gedacht dat je echt blond van jezelf was.'

'Ik bén echt blond. Maar zoals dit is niemand het van zichzelf. En trouwens, het kan me niet schelen wat jij denkt.'

Net als Marilyns haar is deze roman – zijn deze door elkaar gevlochten romans – verre van echt. In tegenstelling tot de uit de tijd geraakte mededeling vooraf bij oude films is hij gebaseerd op waargebeurde feiten en verschijnen de personages onder hun echte naam, op enkele uitzonderingen na uit respect voor het privéleven van nog levende personen. De plaatsen kloppen, de data zijn nagetrokken. De citaten, ontleend aan hun verhalen, aantekeningen, brieven, artikelen, interviews, boeken, films, enzovoort, zijn hun eigen woorden.

Maar de vervalser die ik ben aarzelt niet om aan sommigen toe te schrijven wat anderen gezegd, gezien of beleefd hebben, om hun een niet-teruggevonden dagboek of verzonnen artikelen of aantekeningen in de schoenen te schuiven en om hun dromen en gedachten toe te dichten die door geen enkele bron worden bevestigd.

In deze liefdesgeschiedenis zonder liefde tussen twee personages die echt hebben bestaan – Marilyn Monroe en Ralph Greenson, haar laatste psychoanalyticus, die door de loop van het lot met elkaar werden verbonden – moeten we niet zoeken naar het ware of het waarschijnlijke. Ik kijk naar hen zoals ze waren en reageer op de vreemdheid van elk van beiden alsof die me over de mijne vertelt.

Alleen fictie geeft toegang tot de werkelijkheid. Maar datgene waar we aan het eind van een verhaal op uitkomen, is net als aan het eind van een leven niet de waarheid van de personen. Degene die schrijft, en die ik niet ben, net zomin als mijn personages Marilyn en Ralph zijn, kijkt naar zijn hand, die woord voor woord tegen de tijd in beweegt, alsof hij van een ander is. Hij schrijft van links naar rechts, maar wat hij op het papier achterlaat kan gelezen worden als een beeld dat in een spiegel wordt omgekeerd, totdat in de duisternis van het scherm het bericht NO SIGNAL trilt.

Ik zou graag willen dat dit spel van verborgen woorden en zichtbare daden, deze reeks gebroken beelden met tegendraadse weerkaatsingen erdoorheen, niet anders eindigt dan op een vraagteken, als de personages oplossen in het onzekere en de hand van de auteur zich opent, leeg als die van een in de steek gelaten kind.

REWIND. De band op nul terugzetten. Het hele verhaal opnieuw beginnen. Marilyns laatste sessie nog eens afdraaien. De dingen beginnen altijd met hun einde. Ik houd van films die met een *voice off* beginnen. Als beeld bijna niets: een zwembad waarin een lichaam drijft, de kruinen van de palmbomen waar een trilling doorheen trekt, een naakte vrouw onder een blauw laken, een schittering van glas in het halfdonker. En iemand die praat. Tegen zichzelf. Om niet helemaal alleen te zijn. Een man op de vlucht, een privédetective, een arts – of een psychoanalyticus, waarom niet – die vanaf de andere kant over zijn leven vertelt. Terwijl hij spreekt over wat hem doet sterven, brengt hij ter sprake waardoor hij heeft geleefd. Zijn stem lijkt te zeggen: 'Luister naar me, want ik ben jou.' De stem maakt het verhaal, niet wat hij vertelt.

Ik ga proberen dit verhaal te vertellen. Ons verhaal. Mijn verhaal. Het wordt een lelijk verhaal, zelfs als we het eind ervan zouden kunnen weglaten. Een vrouw die al een beetje dood is en die een klein, verdrietig meisje aan de hand meetrekt. Ze neemt haar mee naar de hoofddokter, de woordendokter. Hij vangt haar op, stuurt haar weg. Met liefde en weerzin luistert hij tweeënhalf jaar naar haar. Hij begrijpt niets en verliest haar. Het wordt een droevig, somber verhaal, waarvan de droefgeestigheid door niets gecompenseerd kan worden, zelfs niet door die glimlach waarmee Marilyn zich leek te verontschuldigen dat ze zo mooi was.

Onder de titel REWIND, drie keer onderstreept, viel dit korte stukje van een onafgemaakt verhaal te lezen. Bij de dood van dokter Ralph Greenson, de laatste psychoanalyticus van Marilyn Monroe, werden deze op onbekende datum met de hand geschreven regels in zijn papieren teruggevonden. Het was zíjn stem die politieman Jack Clemmons, die in de nacht van 4 op 5 augustus 1962 dienst had op bureau West Los Angeles, had gehoord toen er 's ochtends om vijf voor halfvijf een telefoontje uit de wijk Brentwood was binnengekomen. 'Marilyn Monroe is dood door een overdosis,' had een mannenstem toonloos verklaard. En toen de agent onthutst: 'Wat?' had gevraagd, had dezelfde stem geforceerd en bijna plechtig herhaald: 'Marilyn Monroe is dood. Ze heeft zelfmoord gepleegd.'

REWIND. In augustus zweet de stad nog een beetje meer dan in het voorjaar. De vervuiling werpt een roze sluier uit en de straten krijgen op het heetst van de dag een waas die doet denken aan de sepiakleurige mist van oude films. Los Angeles is in 2005 nog onwerkelijker dan veertig jaar geleden. Metaliger. Naakter. Holler. De zware, drukkende damp van *Downtown* vermoeit de ogen. In de lokalen van de *Los Angeles Times,* op West 1st Street 202, stapt John Miner het kantoor van journalist Forger W. Backwright binnen. Hij is lang en krom en kijkt onophoudelijk om zich heen, als een man die de weg kwijt is. Een oude man – hij is zesentachtig jaar –, die is gekomen om een oud verhaal te vertellen.

Als assistent van het hoofd van de gerechtelijke geneeskundige dienst van de District Attorney was hij aanwezig bij de autopsie die dokter Thomas Noguchi op het lichaam van Marilyn Monroe uitvoerde. Hij assisteerde die dag bij het wegnemen van slijmvlies uit de mond, vagina en anus. Diezelfde patholoog-anatoom zou zes jaar later het lichaam schouwen van Robert Kennedy, die ook in Los Angeles was gestorven en op wie de verdenking had gerust dat hij een van de organisatoren van de moord op Marilyn was geweest. De voornaamste conclusie was de raadselachtige aanwezigheid van vierenhalf procent van een barbituraat, Nembutal, in het bloed van de actrice, waarvan geen spoor van injectie of orale inname werd gevonden. Het rapport besloot met een zinnetje dat Miner al die jaren niet uit zijn hoofd had kunnen krijgen: *waarschijnlijk suïcide*. Dat waren de woorden van het laatste onderzoeksverslag. De eerste verslagen spraken van *suïcide* zonder meer, of van *mogelijk suïcide*. Waarschijnlijk, inderdaad, als je het bij de psychologische kant van de zaak houdt, dacht Miner sinds die dag. Dat sloot niet uit dat de ster er zesendertig jaar over had gedaan om het te doen, en ook niet dat ze het op een criminele manier had gedaan. Hij zocht naar andere uitdrukkingen om te zeggen wat er was gebeurd: *a foul play*, een spel op leven en dood, of zoals dokter Litman van het Suicide Investigation Team had gezegd: *a gamble with death*, een spel met de dood.

REWIND. John Miner, die al geruime tijd gepensioneerd was, had graag gewild dat hij op de knop van een bandrecorder had kunnen drukken, met daarop een van de banden die Marilyn eind juli of in de eerste dagen van augustus 1962 voor haar psychoanalyticus had opgenomen. Op die banden had Ralph Greenson een etiket geplakt: MARILYN. DE LAATSTE SESSIE. Miner had ze beluisterd en uitgeschreven, drieënveertig jaar geleden, maar sindsdien had hij ze nooit meer in handen gehad of ze nog eens gehoord. Ze waren verdwenen tijdens het leven van de analyticus. Of na zijn dood, wie weet? Het enige wat ervan over was, was wat Miner er met het minutieuze handschrift van gerechtelijk geneeskundige van had opgeschreven.

De oude man begroette de journalist, met in zijn licht trillende hand een bundeltje vergeelde, gekreukte papieren. Backwright verzocht hem te gaan zitten en reikte hem een glas gekoeld water aan.

'Wat brengt u ertoe om na zo veel jaar uw verhaal aan de pers te komen vertellen?'

'Ralph Greenson was een fatsoenlijk man. Ik kende hem al lang vóór de dood van zijn patiënte. Toen ik medicijnen studeerde, voordat ik me aan het strafrecht wijdde, heb ik aan de UCLA – de University of California, Los Angeles – colleges psychiatrie bij hem gevolgd. Ik respecteerde hem en respecteer hem nog steeds. Hij fascineerde me. Twee dagen na Marilyn Monroes dood vroeg hij me hem te verhoren, omdat hij wilde terugkomen op zijn eerdere verklaringen aan de politie. Hij was heel ongerust dat hij in de kranten afgeschilderd zou worden als "de vreemde psychiater" of "de laatste man die Marilyn levend heeft gezien en de eerste die haar dood heeft gezien". Hij stond erop me twee magneetbanden te laten horen, die hij de laatste dag, zaterdag 4 augustus 1962, van haar had gekregen. Hij liet me ermee alleen zodat ik ze kon uitschrijven, op voorwaarde dat ik de inhoud niet openbaar zou maken, zelfs niet aan de District Attorney of aan de patholoog-anatoom. Ik had na de autopsie te veel onbeantwoorde vragen om die getuigenis af te slaan, hoe moeilijk het me ook leek hem geheim te houden.'

'Hoe heeft u hem ontmoet? Wanneer?'

'Ik heb uren met de psychiater doorgebracht op woensdag 8 augustus, de dag van de uitvaart van de actrice, waar hij eerst bij was geweest.'

'Heeft u nooit over dat onderhoud gesproken?'

'Ik herinner me wat hij zei zodra hij het mikpunt werd van geruchten,' zei Miner met bevende stem: '"Ik kan me niet nader verklaren of me verdedigen zonder dingen ter sprake te brengen die ik niet wil onthullen. Het is een uiterst ongemakkelijke positie om te zeggen dat ik er niet over kan praten, maar het is absoluut onmogelijk voor me om het hele verhaal te vertellen." Uit respect voor dat geheim heb ik de inhoud van de banden niet openbaar gemaakt. Pas toen biografen hem opnieuw van gewelddadigheden begonnen te beschuldigen, en zelfs van moord, heb ik besloten te praten. Eerst tegen een Engelse journalist, Matthew Smith. Hij heeft er een boek van gemaakt. Maar mijn verlangen om de hele waarheid te vertellen heb ik bedwongen. Ik wilde eerst toestemming krijgen van de weduwe, Hildi Greenson, alvorens mijn aantekeningen van vroeger weer ter hand te nemen en ze onder uw aandacht te brengen.'

Forger Backwright herinnerde hem eraan dat Hildegarde Greenson de *Los Angeles Times* ervan had verzekerd dat ze haar echtgenoot nooit over magneetbanden had horen praten en dat ze niets van het bestaan daarvan afwist. Miner antwoordde dat Greenson in het kader van de medische geheimhouding een strikte beroepsethiek had wat uitspraken van zijn patiënten betrof.

'Vanwege Greenson heb ik het geheim bewaard. Dat ik het nu verbreek, is omdat hij al meer dan vijfentwintig jaar dood is en ik zijn weduwe heb beloofd mensen als James Hall, Robert Slatzer, Don Wolfe en Marvin Bergman, al die mensen die de laatste analyticus van Marilyn Monroe verantwoordelijk hebben gesteld, niet zonder weerwoord te laten. Anderen, zoals Donald Spoto, hebben het over "grove nalatigheden" gehad. Ik heb besloten gewag te maken van de banden als reactie op die beschuldigingen, die een door mij gerespecteerd man zwartmaken.'

REWIND. In de klamme, verstikkende hitte van de Californische zomer, in een andere augustusmaand, tegenover een andere bandrecorder, vertelde Miner de journalist aarzelend en tegelijkertijd vurig over zijn bezoek, in augustus 1962, aan dokter Greenson. In diens spreekkamer op de begane grond van zijn villa, met uitzicht op de Grote Oceaan, had hij een ontredderde, slecht geschoren man ontmoet, die openhartig sprak, als met een vertrouwde gesprekspartner. De psychoanalyticus had hem gevraagd te gaan zitten en hem zonder omhaal van woorden een geluidsband van veertig minuten laten horen. Marilyn sprak. Haar stem op de band. Niets anders. Geen spoor van iemand die naar haar luisterde, of van een dialoog. Zij, alleen zij.

Haar stem rustig, als aan de zoom van de woorden, niet kwetsbaar, alleen voorzichtig; ze liet ze zelf hun werk doen om begrepen te worden, of niet. Die stem uit het hiernamaals, die tot je doordrong met de wonderlijke aanwezigheid van stemmen die je in een droom hoort.

Het betrof geen therapiesessie, want, verduidelijkte Miner, de psychiater nam zijn patiënten niet op. Marilyn had een paar weken eerder zelf een bandrecorder gekocht om vrijuit gesproken woorden aan haar analyticus over te brengen, buiten de sessies om opgenomen door het apparaat.

Die dag had Miner *verbatim* heel gedetailleerde aantekeningen gemaakt. Hij had Greensons kantoor verlaten in de overtuiging dat het heel onwaarschijnlijk was dat Marilyn zelfmoord had gepleegd.

'Onder meer,' zei hij, 'was het duidelijk dat ze toekomstplannen had en hoopte dat dingen op korte termijn verwezenlijkt zouden worden.'

'En dokter Greenson?' vroeg Backwright. 'Neigde hij naar de stelling van zelfmoord of naar die van moord?'

'Dat is iets waarover ik me niet kan uitlaten. Het enige wat ik kan zeggen is dat ik in het rapport dat ik daarna voor mijn superieur moest schrijven, heb verklaard dat de psychiater niet geloofde dat zijn patiënte zich van het leven had beroofd. Ik heb, als ik het me goed herinner, ongeveer dit geschreven: "In navolging van uw verzoek heb ik met dokter Greenson gesproken over het overlijden van zijn voormalige patiënte, Marilyn Monroe. We hebben deze kwestie gedurende verscheidene uren onderzocht en op grond van wat dokter Greenson mij heeft toevertrouwd en van wat de opnamen die hij me heeft laten beluisteren onthullen, meen ik te kunnen verklaren dat het geen zelfmoord is geweest." Dat verslag heb ik opgestuurd. Het heeft niet de minste reactie opgeroepen. Tien dagen later, op 17 augustus, werd de zaak als afgedaan beschouwd. Mijn verslag is nu verdwenen.'

REWIND. Na een tweede glas ijswater ging Miner verder met zijn verhaal: 'Ik heb nog één vraag waarop dokter Greenson die dag niet precies antwoord heeft gegeven: waarom had hij in het begin van zelfmoord gesproken, als hij ervan overtuigd was dat dat het niet was? Het antwoord is eenvoudig, maar ik heb er jaren over gedaan om het te vinden: omdat hij *aan de telefoon* van zelfmoord had gesproken, vanuit het appartement van de dode, en omdat hij wist dat alle kamers vol microfoons zaten.'

'Greenson was wellicht geen moordenaar of medeplichtige,' reageerde Backwright, 'maar misschien heeft hij eraan meegewerkt om een moord op zelfmoord te laten lijken, om redenen die we niet kennen?'

Miner gaf geen antwoord.

'Wie heeft Marilyn gedood, als ze het zelf niet was?' hield de journalist vol.

'Die vraag stel ik niet. Ik vraag me niet af wíé? Ik vraag me af: wát heeft Marilyn gedood? De filmwereld, de geestesziekte, de psychoanalyse, het geld, de politiek?'

Miner nam afscheid. Toen hij Backwright verliet, legde hij twee gekreukte, vergeelde bubbeltjesenveloppen op zijn bureau.

'Ik kan u nergens bewijzen van geven. Haar woorden heb ik gehoord. Haar stem, hoe moet ik die weergeven? Die ben ik kwijt. Elk spoor wist iets uit of is een leugen die een ander spoor afdekt. Maar ik kan wel iets bij u achterlaten. Iets wat ook niets bewijst. Beelden.'

De journalist wachtte met het openen van de enveloppen totdat hij alleen achter zijn computer zat. Diezelfde nacht zou hij een artikel schrijven om de omstandigheden te verduidelijken waarin de tekst van de banden, die in de editie van de volgende dag kwam te staan, bij hem terecht was gekomen. In de eerste envelop zat één foto, genomen op een lijktafel. Wit op wit, een naakte vrouw, getekend, blond. Het gezicht onherkenbaar. In de tweede zaten zes foto's die een paar dagen eerder waren genomen in de Cal-Neva Lodge, een luxehotel op de grens van Californië en Nevada. Marilyn, op handen en voeten, genomen door een man die lacht terwijl hij in de camera kijkt en de haardos optilt die de linkerkant van haar gezicht verhult.

REWIND. De kromme Miner liep de trap van de *Los Angeles Times* af, kon de uitgang niet vinden en verdwaalde enkele ogenblikken in een kelder die naar oude inkt rook. Vandaag, drieënveertig jaar na Marilyns dood, drieëntwintig jaar nadat de District Attorney van het district Los Angeles de versie van het onderzoeksrapport van destijds had bekrachtigd, ondanks een nieuw onderzoek van de feiten en de archieven, wilde Miner de nagedachtenis aan de actrice niet meer overlaten aan de aanbidding van fans uit de hele wereld, die zich elke dag voor de gedenkplaat en crypte in Westwood Village Memorial Park kwamen verzamelen. Hij had nooit geloofd dat Marilyn zelfmoord had gepleegd, maar hij had ook nooit het tegenovergestelde beweerd. Uit wrok en frustratie wilde hij, nu de jaren waren verstreken, niet sterven zonder iets recht te zetten. Dat 'iets' was het beeld dat de banden hem hadden onthuld. Dat van een vrouw vol leven, humor en verlangens, allesbehalve depressief of suïcidaal. Toch wist Miner uit ervaring dat mensen die een ogenblik eerder vol goede zin en hoop waren, zichzelf vaak resoluut en doeltreffend van het leven konden beroven. Dat je kunt willen ophouden met leven zonder dat je verlangt te sterven. Dat het verlangen om te sterven soms niets anders is dan het verlangen om een eind te maken aan de moeite om te leven, meer dan aan het leven zelf. Maar in het geval van Marilyn wilde hij niet in die tegenstrijdigheid geloven. Iets in de banden zei hem dat ze niet anders dan vermoord kon zijn.

Dat was niet wat hem het meest ter harte ging. De verschillende hypothesen van moord hadden hem ervan overtuigd dat er nooit zekerheid zou komen over de daders en de motieven van deze terechtstelling waaraan hij allang niet meer twijfelde. Wat hem ertoe bracht te praten en de opnamen te laten spreken, was Greensons rol in de nacht van de moord. Gekweld door vragen die hij niet voor zichzelf onder woorden durfde te brengen, bleef Miner achtervolgd worden door de stilte van de psychoanalyticus, zijn terneergeslagen gezicht, zijn blik afgewend naar de schuifpui en het zwembad van zijn villa in Santa Monica, in de fluorescerend purperrode namiddag, toen hij hem de vraag had gesteld: 'Neemt u me niet kwalijk, maar wat was ze voor u, gewoon een patiënte? Wat was u voor haar?'

'Ze was mijn kind geworden, mijn verdriet, mijn zus, mijn dwaasheid,' had hij mompelend geantwoord, alsof hem een citaat te binnen schoot.

REWIND. Miner was Forger Backwright niet komen opzoeken om hem de sleutel van een complot aan te reiken en hem het antwoord te geven op de vraag waardoor FBI-agent Dale Cooper, in de serie *Twin Peaks* van David Lynch, wordt gekweld: 'Wie heeft Marilyn Monroe vermoord?' Hij was gekomen om een vraag te doen verstommen: 'Wat was er gebeurd in die dertig maanden waarin Greenson en Marilyn verstrikt waren geraakt in de hartstochtelijke waanzin van een buiten haar grenzen getreden psychoanalyse?'

Aan het uiterste eind van zijn leven herinnerde dokter Greenson zich nog altijd die dag waarop Marilyn Monroe hem met spoed aan haar bed had ontboden. 'In het begin bekeken we elkaar als dieren die zo verschillend zijn dat ze elkaar snel de rug zouden toekeren, constaterend dat ze niets met elkaar te maken hebben. Zij zo mooi, ik nogal lelijk. De ijle blondine en de dokter van de zware woorden, wat een stel... Nu zie ik dat het maar schijn was: ik was een toneelbeest, ik gebruikte de psychoanalyse om mijn behaagzucht te bevredigen, en zij was een intellectueel die zich met een kinderstemmetje en uiterlijke domheid beschermde tegen de pijn van het denken.'

Marilyn wendde zich tot de man die haar laatste psychoanalyticus zou worden toen ze moest beginnen met *Let's Make Love (The Millionaire)*, onder regie van George Cukor. Yves Montand was haar tegenspeler en minnaar. De problemen waar ze tegenaan liep waren niet meer dan een nieuwe fase in de moeizame uitvoering van haar werk als actrice in Hollywood. De divan van de psychoanalyticus leek haar een noodzakelijke toevlucht bij de crises tijdens elke draaiperiode. Om haar verwarring, remmingen en angsten die haar op de set verlamden de baas te worden, was ze vijf jaar eerder in New York met haar eerste kuur begonnen. Ze had achtereenvolgens gebruikgemaakt van de zorgen van twee psychoanalytici, Margaret Hohenberg en Marianne Kris. In het najaar van 1956, tijdens de opnamen van *The Prince and the Showgirl* onder regie van Laurence Olivier, had ze in Londen zelfs een paar sessies gehad bij Anna, de dochter van Freud zelf.

In dat begin van 1960 was haar ontreddering teruggekomen voor de camera's van Twentieth Century-Fox, waar ze haar slecht betaald en slecht behandeld hadden. Contractueel moest ze nog een laatste film doen. De opnamen van *Let's Make Love* wilden maar niet op gang komen. Het kostte Marilyn moeite het personage Amanda Dell te spelen, een danseres en zangeres die verliefd wordt op een miljardair zonder te weten wie hij is, en met lak aan geld en reputatie. Terwijl de ploeg wachtte tot ze, versuft van de barbituraten, wakker werd en ten slotte met uren vertraging op de set aankwam, werd het stuk gespeeld door haar stand-in, Evelyn Moriarty. Die nam plaats op de set zodat de afstellingen, de testopnamen en zelfs de eerste tekstrepetities met de andere acteurs gedaan konden worden. Aan het begin van de opnamen had Montand zijn eigen vrees dat het hem niet zou lukken aan Marilyn toevertrouwd, en die gemeenschappelijke angst bracht hen heel snel nader tot elkaar. De film schoot niet op, tegengehouden door veranderingen van het scenario en aarzelingen van de productie. Er hing een sfeer van mislukking boven de studio, verlamd door de zwierige, verstrooide nonchalance van de regisseur. Hoewel Marilyn niet als enige verantwoordelijk was voor de opgelopen vertragingen, maande de productie haar aan iets te doen om de voltooiing van de film niet in gevaar te brengen.

In Los Angeles had ze geen vaste analyticus. Ze belde om hulp naar dokter Marianne Kris, die haar sinds drie jaar in New York volgde. Kris gaf de naam door van Ralph R. Greenson, een van de meest vooraanstaande therapeuten in Hollywood, niet zonder hem eerst te hebben gevraagd of hij een moeilijk geval onder zijn hoede wilde nemen. 'Een vrouw in totale verwarring, die door haar overmatige gebruik van drugs en medicijnen het risico van zelfdestructie loopt. Onder een paroxismale angst laat ze een kwetsbare persoonlijkheid zien,' had Kris verduidelijkt. Dokter Greenson stemde erin toe de vierde psychoanalyticus van Marilyn Monroe te worden.

De eerste sessie vond plaats in het Beverly Hills Hotel. Om redenen van discretie en vanwege de fysieke gesteldheid van de actrice speelde het onderhoud zich af in de bungalow met appelgroene vloerbedekking die ze had betrokken. De psychoanalyticus was er niet in geslaagd haar naar zijn praktijk te laten komen. Het eerste contact was kort. Na een paar vragen die meer met haar medische gesteldheid dan met haar psychische verleden te maken hadden, stelde Greenson voor haar voortaan in zijn praktijk te ontvangen, niet ver van het hotel. Tijdens de bijna zes maanden van de opnamen zou Marilyn elke middag de set verlaten om naar Beverly Hills te gaan, naar haar analyticus op North Roxbury Drive, halverwege de Fox-studio op Pico Boulevard en het hotel op Sunset.

De architectuur van het Beverly Hills Hotel lijkt op de gasten ervan. Een aantrekkelijke roze nepgevel. Een vervallen groep gebouwen, neo-nog-wat, onevenwichtig. Schreeuwende kleuren van ingekleurde films. Marilyn deelde met haar echtgenoot, Arthur Miller, bungalow 21. Yves Montand verbleef met zijn vrouw, Simone Signoret, in nummer 20. Fox betaalde de rekening van de acteurs die waren ondergebracht in dit verblijf in de Mediterranean revival-stijl van vooroorlogse films. Marilyn moest lachen om dat woord 'revival'. Alsof iets ooit weer kon opleven. Alsof je opnieuw tot stand kon brengen wat niet had bestaan. Toch liet ze regelmatig een oude dame per vliegtuig uit San Diego komen, die dertig jaar eerder op de sets van MGM het haar van de ster van de Roaring Twenties, Jean Harlow, had ontkleurd. Ze liet Pearl Porterfield met een limousine ophalen en verwelkomde haar met champagne en kaviaar. De haarkleurspecialiste gebruikte de oude techniek met waterstofperoxide, en Marilyn wilde niet anders. Ze hoorde vooral graag verhalen over de filmster, over haar vurige leven en haar kille dood. Misschien waren de verhalen net zo onecht als het platinablond van haar haar en als de kapster zelf. Het was de filmwereld, en Marilyn keek naar zichzelf op het doek met herinneringen.

❧

Los Angeles, de engelenstad, was de droomfabriek geworden. De ontmoeting van Romeo Greenschpoon, die Ralph Greenson was geworden, en Norma Jeane Baker, alias Marilyn Monroe, kon alleen in Hollywood plaatsvinden. Twee mensen die in hun respectievelijke geschiedenissen zo van elkaar verschilden, konden elkaar alleen maar tegenkomen in Tinseltown, de stad van schijnwerpers, lovertjes en opsmuk, rond de studio's met felverlichte sets waar acteurs de verborgen kant van hun ziel blootgaven.

Daar beleefden de psychoanalyse en de filmwereld hun noodlottige verhouding. Hun ontmoeting was die van twee vreemden die meer bij elkaar ontdekken dan overeenkomsten en gelijke driften, en die het alleen met elkaar uithouden door het misverstand. Psychoanalytici probeerden films te interpreteren – en slaagden daar soms in –, cineasten regisseerden therapeuten die het onbewuste interpreteerden. Rijk, kwetsbaar, neurotisch, onzeker gemaakt: ze waren allemaal ziek en verzorgden elkaar met ferme doses 'behandeling door het woord'. Ben Hecht – die de scenarist was van *Spellbound* van Alfred Hitchcock en tien jaar later als ghostwriter voor Marilyn zou optreden om haar autobiografie te schrijven – publiceerde in 1944 een roman: *I Hate Actors*. Hij beschrijft daarin filmmensen uit de hoogtijdagen van de film, onder alle invalshoeken van de leer der geesteszieken: psychose, neurose en perversies. 'Er is één ding dat iedereen in Hollywood boven het hoofd hangt, en dat is om op een gegeven moment ten prooi te vallen aan een zenuwinzinking. Ik heb filmproducenten gekend die in tien jaar tijd geen enkel idee hadden gehad, en die niettemin op een goede ochtend of avond plotseling instortten, als overwerkte genieën. Waarschijnlijk is het depressiepercentage het meest verbijsterend onder acteurs.'

Maar toen Marilyn en Ralph elkaar begin 1960 vonden, had het verval van Hollywood ingezet. De filmfabriek had haar hoogtepunt gekend toen Marilyn drieëndertig jaar eerder in de *City of Nowhere* was geboren. Tegenwoordig zijn de grote filmstudio's verlaten oorden, waar de geesten rondwaren van acteurs wier namen niet meer bekend zijn bij de toeristen die met busladingen vol in de straten van karton worden afgezet. Tegenwoordig wordt Sunset Boulevard alleen nog maar bevolkt door Spaanse hoertjes, geposteerd voor Koreaanse kruidenierswinkels met sterren in de ruiten door de pogingen ze in te gooien. Tegenwoordig is psychoanalyse geen 'optie' meer voor eenieder die zijn radar voor de vibraties van het bestaan wil afstemmen op de New Age, om nog maar te zwijgen van het zoeken naar de zin voor zijn of haar leven. Tegenwoordig kunnen we ons moeilijk voorstellen wat het huwelijk van de psychoanalyse en de filmwereld in de glorieuze jaren inhield. Met dat huwelijk van rede en illusie, altijd geld, vaak roem en soms bloed, hadden de mensen van het beeld en de mensen van de woorden elkaar het jawoord gegeven, in voor- en tegenspoed. De psychoanalyse heeft niet alleen de geesten van de Hollywood-gemeenschap genezen, maar ook de stad der dromen op celluloid gevestigd.

De ontmoeting van Romeo en Marilyn was de herhaling van die van de psychoanalyse en de filmwereld: elk deelde de gekte van de ander. Net als alle volmaakte ontmoetingen en duurzame verbintenissen berustte die laatste op een misverstand: psychoanalytici probeerden te luisteren naar het onzichtbare, cineasten brachten op het scherm wat woorden niet kunnen zeggen.

De filmwereld had de psychoanalyse buiten zichzelf geplaatst. Die geschiedenis duurde een jaar of twintig. Ze eindigde met Hollywood, maar de geesten overleefden en net als patiënten in analyse had de filmwereld lang last van herinneringen.

Op het fronton van de feestruimte in het beroemde reclamebureau Chiat-Day in Los Angeles staat in neonletters: VEEL PROFESSIONALS ZIJN GESCHIFT. Het gewelf van exotisch hout en geborsteld staal, in de vorm van een grot, is versierd met ballonnen die gevuld zijn met helium, de muren zijn bedekt met crêpepapieren parasols en de tafels zijn bezaaid met schreeuwerige gadgets in de stijl van Main Street, Disneyland. In het organisatiecomité van het galafeest zitten alleen maar mensen van naam: Candice Bergen, Jack Lemmon, Sophia Loren, Walter Matthau en Milton Rudin, die de advocaat was van Marilyn en de zwager van Ralph Greenson. De beroemde architect Frank Gehry, die de verbouwing van deze oude weeffabriek heeft ontworpen, onderhoudt zich voor een karretje met hotdogs met de elite van beeldend kunstenaars uit Californië. Patty Davis, de dochter van zittend president en voormalig acteur Ronald Reagan, verveelt zich kapot. Rockzanger Jackson Browne praat met acteur Peter Falk, en de musici Henry Mancini en Quincy Jones wisselen societybabbels uit met de cineasten Sydney Pollack en Mark Rydell. Regisseur Blake Edwards, in leren jack en geflankeerd door zijn vrouw, actrice Julie Andrews, staat zich net als iedereen te vervelen en houdt zijn mond. Deze party doet hem denken aan de film waarin hij precies zo'n zelfde receptie in kringen van het filmwereldje liet zien. Sindsdien heeft hij twee films opgenomen naar scenario's van Milton Wexler, die al jaren zijn analyticus is: *The Man who Loved Women* en *That's Life*.

Iedereen heeft alleen maar oog voor Jennifer Jones, de leeftijdloze ster die een niet al te zeer door flitslicht verlicht plekje zoekt om haar gesprek met haar zoon, Robert Walker Jr., voort te zetten. In 1962 had zij gestalte gegeven aan de schizofrene patiënte van psychoanalyticus Dick Diver in de film *Tender is the Night*, ontleend aan de roman van Scott Fitzgerald. Nadat ze een paar kusjes heeft uitgedeeld en zich Nicole herinnert, die door Dick onder de duim werd gehouden, loopt Jennifer naar de hoofdpersoon van de avond toe, een lange man met zilverwit haar, in een wit vest en een witte broek en met een opzichtige, ossenbloedrode stropdas. Milton Wexler is geen ster van het witte doek en geen populair producent. Er wordt geen feest gevierd vanwege een film of een filmster: de meest vooraanstaande psychoanalyticus van Hollywood viert zijn tachtigste verjaardag. De analyticus van de sterren en de ster van de analytici, zoals hij wordt genoemd.

Al zijn niet alle aanwezigen geschift en zijn enkele notoire geschiften van Hollywood niet aanwezig, het merendeel van de genodigden is patiënt van Wexler geweest, al is het maar voor een paar sessies. Jennifer Jones is recordhoudster: na bijna vijftig jaar in analyse te zijn geweest, is ze zelfs patiënten met de therapie van het woord gaan behandelen. De laatste jaren van haar leven werkt ze als therapeute in het Southern California Counselling Center in Beverly Hills. Dertien jaar eerder is ze getrouwd, niet met een van haar analytici maar met haar producent, David O. Selznick, met wie ze overigens de divan van haar therapeute, May Romm, deelde.

In 1951 was Jennifer Jones' eerste echtgenoot, acteur Robert Walker, op tweeëndertigjarige leeftijd gestorven. De omstandigheden waren vreemd genoeg een voorbode voor die waarin Marilyn stierf. Dezelfde wijk, Brentwood, dezelfde maand, augustus, dezelfde manier van sterven, veroorzaakt door een overdosis medicijnen en alcohol. In feite was Walker gestorven door een

injectie met sodium-amytal, toegediend door zijn psychoanalyticus Frederick Hacker, die midden in de nacht aan zijn bed
was verschenen. Jennifer zelf was daarna behandeld door Milton Wexler, na een zelfmoordpoging. Ze had zich ten noorden
van Malibu Beach in een brandingsgolf gestort. Nadat ze onder
de naam Phyllis Walker een motelkamer had genomen, slikte
ze een handvol Seconal en belde vervolgens haar arts met de
mededeling dat ze dood wilde. Ze hing op, reed naar een verlaten, overhangende klif bij Point Dume, klom omhoog en stortte
zich van een uitstekende punt op het strand. Nadat de arts de
politie van Malibu had gewaarschuwd, trof hij haar bewusteloos
op het grijze zand aan. Het was haar derde zelfmoordpoging.
Ze werd een van de meest vooraanstaande vrouwen van Hollywood en een van de actiefste in filmzaken. De psychoanalyticus
bleef haar behandelen toen ze nieuwe crises doormaakte, onder meer na de zelfmoord van haar eenentwintigjarige dochter,
Mary Jennifer Selznick, die in 1976 van een wolkenkrabber in
Los Angeles sprong.

Net zoals hij met zijn schizofrene patiënten in de Menninger
Clinic in Topeka had gedaan, nam Wexler een heel actieve rol
aan in de sturing van zijn behandelingen in Hollywood, en hij
nam er geen genoegen mee achter zijn patiënten te gaan zitten
om in conventioneel freudiaanse stijl zwijgend naar hen te luisteren. Zowel in de liefde als in zaken aarzelde hij niet hun voor
te schrijven wat ze moesten doen. Zo'n benadering was precies
wat kwetsbare persoonlijkheden als Jennifer leken te wensen.

Het feestvarken geeft een rondleiding langs de opgehangen foto's, die het spoor van zijn carrière terugvolgen. Wexler, steeds
Wexler, naast kunstenaars en schrijvers: al degenen die er in de
jaren zestig in Los Angeles toe deden. Eén foto doet hem fron-
sen: van scenariste Lilian Hellman, in elkaar gedoken op zijn divan. Geen enkele van Ralph Greenson. Een jonge collega vraagt

27

hem waarom. 'Ík heb een komische film gemaakt over de liefde tussen psychoanalyticus en patiënte, *The Man who Loved Women*,' antwoordt Wexler. 'Romi daarentegen heeft zonder het te weten de rol gespeeld van *The Man who Killed Women*. Uit liefde, en voor hun welzijn, begrijp me goed. Ik weet niet of ik u de details moet geven, maar weet u dat een paar jaar na Marilyn een andere patiënte van Romi in onopgehelderde omstandigheden is gestorven? Imitatiegedrag van vrouwen, of een dader die zijn rol van noodlottig therapeut heeft herhaald? Dat zal ik u een andere keer vertellen. Vanavond is het mijn feest.' Daarna licht hij zijn hielen.

De gigantische verjaarstaart arriveert eindelijk, voorafgegaan door Elaine May, een voormalig komisch actrice die in de New Yorkse psychoanalysekringen het onderwerp van gesprek was geweest door te trouwen met haar therapeut, David Rubinfine. 'Sommigen onder u weten dat Milton niet alleen een gerespecteerd scenarioschrijver is, maar ook psychoanalyticus,' begint May. 'Gerespecteerd' was enigszins geflatteerd. De twee films waarvoor Wexler het scenario had geschreven, waren eclatante mislukkingen geweest. 'Misschien zijn er één of twee onder u geen patiënt van Milton, maar al degenen die hem hebben ontmoet, hebben daar baat bij gehad.'

Bij die laatste zin kromp Wexler ineen. Hij dacht terug aan die meimaand in 1962, toen Marilyn, een paar weken voor haar dood, door zijn collega Greenson aan hem was toevertrouwd, een beetje zoals een huisdier dat je bij de buren achterlaat om rustig op vakantie te gaan. 'Soms vraag ik me af of ik wel met haar door zal kunnen gaan,' had Ralph ontredderd gezegd. 'Ik ben de gevangene van deze behandeling geworden. Ik dacht dat mijn methode geschikt voor haar was. Maar ze is niet geschikt voor mij.' Verdomde Romeo. Hij is haar wel verloren, zijn Julia, dacht Wexler. Daarna, na een korte aarzeling en onder een golf applaus en Afro-Cubaanse ritmes, besloot de montere tachtiger

de reusachtige taart aan te snijden, die speciaal voor de gelegenheid door beeldend kunstenaar Claes Oldenburg was ontworpen.

∾

Norma Jeane en Ralph. Het arme meisje zonder diploma's uit Los Angeles en de welgestelde intellectueel van de oostkust waren in alles elkaars tegenpool. Hij een bourgeois, grootgebracht met boeken; zij een dochter van proletariërs, opgegroeid tussen beelden. Toch herkenden ze elkaar onmiddellijk. Elk bekeek de ander als een verloren vriend, wiens glimlach een beroep inhield. Maar iets wierp een schaduw, iets wat ze allebei in de ander weigerden te zien. Een boodschap van het noodlot: hier komt je dood om de hoek kijken.

Bij haar eerste afspraak in de praktijk van haar laatste psychoanalyticus kwam Marilyn na een moeizame opnamedag een halfuur te laat. Dokter Greenson merkte op dat ze een wijde broek droeg. Ze ging kaarsrecht zitten op de fauteuil die hij haar aanwees, alsof ze in de lobby van een hotel op iemand wachtte.

'U bent te laat,' begon hij.

Als schaker hield hij van openingszetten die de andere speler uit zijn evenwicht brengen.

'Ik ben te laat omdat ik bij iedereen, op al mijn afspraken, te laat kom. U bent niet de enige die ik laat wachten,' antwoordde Marilyn, op haar tenen getrapt.

Later, toen hij zich die woorden herinnerde, dacht Greenson: de eerste sessie moet je altijd als een laatste sessie zien. Alles wat in het vervolg belangrijk is wordt dan al gezegd, al is het soms tussen de regels door. Ze ging verder, met een stem waarin woede zich mengde met treurigheid: 'Sinds het begin van de opnamen heeft George Cukor negenendertig uren genoteerd die verloren zijn voor de productie. Ik ben altijd te laat. Mensen denken dat dat uit arrogantie is. Het is precies het tegenovergestelde. Ik ken massa's mensen die uitstekend in staat zijn om op tijd te komen, maar dat is om niets te doen of anders om te blijven zitten en elkaar over hun leven of allerlei onzin te vertellen. Is dat wat u verwacht?'

De analyticus, die al gestoorde actrices had behandeld, werd getroffen door haar ongearticuleerde, vlakke manier van praten en door het ontbreken van affect. Ze zei zonder pijn pijnlijke dingen. Waarschijnlijk had ze zich volgepropt met kalmerende middelen, want ze reageerde weinig. Ze leek ver weg, begreep het eenvoudigste grapje niet en maakte onsamenhangende opmerkingen. Ze wilde direct op de divan gaan liggen, voor een freudiaanse analysesessie zoals die waaraan ze in New York gewend was geweest. Gealarmeerd door haar toestand vond de analyticus de divan geen goed idee, en hij stelde een ondersteunende therapie voor waarbij ze tegenover elkaar zaten.

'Zoals u wilt,' zei ze. 'Ik zal u vertellen wat ik kan. Hoe antwoord je op wat je verzwelgt?'

Tijdens die sessie stelde hij haar vragen over de gebeurtenissen in haar dagelijkse leven. Ze beklaagde zich over de rol die ze haar lieten spelen in die film die ze verafschuwde. Over Paula Strasberg, de vrouw van haar theaterdocent in New York, die ze bij de opnamen als coach had opgedrongen en die de voorkeur gaf aan haar eigen dochter Susan. Over Cukor, die haar zichtbaar niet aardig vond en haar op haar plaats had gezet.

'"We verbeelden ons origineel te zijn," zei hij poeslief tegen me. "We denken dat alles in ons bijzonder en anders is. Maar het is ongelofelijk hoezeer we de echo van anderen zijn, van onze familie en van de manier waarop de kindertijd ons vorm en contouren heeft gegeven." Vorm en contouren, schei toch uit! Die oude nicht. Wat weet hij van dit lichaam waarin ik moet leven?'

Na een lange stilte maakte Marilyn gewag van haar chronische slapeloosheid, om haar gebruik van drugs te rechtvaardigen. Ze verklapte dat ze regelmatig van arts wisselde en de een consulteerde zonder dat de ander het wist. Ze gaf blijk van een verbijsterende kennis van psychofarmacologie. Greenson ontdekte dat ze regelmatig Demerol slikte, een met morfine te vergelijken verdovende pijnstiller, Sodium-penthotal, een onderdrukker van het zenuwstelsel die ook bij narcose wordt gebruikt, Phenobarbital, een slaapmiddel, en ten slotte Amytal, een ander slaapmiddel. Dikwijls diende ze die zichzelf intraveneus toe. Hij maakte zich kwaad over het gedrag van de artsen en raadde haar nadrukkelijk aan voortaan maar één behandelend arts te hebben, Hyman Engelberg, aan wie hij de lichamelijke aspecten van haar ziekte zou toevertrouwen.

'Jullie zijn allebei narcistische persoonlijkheden en ik denk dat jullie het wel met elkaar kunnen vinden.'

Tot slot drukte hij haar op het hart niet meer intraveneus medicijnen te nemen en te stoppen met Demerol, dat bij overmatig gebruik noodlottige gevolgen had.

'Laat mij m'n gang maar gaan en beslissen wat u nodig heeft.'

Deze arts bracht haar beslist in de war: hij luisterde naar haar, maar gaf niet toe aan haar verzoek te worden gekalmeerd, gekoesterd, vervuld. Ze gingen uit elkaar.

Toen ze 's avonds weer thuis was, dacht Marilyn terug aan de rustige, vriendelijke man die haar met een zekere gereserveerdheid had bekeken. Onder de uitdaging verborgen zijn ogen een noodlottige zachtheid. Toen ze hem had gevraagd of ze een echte analyse bij hem ging doen, liggend op de divan zoals bij dokter Kris, had hij geantwoord dat het beter was van niet. 'We moeten geen pretenties hebben. We richten ons niet op diepgravende veranderingen, aangezien u binnenkort weer teruggaat naar New York, uw echtgenoot weer terugziet en weer verdergaat met uw behandeling daarginds.' De woorden 'geen pretenties' hadden haar gekwetst. Ze had gehuild. De analyticus antwoordde dat het geen verwijt was dat hij haar maakte, maar een doel dat hij zichzelf stelde. Toch is het vreemd, dacht Marilyn, vreemd dat hij me niet heeft voorgesteld te gaan liggen. Het verbaast me altijd als een man me niet horizontaal wil zien. Niet mijn kont wil zien wanneer ik hem de rug toekeer. Met een glas in de hand, kijkend naar het wit van de muur en het zwart van de gordijnstof die haar bungalow donker maakte, ging ze verder met het zich weer voor de geest halen van hun sessie. Dokter Greenson heeft geen bijbedoelingen, denk ik. Het bevalt me dat hij me niet heeft voorgesteld te gaan liggen. Misschien was hij bang. Voor mij? Voor zichzelf? Het is beter zo. Ik was wel bang. Niet voor hem. Het was geen seksuele angst. *Let's Make Love* is niet alleen de titel van de film. Met Yves heb ik die titel letterlijk genomen. Met de dokter gaat het niet om liefde. In feite hield ze er niet van als ze haar vroegen te gaan liggen, ze was bang voor de nacht, bang om eraan te beginnen, bang dat er geen eind aan kwam. De liefde bedreef ze vaak staand, overdag.

Ralph Greenson was nog geen vijftig toen hij met Marilyn Monroes therapie begon. Romeo Greenschpoon, geboren in 1911 in Brooklyn, in de wijk Brownsville, was de tweelingbroer van een zusje met de voornaam Juliet, die later een briljant concertpianiste werd. Zelf speelde hij in zijn verloren uurtjes viool. Zijn ouders, Russische joden, waren immigranten die een zekere welstand hadden bereikt, dankzij het doorzettingsvermogen van een intelligente, ambitieuze moeder. Zij had haar echtgenoot aangenomen zoals je een werknemer in dienst neemt. Op een dag zette Kathryn, die een apotheek bezat, een advertentie. Gezocht: apotheker die bescheiden salaris en veeleisend dienstrooster accepteert. Joel Greenschpoon reageerde en werd aangenomen. Onder de indruk van zijn bekwaamheid om razendsnel ziekten bij zijn klanten te diagnosticeren, overtuigde de echtgenote haar pillendraaier er al spoedig van dat hij medicijnen moest gaan studeren. Romeo's vader werd dus op latere leeftijd arts, toen zijn twee eerstgeborenen drie jaar waren.

Kathryn, die zelf uitstekend piano speelde, moedigde haar vier kinderen aan muziek te maken. Ze had culturele ambities. Ze liet de pillen voor wat ze waren en beproefde haar geluk in de kunst. Nadat ze artistiek adviseur was geworden, en partner van de beroemde New Yorkse impresario Sol Hurok, haalde ze op haar party's de elite van de toneel- en zangwereld binnen. Romeo (op viool) en Juliet (op piano) vormden samen een mooi duo, maar ze speelden ook als kwartet met hun jongere zusje Elisabeth en hun kleine broertje Irving. Diva's en solisten verdrongen zich in mevrouw Greenschpoons salon, zoals later in Los Angeles in die van haar zoon. De roep van de planken, toen al: Romeo zag zichzelf in de schijnwerpers en beleefde een ingebeelde, romantische liefde met Pavlova, ballerina op het hoogtepunt van haar roem. Soms droomde hij van een zwart doek en van gestalten met een aureool van rook in de grote, barokke zaal van de grootste bioscoop van Brooklyn. Kijkend hoe actrices met teerbleke teint hun verloren liefdes overleefden, bracht hij daar aan klassieke kwartetten en Griekse tragedies ontstolen uurtjes door.

Zodra hij naar school ging, hadden ze hem geleerd te zeggen: 'Wij zijn Romeo en Juliet en we zijn een tweeling.' 'Waar slaapt hij, die Romeo?' Die spottende kreet weerklonk vaak in Miller Avenue en bracht de jonge Greenschpoon ertoe binnen te blijven en braaf zijn toonladders te studeren. Toen hij twaalf jaar was besloot hij zijn voornaam te veranderen en vroeg hij of de schoolregisters op die manier aangepast konden worden. In 1937, tijdens zijn co-assistentschap in het Cedars of Lebanon Hospital in Los Angeles, veranderde hij zijn achternaam. Hij zei eens dat zijn voor- en achternaam lang wonden op zijn ziel waren geweest en dat dat trauma ten oorsprong had gelegen aan zijn vroegtijdige interesse in psychoanalyse. Zijn vrienden bleven hem Romeo noemen, of vaker Romi. Op zijn naambordje hield hij de R achter zijn nieuwe voornaam, Ralph. Marilyn sprak hem aan met 'geachte dokter', maar als hij er niet bij was koesterde ze zijn voornaam, die ze klaaglijk uitsprak. Een beetje als een vraag.

Ralph Greenson vertelde dat hij was opgegroeid in een mooie villa in Williamsburg, een welgestelde wijk. Hij beschreef dat huis als 'een koloniale woning die statig achter een hek troonde en de toenemende welvaart van het gezin weerspiegelde'. In werkelijkheid bleven ze in hun eenvoudige huis in Brownsville tot hun vertrek, in 1933, naar Los Angeles.

Aan het eind van zijn studie medicijnen, die hij vanaf 1931 in het Zwitserse Bern had voortgezet, ontmoette hij Hildegarde Troesch, met wie hij kort voor zijn terugkeer naar Amerika trouwde. Zij was bekoord geraakt door zijn intelligentie en zijn aanpassingsvermogen. Hij had in twee maanden Duits geleerd om Freud in de oorspronkelijke tekst te lezen. Met zijn artsendiploma op zak begaf Ralph zich begin 1933 naar Wenen en liet zich analyseren door Wilhelm Stekel, een van de eerste volgelingen en stichters van de Weense Psychoanalytische Vereniging, de man die later door Freud voor 'varken' en 'leugenachtige verrader' werd uitgemaakt. Greenson kwam in contact met Freud zelf. Toen hij met hem over tragedies en pathologische personages op het toneel sprak, begreep hij dat Romeo en Julia bij Shakespeare minnaars waren op wie een vloek rustte, bezegeld door de dood. Zijn hele leven hield hij voor Freud niet zozeer de toewijding van een volgeling als wel de trouw van een strijdmakker. Privé noemde hij hem 'de man die naar vrouwen luisterde'.

Toen hij zesentwintig was, vestigde Greenson zich in Los Angeles als psychiater en psychoanalyticus – in de Amerikaanse psychoanalytische mores bestond er geen verschil tussen die twee. Al spoedig wilde hij een boegbeeld van de plaatselijke psychoanalysevereniging worden. De leider daarvan, Ernst Simmel, toonde zich vijandig tegenover de kandidatuur van een volgeling van de afvallige Stekel. Greenson was zo slim of zo opportunistisch om zijn onzuivere start te overschaduwen met een tweede analyse: vier jaar op de divan bij Otto Fenichel, een meer dan legitieme autoriteit, die in 1938 uit Berlijn naar Los Angeles was geëmigreerd.

Na de oorlog had Greenson behoefte aan nog een analyse. Zijn derde therapeut was noch arts noch man. Hij koos Frances Deri, een ontzag inboezemende dragonder met kort haar, die eeuwig à la Marlene een lang sigarettenpijpje tussen haar tanden geklemd hield. Ze was in 1936 naar Los Angeles geëmigreerd, had in Duitsland carrière gemaakt als vroedvrouw en was analytica geworden in de groep die Ernst Simmel in de kliniek Schloss Tegel, vlak bij Berlijn, rond het freudomarxisme had opgericht. Ze had twee analyses gedaan, bij Hanns Sachs en bij Karl Abraham, volgelingen van Freud en leden van het *Mittwoch-Gesellschaft* rond de meester. Die waren beiden in 1925 heftig met Freud in aanvaring gekomen, toen ze de psychoanalyse op het doek wilden tonen en hadden meegewerkt aan de eerste film waarin de psychoanalytische kuur werd opgevoerd: *Geheimnisse der Seele* van G. W. Pabst. Net als haar leermeesters had Deri een onverzadigbare liefde voor film. De vrouw die door haar collega's van de Los Angeles Psychoanalytical Association (LAPSI) mevrouw Deri werd genoemd, specialiseerde zich overigens in psychoanalyse bij acteurs, en toen Greenson zijn eigen klantenkring probeerde op te bouwen bleef zij voor hem een beschermende figuur. Hij vond in haar vooral een nieuwe, denkbeeldige band met Freud, een problematische band die in zijn eigen analyse het conflict tussen beelden en woorden deed oplaaien. Hij had graag gezien dat hij in de herinnering zou voortleven als 'de man die naar beelden luisterde'.

In het Californische Babylon van de studio's, tussen planken, decors en schijnwerpers, jaagde Greenson de onnatuurlijke glans na van grote, vaststaande beelden en wankele identiteiten, en zocht hij in het magische woord *action*, dat elke opname in gang zette, een remedie tegen de onbeweeglijkheid waartoe zijn fauteuil van analyticus hem veroordeelde. Theater en toneelspel bleven altijd belangrijke componenten van zijn leven. Gefascineerd door acteurs probeerde hij de psychologie van de toneelspeler te begrijpen: 'De filmacteur of -actrice is pas een ster als hij niet alleen door zijn gelijken wordt erkend, maar ook door de massa... Beginners die begerig zijn naar roem en sterren die op hun retour zijn, zijn de moeilijkste patiënten geweest die ik heb mogen behandelen,' schrijft hij in augustus 1978, een jaar voor zijn dood. In zijn geschriften over de techniek van psychoanalyse – Greenson is de auteur van het handboek dat al vijftig jaar op alle psychoanalytische opleidingen ter wereld wordt gebruikt, *The Technique and Practice of Psychoanalysis*, een boek waaraan hij begon te schrijven toen Marilyn nog zijn patiënte was – vergelijkt hij de analytische sessie met een toneel- of filmscène. 'Op een vreemde manier wordt de analyticus een zwijgende acteur in een stuk dat de patiënt creëert. De analyticus acteert niet in dit toneelstuk, hij probeert de schimmige figuur te blijven die de patiënt voor zijn fantasieën nodig heeft. Toch helpt de analyticus bij de vorming van het personage, door met zijn inzichten, empathie en intuïtie de details uit te werken. In zekere zin wordt hij een soort regisseur van de situatie – een belangrijk onderdeel van het stuk, maar geen acteur.'

Zijn ambitie om voor het voetlicht te treden kon hij ook bevredigen bij talloze psychoanalytische conferenties in alle uithoeken van Californië. Tot in Europa werd verteld dat hij de grappigste redenaar en de briljantste woordvoerder was. Achter het spreekgestoelte, waar hij altijd met kwieke pas naartoe liep, vertoonde hij geen enkele plankenkoorts. 'Waarom zou ik zenuwachtig zijn? Al die mensen hebben geluk dat ze naar míj komen luisteren!' Zijn gebaren waren weids en ongedwongen, zijn stem ging van hartstochtelijke ernst naar een schelle lach om zijn eigen grapjes. Door zijn voorliefde om in het openbaar te verschijnen en het belang dat hij aan zijn beeld hechtte, wilde hij zich onderscheiden van het merendeel der analytici, die volgens hem aan een soort toneelvrees leden en zich uit angst gezien te worden liever achter de divan verstopten. Tijdens societyparty's in Bel Air of Beverly Hills hield hij ware solo-optredens over casussen, waarbij hij vertelde over de behandeling van een paar *happy few* en daarbij hun identiteit slecht genoeg verborgen hield om die door iedereen te laten raden.

Greenson deelde met zijn collega Milton Wexler een grote, goedlopende praktijk in Beverly Hills, op North Roxbury Drive 436, niet ver van Bedford Drive, die *Couch Canyon* (divanstraat) werd genoemd. Zijn woonhuis stond in Santa Monica, op Franklin Street, vlak bij de Brentwood Country Club en de golfbaan. Van achter zijn villa zag je in het westen de oceaan en Pacific Palisades. In dat begin van 1960 was de psychoanalyticus een slanke, elegante man die altijd ernstig en wijs sprak. Toen hij Marilyn Monroe in therapie nam, was hij de ster van het *made in Hollywood*-freudiaanse onbewuste geworden, 'de ruggengraat van de psychoanalyse in het hele westen van de Verenigde Staten', zoals een van zijn vakbroeders het verwoordde. Hij doceerde al geruime tijd klinische psychiatrie aan de UCLA en was voorzitter van het opleidingsinstituut voor psychoanalytici, aangesloten bij de LAPSI. Hij was intens betrokken bij zijn behandelingen en toonde een hartstochtelijke belangstelling voor zijn patiënten. Velen van hen, zoals Peter Lorre, Vivien Leigh, Inger Stevens, Tony Curtis en Frank Sinatra – toen minnaar van Marilyn –, waren acteur, anderen maakten deel uit van de toneel- en filmwereld, zoals regisseur Vincente Minnelli of producent Dore Schary.

Verleidelijk omdat hij juist geen verleider wilde zijn, liet Greenson zowel bij zijn behandelingen als bij zijn lezingen en privéverhoudingen hetzelfde onverwachte spel tussen vermoeidheid en ironie, ongeduld en teleurstelling zien. Hij was tamelijk ingenomen met zijn donkere uiterlijk en hield ervan tegenover zijn patiënten te zitten. Zijn grote, donkere ogen met kringen eronder gaven iets teders en ruws aan zijn trekken, wat geaccentueerd werd door een lange, zware snor. Hij liet zich erop voorstaan heel gemakkelijk contact te leggen en zich bij eerste gesprekken uitzonderlijk op zijn gemak te tonen. Hij hield ook van de confrontatie met zijn patiënten en wilde dat ze op zijn provocaties reageerden en hem niet als een god maar als een feilbaar menselijk wezen aanspraken. Soms was hij zich bewust van zijn neiging tot overdrijven en zelfgenoegzaamheid. Toen Marilyn een keer haar vorige analyticus ter sprake bracht, kon hij zich er niet van weerhouden te vragen: 'Laten we het niet meer over haar hebben! En ik? Wat vindt u van mij?' en daarna barstte hij in lachen uit.

In werkelijkheid verzeilde Ralph Greenson, zonder het te weten maar met een vurig verlangen ernaar, met de actrice in een van die noodlottige vormen van aantrekkingskracht, waar intellectuelen zich des te vrijmoediger aan overgeven als ze denken de touwtjes in handen te blijven houden. Verveling was de enige vijand die hij kende, en toen de blanke ster door zijn onbewolkte hemel trok, was dat een onverhoopte afleiding in de eentonigheid van zijn werk. Verbazing is een van de subtielste vormen van plezier, en verdoemenis de geraffineerdste zoektocht naar ongeluk.

Gedurende enige tijd werden de sessies weer bij Marilyn thuis gehouden. Ze was gedeprimeerd en uitgeput en kon zich niet naar de praktijk van haar analyticus begeven. In de bungalow van het Beverly Hills Hotel begon Greenson het volgende gesprek met de gebruikelijke vragen over de eerste jaren en de kindertijd. Marilyn zweeg langdurig en liet zich daarna alleen een naam ontvallen: Grace.

'Wie was zij voor u?'

'Iemand, een vriendin van mijn echte moeder, nou ja, ik bedoel, onechte. De echte is Grace: zij wilde een filmster van me maken. Ik weet niet wat mijn moeder van me wilde maken. Een dode? Dat is vreemd, ik kan het alleen tegen u zeggen. Tegen journalisten zeg ik altijd dat mijn moeder dood is. Ze leeft nog steeds, maar ik zeg de waarheid als ik zeg dat ze dood is. Toen ze me in het weeshuis op El Centro Avenue stopten, schreeuwde ik: "Nee, ik ben geen wees. Ik heb een moeder. Ze heeft rood haar en zachte handen." Ik sprak de waarheid, behalve dat ze me met die handen nooit aanraakte.'

Greenson was van oordeel dat het geen leugen was, dat verhaal van die dode moeder. De dode leefde, inderdaad, maar Marilyn sprak de waarheid wanneer ze vond dat haar moeder levend op een dode leek. Hij duidde niet.

'Welke opleiding heeft u gevolgd voordat u actrice werd?'

'Ik heb mijn middelbare school niet afgemaakt. Ik poseerde, ik was model. Ik bekeek mezelf in spiegels of spiegelde me aan mensen om te weten wie ik was.'

'Heeft u daar de blik van anderen voor nodig? Van mannen?'

'Waarom alleen van mannen? Marilyn bestaat niet. Wanneer ik op de set mijn kleedkamer uitkom, ben ik Norma Jeane. En zelfs wanneer de camera loopt. Marilyn Monroe bestaat alleen op het doek.'

'Bent u daarom zo angstig om te moeten spelen? Bent u bang dat u door de film van uw beeld wordt beroofd? Bent u dat niet, die vrouw op het doek? Geeft het beeld u leven en doodt het u tegelijkertijd? En de echte blik van echte mensen in het echte leven?'

'Te veel vragen, dokter! Ik weet het niet. Mannen kijken niet naar me. Ze werpen een blik op me, dat is niet hetzelfde. Bij u is het anders. De eerste keer dat u me ontving keek u naar me alsof het uit uw tenen kwam. Alsof er in mij iemand zat aan wie u me ging voorstellen. Dat heeft me goed gedaan.'

Het duurde een poosje voordat de psychoanalyticus iets vreemds en verontrustends opmerkte. Tussen twee blikken door, wanneer niemand aandacht aan haar besteedde, verslapte haar gezicht, desintegreerde het, stierf het.

Greenson vond haar intelligent, maar was verbaasd te zien dat ze van poëzie, theater en klassieke muziek hield. Arthur Miller, haar derde echtgenoot met wie ze vier jaar eerder was getrouwd, had het op zich genomen haar te vormen en daar was ze hem blijvend dankbaar voor. Tegelijkertijd gaf ze blijk van een venijnige wrok tegen hem: hij was kil en gevoelloos, voelde zich aangetrokken tot andere vrouwen en werd gedomineerd door zijn moeder. In die tijd begon haar huwelijk te wankelen. Yves Montand was niet meer dan een versnellende factor. De ware redenen van haar verwijdering van haar echtgenoot lagen elders.

De analyticus aarzelde niet Miller te ontmoeten en vond dat hij werkelijk op zijn vrouw gesteld was en oprecht bezorgd was over haar toestand, ook al werd hij van tijd tot tijd kwaad en wees hij haar dan af. 'Marilyn heeft onvoorwaardelijke liefde en toewijding nodig,' zei de analyticus tegen hem. 'Bij minder dan dat kan ze niets verdragen.' Later dacht Greenson dat ze uiteindelijk om seksuele redenen achter Arthur Miller was aangegaan. Ze dacht dat ze frigide was en had moeite om meer dan een paar orgasmen met dezelfde man te krijgen.

Na Marilyns dood gaf iets hem de bevestiging van het gevoel dat hij had gehad toen hij voor het eerst naar haar had gekeken: ze had een lichaam, maar dat lichaam wás ze niet. 'Uiteindelijk,' had Miller tegen hem gezegd, met zijn blik in de verte, 'kwam er uit die desincarnatie iets goddelijks te voorschijn. Ze was absoluut niet in staat te veroordelen, een oordeel te vellen; zelfs niet bij mensen die haar pijn hadden gedaan. Bij haar zijn betekende dat je geaccepteerd werd, dat je een lichtende, heiligmakende zone betrad na een leven te hebben verlaten waar achterdocht heer en meester was. Ze was half koningin, half verwaarloosd kind, soms geknield voor haar eigen lichaam, soms wanhopig erdoor.'

De psychoanalyticus bracht zijn collega Wexler kort daarna verslag uit van zijn indrukken van het begin van de behandeling. 'Wanneer haar angst toeneemt, begint ze zich als wees te gedragen, als verlaten kind, als een masochiste die anderen uitdaagt en alles doet om gedaan te krijgen dat ze haar slecht behandelen en misbruik van haar maken. Het verhaal van haar verleden geeft steeds meer uitsluitsel over de trauma's die weeskinderen oplopen. Die vrouw van vierendertig jaar blijft functioneren op het idee dat ze maar een verlaten, weerloos kind is. Ze voelt zich onbetekenend, onbelangrijk. Tegelijkertijd is ze seksueel onbevredigd en ontleent ze een enorme trots aan haar eigen uiterlijk. Ze vindt zichzelf heel mooi, zelfs de mooiste van de wereld. Als ze in het openbaar moet verschijnen, doet ze er alles aan om er verleidelijk uit te zien en een goede indruk te maken, terwijl ze

thuis, als niemand haar ziet, haar uiterlijk volkomen kan verwaarlozen. Haar lichaam mooi maken is voor haar de belangrijkste manier om een zekere stabiliteit te krijgen en haar leven
zin te geven. Ik heb geprobeerd tegen haar te zeggen dat volgens
mijn ervaring echt mooie vrouwen niet de hele tijd mooi zijn.
Op bepaalde momenten, onder bepaalde gezichtshoeken, zijn
ze alledaags en lelijk. En dat ís schoonheid, geen toestand maar
iets tijdelijks. Ze leek niet te begrijpen wat ik zei,' besloot Greenson en hij verliet zijn partner zonder hem de mogelijkheid tot
een antwoord te geven. Wexler kende hem goed, hij wist dat het
Ralph Greenson niet aan antwoorden ontbrak, maar aan vragen.

De eerste fotograaf in het leven van de vrouw die zich nog Norma Jeane Baker noemde, was drieëndertig jaar, uit Europa gekomen op verzoek van producent David O. Selznick en een aantrekkelijke man.

Aan het eind van de jaren vijftig had het tijdschrift *Life* André de Dienes gevraagd Marilyn te fotograferen met Natasha Lytess, haar acteercoach. Lytess, van oorsprong Russisch en uit Berlijn naar Hollywood geëmigreerd, was een gemankeerd actrice. Ze moesten in hun huis in hartje Beverly Hills een toneelles nadoen. Al bij de eerste foto's ging het mis. De dames maakten ruzie. De Dienes vond Marilyns kleding absoluut niet mooi. Ze droeg een overhemdblouse die haar vormen volledig verhulde en een afschuwelijke rok tot op haar enkels. Hij vond haar onechte kapsel vreselijk en wilde haar met glamour laten zien, uitdagend, begeerlijk. Hij stelde Marilyn voor tegenover Natasha te poseren, alleen gekleed in haar korte zwarte onderjurk, met haar haar in de war terwijl ze theatrale gebaren maakte. Hij wilde beelden vol actie. Natasha was het daar niet mee eens. Ze riep dat Marilyn een echte actrice moest worden, en geen seksbom. De Dienes herinnerde haar eraan dat Marilyn haar beroemdheid juist aan haar sexappeal te danken had, pakte daarna zijn apparatuur in en sloeg de deur achter zich dicht, roepend dat hij niet met schijnheilige mensen werkte.

In haar laatste jaren bleef fotografie een toevlucht, elke keer als Marilyn wanhopig was. Zo doodsbenauwd als ze werd van het vooruitzicht in een film te moeten spelen en voor het oog van honderd mensen twintig keer een scène te moeten herhalen, zo werd er een muur tegen de angst opgetrokken door het ballet van een man die gewapend met een fototoestel om haar heen danste.

'*Look bad, not only sexy, dirty*,' dat is waarschijnlijk wat de onbekende filmmaker tegen Marilyn zei voordat hij in een lelijk appartement in Willowbrook, Downtown Los Angeles, zijn camera aanzette. De film duurt drie minuten en eenenveertig seconden. Hij is in zwart-wit gedraaid. Hij is stom, maar later is er geluid onder gezet, met een gedeelte uit een van Marilyns liedjes: *My Heart Belongs to Daddy*.

Als dat filmpje geen vervalsing is, is het het eerste spoor dat van haar is gefilmd. Om in Hollywood te overleven verkocht ze op haar tweeëntwintigste wat ze kon aan wie het wilde: haar lichaam aan producenten, en het beeld van haar lichaam aan anonieme kijkers die naar die buiten de studio's opgenomen pornofilmpjes keken. *Apples* en *Knockers and Cocks* waren de titels ervan. Vooral die eerste, *Porn*, is heftig. De actrice komt binnen, gekleed in een zwarte jurk, die ze uittrekt om zich te laten zien in een korset van dezelfde kleur, met jarretels en zonder slip. Ze heeft een buikje, dikke dijen en een pafferig hoofd, en de linkerkant van haar gezicht is verborgen door roodbruin, slordig haar dat ervoor valt. Er spreekt iets hopeloos vulgairs en vermoeids uit haar logge tred en uit haar vage gebaren wanneer ze het instrument dat de man haar in cadeauverpakking heeft gegeven bij zichzelf naar binnen brengt. Als haar gezicht niet in de laatste opname te zien zou zijn, wanneer ze een sigaret rookt terwijl ze naar de man kijkt die ze net heeft gepijpt en op zijn schoot gezeten heeft bevredigd, zou je kunnen twijfelen of dat Marilyn Monroe is. Alleen die glimlach is van haar.

Er zit in die opeenvolgende beelden van het zich uitkleden en de droevige hoererij een soort ouderwetse porno, seksuele wreedheid en fascinerende lelijkheid. Het ontbreken van geluid versterkt de indruk van gekreun of een kreet die in beeld is gebracht. Door zijn grimmige onnozelheid geeft de film minder de waarheid van seks te zien dan die van film zelf. Volledig afgedraaid en niet te restaureren tonen de overgebleven kopieën hoe het ene beeld door het andere wordt opgeslokt; hoe de lepra van de vergetelheid zich meester maakt van de meest vertoonde opname; hoe schaduwen opkomen op het oppervlak van het celluloid en tegen de kijker zeggen: niets te zien.

Op een dag in januari 1951 bracht een zwarte Lincoln Convertible cineast Elia Kazan en dramaturg Arthur Miller in Hollywood over het terrein van Fox, zoekend naar de set waar As Young as You Feel werd opgenomen. Nog voor ze haar hadden gezien, weerklonk Marilyns naam, uitgeroepen door een schor geschreeuwde assistent. De regisseur barstte uit in een scheldkanonnade tegen de jonge actrice van vierentwintig jaar, die voortdurend uit het decor wegliep en huilend en verward terugkwam. De rol was klein, maar voor elke opname waren uren nodig. Uiteindelijk verscheen ze, in een nauwsluitende zwarte jurk. Kazan was sprakeloos. Hij was gekomen om haar een rol aan te bieden.

Hij werd haar minnaar, daarna haar vriend, daarna onder het McCarthyisme haar vijand, en daarna opnieuw haar vriend. 'Toen ik haar ontmoette,' vertelde hij later, 'was ze een eenvoudige, hartstochtelijke jonge vrouw die op de fiets naar haar lessen ging, een fatsoenlijk meisje. Hollywood heeft haar met haar benen wijd op de grond gegooid. Ze was kwetsbaar en wilde dolgraag geaccepteerd worden door mensen die ze zou kunnen respecteren. Net als veel andere meisjes die hetzelfde soort ervaring als zij hadden gehad, mat ze haar gevoel van eigenwaarde af aan het aantal mannen dat ze wist te verleiden.'

～

Marilyn bleef te laat komen bij haar psychoanalyticus.

'Vanwaar zo veel vijandigheid tegenover degenen die u willen helpen en in goede verstandhouding met u willen werken? We zijn bondgenoten, geen tegenstanders!'

'Zo is het nu eenmaal. Van begin af aan. Bij mijn eerste film, A *Ticket to Tomahawk*, dreigde de regieassistent: "We kunnen u vervangen, hoor!" Ik antwoordde: "U ook!" De imbeciel! Hij begreep niet dat te laat zijn betekent dat je je ervan verzekert dat je niet kunt worden vervangen, en dat anderen op je wachten, op jou en niemand anders. En bovendien, weet u, ben ik niet afwezig als ik te laat kom, ik bereid me voor. Ik verander steeds opnieuw mijn kleren en mijn make-up. Mijn beeld. En mijn woorden ook. Ik maak aantekeningen over wat ik ga zeggen en loop vooruit op gespreksonderwerpen.'

De arts onderbrak haar.

'Hier bent u niet op de set of op een societyparty. Weet u wat uw laatkomen betekent? Het wil zeggen: Ik vind u niet aardig, dokter Greenson. Ik heb geen zin om bij u langs te komen.'

'O, jawel, ik kom hier graag, echt waar!' antwoordde Marilyn met een kinderlijk stemmetje. 'Ik vind het fijn om tegen u te praten, ook al moet ik een andere kant op kijken om uw ogen niet op me te voelen rusten.'

'Dat zegt u, maar uw gedrag zegt: Ik vind u niet aardig.'

Marilyn zweeg. Ze vond dat haar laatkomen maar één ding wilde zeggen: u wacht op me. U houdt van me. U wacht alleen op mij. Houd van me, dokter, u weet best dat degene die van

48

iemand houdt altijd degene is die op de ander wacht.

Daarna kwam ze nooit meer te laat. Vaak lunchte ze in haar auto om op tijd te zijn. Ze begon zelfs te vroeg te komen. Een halfuur, daarna een uur. Uiteindelijk kon ze nog steeds niet op tijd komen.

'Ziet u, u weet niet wat u wilt, u weet niet hoe laat het is,' zei de analyticus tegen haar.

Hij dacht dat het feit dat ze nu te vroeg kwam, betekende: hij is er. Een kwestie van tijd. Maar hij is er. Voor mij. Hij is er.

De volgende zomer vertelde ze haar analyticus tijdens een gespannen sessie dat ze tijdens de opnamen van *The Misfits*, onder regie van John Huston, een scène moest spelen waarin ze de pogingen van haar echtgenoot om zich met elkaar te verzoenen afwees.

'Ik blokkeerde bij dit zinnetje: "Je bent er niet met je hoofd bij." Huston was razend, maar Clark Gable nam het voor me op: "Als zij er is, is ze er ook met haar hoofd bij. Ze is er van top tot teen. Ze is er om te werken." Sindsdien,' zei ze tegen haar analyticus, 'is het mijn lievelingsuitdrukking als ik over mijn ervaringen met mannen praat: ze zijn er zelden met hun hoofd bij. Zij.'

De eerste keer dat ze in de leren fauteuil ging zitten, eenzelfde als die van haar analyticus, viel het grote bureau van donker hout haar op, zonder papieren. Ze veronderstelde dat hij zijn artikelen boven schreef. Het verbaasde haar geen enkel portret van Freud te zien, zoals zo'n beetje overal in de praktijk in Beverly Hills en bij haar vorige analytici thuis. Wat haar nog meer trof was een groot schilderij van een vrouw die op haar rug gezien naar een tuin zat te kijken. Je kon haar gezicht niet zien, maar door de zachte tonen van het licht en van haar kleren viel de sereniteit waarvan het vervuld was te raden. Ze hield direct van de rustige, stille schoonheid van die grote kamer, beschermd tegen het licht van de ondergaande zon door gordijnen met geometrische motieven in groen en bruin.

Na een paar sessies in zijn praktijk in Beverly Hills had Greenson Marilyn voorgesteld haar op gezette tijden bij hem thuis te ontmoeten, om niet de aandacht van het publiek te trekken. Het was een opmerkelijk voorstel. Je kwam bij zijn huis in Santa Monica via de openbare weg, en zijn gezin woonde er ook. Zijn kinderen, Joan en Daniël, wisten dat hun vader beroemde cliënten ontving, maar waren verbaasd dat hij zijn gewoonten veranderde en afspraken in zijn praktijk afzei om Marilyn Monroe bij hen thuis te ontvangen. Toen Joan de nieuwe, beroemde patiënte zag wilde ze direct vriendinnen met haar worden, en algauw zei haar vader dat ze haar moest ontvangen als hij verlaat was en raadde hij haar aan om met haar op stap te gaan. Joan vroeg zich wel af of het echt nodig was dat hij haar geneesmiddelen bij de apotheek liet ophalen om naar het Beverly Hills Hotel te brengen. De analyticus erkende nooit de vergissing in zijn behandeling, die erin bestond dat hij Marilyn mee naar huis nam en daarna een gezinslid van haar maakte. De man die later het doel van analyse definieerde als de toegang tot onafhankelijk denken van de patiënt, deed precies het tegenovergestelde. 'Ik ben bezig haar enige therapeut te worden,' schrijft hij trots aan Marianne Kris, tot wie Marilyn zich nog een jaar zal blijven wenden als ze in New York verblijft. Wanneer hij Marilyn ter sprake brengt, wordt de manier van schrijven in zijn brief hakkelig, alsof hij alle richting kwijt was.

Behalve haar vijf of zes keer per week te zien, moedigde de psychoanalyticus Marilyn ook aan hem elke dag te bellen. 'Omdat ze zo alleen was en buiten de opnamen niemand anders had om op te zoeken en niets te doen had als ik haar niet ontving,' verontschuldigt Greenson zich tegenover Marianne Kris. Op een avond was ze na haar sessie met een taxi uit Santa Monica teruggegaan en had ze de chauffeur bij haar thuis uitgenodigd, en daarna de nacht met hem doorgebracht. Greenson wond zich op over dat 'pathologische' gedrag en zijn vrouw raadde de actrice aan om de avonden waarop de sessie uitliep maar liever bij hen te blijven, iets wat Marilyn van tijd tot tijd deed.

Greenson rechtvaardigde zich tegenover Wexler: het ging om een weloverwogen strategie, zodat ze haar hoofd boven water hield en haar plaats op de set van *Let's Make Love* kon innemen. 'Hoewel ze eruitziet als een verslaafde, komt ze niet in die categorie,' verduidelijkte hij. Het kwam inderdaad voor dat zijn patiënte haar drugs niet meer innam zonder de gebruikelijke ontwenningsverschijnselen te vertonen, en de analyticus had geprobeerd haar ervan af te brengen door haar regels voor een gezond leven aan te bevelen. Maar het gebeurde niet zelden dat Marilyn hem naar het Beverly Hills Hotel liet komen om haar een intraveneuze injectie Penthotal of Amytal te geven. Hij stemde erin toe, en wendde zich daarna ontreddered tot Wexler: 'Ik heb tegen haar gezegd dat alles wat ze al had ingenomen genoeg was geweest om een half dozijn mensen uit te schakelen, en dat het, als ze niet sliep, kwam doordat ze bang was om te slapen. Ik heb haar beloofd dat ik haar zou laten slapen met minder slaapmiddelen, mits ze toegaf dat ze zich tegen de slaap verzette en een vorm van vergetelheid zocht die de slaap niet is.'

∾

Ralph Greenson, die in 1942 als arts-psychiater in het leger was gerekruteerd, specialiseerde zich in traumatische neurosen. Buiten de zorg voor oorlogsgewonden begon hij regelmatig lezingen te geven voor medisch personeel, veldpredikers en sociaal werkers die frontsoldaten weer aan het burgerlijk leven probeerden te laten wennen. Die ervaring van psychiater in het leger vormde het onderwerp van een heel populair verhaal van Leo Rosten. Greenson werd de hoofdpersoon van *Captain Newman, M.D. (Kapitein Newman, psychiater in oorlogstijd)*, gepubliceerd in 1961. Het daaropvolgende jaar werd de roman bewerkt om er een film van te maken.

Van die ervaring had Greenson zelf een scène ingebracht. Op een dag moest hij een intraveneuze injectie Penthotal geven aan een achterschutter op een B17-bommenwerper, die van zijn missie was teruggekeerd. De man leed aan slapeloosheid en nachtmerries, beefde voortdurend, transpireerde overvloedig en vertoonde een ernstige shockreactie. Hij had net vijftig gevechtsmissies achter de rug, maar was zich van geen enkele specifieke angst bewust; hij was alleen terughoudend om over zijn vluchten te praten. Hij had erin toegestemd Penthotal te gebruiken, omdat hij had gehoord over het gevoel van dronkenschap dat daarbij optreedt, maar vooral omdat het hem de gelegenheid bood geen rekenschap aan zijn superieuren af te leggen. Zodra Greenson hem vijf cc had ingespoten, ging de patiënt plotseling rechtop in bed zitten, rukte de naald uit zijn arm en begon te brullen: 'Op vier uur, op vier uur, ze komen, richt, richt, anders krijgen ze ons te pakken, die klootzakken! O, mijn god, richt, richt! Daar heb je ze, op één uur, op één uur, richt, die schoften, richt! O, mijn god, ik heb pijn, ik kan niet meer bewegen, richt, iemand, help me, ik ben geraakt, help me! O, de smeerlappen, help me, richt, richt!'

Op die manier schreeuwde en brulde de zieke ruim twintig minuten, zijn ogen vol angst, terwijl het zweet van zijn gezicht droop. Met zijn linkerhand greep hij zijn rechterarm vast, die slap naar beneden hing. Hij beefde. Ten slotte zei Greenson tegen hem: 'Oké Joe, we hebben ze te pakken.' Bij die woorden zakte de zieke terug op bed en viel in een diepe slaap. De volgende ochtend vroeg de dokter hem of hij zich de gebeurtenis met de Penthotal herinnerde. Hij glimlachte verlegen en zei dat hij nog wist dat hij had geschreeuwd, maar heel vaag. Toen Greenson hem eraan herinnerde dat hij het over een missie had gehad waarbij hij gewond was geraakt aan zijn rechterhand, en dat hij de hele tijd had geschreeuwd: 'Richt, richt!' onderbrak hij hem: 'Ach! Ja! Ik weet het weer, we kwamen terug uit Schweinfurt en toen vielen ze ons aan: eerst kwamen ze aan op vier uur en daarna op één uur, en daarna werden we geraakt door kogels...' Onder invloed van Penthotal slaagde de patiënt erin zich gemakkelijk de gebeurtenis te herinneren die hij had meegemaakt.

Daarna bleef Greenson zoeken naar het geheim van wat vergeten is door gebruik te maken van drugs, van het 'waarheidsserum' zoals Penthotal in films uit die tijd werd genoemd. Hij had er zijn analyse bij Frances Deri voor nodig om zijn fascinatie voor herinneringsinjecties te laten stoppen en de waarheid die bij zijn patiënten verborgen zat te gaan najagen via andere wegen dan farmacochemie. Via overdracht, via de psychoanalytische kuur, waarin liefde het enige medicijn is en je je het verdrongene kunt herinneren door het onder woorden te brengen. Maar aan zijn experimenten met drugs hield hij een opvatting van zorg over waarin de therapeut er moet zijn, in de werkelijkheid, om de patiënt elementen van zijn eigen psychische en fysieke realiteit aan te dragen.

'Meneer Wexler, mag ik bij u langskomen? Ik ben journalist en schrijf een boek over Marilyn. Over Greenson vooral, en het gedeelte dat in haar dood aan hem verweten wordt. Hij is onlangs overleden. U heeft hen allebei goed gekend, ik zou graag willen dat u me over hen en over uw verhouding met hen vertelt.'

Wexler wees het verzoek af, dat hetzelfde was als die waarmee hij al jarenlang werd bestookt. Hij stuurde de journalist weg, zoals hij dat had gedaan met al die onderzoekers die om een complot of een schandaal verlegen zaten. Daarna probeerde hij er niet meer aan te denken. Maar langzamerhand werd hij overspoeld door herinneringen, en de volgende dag belde hij terug om iets anders voor te stellen: om hem te helpen zijn eigen memoires te schrijven. Een psychoanalyticus in de bloeitijd van de studio's. Hij had de titel al: *A Look Through the Rearview Mirror*.

'Waar moet ik mee beginnen? Het is allemaal zo ontzettend lang geleden,' zei Wexler. 'Het gaat terug tot een jaar na Marilyns dood, maar het betreft de Greenson die ik vlak na de oorlog heb leren kennen. Ik verzet me niet tegen het plezier die episode ter sprake te brengen. *Captain Newman, M.D.* vertelde het verhaal van een heldhaftige arts tijdens de Tweede Wereldoorlog. Waardeloos. Romi niet. Gregory Peck ook niet, die speelde niet slechter dan anders. De film. Hij kwam uit in 1963, herinner ik me, en had veel succes. Niet zoals *Freud* van John Huston, die op hetzelfde moment werd aangekondigd, met de belachelijke ondertitel *The Secret Passion*. U weet wel, de film waarin Marilyn zou spelen en waarbij Ralph Greenson alles had gedaan om dat te verhinderen.'

'Wat gebeurde er dan?'

'Kent u dat verhaal niet? Dat zal ik u een andere keer vertellen. Pech gehad, ik heb geen tijd meer om eerbiedig te zijn tegenover de doden. Moet u nagaan! Op het moment waarop hij Freud in de film verbiedt, zet Greenson zichzelf te kijk als reddende psychiater en toont hij zich minder terughoudend om zelf als dapper analyticus te worden neergezet dan om zijn patiënte freudiaanse hysterici te laten spelen. Toch ging dat verhaal over Newman, de shockpsychiater, wel over Romi's leven in het leger, toen hij de zorg had voor getraumatiseerde soldaten die terugkwamen van het front in de Grote Oceaan. Altijd in de weer, altijd innemend. Overal waar hij zich bevond waren de gebeurtenissen *bigger than life*, zoals in films. Ralph toonde zich daarin dramatisch en tegelijkertijd luchthartig, vol humor. In de film spaarde de heldhaftige krankzinnigenarts kosten noch moeite om drie oorlogsgewonden weer geestelijk gezond te maken. Aan zijn zijde zorgde een verpleger, Jake Leibowitz, gespeeld door Tony Curtis, die patiënt van Greenson was, voor de vrolijke noot in deze tragedie van het medische geweten: waarom zou je soldaten met een oorlogstrauma weer in staat stellen te marcheren en te vechten? Betekent verzorgen iemand de dood insturen, of een leven in dat geen leven is? Soms is dat een vraag die wij onszelf bij onze onbeduidende behandelingen stellen.

Greenson, die het scenario van *Captain Newman* had geschreven, legde zich er op advies van zijn vrouw, die processen van patiënten vreesde, met tegenzin bij neer dat zijn naam niet op de aftiteling voorkwam. Toen hij en Leo Rosten elkaar hadden ontmoet, had hij zich net als psychoanalyticus in Los Angeles gevestigd en begon de romanschrijver net voor Hollywood te werken. De twee mannen hadden een levendig intellectueel contact: Romi nam de schrijver mee naar psychoanalytische avondjes en Leo introduceerde de analyticus op zijn beurt bij etentjes in Hollywood. Romi, die een opmerkelijk verteller was, hield dan levendige verhalen over sessies. Ooit zei Rosten over hem: "Omdat hij gefrustreerd is doordat hij de hele dag zijn mond moet houden, laat hij zich 's avonds gaan en trakteert hij Hollywood op zijn verhalen over casussen. Ik geloof echt dat hij het zijn hele leven jammer heeft gevonden dat hij geen acteur is geworden. Hij gáf geen lezingen, hij speelde ze, beeldde ze uit." Dat was ook de mening van Charles Kaufmann, de scenarist die Jean-Paul Sartre was opgevolgd in Hustons *Freud*-project en die Greenson bij die gelegenheid veel had gezien. Hij had begrepen dat een man van het woord nog niet een man van zíjn woord is, en dat werkelijke macht in de kunst van het zwijgen ligt.

Onze collega en vijand Leo Rangell, voorzitter van de Los Angeles Psychoanalytic Society, die in Colorado met hem in contact was gekomen, vond dat Greenson niet in staat was andere therapeuten als zijn gelijken te behandelen: "Je moest zijn slaaf zijn of zijn vijand worden." Toen ik die mening aan Romi overbracht, barstte hij – altijd innemend – in lachen uit: "Waarom heeft hij dat niet tegen mij gezegd? Ik zou meteen weer een serie analyses met hem hebben opgepakt." Rangell bleef zijn vijand binnen onze vereniging. Romi hield van macht, en nog meer van spelen met macht. Niet zozeer om die uit te oefenen, als wel om tegen zichzelf te zeggen: als ik zou willen, zou ik boven dat alles staan, zou ik ervoor zorgen dat al die mensen me erkentelijk zijn. Hij hield ervan zichzelf op de voorgrond te plaatsen. Maar ik hou op, u gaat nog denken dat ik mijn collega niet waardeerde. En bovendien vermoeit dit alles me. Laat me alleen!'

Even later hield Milton Wexler zijn gesprekspartner op de drempel staande.

'Ziet u, het grappigste is dat op het moment dat Romi een film over zijn leven maakte, zijn patiënte haar leven speelde alsof ze in een film zat, zonder hem daar iets over te vertellen. Ieder zijn eigen film.'

De opnamen van *Let's Make Love* waren van begin tot eind chaotisch. Op 26 januari had Marilyn een opname van het liedje *My Heart Belongs to Daddy* onderbroken. Ze was al om zeven uur 's ochtends op de set aangekomen, had daarna, vlak na het schminken, de studio verlaten en was drie dagen lang verdwenen.

'Je zult zien wat het betekent om met de slechtste actrice ter wereld te spelen,' had ze Montand toegeworpen, met wie ze samen haar eerste scène moest doen. 'Ik zou willen verdwijnen. In beeld of buiten beeld, dat zal me worst wezen, als ik maar verdwijn.'

'Je bent bang. Denk aan mij! Ik ben net zo verloren als jij.'

De medelijdende opmerking was raak. Een paar dagen later vat Marilyn kou. Ze zondert zich af in haar bungalow. Op een avond duwt Montand haar deur open, gaat naast haar op bed zitten en pakt haar hand. Ze trekt hem boven op zich en omhelst hem met een vrolijk soort wanhoop. Al heel snel begrijpt ze dat de Fransman ook maar een figurant is in de liefdesgeschiedenis die ze zichzelf al van jongs af aan vertelt. 'Altijd hetzelfde verhaal,' zegt ze tegen haar analyticus. ''s Avonds valt de man in slaap met Marilyn Monroe en 's ochtends wordt hij wakker met mij. Maar van Montand zou ik graag willen dat hij van me houdt. *Play it again, Yves.* Zet de plaat weer bij het begin.' Greenson raadt haar onmiddellijk aan haar verhouding met Montand niet voort te zetten.

Marilyn speelde een hele week, kwam voortdurend te laat, weigerde elke dag een beetje langer om uit haar kleedkamer te komen, nipte elke dag haar gin uit een koffiekopje en was elke dag minder in staat zich meer dan één antwoord tegelijk te herinneren. Ze speelde, en Cukor had zijn film, een van de slechtste die hij – en zij ook – had gemaakt.

In het grote, mooie huis in Mexicaanse stijl van de Greensons, in Santa Monica, werden op luisterrijke party's beroemdheden en psychoanalytici ontvangen. Je moest er absoluut zijn als je bij de elite van Los Angeles hoorde. Men kwam bij elkaar om naar kamermuziek te luisteren en van toastjes op kartonnen bordjes te snoepen. Greenson hield van geld, maar als een gokker, om het uit te geven en zo te laten zien dat hij er geen macht of erkenning mee zocht. Een van zijn patiënten, de schilder Tony Berlant, die destijds geen rooie cent had, vertelde dat hij hem niets liet betalen. Greenson had hem zelfs toevertrouwd dat de patiënt die na hem kwam, een rijke zakenman, honderd dollar per uur betaalde, en dat hij systematisch te laat met diens sessie begon door die van de schilder te laten uitlopen, om zich van hem te ontdoen. Berlant heeft het over een soort gespletenheid bij zijn voormalige analyticus: je had de arrogante, verleidelijke en autoritaire spreker van de societyparty's in Santa Monica, en de man die achter hem zat, mild en toegankelijk in de psychoanalyse-situatie.

Bij Romi thuis was alles eenvoudig en verschrikkelijk chic. Conversatie was de voornaamste aantrekkingskracht van die party's. Het was de enige psychoanalytische salon waar je je kon vermaken. Er liepen altijd mensen uit heel verschillende kringen rond. Je kwam er Anna Freud tegen, antropologe Margaret Mead, de seksuologen Masters en Johnson en een hele hoop mensen uit Hollywood. Producent Henry Weinstein, die van de oostkust kwam, was vaste gast sinds actrice Celeste Holm hem aan Greenson had voorgesteld. 'Ik viel als een blok voor hem,' herinnerde Weinstein zich veel later, ondanks de heftige breuk tussen de twee mannen tijdens de opnamen van Marilyns laatste film, *Something's Got to Give*, waarvan hij de producent was. Bij de Greensons thuis in Santa Monica komen wanneer je in Los Angeles woonde, was in ieders ogen zoiets als genieten van een intellectuele, artistieke oase midden in een woestijn van geld.

Marilyn, die regelmatig werd uitgenodigd voor de muziekmiddagen die in de mooie haciënda werden gegeven, kwam er mensen uit de filmwereld tegen. De scenaristen Lilian Hellman en Leo Rosten, en een paar patiënten of oud-patiënten, zoals producent Dore Schary of Celeste Holm. De zielenknijpers waren ruim vertegenwoordigd: Hannah, de weduwe van Otto Fenichel, Lewis Fielding en Milton Wexler. De moeder van de gastheer, Kathryn Greenschpoon, troonde te midden van een aandachtig publiek. Iedereen was verbaasd Marilyn te zien, afgezonderd van de toehoorders, met opgetrokken benen in een leunstoel van blauw velours, terwijl ze gracieus haar hand op de wendingen van de muziek bewoog. 'Om dichter bij de muziek te zijn,' zei ze tegen Hildi, 'moet je verder van de musici af zitten.' Dat is muziek: niets te zien.

Ze was er echt thuis. Soms hoorde ze Juliet spelen, de tweelingzus van haar analyticus. De jongste zus, Elisabeth, die getrouwd was met Milton – 'Mickey' – Rudin, de advocaat van de actrice en van Frank Sinatra, was ook klassiek pianiste, maar zag er niet op neer in jazzbands te spelen. Op zondagmiddag begeleidde ze de aarzelende viool van haar broer in kamermuziekconcerten. Romi, die verliefd was op de kunsten – die hem niets opleverden –, oefende nooit op zijn instrument, wat hem er niet van weerhield zich heel zelfgenoegzaam en met veel tekortkomingen op de solopartijen van een Brandenburgs Concert te storten.

Op die middagen zag Romi in de ogen van zijn patiënte die treurigheid van een treurig kind, die peilloze treurigheid die we soms ervaren in aanwezigheid van volwassenen die muziek maken, waardoor we ons meer buitengesloten voelen dan wanneer we hen met elkaar horen praten of vrijen. Elk van de leden van het ensemble is er zo op gebrand de anderen zijn eigen leegte, zijn eigen angst aan te reiken, dat ze elkaar niet meer zien, maar elkaar raken met klanken zoals je elkaar nooit met woorden of met handen kunt raken.

De eerste keer dat ze de grote salon binnenkwam, werd Marilyn getroffen door de vleugel, een Bechstein-concertvleugel. Ze dacht aan de witte vleugel van haar moeder. Een *Baby Grand* van het merk Franklin. Tijdens de korte periode waarin ze samen in Los Angeles hadden gewoond, in het huis op Arbol Street, vlak bij Mount Washington, had Gladys Baker die vleugel gekocht, die volgens de familielegende van acteur Fredric March was geweest. Daarna had een zekere Marion Miller Marilyn thuis bij Ida Bollender, een van haar pleegmoeders, een jaar lang lesgegeven. Haar moeder had betaald. Zij kon zich redden met klassieke stukjes en bleef heimelijk altijd trots dat ze *Für Elise* kon spelen. Algauw kon Marilyn, die van het ene naar het andere huis werd gesleept, door haar chaotische leven het instrument niet meer blijven bespelen. *Baby Grand*. Ze moest altijd lachen als ze die naam zei. Het leek op haar: een beetje groot en toch zo klein. Toen haar moeder was opgenomen, was de vleugel verkocht. Hoe dan ook had ze er nooit echt muziek uit weten te toveren en betreurde ze het dat ze op haar repertoire alleen het vaag komische polkadreuntje had dat ze quatre-mains met Tom Ewell in *The Seven Year Itch* van Billy Wilder speelt. Ze kocht de vleugel terug en daarna wilde ze altijd en overal, van New York naar Los Angeles en vice versa, die oude witte vleugel bij zich houden. Ze keerde ernaar terug als naar een verloren vriend. Ze hield ervan hem met haar vingertoppen te strelen, wanneer de mensen doof werden en het leven onleefbaar.

Misschien hield Marilyn in Greenson vooral van de hartstochtelijke, belachelijke musicus. Of hij nu praatte of zijn instrument bespeelde, zijn stem was zo pakkend. Ze voelde dat muziek hem meer ter harte ging dan woorden en ideeën. De psychoanalyticus bekwam daarin van de behoefte te zien en gezien te worden. Nadat hij op een avond in Marilyns aanwezigheid een trio van Mozart had gespeeld, nam hij haar bij de schouder en liep hij met haar naar de schuifpui met uitzicht over zee. 'Er bestaan van die luchten, net als deze muziek, die je zin geven te sterven en je vervullen van dat wanhopige plezier dat alles wat volmaakt is achterlaat.' Ze vroeg zich af waar hij die zin vandaan haalde, die ze niet helemaal begreep, maar die haar wel fascineerde.

Marilyn was twintig jaar en had een leegte in haar hart die ze verzachtte met mannen of vrouwen om zichzelf de kracht te geven om tot de ochtend door te gaan. Ze liep veel door Los Angeles, hing rond in de buurt van de studio's, met haar ogen vol heel vage beelden, en vertoonde een blondheid die afstak tegen het wit van de lucht, zoals het licht in oude films dat het haar van actrices op een overbelicht scherm een donker randje geeft. Ze dreunde een obsessieve gedachte op: een sterk iemand worden, een beroemde, raadselachtige figuur die je tegenkomt zonder je om te draaien, zoals je je noodlot tegenkomt.

Op een dag in 1946 bracht André de Dienes Marilyn naar Hollywood. Ze zou in een studio op Gower Street een producent ontmoeten. Toen hij haar een jaar eerder was tegengekomen, droeg Marilyn een nauwsluitende roze sweater, waren haar krullen met een lint bij elkaar gebonden en hield ze een hoedendoos in haar hand. Die dag reden André en Marilyn, dicht tegen elkaar aan gedrukt, langs het Hollywood Memorial op Santa Monica Boulevard. Hij stelde voor een omweg te maken via de begraafplaats waar beroemdheden uit de filmwereld lagen begraven, zoals Rudolph Valentino, Norma Talmadge, Marion Davies, Douglas Fairbanks sr. en een heleboel anderen. Marilyn was niet enthousiast over het voorstel, maar haar nieuwsgierigheid werd gewekt toen de fotograaf uitlegde dat de begraafplaats vlak achter de Paramount-studio's op Melrose Avenue lag, en dat Rudolph Valentino rustte op een paar honderd meter van de plaats waar zij misschien ooit in een film zou spelen.

Terwijl André haar door de gangen van het uitgestrekte mausoleum leidde, waar Rudolph Valentino in een nis achter een wit marmeren zerk ligt, bleef Marilyn zwijgen. Daarna bespraken ze zijn ongelooflijke beroemdheid en de waanzinnige opschudding na zijn plotselinge dood in 1926, 'mijn geboortejaar,' merkte ze op. Misschien, suggereerde André, was zij ter wereld gekomen om hem te vervangen en zijn legendarische carrière voort te zetten? Misschien zou zij ook ooit beroemd zijn!

'Als het is om net zo jong dood te gaan, is het niet de moeite.'

'Wat kun je nog meer wensen?' antwoordde hij. 'Hij is onsterfelijk geworden!'

Ze antwoordde dat ze liever lang en gelukkig leefde, en trok daarna een roos uit een van de vazen die naast zijn bronzen grafplaat stonden.

'Je besteelt de doden toch niet van hun bloemen,' verbaasde André zich.

'Ik weet zeker dat hij opgetogen zou zijn dat een meisje alleen een van zijn bloemen mee naar huis neemt, om op haar nachtkastje te bewaren. En weet je waar Jean Harlow begraven ligt?'

'Nee, en het kan me ook niet schelen.'

'Mij wel; ik ga daar vaak heen, in het Forest Lawn Memorial Park, waar ze in een privékapel ligt. Gestorven op haar zesentwintigste, omdat haar moeder lid was van een sekte en haar niet wilde laten verzorgen...'

Eenmaal buiten het mausoleum vroeg hij haar de afspraak in de studio te laten voor wat hij was en in plaats daarvan samen te blijven, zodat hij haar stukjes kon voorlezen uit een dik citatenboek dat hij altijd in zijn kofferbak bewaarde. Gezeten op het gras lazen ze zinnen over het leven, liefde, geluk, beroemdheid, ijdelheid, vrouwen, de dood en andere dingen. Het woord 'beroemdheid' hield Marilyns aandacht vast. Plotseling besloot ze dat ze haar portie poëzie en filosofie voor die dag had gehad en toch naar haar afspraak ging.

'Ga je met die producent naar bed?'

'Ja! En wat dan nog?' antwoordde ze woedend.

Hij zette haar af op de hoek van Melrose Avenue en Gower Street.

Een paar dagen later las André haar een gedicht voor met de titel *Lines on the Death of Mary*. Ze zei dat het voor haar was geschreven, behalve dat de dame het 'Lyn' achter 'Mary' was vergeten. Hij wees haar erop dat ze op de begraafplaats had beweerd dat ze graag lang en gelukkig wilde leven, en dat ze nu aankondigde dat ze niet oud zou worden... Dat gedicht over Mary's dood was een voorspelling dat ze jong zou sterven!

'Hou je mond en ga maar poseren!' onderbrak André haar. 'Ik heb liever dat je gezicht voor je spreekt.'

Ze stopten met lezen en hij begon haar te fotograferen, waarbij hij de stemmingen die ze op zijn verzoek uitbeeldde een voor een vastlegde en het hele scala aan menselijke emoties doorliep: geluk, melancholie, ingekeerdheid, onbewogenheid, bedroefdheid, gekweldheid, verwarring... Hij vroeg haar zelfs te laten zien waar in haar verbeelding de dood op leek. Ze deed een doek over haar hoofd. De foto die volgde was haar idee. Ze zei tegen André dat hij zijn toestel moest instellen omdat ze hem ging laten zien waar haar eigen dood ooit op zou lijken. Ze keek hem met een heel naargeestige uidrukking aan en zei dat de betekenis van de foto THE END OF EVERYTHING zou zijn. Hij drukte snel af en vroeg haar daarna waarom ze de dood zo gemeen en zwartgallig zag, in plaats van een vredige glimlach te tonen alsof het niets méér was dan de overgang van de ene naar de andere wereld, een mooie metamorfose. Marilyn antwoordde dat ze zich haar dood op die manier voorstelde. Ze voegde er een opmerking aan toe: 'André, publiceer die foto's niet meteen, wacht tot ik dood ben.'

'Hoe weet je nou of je eerder dood zult gaan dan ik? Ik ben per slot van rekening twaalf jaar ouder dan jij.'

'Ik weet het gewoon,' antwoordde ze zacht en ernstig.

Dat duurde maar even. Het volgende ogenblik was ze weer vrolijk en ongeduldig om naar een afspraak te gaan. Ze spoorde hem aan zich te haasten, zijn spullen weer in de auto te laden en naar huis te gaan.

In de drieëntwintig jaar die hij haar overleefde, bracht De Dienes vaak een bezoek aan Marilyns graf, en altijd op 1 juni, haar geboortedag, en op 4 augustus, haar sterfdag. Elke keer stal hij bloemen die daar waren neergezet en zette hij die in een glas op zijn nachtkastje. Hij dacht ook aan haar als hij in Westwood Village naar de film ging. Achter het scherm, op nauwelijks vijftien meter afstand, rustte Marilyn. Ze had een keer tegen hem gezegd: 'Wil je dat ik een wolk word? Nou, maak daar dan een foto van. Op die manier zal ik niet helemaal doodgaan.'

Telkens als hij die foto, die bij de telefoon hing, weer zag, herinnerde hij zich dat zij op de telefoontoestellen in haar huis een verkeerd nummer had geschreven, om haar privéleven te beschermen en opdringerige mensen op een dwaalspoor te brengen. Als ze dat nummer draaiden, kregen ze het mortuarium van Los Angeles.

∾

Marilyn, die in Los Angeles was geboren, was erg verknocht geraakt aan New York sinds ze daar eind 1954 voor het eerst was geweest. In de tijd dat ze als sterretje bij het Actors Lab van Los Angeles studeerde, zag ze de metropool van het oosten al als een magische plaats, ver, ver weg, waar acteurs en regisseurs iets anders deden dan de hele tijd close-ups of camerastandpunten bespreken. Ze droomde ervan zich in een leven te storten waar meer werd nagedacht, met minder beelden en meer woorden tussen de mensen.

Met altijd dezelfde hemel en temperatuur leek Los Angeles haar te slapen in de warmte. Marilyn verliet haar stad zoals je in bed wegschuift van een lichaam dat te dichtbij en te warm is, wanneer je voelt dat je alleen moet zijn om jezelf te zijn. Steden zijn lichamen. Je hebt huidsteden en bottensteden. Marilyn wilde zich in het hart van een geraamte vestigen. Later, gedurende wat haar nog aan leven restte, hield ze ervan terug te komen in New York, de staande stad. Dat verticale, die naar de hemel uitgestrekte bouwstijl vervreemdde haar van haar geboortestad, die helemaal liggend en bijna vlak was, met uitzondering van de heuvels van Hollywood in het noorden en de wolkenkrabbers van de havenwijk in het zuiden. Los Angeles bleef ook later de stad waar je schittert, waar je opvlamt, waar de zon met zijn rechtstreekse, verschrikkelijke licht alles verplettert en van de straten en huizen een platte flikkering van een luchtspiegeling maakt. Zoals de gedachte aan eeuwigheid iemand die daardoor geobsedeerd is uit de slaap houdt, geeft de Californische hemel te veel licht aan de stedelijke landschappen en te weinig scha-duw aan de zielen die er zouden willen ronddolen.

Vanaf het eerste moment dat ze was uitgestapt in Manhattan, zes jaar eerder, was dat haar stad. De stad. De stad waar wordt nagedacht. In New York was Marilyn nooit gedesoriënteerd. Eerder geheroriënteerd, omdat ze daar vond wat ze lang had gezocht. Te midden van die schaduwen en grijstinten voelde ze zich op haar best. Terwijl ze zich liet bevangen door de duize-lingwekkende maar heldere indruk dat ze zichzelf werd en voor een onbeschrijfelijke druk week, nam ze in schoonheid toe. Het voorbijgaan van de seizoenen, de heftigheid van de elementen, alles prikkelde haar. Ze dacht aan de stad, ze dacht door middel van de stad. Ze dacht dat de mooiste foto's die van haar werden gemaakt als New York waren, als het schaakspel, in zwart-wit.

In de loop van haar analyse met Greenson ging Marilyn in maart voor het eerst terug naar Manhattan, net nadat ze voor *Some Like It Hot* de Golden Globe voor beste actrice had ontvangen. Na een semester therapie, dat eindigde met de opnamen van *Let's Make Love*, ging ze terug naar New York om zich daar een poosje te vestigen. Tijdens de laatste sessie voor haar vertrek vertelde ze over een droom die vaak terugkwam: 'Ik ben begraven in het zand, en ik lig te wachten tot er iemand komt en me uitgraaft. Ik kan het niet alleen.'

Ze associeerde die droom met een herinnering.

'Ana, mijn tante Ana zoals ik haar noemde, maar ze was niet mijn tante, alleen de beste van alle moeders bij wie ze me hebben geplaatst – ik ben een jaar of vijf bij haar gebleven –, is overleden toen ik tweeëntwintig was. De volgende dag ben ik haar slaapkamer ingegaan en ben ik op haar bed gaan lig-gen... zonder te bewegen, zo. Ik ben een aantal uur op haar bed blijven liggen. Daarna ging ik naar de begraafplaats en zag ik werklui die een graf groeven. Ik vroeg of ik erin mocht klimmen. Ze zeiden: geen probleem. Met een ladder klom ik naar beneden. Ik ging op de bodem van het gat liggen en keek naar de lucht boven me. De aarde is koud onder je rug, maar het uitzicht is vrij.'

'Hield u van haar?' vroeg Greenson, verontrust door bepaalde details van dat verhaal die te afschuwelijk waren om waar te zijn.

'Zeker. Als dat woord betekenis heeft, is het niet tussen man en vrouw. Ik heb – voor of na Ana – nooit liefde gevonden, die waarmee je andere kinderen thuis omgeven ziet worden. Of dat mysterieuze licht, in films, dat het gezicht van sterren doet stralen. Ik heb compromissen gesloten. Ik heb geprobeerd de aandacht naar me toe te trekken. Iemand die naar me kijkt en die mijn naam zegt: voor mij is dat nu liefde.'

In de brandende julihitte van New York zag Marilyn haar echtgenoot, Arthur Miller, en haar analyticus, Marianne Kris, weer terug, zoals Greenson haar had aangeraden. Maar ze maakte zich algauw en tegelijkertijd van beiden los. Ze was drie jaar bij Kris in behandeling geweest, en daarvoor twee jaar bij Margaret Hohenberg. Maar nu was Romi er, die ze elke dag belde. Heel opgewonden zei ze tegen haar huishoudster, Lena Pepitone: 'Eindelijk heb ik hem gevonden. Hij is mijn verlosser. Hij heet Romeo. Vind je dat niet ongelooflijk? Ik noem hem mijn Jezus. Mijn verlosser. Hij doet fantastische dingen voor me. Hij luistert naar me. Hij geeft me moed. Hij maakt me intelligent. Hij zet me aan het denken. Bij hem kan ik welke confrontatie dan ook aan, ik ben niet bang meer.' Daarna belde ze Greenson: 'Ik ben verliefd op Brooklyn, ik wil daar wonen en alleen naar de kust gaan als ik in een film moet spelen.'

De volgende dag zag ze in lijn C van de metro die haar naar Broadway bracht, op het bankje tegenover zich een leeftijdloze vrouw, gekleed in een popperige jurk met roze strikken, op schoenen met een open hiel, eveneens roze, met kanten sokjes en een diadeem met valse briljanten, die aan een zuigfles zat te sabbelen. Doodsbang belde ze 's avonds haar verlosser.

Ralph Greenson was in Wenen, hij was zijn analyse bij Wilhelm
Stekel aan het beëindigen en was sinds kort met een paar andere
jonge aspirant-psychoanalytici toegelaten tot de avonden waarop Freud eens per maand over de psychoanalytische techniek
sprak. Hij dacht na over het eind van de behandeling. Een analyse beëindigen, wat is dat? Het was iets wat Greenson zich persoonlijk bij Stekel afvroeg, en hij verwachtte opheldering van de
meester voordat hij zelf daadwerkelijk met behandelingen zou
beginnen.

Op de eerste verdieping kwam je door de rechterdeur het
werkgedeelte van Freuds appartement binnen. De entree was
eenvoudig en zijn deur was voorzien van tralies tegen inbrekers,
zoals bij alle bourgeoishuizen in Wenen. Rechts bevond zich de
wachtkamer, met aan de muren portretten en onderscheidin-
gen die Greenson niet kon thuisbrengen. Later hoorde hij dat er
maar één portret van een volgeling hing, dat van Sandor Feren-
czi. Eén deur gaf toegang tot de spreekkamer van de psychoanalyticus, en een andere, bedekt met hetzelfde donkere behang als
de muur, bood patiënten die niet gezien wilden worden de mogelijkheid te vertrekken zonder weer door de wachtkamer te lopen. In die ruimte, aan de kleine kant voor al het meubilair – een
canapé, stoelen en een ovale tafel –, slecht verlicht en doorrookt
met sigaren, ontving de meester 's avonds laat zijn aanhangers.
Hij begroette hen koeltjes, zonder glimlach. Hij had maar een
tiental praktiserende psychoanalytici goedgekeurd, onder wie
een kern van zes permanente leden, aangevuld met een paar be-

ginnelingen, verschillend bij elke bijeenkomst. Hij noemde hen 'de van ver gekomen volgelingen'. Ze spraken met hem over het gebruik van overdracht. Over de liefde voor overdracht, zoals Freud het had genoemd, zoals je in woordenboeken een naam voor een ziekte zoekt om er minder bang voor te zijn.

'Ik houd niet zo van die uitdrukking "gebruik van overdracht",' was die avond zijn eerste opmerking geweest. 'Overdracht is geen gereedschap dat we ter hand nemen, het is eerder een hand die ons grijpt, ons streelt, ons van streek maakt.' Daarna had hij gesproken over de kracht van die band, over de zuivere verwantschap ervan met de liefdesband zelf, over de duur ervan, over de enorme moeilijkheid je ervan los te maken. Over de gevaren je ertegen te keren, zoals je je tegen een overeenkomst of een boosdoener keert, door tegen de patiënt te zeggen: "Ik ben het niet, u bent het niet." Freud citeerde Montaigne: "Ik hield van hem omdat ik het was, omdat hij het was." Ziet u, het dient nergens toe om tegen de patiënt te zeggen: "U houdt van me omdat u het niet bent, omdat ik het niet ben." Nergens toe.'

ℰ

De avond begint de bungalow in een roze wolk te hullen. De Franse journalist Georges Belmont is komen praten met Marilyn, die een paar dagen in Los Angeles terug is. Praten over van alles en nog wat, en ten slotte over de dood. Met haar stem van vermoeid klein meisje houdt ze een verhaal dat gespannen en tegelijkertijd ongedwongen is, onderbroken door lange stiltes.

'Natuurlijk denk ik eraan. Vaak zelfs. Soms zeg ik wel eens tegen mezelf dat ik liever aan de dood denk dan aan het leven. In zekere zin is het zoveel eenvoudiger, de dood. Vindt u niet? Je stapt erin, en je weet dat je bijna alle kans hebt dat je niemand aan de andere kant van de poort treft. Terwijl er in het leven altijd anderen zijn, of iemand anders. En wanneer je daarin stapt is het nooit je eigen schuld. Terwijl, als je ervan af wilt komen... Weet u een manier om van anderen af te komen?'

'Vertelt u me eens over uw kindertijd?'

'Ik heb nooit bij mijn moeder gewoond. Het tegenovergestelde is beweerd, maar alleen dit is waar. Zo lang ik me kan herinneren, ben ik altijd bij mensen in de kost geweest. Wanneer ze me kwam opzoeken bij de mensen bij wie ze me had ondergebracht – ik was nog geen twee weken oud – glimlachte ze nooit, praatte ze niet tegen me en raakte ze me nooit aan. Mijn moeder had... psychische problemen. Ze is nu dood.'

Dat waren twee leugens in twee zinnen, maar dat wist de interviewer niet. Ten eerste had Norma Jeane een paar maanden bij haar moeder gewoond toen ze een jaar of acht was, in een appartementje op Afton Place, vlak bij de Hollywood-studio's, voordat haar moeder langdurig werd opgenomen. Een tweede keer, toen ze twintig was en haar geluk in de filmindustrie beproefde, verschafte Marilyn haar moeder een paar weken onderdak in een kleine woning op Nebraska Avenue. En ten tweede leefde Gladys Baker nog op het moment van het gesprek. Krankzinnig maar sterk zou ze haar dochter tweeëntwintig jaar overleven. Toen de studio's in 1951 vanwege de publiciteit het verhaal verspreidden dat Marilyn wees was, ontving de actrice een brief van Gladys: 'Als je wilt, lief kind, zou ik graag een brief van je krijgen. De dingen hier vervelen me verschrikkelijk en ik wil zo snel mogelijk weg. Ik zou graag een kind willen hebben dat van me houdt, en dat geen hekel aan me heeft.' De brief was ondertekend met 'Liefs, moeder'. 'Moeder'. Niet 'je moeder', of 'mama'. Moeder. Wat Gladys nooit had kunnen zijn. Wat Marilyn nooit zou worden.

Na het gesprek bedankte Marilyn Belmont en zei ze blij te zijn dat ze had kunnen praten, en dat ze steeds banger was om journalisten antwoord te moeten geven. Ze had het gewaardeerd dat ze niet als ster was behandeld, maar als mens. Die avond ging ze naar een party in Beverly Hills, die gegeven werd door de invloedrijke literair agent uit Hollywood, Irving Lazar. Ze kwam er Greenson en zijn vrouw tegen, die haar hartelijk begroetten. Daarna ontwaarde ze de bekende gezichten van John Huston en David O'Selznick, en sprak ze langdurig met een onbekende van een jaar of zestig, die zich net in Hollywood had gevestigd, in Brentwood Heights. De man vertelde haar wat hij leuk vond aan Californië. Naar het noordwesten gaan, voorbij San Fernando, wandelen in de blauwgroene, met jacaranda's bedekte heuvels die langs de Mojavewoestijn lopen, en er naar zeldzame soorten zoeken om zijn boek over *Schubvleugeligen van Californië* aan te vullen. In zijn Ford Impala over de snelwegen van Los Angeles rijden en door de enorme supermarkten lopen, 'vooral 's nachts, vanwege de neonverlichting,' had hij eraan toegevoegd. Hij vertelde haar ook dat hij een roman had geschreven, *Lolita*, die Stanley Kubrick voor Universal ging verfilmen. Vladimir Nabokov probeerde zich naar de eisen van een scenario te voegen.

'En u, wat doet u?' had hij aan de blondine gevraagd, die het ene na het andere glas dronk om zichzelf moed te geven om te praten of om tot het eind van de avond haar mond te houden.

'*I am in pictures,*' had ze geantwoord, wat betekent: 'Ik speel in films,' maar ook: 'Ik zit in beelden.'

'Ik ook,' antwoordde de man plagerig, 'maar ik ben maar een invaller.'

Een paar weken later dwong Marilyn Cukor in *Let's Make Love* haar zangnummer *My Heart Belongs to Daddy* vooraf te laten gaan door deze woorden: 'Mijn naam is Lolita en ik word niet geacht met jongens te spelen.'

Na de scheiding van haar tweede echtgenoot, Joe DiMaggio, was Marilyn naar New York gekomen om de lessen van Lee Strasberg in de Actors Studio te volgen, en ze woonde eerst in het Gladstone, op East 52nd Street, alvorens zich in april 1955 in het Waldorf-Astoria te vestigen. In haar verschillende appartementen in Manhattan had ze weinig bezittingen. Een bibliotheek van vierhonderd boeken, en vooral, in het hok dat als woonkamer diende, tussen een paar meubels in zogenaamd Franse stijl, de witte vleugel van toen ze zeven was. Ze had een hele tijd naar een spoor ervan gezocht, en hem vervolgens in 1951 op een veiling in West Los Angeles teruggevonden. Ze kocht hem op afbetaling en zette hem in haar piepkleine eenkamerappartement in het Beverly Carlton Hotel. Twee jaar later volgde de vleugel haar naar haar driekamerwoning op Doheny Drive. Marilyn hield hem bij al haar verhuizingen bij zich. Tussen 1956 en 1957 verhuisde ze hem naar New York, naar het appartement dat ze met Arthur Miller op de dertigste verdieping op East 57th Street deelde.

Toen ze voor het eerst, bestormd door zestig fotografen, op Idlewild Airport uit het vliegtuig was gestapt en veertig minuten onder het gefluit en gejoel van de werknemers op de loopbrug had moeten poseren, had Marilyn maar één gedachte: in New York de intellectueelste van alle cineasten terugzien, Joseph L. Mankiewicz, die vaak zei: 'Ik ben een schrijver die is gaan regisseren, geen cineast. Ik heb films gemaakt om te voorkomen dat mensen verminken wat ik heb geschreven.' In Hollywood had hij haar in een van zijn eerste films, *All about Eve*, laten spelen en Marilyn, die hoopte hem te kunnen bewijzen hoezeer ze in vier jaar was veranderd, wilde worden aangenomen voor zijn muzikale komedie *Guys and Dolls*. Maar toen zij uitstapte, was Mankiewicz in tegenovergestelde richting naar Los Angeles vertrokken. Ze belde hem op. 'Ik ben een ster geworden, hoor. Ik ga met Billy Wilder *The Seven Year Itch* doen.' Mankiewicz kapte haar koeltjes af. Was dat omdat ze de naam van een cineast had genoemd die hij niet mocht – onder meer omdat hij in zijn films geen gelegenheid onbenut liet om de draak te steken met psychoanalyse – of omdat Wilder met *Sunset Boulevard*, een zedenschets van Hollywood en een bitter portret van een gevallen ster, een meesterwerk had afgeleverd, precies in dezelfde tijd als zijn eigen film over de ondergang van een actrice, *All about Eve*? Zeker, Mankiewicz had dat jaar de Oscar voor de beste film binnengehaald, maar hij hield een onverklaarbare wrok tegen Wilder. Hij was bang dat de komedie van zijn rivaal dit keer beter zou zijn dan de zijne.

Hij was heel hard tegen Marilyn: 'Veel te Hollywood, u bent veel te Hollywood.' Hij praatte tegen haar alsof ze helemaal niets voorstelde. 'Bedek u een beetje meer, en draai niet zo met uw kont, dan zullen we wel zien.' Ze ervoer die woorden als een meedogenloze herinnering aan wat ze nu juist zo verfoeide: haar begin in Hollywood, alsof ze de pornografische films niet achter zich had gelaten.

De volgende dag smeekte ze haar vroegere minnaar, Milton Greene, haar op de foto te zetten. In de donkere studio op Lexington Avenue fotografeerde hij haar besprenkeld met Dom Pérignon en gekleed in een ballerinapakje. Daar zat ze, in het flitslicht, in een afgeleefde leunstoel voor een groot zwart gordijn, danseres zonder dans, droevig, tweeslachtig, onschuldig en hard in een te groot, sneeuwwit kostuum dat ze tegen haar lichaam klemde, met bloedrood geverfde lippen en gelakte teennagels.

Los Angeles bleef de stad van de film, met zijn door de koortsigheid van de studio's bevangen psychoanalytici, besmet met de hartstocht van beelden. Toen ze zich in New York kwam vestigen, verbond Marilyn zich als partner met Milton Greene in een onafhankelijke productiemaatschappij. New York werd voor haar de plaats waar ze zocht naar een zin voor de dingen en de mensen. De stad van de psychoanalyse. Ze ontmoette er Lee Strasberg, die haar gebood 'haar onbewuste te bevrijden' en in analyse te gaan. Ze vroeg Greene om de naam van een therapeut. Hij beval haar Margaret Herz Hohenberg aan, een psychoanalytica die van oorsprong Hongaarse was, een dikke, strenge vrouw met wit haar, samengebonden in strakke vlechten. Ze had medicijnen gestudeerd in Wenen, Boedapest en Praag en zich daarna, vlak voor de oorlog, in New York gevestigd. Ze behandelde Greene al, en zette zijn analyse en die van Marilyn naast elkaar voort totdat laatstgenoemde in februari 1957 met allebei brak.

Buiten het gebod van Strasberg, die vond dat elke acteur zijn onbewuste waarheid op een divan moest trotseren, was haar analysevraag aan Hohenberg ingegeven door verschillende problemen: trauma's uit de kindertijd, gebrek aan zelfrespect, obsessieve behoefte aan goedkeuring van anderen, onvermogen om vriendschappen of liefdes in stand te houden en angst om verlaten te worden.

Marilyn kwam nauwgezet naar haar vijf sessies per week in haar praktijk, twee ochtenden en drie middagen. Wanneer ze de praktijk, gelegen op East 93rd Street, verliet, leek het wel een duiveluitbanningsritueel: nauwelijks had ze de deur naar de straat opengeduwd, of Marilyn bleef staan, bracht haar hand naar haar mond en hoestte tot ze zichzelf pijn deed. Daarna hief ze haar ogen op naar de straat, alsof ze de emoties die de analyse naar boven had gebracht diep in zichzelf – of juist buiten zichzelf – had teruggedrongen. Marilyn werd een hartstochtelijk aanhangster van psychoanalyse. Er werd haar eens tijdens een persconferentie gevraagd wat ze in haar analyse zocht. Ze antwoordde: 'Daar zal ik het niet over hebben, behalve om te zeggen dat ik in de freudiaanse duiding geloof. Ik hoop dat ik ooit een verhelderend verslag kan schrijven over de wonderen die psychiaters voor je tot stand kunnen brengen.'

Volgens een scenario dat zich zou herhalen, werd Hohenberg vanaf het eind van het jaar meer dan een therapeute: ze bemiddelde in een geschil tussen haar patiënte en haar kapper, verbood haar bepaalde contacten en adviseerde haar over haar rollen. Op de ochtenden waarop ze niet naar haar psychoanalytica ging, begaf Marilyn zich naar de werkplaats van Strasberg, in de Malin-studio's, en 's avonds ging ze terug naar haar leraar voor privéles bij hem thuis, op West 86th Street. Strasberg, bedenker van wat hij bescheiden *The Method* noemde, wilde te voorschijn laten komen waar geen aandacht aan was besteed, wat ze in haar verleden had verdrongen. Alle energie bevrijden die in de loop der jaren was weggestopt. Zo zei hij het. Marilyn werd bekoord door dat verhaal over het onbekende karakter van de mens. Lee Strasberg en Margaret Hohenberg besloten te gaan samenwerken om een sombere, depressieve basis te veranderen in het vermogen bestendige vriendschappelijke en beroepsmatige relaties te onderhouden. Volgens hen raakte Marilyn in feite geïsoleerd door haar obsessie om iedereen te behagen en weerhield die haar ervan een technische woordenschat te oefenen om nieuwe vaardigheden te ontwikkelen. 'Ik heb leraren gehad,' zei ze later, na die dubbele ervaring, 'mensen die ik kon bewonderen, maar niemand op wie ik kon lijken. Ik heb altijd het gevoel gehad dat ik niemand was, en mijn enige manier om iemand te zijn was waarschijnlijk door iemand anders te zijn. Daarom wilde ik spelen en actrice zijn.'

'Ik probeer kunstenares te worden,' had ze tijdens een van de eerste sessies bij Hohenberg gezegd, 'ik probeer echt te zijn, maar zonder dat ik het wil is mijn perspectief toch vaak mijn eigen leegte. Ik ben bang om gek te worden. Ik probeer de echte gedeelten van mezelf naar buiten te laten komen, maar het is te moeilijk. Soms denk ik dat echt zijn het enige is wat ik moet doen. Maar dat gaat niet vanzelf, en dan zeg ik bij mezelf dat ik een vervalser ben, iemand die vals klinkt. Ik wil mijn best doen vanaf de seconde waarop de camera begint te lopen tot de seconde waarop hij stopt. Op dat moment wil ik perfect zijn. Lee zegt altijd dat ik van mezelf moet uitgaan. Dan antwoord ik: mezelf? Wat is dat, mezelf? Wie? Zo belangrijk ben ik niet. Wie denkt hij dat ik ben: Marilyn Monroe?'

Op een dag, begin februari 1956, kwam Marilyn met een grote envelop bij haar psychoanalytica, met daarin foto's die Milton Greene had genomen. Ze werden later gepubliceerd, onder de titel 'De zwarte sessie'. Ze poseerde in zwart ondergoed en in netkousen, dronken, haar ogen half gesloten, een treurige glimlach om haar mond. De foto's vormden een verzameling tests voor de film *Bus Stop*, die in voorbereiding was onder leiding van Joshua Logan. Ze waren hard, donker. Marilyn leek er ontdaan op, vermoeid van seks, uitgeput door een gemis van lang geleden, dat door geen enkel lichaam zou worden gestild. En zeker door geen enkel woord. 'Wilt u mijn contactafdrukken zien?' vroeg ze aan Hohenberg. De dikke, grijze dame gaf ze zonder een woord aan haar terug, na ze ontsteld te hebben doorgekeken.

Aangezien Marilyn het niet prettig vond om voor haar sessies te betalen, verbond ze op een persoonlijke manier haar geld aan haar psychoanalyse en zette ze in gang wat bij haar volgende drie analytici zou worden herhaald. Hohenberg begon haar eerst raad te geven over haar financiële zaken. Daarna stelde de actrice in februari 1956 een testament op, waarin ze 20.000 dollar, eentiende van wat ze naar schatting bezat, aan dr. Margaret Herz Hohenberg naliet. Tot de andere erfgenamen behoorden Lee en Paula Strasberg (25.000 dollar), de Actors Studio (10.000 dollar) en genoeg geld om de verpleegkosten van Gladys Baker voor de rest van haar leven te dekken (met een maximum van 25.000 dollar). Toen het testament eenmaal getekend was, vroeg Marilyns advocaat haar voor de grap of ze nog een wens had toe te voegen met betrekking tot de tekst op haar grafsteen. 'Marilyn Monroe, blond,' antwoordde ze, waarbij ze met een gehandschoende hand lijnen in de lucht trok.

Dat verband tussen woorden, liefde en geld werd voortgezet. In juli 1956 onderhandelde Hohenberg met de producenten van *The Prince and the Showgirl* over het contract van Paula Strasberg, Marilyns coach bij al haar films. In oktober reisde Hohenberg naar Londen, op kosten van Marilyn, om haar te steunen bij de opnamen van die film, zoals ze al eerder bij de opnamen van *Bus Stop* had gedaan.

Margaret Hohenberg spoorde Marilyn aan een zakboekje bij te houden, waarin ze haar gedachten in het wilde weg kon opschrijven. Ze deed het niet. Twee keer kocht ze mooie zakboekjes met een gemarmerd omslag, maar de bladzijden bleven leeg. Ze had nooit de discipline of de regelmaat om wat dan ook op te schrijven. Ze schaamde zich voor haar manier van schrijven, haar handschrift en haar gebruik van leestekens, die ze afschuwelijk vond. Door zijn ingebonden vorm dwong het zakboekje vooral te veel tot continuïteit. Ze hield daarentegen wel woordenlijsten bij die ze uit woordenboeken overschreef, met moeilijke woorden als *abacus, abasie, abimeren, abject, abrogatie, absoluut, acroniem, adjusteren, adstrueren* en *aduleren*, of gemakkelijke maar onbegrijpelijke, zoals *kil, ouder* of *ik*. Er werden ook losse velletjes met aantekeningen gevonden, tussen de papieren en voorwerpen die de onderzoekers niet hadden meegenomen bij hun inspectie van de plaats waar ze was gestorven. Niet veel. De meeste waren al verdwenen voordat de politie kwam, wat volgens sommigen de stelling van moord aannemelijk maakte.

De oudste aantekeningen gaan terug tot 1955, de tijd waarin ze bij de Actors Studio studeerde.

Mijn probleem van wanhoop in het werk en in mijn leven. Ik moet beginnen dat voortdurend het hoofd te bieden, ervoor te zorgen dat de routine van mijn werk meer doorloopt en belangrijker is dan mijn wanhoop.

Een scène spelen is zoiets als een fles openen. Als je hem niet op de ene manier kunt openen, moet je een andere manier proberen, of het misschien opgeven en een andere fles pakken. Lee zou het niet leuk vinden me zo te horen praten.

Hoe en waarom ik kan spelen – en ik weet niet zeker of ik het wel kan –, dat is wat ik moet begrijpen. De marteling – zonder het over de dagelijkse ongelukjes te hebben –, de moeite, dat valt niet aan iemand anders uit te leggen.

Hoe kan ik slapen? Hoe valt dit meisje in slaap? Waar denkt ze aan? Waarom zeggen ze 'de kleine uurtjes' als ze het over die van de ochtendschemering hebben, die het langst duren?

Waar ben ik dan zo bang voor? Verstop ik me om straf te ontlopen? Libido? Vraag aan dokter H.

Hoe kan ik natuurlijk praten op de set? Niet de actrice moet bang zijn, maar het personage. Ik moet leren vertrouwen op mijn tegenstrijdige impulsen.

❧

Marilyn vierde haar vierendertigste verjaardag in Hollywood,
bij Rupert Allan, haar persvoorlichter en vriend, in zijn appartement op Seabright Place. De hele avond praatte ze met toneel-
schrijver Tennessee Williams en zijn schrikwekkende moeder,
Edwina.

Omdat ze bij het naderen van die datum heel angstig was,
was ze weer begonnen met haar sessies bij haar verlosser. Het
herhaalde zich, het ging maar door, zei ze tegen Greenson, het
kwam steeds achterwaarts terug. Soms had ze de indruk dat ze
haar leven achteraf inzong, op muziek die al was opgenomen,
ploeterend om haar woorden eraan toe te voegen. In de Fox-
studio, wachtend tot ze voor een van de laatste scènes van *Let's
Make Love* onder de spotlights zou worden geroepen, schreef
Marilyn op een velletje papier: 'Waar ben ik bang voor? Om niet
te kunnen spelen? Bang voor mijn angst om te spelen? Ik weet
dat ik kan spelen, maar ik ben bang. Ik weet dat ik niet angstig
zou moeten zijn. Maar niet angstig zijn zou hetzelfde zijn als er
helemaal niet zijn.'

Bij de opnamen van haar vorige film, *Some Like It Hot* met Billy
Wilder, raakte ze in paniek toen ze voelde dat ze haar minder
goed vonden, en moest ze haar lichaam, dat schild voor haar
onrustige innerlijk, beschermen. Op een dag wil ze niet uit haar
kleedkamer komen voor de scène waarin ze *Running Wild* zingt.
Wilder vraagt Sandra Warner, de zangeres die de rol speelt van
Emily, een van de musici van het orkest, de microfoon te pakken
en met de muziekband mee te zingen. 'Als Marilyn jouw stem

hoort in plaats van de hare komt ze, zeker weten.' Inderdaad, als ze vanuit de coulissen dat lied hoort zwaait Marilyn met haar ukelele en stort ze zich, na een vuile blik op Wilder, die met zijn Weense accent koeltjes aankondigt: 'We beginnen weer bij het begin,' woedend en met verve op haar lied. Aan het eind van de opnamen is ze zwanger en moet ze worden vervangen als er foto's worden gemaakt. In háár filmkleding en met een collage van háár hoofd leent Sandra haar lichaam aan de foto's voor de publiciteitscampagne, tussen Jack Lemmon en Tony Curtis in. Marilyn kan niet anders dan zich erbij neerleggen, maar blijft gekwetst. Ze blijft Sandra Warner die diefstal van haar lichaam nog lang kwalijk nemen.

Tijdens dezelfde opnamen neemt kostuummaker Orry-Kelly de maten op van de twee mannelijke acteurs die zich als vrouw gaan verkleden, om hun jurken te kunnen maken, en daarna die van Marilyn. Hij is zo dom om tegen haar te zeggen: 'Tony heeft een lekkerder kontje dan jij.' Woedend draait ze zich om, opent haar blouse en roept: 'Ja, maar hij heeft niet zulke tieten!'

Toch was er ook een andere Marilyn. Wilder bleef zich lang de volgende scène herinneren: Marilyn kwam haar caravan niet uit, en toen een assistent haar kwam aansporen, vond hij haar lezend in *Rights of Man* van Thomas Paine. 'Sodemieter op!' riep ze tegen hem. Als iemand daarna tegen hem zei dat de ster altijd te laat op de set kwam, antwoordde Billy Wilder: 'Ik had geen problemen met Monroe. Marilyn had problemen met Monroe. Er was iets in haar wat zijn tanden in haar zette, aan haar knaagde en haar opvrat. Ze was een onevenwichtig mens, op zoek naar een deel van zichzelf dat ze schijnbaar was verloren. Zoals in die scène van *Some Like It Hot*, waarin ze half in slaap en dronken alle laden van een commode moest opentrekken en moest zeggen: "Waar is die fles whisky toch?" We hadden in elke la een briefje neergelegd om haar aan haar tekst te herinneren. Niets hielp, en bij de drieënzestigste take in twee dagen nam ik haar apart en zei ik tegen haar: "Wat is er nou? Wees maar niet bang. Het gaat wel lukken." Ze antwoordde: "Waar zou ik bang voor moeten zijn?" We hebben tachtig takes gedaan. Maar uiteindelijk was het de moeite waard. Ze is een heel groot actrice. Liever Marilyn die te laat komt dan alle andere actrices van die tijd. Als ik iemand had gewild die altijd op tijd kwam en haar tekst kende, had ik mijn oude tante uit Wenen genomen. Die staat elke ochtend om vijf uur op en heeft nooit black-outs. Maar wie had haar op het doek willen zien?'

's Avonds kwam Wilder thuis, hij omhelsde zijn vrouw, de beroemde, mooie Audrey Young, en zei tegen haar: 'Marilyn was geweldig. Als ik je zou bedriegen met een vrouw, zou ik het met haar doen.'

'Ik ook, als ik jou zou bedriegen,' antwoordde ze.

Billy Wilder zag Marilyn Monroe voor het laatst in het voorjaar van 1960, toen de opnamen van *Let's Make Love* in volle gang waren, op een receptie in Beverly Hills na een vertoning van *The Seven Year Itch* in Romanoff's. Wilder bood haar de vrouwelijke hoofdrol aan in zijn volgende film, *Irma la Douce*. Het was de tijd van de Oscaruitreikingen en Wilder had, voor *Some Like It Hot*, die voor beste regisseur in ontvangst genomen, I. A. L. Diamond die voor het beste scenario en Jack Lemmon die voor beste acteur. De jurken van Orry-Kelly kregen de Oscar voor de beste kostuums. Marilyn, die de onvergetelijke Sugar Kane speelde, was niet genomineerd. Toen ze hoorde van Simone Signorets nominatie voor haar rol in *A Room at the Top*, een obscure Engelse film, leek ze het zich niet aan te trekken en bijna blij te zijn.

De volgende dag kwam Wilder haar tegen.

'Hoe gaat het? Heb je het er niet al te moeilijk mee?'

'Nee, door Freud te lezen heb ik geleerd dat mislukkingen vaak door het onbewuste worden verlangd. En verder houden sommigen dus uiteindelijk niet van té hete vrouwen.'

'Weet je, Marilyn, die Freud van jou, die heb ik ontmoet, dat moet ik je vertellen. Onsympathiek, dat heerschap. Ik heb er een rotherinnering aan. Voor de oorlog woonde ik in Berlijn. Ik was een jong journalistje en kreeg het absurde idee om Freud in Wenen te gaan interviewen. Dat is de mislukking van mijn loopbaan geweest. Ik had gesprekken gevoerd met Richard Strauss, Arthur Schnitzler, een heleboel anderen – dat zegt je natuurlijk niks, maar dat waren de kunstenaars van die tijd, toen Wenen de culturele hoofdstad van Europa was. Freud woonde op de Berggasse, in een kleinburgerlijke wijk. En ik kwam met mijn enige wapen: mijn perskaart van de *Stunde*. Ik wilde een artikel schrijven rond de politieke gebeurtenissen in Italië, Mussolini, al die dingen. Het was 1925 of 1926. Ik geloofde dat Freud me helderheid zou kunnen verschaffen. Ik had informatie over hem ingewonnen. Hij had een hekel aan kranten en ook de pest aan journalisten, want ze dreven allemaal de spot met hem. In die oorlog was ik neutraal; ik was nog nooit een Oostenrijker tegengekomen die in analyse was geweest. Ik was sowieso nog nooit iemand tegengekomen die een analyse had gedaan. Journalisten hadden een hekel aan psychoanalytici en psychoanalytici hadden een hekel aan journalisten. Ik heb me lang afgevraagd waarom. Ik denk dat ik het ten slotte heb begrepen: per slot van rekening is het devies van de journalistiek misschien wel dat van de psychoanalyse: "Wanneer het verhaal interessanter is dan de waarheid, vertel dan het verhaal." Trouwens, journalist zijn is ook niet zo heel anders dan mijn huidige beroep: regisseur. Wat de journalist of de cineast zoekt is niet de waarheid, maar de realiteit. We realiseren beelden die tot de mensen spreken, waar of niet.

Toen ik bij de professor binnenkwam, had ik het gevoel dat ik een soort geheim hol betrad. De huishoudster deed open en zei: "*Herr Professor* is aan het lunchen." Ik antwoordde: "Ik wacht wel." In Europa, in dat verdwenen *Mitteleuropa*, gebruikten artsen hun appartement als praktijk. Bij Freud was de salon de wacht-kamer, en door de deur die toegang tot zijn spreekkamer gaf, zag ik de divan. Hij was heel klein. Met Turkse tapijten, een heleboel tapijten over elkaar heen. Er was ook een verzameling antieke en precolumbiaanse kunst. Ik werd vooral getroffen door hoe klein die divan was. Al die grandioze theorieën over het onbe-wuste en de psyche zijn gebaseerd op de analyse van heel kleine mensen. Freud zat daarbij in een fauteuil, een beetje achteraf bij het hoofdeinde van de divan. Op een gegeven moment keek ik op en zag ik Freud binnenkomen. Een klein mannetje met zijn servet om zijn nek, omdat hij van tafel was opgestaan. Hij zei: "Verslaggever?" Ik zei: "Ja, en ik heb een paar vragen." Hij onder-brak me: "Daar is de deur." Hij zette me eruit. Dat is alles. Geen gesprek.

Dat is mijn eerste en laatste sessie bij een psychoanalyticus geweest, en ik heb me gewroken door Freud in *The Emperor Waltz* te laten zien terwijl hij een hond analyseert, en herinner je je de scène in *The Seven Year Itch*, waarin de arrogante psychoanalyti-cus, dokter Brubaker, de uitgever komt smeken om hem uit te geven...'

'Heeft hij u een hand gegeven?' vroeg Marilyn.

'Niks.'

'Niks? Alleen: "Eruit"?'

'Niks. Ik liet hem een visitekaartje zien. "Bent u meneer Wil-der? Van de *Stunde*? Eruit, meneer Wilder van de *Stunde*. Ja, daar is de deur!"'

Op het toppunt van haar roem in Hollywood had Marilyn de stad der dromen verlaten voor New York. Ze stortte zich bewust in een soort terug-bij-af in haar kennis over zichzelf. In Los Angeles kende ze de stad te goed, en de stad kende haar te goed. Marilyn Monroe in de stad der engelen zijn was een fulltime job geworden, niet alleen op de set maar ook in openbare gelegenheden, restaurants, ze moest zo ongeveer overal verschijnen om meer publiciteit te krijgen. In Manhattan kon ze opgaan in de anonimiteit. Ze was niemand. Ze kon zich voor zichzelf verstoppen. Ze schoot een vormeloze sweater aan, en met een versleten jas erover, zonder make-up, met een zwarte bril op en een hoofddoek onder haar kin geknoopt liep ze incognito door de overvolle straten.

Tussen de Actors Studio, waar ze haar toneellessen volgde, altijd op dezelfde plaats op de achterste rij, en de divan van Margaret Hohenberg bracht Marilyn in Manhattan een periode van haar leven door die opwindend was voor haar intellectuele nieuwsgierigheid, met haar geest volledig gericht op de geheimen van het onbewuste, zoals ze lachend tegen haar vriend, de schrijver Truman Capote, zei.

Ze hadden elkaar ontmoet in 1950, toen zij met John Huston in *The Asphalt Jungle* speelde. Als je verder keek dan hun verschillen leken de homoseksuele schrijver en de actrice die het vrouwelijke symbool van het verlangen was verschrikkelijk op elkaar. Zij deelde iets met hem wat zich moeilijk onder woorden laat brengen, een verholen smart in het diepst van hun wezen. Ze waren op dezelfde manier als kind verwaarloosd, op dezelfde manier met seksueel geweld van volwassenen geconfronteerd, ze gingen op dezelfde destructieve manier met drugs en seks om, hadden dezelfde problemen met de moeilijkheden van hun kunst, dezelfde paniek ten opzichte van succes, hetzelfde einde in de aftakeling van hun lichaam, dezelfde dood door een overdosis medicijnen. In de bars op Lexington Avenue dronken ze grote cocktails met wodka en gin, zonder vermouth, die ze *White Angels* noemden. Soms zag Capote haar met een lelijke zwarte pruik, die ze afrukte in de bar waar ze elkaar troffen: 'Bye bye, blackie! Marilyn!'

De eerste dag was hij openhartig: 'Besef je wat het is om mij te zijn? Een lelijke dwerg die bezeten is van schoonheid, een waardeloze, ongelukkige jongen van niks, die zijn tijd doorbrengt met woorden overzetten van een levend wezen naar een boek, van een boek naar een ander, een nicht die alleen met vrouwen kan opschieten...'

'Ik kan ernaar raden. Besef jij wat het is om mij te zijn?' antwoordde ze terwijl ze in één teug haar wodka naar binnen sloeg. 'Dat is hetzelfde, met minder woorden om te zeggen wie ik niet ben.'

Na Marilyns dood zei Capote een beetje vals: 'Ze was buitengewoon: de ene dag een volmaakte schoonheid, de andere dag een *diner*-serveerster.' Hij herinnerde zich hun New Yorkse jaren als jaren van werk en plezier. 'De eerste keer dat ik haar tegenkwam droeg ze helemaal geen make-up, je gaf haar twaalf jaar, een adolescente maagd die net in een weeshuis is beland en verdrietig is over haar lot. Ze was bij gelegenheid hoer geweest. Maar voor haar bleef geld altijd verbonden met liefde, niet met seksualiteit. Ze gaf haar lichaam aan al degenen die ze dacht lief te hebben, en gaf geld aan al degenen die ze liefhad. Ze hield ervan lief te hebben; ze hield ervan te denken dat ze liefhad. Ik stelde haar eens voor aan Bill Paley, een rijke, ontwikkelde man, die haar als een gek begeerde. Ik probeerde Marilyn uit te leggen dat hij haar liefhad. "Neem me niet in de maling! Je hebt lief nadat je hebt geneukt, en dan nog, niet vaak. Nooit ervoor. In elk geval geldt dat voor alle mannen die ik heb ontmoet. Voor mij zijn seks en liefde niet van elkaar te scheiden, zoals mijn twee borsten. Ik wou dat ik seksualiteit altijd in liefde kon veranderen, in iets onlichamelijks. De liefde bedrijven, zoals dat heet. Ik hou van die uitdrukking." "Ik niet," antwoordde ik. "Wat je bedrijft is geen liefde. Liefde bedrijf je nooit, heb je nooit. Je zit erin, of niet. Je bent ermee bezig, doet het, en nog eens. Verder niet." Ze keek me aan met een wrange glimlach. Ik drong niet aan, ieder zijn illusies. Die dag liet ik het erbij, maar daarna heb ik mijn vrouwelijke personage in *Breakfast at Tiffany's*, Holly Golightly, laten zeggen: "Je kunt niet met een vent neuken en zijn geld incasseren en niet op z'n minst probéren te geloven dat je van hem houdt."'

In 1955 hadden Truman en Marilyn elkaar teruggezien. Zij bewoonde een suite op de zesde verdieping van het Gladstone Hotel, en in februari had ze haar eerste les in de Actors Studio gehad. De ontmoeting met Lee Strasberg had de loop van haar leven veranderd. De dramadocent wilde 'haar onbewuste openen'. 'Voor één keer vroegen ze me nou eens niet m'n mond of m'n benen te openen, dat is toch wel bijzonder,' zei Marilyn tegen Truman.

Op een dag bracht Truman haar naar Constance Collier, in haar donkere studio op West 57th Street. De oude Engelse actrice, die bijna blind was en wier ledematen met de ouderdom gevoelloos waren geworden, gaf haar les in dictie en leerde haar haar stem te gebruiken. Constance zei daarna over Marilyn: 'Er zit iets. Het is een pracht van een kind. Dat zeg ik niet in de algemene betekenis, die is te algemeen. Ik vind helemaal niet dat ze actrice is, in de traditionele zin van het woord. Wat zij heeft – die aanwezigheid, dat stralende, die flakkerende intelligentie – zal op het toneel nooit naar boven kunnen komen. Het is te fragiel, te subtiel. Alleen een camera kan dat opvangen. Net als een kolibrie. De camera kan als enige de poëzie van zijn vlucht bevriezen.'

Daarna verloren Truman en Marilyn elkaar uit het oog. Zij ging terug naar Los Angeles, en hij zag haar pas weer bij de begrafenis van Constance Collier. Ze had haar intrek genomen in het Waldorf-Astoria. In dat hotel hield ze van de suite op de zevenentwintigste verdieping boven Park Avenue, waar ze 's nachts naar keek zoals je naar een slapend gezicht kijkt, maar vooral van de draaideuren bij de ingang. *Revolving doors*, deuren die steeds maar ronddraaien, het ding en de naam fascineerden haar. Truman zei eens tegen haar: 'Het is het beeld van ons leven, je denkt dat je vooruitgaat, maar je komt terug, je komt achterwaarts terug, je weet niet of je binnenkomt of weggaat.'

'Zo kun je het bekijken; maar voor mij is het vooral het beeld van de liefde, iedereen is alleen, tussen twee glazen deuren. Je achtervolgt elkaar; je vindt elkaar nooit. Je zit ver weg in jezelf en gelooft dat je vlak bij de ander bent. Je weet niet wie voorop loopt en wie volgt. Net als kinderen vraag je je af wie er is begonnen. Met lief te hebben. Met niet meer lief te hebben.'

Marilyn kwam te laat bij de kapel van het mortuarium. Vanuit de verte riep ze naar Truman: 'O, lieverd, het spijt me. Ik was klaar, en toen besloot ik mijn ogen niet op te maken en om zonder lippenstift en zo te komen. Ik moest me wassen en ik wist niet wat ik moest aantrekken.'

Hij besefte dat ze doodsbang was. Hij dacht: als willekeurig wie altijd minstens een uur te laat op afspraken komt, heeft diegene niet kunnen vertrekken uit onzekerheid en angst, niet uit ijdelheid. En het was ook grotendeels angst, spanning door de onophoudelijke behoefte te behagen, die haar veelvuldige keelpijn veroorzaakte en haar verhinderde te praten; angst die zich vertaalde in afgekloven nagels, in zweethanden, in kirrende giechelbuitjes op z'n Japans. Angst die ons aanzet tot warme, vertederde sympathie, angst die niet afdeed aan het stralende van haar houding die verder zo flamboyant was. Marilyn was altijd te laat, zoals al degenen die niet op het juiste moment in het leven van hun ouders zijn gekomen, al degenen op wie niet werd gewacht.

Twintig jaar later maakte Capote zijn portret van Marilyn af: *A Beautiful Child*, een van de beste korte teksten die hij ooit heeft geschreven.

Tijdstip: 28 april 1955.

Decor: De kapel van Universal Funeral Home, op de hoek van Lexington Avenue en 52nd Street, New York City. Actrice Constance Collier wordt begraven.

MARILYN: Ik wil geen lijken zien.

TRUMAN CAPOTE: Waarom zouden we die zien?

MARILYN: Dit hier is een rouwkamer. Ze moeten ze ergens bewaren. Dat heb ik vandaag nou echt nodig, om een kamer vol lijken binnen te lopen. Hou vol. Ik neem je straks ergens mee naartoe en trakteer ons op een fles champagne.

(We gingen dus zitten en kletsten wat en Marilyn zei: Ik haat begrafenissen. Ik ben blij dat ik niet naar die van mezelf hoef te gaan. Trouwens, ik wil geen begrafenis – alleen dat mijn as in de golven wordt gegooid door een van mijn kinderen, als ik die ooit krijg. Ik zou vandaag niet zijn gekomen als Miss Collier niet om mij en mijn welzijn had gegeven, en ze was een soort omaatje voor me, een oud, koppig omaatje, maar ze heeft me een hoop geleerd. Ze heeft me geleerd hoe ik moet ademhalen. Ik heb er ook goed gebruik van gemaakt, en ik bedoel niet alleen bij het acteren. Er bestaan echt andere momenten dat ademhalen een probleem is.)

Ze verloren elkaar uit het oog. De witte engelen verwijderden zich van elkaar, daarna verdwenen ze in het wit van de vergetelheid. Zij had hem het personage Holly Golightly gegeven, of liever gezegd, hij had Holly ontleend aan Marilyn, haar woorden, haar handen, haar hoop en de chaos van haar ziel. Verder diende ze hem nergens meer toe. Alleen om hem treurig te maken, zoals wanneer je op het asfalt van een *parking lot* een versleten band ziet liggen, of een verloren sleutel. Na hun laatste ontmoeting in Hollywood, een paar weken voor haar dood, zei Truman: 'Ze had er nog nooit zo goed uitgezien. Ze had flink wat gewicht verloren voor de film die ze met George Cukor zou gaan opnemen, en uit haar blik sprak een nieuw soort rijpheid. Ze was opgehouden met dat kirrende lachje. Als ze was blijven leven en haar figuur had gehouden, denk ik dat ze nu nog steeds onweerstaanbaar zou zijn. De Kennedy's hebben haar niet vermoord, zoals sommigen denken. Ze heeft zelfmoord gepleegd. Maar ze hebben wel een van haar laatste vriendinnen, haar persattaché Pat Newcomb, betaald om ervoor te zorgen dat zij niets zou vertellen over hun verhouding met haar. Die vriendin wist in welke kast de lijken lagen, en na Marilyns dood hebben ze haar op een cruise van een jaar rond de wereld gestuurd.'

Vier jaar later gaf Truman Capote in de *Grand Ballroom* van het Plaza Hotel in New York zijn beroemde gemaskerde bal in zwartwit. Hij bracht maanden door met lijsten maken, bladzijden vol namen, afgevinkt en daarna doorgestreept. Er werd gedacht dat het zijn volgende roman was. Het was zijn laatste feest, zijn eigen begrafenis in de beroemdheid zonder oeuvre. Hij nodigde vijfhonderd mensen uit. Weinig schrijvers, veel filmmensen, onder wie Sinatra. Een paar geestverschijningen, zoals de oude actrice Talullah Blankhead. Maar niet John Huston, wiens scenarist hij was geweest voor *Beat the Devil* en die hem aan Marilyn had voorgesteld, en niet Blake Edwards, die *Tiffany* had afgekraakt. Hij wilde dat je geen gezichten zag, en dat iedereen in het wit of in het zwart kwam, dat het op een schaakpartij leek. In Capotes postume papieren werd de volgende aantekening teruggevonden, gedateerd 1970, zonder verdere details: '*Een witte gek.* Zo zag ze me. Marilyn en ik waren ervoor geschapen om elkaar tegen te komen. Niet om elkaar aan te raken. Je kunt elkaar tegenkomen zonder elkaar aan te raken. Zoals Holly en de verteller van mijn *Breakfast at Tiffany's.*' Truman noteerde ook in zijn zakboekje: 'Vreemd: na de scheiding van mijn ouders ben ik grootgebracht in Monroeville, Alabama.'

Na veertien maanden New York kwam Marilyn terug naar Los Angeles, om in *Bus Stop* te spelen. Op 12 maart 1956 werd de vrouw die met Norma Jeane Mortensen ondertekende Marilyn Monroe. 'Mijn naam is een handicap voor een actrice.' Aan het eind van haar leven zou ze zeggen: 'Ik gebruik die naam Marilyn Monroe al jaren, en ik accepteer dat ze me op die manier in de filmwereld kennen.'

Op de set ontdekte regisseur Joshua Logan hoezeer de actrice verslaafd was geraakt aan het freudisme. Er werd een scène gedraaid waarin Marilyn, in haar rol van beginnend zangeresje Cherie, door cowboy Don Murray wakker werd gemaakt met de woorden: 'Te veel zon hier. Vreemd dat jij zo bleek en wit bent.' In plaats daarvan zei hij: 'zo bleek en slingerend'.

'*Cut!*' zei Logan.

Marilyn wendde zich heel opgewonden tot de acteur.

'Don, hoorde je wat je zei? Dat was een freudiaanse verspreking. Logisch, het is een seksscène, en jij geeft een sekssymbool: slingerend wil zeggen dat je aan een slang dacht, dat wil zeggen een fallussymbool. Weet je wat dat is, een fallussymbool?'

'Of ik weet wat dat is? Ja, ik heb een goeie tussen mijn benen hangen,' antwoordde Murray. 'Zie je me aan voor een nicht, of wat?'

'Pas maar op! Ik zal je een verhaal vertellen. Ken je Errol Flynn? Toen ik een jaar of elf was, nam mijn oppas Grace me drie keer mee naar *The Prince and the Pauper*. Nou, en toen ik Flynn tien jaar later in levenden lijve in Hollywood tegenkwam, zag ik

mijn prins zijn pik te voorschijn halen en er piano mee spelen.
Je gelooft het niet: Errol Flynn! De held van mijn kindertijd, op
het gebied van films! O, het is zeker al honderd jaar geleden, ik
begon net als mannequin en kwam terecht op die waardeloze
avond, en hij was daar, zo ingenomen met zichzelf, en hij haalde
zijn pik uit zijn broek en begon ermee op de toetsen te slaan. Hij
speelde *You are my sunshine*. Wat een waanzin! Iedereen zegt dat
Milton Berle de grootste paal van Hollywood heeft. Dat weet ik
niet. Maar Errol heb ik gezien! Ik heb altijd geweten dat Errol bi
is. Ik heb een masseur, die is een behoorlijke Ma Zeur, ha! ha! en
die was ook de masseur van Tyrone Power, en hij heeft me alles
verteld over het avontuurtje tussen Errol en Ty Power. Nee. Je
moet iets beters verzinnen dan dat!'

Gedurende de opnamen van *Bus Stop* in Sun Valley paste Marilyn de psychoanalytische regels toe van Strasberg, die bevriend
was met Logan. Ze verving de weelderige, voor haar ontworpen
japonnen door een verschoten zwarte, nauwsluitende jurk, of
door een korset van opengewerkte stof op vulgaire blauwe zijde,
die haar misschien herinnerde aan de pornografische opnamen
van haar begintijd. Ze wilde kleren die versteld waren, opgelapt,
zoals ze zichzelf voelde. Bij de rol van zangeres voegde ze het
onbedwingbare gestotter dat haar op momenten van spanning
beving. Ze improviseerde zelfs als ze antwoorden vergat, iets
wat niet was voorzien in het scenario.

De problemen die met opnamen te maken hadden, bleven na
Let's Make Love bestaan. Voor de volgende film, *The Misfits*, naar
een stuk van Arthur Miller, met Clark Gable en Montgomery
Clift, werden de buitenopnamen door Huston in Reno (Nevada) geregisseerd. De opnamen, die uitgesteld waren, begonnen
zonder Marilyn. De ploeg logeerde in het Mapes Hotel en het
bekijken van de rushes vond plaats in het Crest Theater. Twee
dagen later begeleidde Marilyns trouwste bewonderaar, Jim
Haspiel, haar naar de luchthaven New York-La Guardia om haar
te groeten vóór haar vertrek naar Nevada. Het viel hem op dat
ze er slonzig en slecht uitzag. Ze had wallen onder haar ogen en
bloedvlekjes achter op haar rok. Omdat hij haar niet in die staat
wilde zien, maakte hij rechtsomkeert. Een paar uur later landde
het vliegtuig in Reno. Marilyn verkleedde zich in het toilet van
het toestel en liet zoals gewoonlijk iedereen wachten. Onder aan
de loopbrug stond de vrouw van de gouverneur van de staat, die
was gekomen om haar met bloemen te verwelkomen, zich te
verbijten. De fotografen haalden hun flitslampen te voorschijn.
Uiteindelijk kwam de ster het vliegtuig uit, zoals een onschuldige droom de nacht doorbreekt.

De volgende dag begon Marilyn met de opnamen in de woestijn, bij veertig graden in de schaduw. Nog nooit had iemand een
dergelijk schepsel gezien of er zelfs maar van gedroomd. Ze leek
wel een geestverschijning, zo bleek dat alle mensen om haar
heen verlicht werden, zoals de duisternis wanneer de maan opkomt. In een als gegoten zittende jurk van witte zijde met ontel-

bare rode kersen, gedragen zonder iets eronder, was ze het symbool van een zekere beschikbaarheid en ongrijpbare zuiverheid. Een godin van ontzetting die kon doden of je hart kon breken met een alleen tot jou gerichte glimlach.

Toen Huston hem haar een paar maanden eerder had aangeboden, was Marilyn niet zo enthousiast geweest over de rol van Roslyn, de verloren vrouw tussen drie mannen en tot de slacht gedoemde paarden. Ze leek te veel op haar. 'De kopie van mezelf,' zei ze tegen Greenson, 'dezelfde angsten, hetzelfde gevoel altijd in de steek te zijn gelaten, dezelfde moeite om te leven. Ik heb er geen zin in een vrouw te spelen die een moeilijke kindertijd en een wanhopige liefdesverhouding met haar moeder heeft gehad, en die alleen steun heeft gevonden in een verrukte blik voor wat onbedorven is, kinderen en dieren. Die naam Roslyn is een samenvoeging van Rose uit *Niagara*, die verdorven hoer die zich van haar echtgenoot ontdoet, en van mij, Marilyn. Nou ja, van mij, als je dat wilt. Arthur heeft die rol geschreven om me zijn liefde en zijn misprijzen te verklaren.'

Ze had hem ten slotte alleen aangenomen omdat ze er genoeg van had in komedies te spelen, en omdat het uiteindelijke scenario door Huston was geschreven, niet door Miller, die het eerst als een noodlottig kledingstuk op haar had toegesneden. 'Haar verdriet drukte het leven en de strijd tegen de engel des doods uit,' zei hij later.

'Maar waarom wilt u in zwart-wit filmen?' vroeg Marilyn aan de regisseur.

'Omdat we met jouw bloeddoorlopen ogen en door de dope gesprongen haarvaten niet in Technicolor hadden kunnen draaien, zelfs niet als ik dat van plan was geweest en er het budget voor had gehad. Vat dat niet verkeerd op en ga niet nog een handvol pillen slikken. Dood hou ik niet méér van je. Suïcidale neurotici hebben me altijd op de zenuwen gewerkt. Maak je van kant als je je van kant moet maken, maar val anderen daar niet mee lastig!

En verder, weet je, wanneer het om psychologische dingen gaat, zoals ik dat in mijn filmproject over Freud van plan ben, wil ik niet zozeer de kleur van iemands ogen vastleggen, als wel wat zich achter die ogen afspeelt. En ten slotte omdat zwart en wit in het leven niet bestaan en ik wil filmen wat alleen in film bestaat.'

'En waarom ik?'

'Omdat jij een hoer bent, geen actrice. Net als echte hoeren, de goeie, doe je niet alsof. Je ontziet jezelf, je lichaam en je ziel niet. Maar je weet dat je die vrouw niet zelf bent. Je weet best dat ik niet van de methode van de Actors Studio hou, waarmee Strasberg je gelukkig niet heeft weten te verpesten, die kloterige speltechniek waarbij je diep in jezelf moet duiken om emoties te zoeken en die op het doek te smijten. Ik heb veel respect voor psychoanalyse en veel respect voor het werk van een acteur, maar die twee samen, daar komen rampen van. Jouw kracht, Marilyn, ook al ben je je daar niet van bewust, is dat je met Strasbergs methode hebt gebroken. Jij zult Roslyn niet spélen. Jij zult de kijker geven wat hij wil voelen, zien en liefhebben. Zó, zoals een hoer die het belangrijk vindt dat de klant waar voor z'n geld krijgt. Ik zeg straks tegen je: doe het tegenovergestelde van wat Strasberg je heeft geleerd, en alles zal goed gaan. Laat die onzin van "naar je binnenkant gaan" voor wat het is. Ga naar je buitenkant, dáár ben je. Dáár is de kijker. En verder, je angst, hou die, dat is een kostbare drijfveer, ga niet geloven dat je analyticus je ervan zal bevrijden. Dat kan niet en het moet ook niet, hoe dan ook. Zonder angst kun je er in dit beroep maar beter mee ophouden.'

'En waarom maak je een film over Freud? Is dat in plaats van een psychoanalyse?'

Huston gaf niet direct antwoord. Hij stond op een keerpunt in zijn leven. Hij was net vierenvijftig geworden en merkte dat hij aanliep tegen dezelfde angsten, dezelfde conflicten en dezelfde grote problemen als in zijn kindertijd en puberteit. Gefascineerd en geterroriseerd door het onbewuste was hij sinds zijn eerste film in dieptepsychologie geïnteresseerd. In die tijd werd er in Hollywood nog niet van 'psychoanalyse' gesproken.

'Weet je, psychoanalyse interesseert me,' ging Huston verder. 'Ik heb de kwestie van trauma's en verdrongen herinneringen aangesneden in een documentaire over soldaten die van het front zijn teruggekeerd, *Let There Be Light*. Is psychoanalyse dat voor jou, zorgen dat er licht is, de dag en zijn schittering verdragen? Voor mezelf weet ik dat dat niet overgaat met een therapie. Ik red me wel zonder. De angst die me verlamt ga ik in beweging omzetten. Mijn verdrongen scènes laat ik voorbijtrekken op het doek. Vierentwintig keer per seconde zal ik mijn kwelgeest trotseren. Een film, geen analyse. En over Freud, precies. *Play it again, Sigmund*.'

'En waarom doe je zo onaardig tegen Monty?'

'Ik ben een mannenfilmmaker, ik verafschuw passiviteit. Ik hou van activiteit, actie. Ik hou ervan als de opnamen pijn doen. Pijn bij mijn acteurs, bij mijn technici, bij mijn producenten. Ik zal je een geheim vertellen: film is gemaakt om de toeschouwer pijn te doen. Ik heb met Montgomery een relatie die hem bevalt, hij geniet ervan. Ik behandel hem als de alcoholistische, verslaafde en nichterige masochist die hij is. Met de grond gelijkgemaakt, verslagen. Daarom denk ik erover hem de rol van Freud te geven. Ik zou graag willen dat mijn Freud niet te ver afstaat van het personage Perce. Iemand die ontspoord is, gewoon een beetje de kluts kwijt, in ieder geval niet goed bij zijn hoofd.'

Op een avond in Reno, aan een speeltafel, vroeg Huston Marilyn met de dobbelstenen te gooien.

'John, op welke getallen moet ik hopen?'

'Niet denken, liefje, gooien! Dat is het verhaal van jouw leven. Je denkt te veel. Niet denken maar doen!'

Ze bleef willen nadenken over haar rol. Eenmaal op de set praatte Marilyn niet meer, niet met haar man en niet met de regisseur. Ze moesten zich tot Paula Strasberg wenden. Die was voortdurend aanwezig. In haar eeuwige zwarte jurk. Een zwarte voile bedekte de bovenkant van haar hoofd. Marilyn noemde haar in het geheim 'de heks' of 'de lijkenpikker', maar had er bij de productie voor gezorgd dat ze een hoger honorarium kreeg dan zijzelf. Onderling spraken ze een andere taal, die de filmploeg niet begreep. Marilyn had het nodig dat die oudere vrouw haar bij de hand nam en een web van leugens om haar heen spon. Haar bijnaam was 'de zwarte barones'. 'Hoeveel regisseurs zijn er bij deze film?' riep Huston achter de schermen. Maar de film schoot niet op, en terwijl hij zijn ziel in lijdzaamheid bezat, verloor hij in de casino's van Reno het geld van de productie. Marilyn kwam haar caravan niet uit. Ze keerde zich naar binnen, altijd. Ze geloofde alleen maar in 'The Method'. Fox besloot een beroep op Greenson te doen.

Marilyn benutte het voorlaatste weekend van augustus en de onderbreking van de opnamen van *The Misfits* om naar Los Angeles te gaan. Ze zag gedurende verscheidene uren haar analyticus, maar ging ook op ziekenbezoek bij Joe Schenck. De oude producent, een van de oprichters van Fox, was ernstig ziek en zou kort daarna sterven. Ze hadden elkaar leren kennen in 1948, tijdens een feestje in zijn luxueuze huis op South Carolwood Drive. De uitbundige stijl van een onwaarschijnlijke Spaans-Italiaans-Moorse renaissancearchitectuur paste goed bij die geweldige pokeravonden waar Joseph Schencks vrienden naartoe kwamen, vergezeld door mooie jonge vrouwen. Hun rol was niet alleen maar decoratief. Die leuke grietjes, die model of sterretje waren, vulden de glazen en leegden de asbakken. Ze hoopten te beginnen aan een filmcarrière, of er wat verder in te komen. En als je de spelers daarvoor bepaalde intieme diensten moest verlenen, waarom zou je dan weigeren om na hun asbakken die heren zelf ook te ledigen, zoals ze vroegen... Schenck had al een lange carrière als producent achter de rug. Marilyn legde zich erbij neer dat zij zijn gewillige prooi zou zijn. Maar die avond gaf ze nog niet toe.

De volgende dag kwam een witte limousine haar ophalen voor een privédiner. Het zou stom van haar zijn geweest te weigeren, maar om zich niet direct te laten pakken, raadde Lucille Caroll, een vriendin, haar aan om te zeggen dat ze maagd was en wilde wachten op de ideale man. Laat die avond belde Marilyn haar heel zenuwachtig op uit Schencks huis: 'Hij weet dat ik getrouwd ben. Wat moet ik hem nu zeggen, over die maagdelijkheid?' De avond liep op zijn eind. Marilyn gaf zich over, of bood zich aan, dat herinnerde ze zich niet meer nu ze naar dat wrak van tachtig jaar keek, vol slangen, dat lag te reutelen op een ziekenhuisbed. Destijds wilde ze wanhopig graag werken. Ze wilde slagen. Je moest accepteren dat rollen soms privé werden verhandeld, en niet door agenten. In het vervolg sprak Marilyn openlijk over haar affaire met Schenck, die haar dadelijk had gegeven wat ze verwachtte en haar in contact had gebracht met zijn pokermaatje Harry Cohn, een van de meest gehate en gevreesde mannen van Hollywood. Hij had de carrière gemaakt van Carmen Cansino, die later Rita Hayworth was geworden, en leidde de Columbia-studio's.

Een paar dagen en een paar nachten na haar avond bij Schenck stapte Marilyn Cohns kantoor binnen, op de hoek van Sunset en Gower. Hij bood haar direct een contract van een halfjaar aan, voor honderdtwintig dollar per week, met ingang van de volgende maand. Hij stelde een voorwaarde die niet was wat ze verwachtte: ze moest een permanent laten zetten om het volume van haar kapsel te vergroten, door middel van elektrolyse na verschillende behandelingen met waterstofperoxide en ammoniak. Het natuurlijke bruin van haar haar, dat waardeloos was ontkleurd tot vuilblond, verdween in een luchtig platinablond. De spiegel liet een vrouw zien die steeds meer leek op de vrouw die Marilyn als kind had verafgood: Jean Harlow.

Nadat Cohn haar nieuwe uiterlijk had goedgekeurd, stuurde hij haar weg om ervaring op te doen onder leiding van Natasha Lytess, die later zei: 'Ik heb Marilyn gemaakt. Alles. Haar interpretaties, haar stem, haar spel, haar manier om de *t* en de *d* verschillend uit te spreken, haar manier van lopen, de ene hiel precies voor de grote teen van de andere voet, wiegend met haar heupen zoals we dat een actrice nog nooit hadden zien doen.'

Onder de loodzware augustushemel van Los Angeles dacht Marilyn aan die toevalligheden: het ziekenhuispaviljoen waar Schenck om adem vocht, lag in dezelfde wijk als zijn barokke villa van destijds, en het haar van de zieke was nu blond, alsof het ontkleurd was. Ze keek naar haar eigen beeld in een spiegel en verbaasde zich over haar extreme blondheid, onverdraaglijk om naar te kijken, gemaakt om de spots erop te richten en via de camera een etherisch aureool aan de opnamen van *The Misfits* te geven. In elke film had ze een ander type blond willen zijn. Asblond, donkerblond, goudblond, zilverblond, amberblond, platinablond. Honingblond, rookblond, topaasblond, metaalblond: het ging erom dat het nooit natuurlijk blond werd. Marilyn dacht terug. Zeven jaar eerder speelde ze aan de zijde van de heel bruine Jane Russell in een film van Howard Hawks. Het lukte haar niet een eigen kleedkamer te krijgen: 'Luister nou toch! Dat is niet logisch! Ik ben het blondje en de film heet *Gentlemen Prefer Blondes*.' Ze hadden haar geantwoord: 'Denk eraan dat je geen ster bent!' En zij: 'Ik weet niet wat ik ben, maar in ieder geval ben ik het blondje!'

Marilyn wendde zich af van de spiegel in de wachtkamer van het ziekenhuis en realiseerde zich voor het eerst dat *dying hair* zowel 'haar verven' als 'doodgaand haar' betekende. In wezen heb ik heel wat wachtkamers gezien, als debutante en daarna. En misschien is het niet om de mensen te laten wachten, dat ik te laat kom. Het is om de dood te laten wachten. Oké voor de laatste dans, maar niet meteen! Ze onderdrukte een lach. Ik zal het er met mijn woordendokter over hebben. Toen ze naar Schencks bed liep, huilde ze bij de herinnering dat hij haar na een verhouding van twee jaar een chihuahuateefje had gegeven. Ze had het Josepha genoemd, naar de voornaam van die man voor wie ze lang een zwak hield. Joseph Schenck had haar echt liefgehad in haar moeilijke begintijd bij de film. Ze belde hem vaak op als ze honger had en een goede maaltijd wilde, of als ze verdrietig was en op een goede schouder wilde uithuilen. Schenck hoorde haar binnenkomen in zijn sterfkamer, maar herkende haar niet.

ை

Tijdens haar middagsessie wees Greenson zijn patiënte erop dat ze weinig over haar seksleven praatte.

'Weet u, dokter, mijn seksleven, mijn hele leven eigenlijk, zie ik als een opeenvolging van continuïteitsfouten. Een man komt er binnen, raakt opgewonden, neemt me, misbruikt me. In de volgende opname zie je dezelfde man – of soms een andere – voor een tweede keer binnenkomen, maar hij heeft niet dezelfde glimlach, zijn gebaren en de belichting zijn veranderd. Het glas dat hij vasthoudt was daarnet leeg, en nu is het halfvol. Onze blikken kruisen elkaar opnieuw, maar ze zijn anders. Op het beeld dat we van onszelf geven is de tijd voorbijgegaan, en toch zitten we er nog in gevangen. We komen elkaar altijd voor de tweede keer tegen, maar geloven allebei dat het de eerste keer is. Begrijpt u niet wat ik zeg? Ik ook niet. Misschien is dat de realiteit van verhoudingen tussen mannen en vrouwen. We beroeren elkaar en raken elkaar door de tijdsafstand die tussen ons in stand wordt gehouden.'

Door naar Marilyn te luisteren had Greenson sinds een tijdje de conclusie getrokken dat haar probleem niet seksueel was, dat het meer ging om een soort stoornis in haar zelfbeeld. Hij stelde een type zieken vast die hij 'afschermingspatiënten' noemde, degenen die met hun afweermechanismen hun verlangen afschermen. Ze projecteren bijvoorbeeld begeerte of sentimentaliteit om zichzelf af te schermen. Ze geven blijk van een identiteit om zichzelf af te schermen. Voor hen is het een opwindende of angstaanjagende ervaring om zichzelf te laten zien en om gezien te worden, meestal allebei. 'In gewone taal betekent afschermen filteren, verstoppen, verbergen, camoufleren. In psychoanalytische taal duidt het alleen op de activiteit om de kommer van het bestaan af te dekken met een beeld van jezelf waar mee te leven valt. Niet onecht,' verduidelijkte hij, 'het beeld dat die personen projecteren is echt, maar het beschermt hen tegen een andere, onverdraaglijke waarheid van henzelf.' In het geval van Marilyn, dacht hij, betekende het woord 'scherm' meer letterlijk het filmscherm. De psychoanalyticus zag ook weer dat beeld voor zich dat alle televisiezenders vijf jaar eerder hadden uitgezonden: de foto van Marilyn in *The Seven Year Itch*, op een scherm van twintig meter hoog dat zich op het Loew's State Theatre in New York van boven naar beneden stortte. De reusachtige witte bloem van vlees en opwaaiende jurk had gedurende de twee weken vóór de première van de film boven Broadway gezweefd.

Greenson, die haar alleen van haar rollen kende, zag haar gestalte geven aan de meest onbereikbare begeerlijkheid, maar vroeg zich af of iconen van het verlangen zélf een verlangen hadden. Veel later las hij ergens een zin van Vladimir Nabokov over de ster: 'Voor deze comédienne van de seks was seks misschien maar komedie.'

Na een paar maanden behandeling geloofde de psychoanalyticus dat de ijverige studente van de Actors Studio, de ijverige patiënte van Marianne Kris en de ijverige lezeres van de schrijvers van haar tijd beelden waren die Marilyn van zichzelf gaf om zich af te schermen. De intellectuele New Yorkse leerlinge overschaduwde de angst om dom te zijn van het meisje van Nebraska Avenue, dat ervan had gedroomd een onwerkelijke figuur aan de hemel van Hollywood te zijn.

Tweede sessie, op de avond van dezelfde dag. Marilyn gaat tegenover haar psychoanalyticus zitten.

'Wanneer je beroemd bent, worden al je zwakke punten maximaal uitvergroot. De filmwereld zou zich ten aanzien van ons moeten gedragen als een moeder wier kind bijna onder een auto is gekomen. Maar in plaats van ons tegen zich aan te drukken en te troosten, straft de filmwereld ons. Bij films gaat het altijd zo: nemen en nog eens nemen. Ze noemen dat terecht opnamen, die scènes waaraan ze je honderd keer opnieuw laten beginnen. Maar wie geeft, wie ontvangt, wie heeft lief? Is het u opgevallen, dokter, dat er in Hollywood, waar miljoenen en miljarden dollars worden verdiend, geen monumenten bestaan, geen musea? Niemand heeft iets achtergelaten. Al degenen die hier zijn gekomen konden maar één ding, nemen, nemen! Ik zal nooit meedoen aan die grote Amerikaanse kermis, waar de mensen hun leven doorbrengen met zich van de ene plaats naar de andere te haasten, heel snel en zonder reden.'

'Daar houden we het bij voor vandaag.'

'Ah, ook u zegt: "*Cut! Volgende opname! Laatste Marilyn!*"'

In april 1952 moest Marilyn zich laten opereren aan haar blindedarm, in het Cedars of Lebanon Hospital. Toen dokter Marcus Rabwin het laken dat over haar heen lag weghaalde om te gaan opereren, ontdekte hij een handgeschreven briefje dat met plakband op haar buik zat geplakt:

Geachte dr. Rabwin,

Snij zo min mogelijk. Dat kan u ijdel lijken, maar daar gaat het echt niet om. Het feit dat ik vrouw ben is belangrijk en betekent veel voor me. In godsnaam, dokter, kom niet aan mijn eierstokken, en ik smeek u nogmaals, vermijd zoveel mogelijk littekens. Ik dank u heel hartelijk.

Marilyn Monroe

Haar toneelleraar, Michael Tsjechov, had haar iets geleerd over haar spel, over de blik van mannen wanneer ze speelde. Op een keer liet hij haar *De kersentuin* oefenen toen hij plotseling stopte. Hij sloeg zijn hand voor zijn ogen en vroeg met een vriendelijk glimlachje aan Marilyn: 'Mag ik je een persoonlijke vraag stellen?'

'Alles wat je wilt.'

'Zeg eens eerlijk: denk je aan seks als je deze scène speelt?'

'Helemaal niet. Er zit niks seksueels in, niet in de scène en niet in mijn hoofd.'

'Geen beelden van omhelzingen of kussen?'

'Nee, ik ben geconcentreerd op de scène.'

'Ik geloof je. Jij zegt altijd de waarheid.'

'Tegen jou wel, ja.'

Hij liep naar haar toe en zei: 'Het is heel raar. Toen je speelde, voelde ik dat er seksuele vibraties van je uitstraalden, zoals bij een vrouw die door hartstocht is bevangen. Ik ben gestopt omdat ik het gevoel had dat je te gepreoccupeerd was om door te gaan.'

Bij die woorden begon ze te huilen.

'Maak je maar niet ongerust. Jij bent een vrouw die seksuele vibraties uitstraalt, wat je ook zegt of doet. Dat is wat je publiek op het doek komt zoeken. Je zult een fortuin verdienen door gewoon voor de camera te blijven staan en bijna niet te spelen.'

'Dat wil ik niet.'

'Waarom niet?' vroeg hij vriendelijk.

'Omdat ik kunstenaar wil zijn, geen stoeipoes. Ik wil niet worden verkocht als opgeilmiddel op celluloid. Kijk naar me en trek je af. Dat is op die manier jarenlang prima geweest, maar dat is voorbij. Vanaf dat moment is de heibel met Fox begonnen.'

'*Look sexy!* Het enige wat je moet doen, lieve Marilyn, is sexy zijn.' Die boodschap gaf Laurence Olivier, in zijn glimmende kostuum van groothertog van de Karpaten, aan Marilyn Monroe in de zomer van 1956, bij het begin van de opnamen van *The Prince and the Showgirl*, in de Pinewood-studio's. Een sprookje zonder sprookjesfiguren, waarin de danseres alleen maar een doodsbange prins aantrof. Toen ze tegen het eind van de opnamen, in oktober, tijdens een première in het Empire Theatre in Londen aan de Engelse koningin werd voorgesteld, naast Joan Crawford, Brigitte Bardot en Anita Ekberg, dacht Marilyn terug aan die belachelijke scène van de film. Je zag haar plaatsnemen om haar reverence te maken voor de groothertog met zijn monocle. Een bandje van haar nauwsluitende jurk knapte en ontblootte bijna haar schouder en borst.

Voor die kostuumkomedie, de eerste film die door Marilyn Monroe Productions werd geproduceerd – en de enige, aangezien *Something's Got to Give*, een coproductie met Fox in 1962, nooit het daglicht zag –, had Marilyn Olivier gekozen, een groot Shakespeare-vertolker en een beroemd regisseur. Hij beschouwde haar als een dom gansje, onontwikkeld en geobsedeerd door zichzelf. Zij had direct weer haar gebruikelijke listen opgepakt om de rol niet te spelen: te laat komen, drugs, wegblijven.

'Ik denk,' vertelde ze later, 'dat Olivier me haatte. Zelfs wanneer hij naar me glimlachte, was zijn blik afschuwelijk. Ik was de helft van de tijd ziek, maar hij geloofde me niet of trok zich er niks van aan. Hij keek naar me alsof hij een berg dooie vissen rook. Alsof ik lepra had, of net zoiets weerzinwekkends. Ik voelde me de hele tijd belachelijk. Hij kwam naar me toe zoals je een hoerenkast binnengaat, en zei minzaam dat ik sexy moest zijn. Dat deed me de das om. Ik voelde me waardeloos bij hem. Ik was stelselmatig te laat en hij kon me daarom wel schieten.'

Sinds drie weken is de ster, die heel onlangs met Arthur Miller is getrouwd en in verwachting is van een kind dat ze in augustus zal verliezen, voor opnamen in Engeland. Half juli is ze op een regenachtige middag in Londen aangekomen. Ze bevindt zich op het randje van een zenuwinzinking. Niets lukt. De film, haar huwelijk, haar lichaam dat niet meewerkt en dat doodmoe is. Op een dag vindt ze, opengeslagen op de tafel van de suite in Parkside House, in Englefield Green, waar ze met haar echtgenoot verblijft, zijn notitieboekje. Ze leest: 'Ik had niet moeten trouwen. Niet met haar. Ze is niet meer dan een kindvrouwtje, onvoorspelbaar en ongrijpbaar. Verwaarloosd en egoïstisch. Mijn leven en mijn werk komen in gevaar als ik toegeef aan haar eeuwige chantage dat ze het moeilijk heeft.'

Marilyn belt urenlang naar New York om steun te zoeken bij Margaret Hohenberg. De psychoanalytica draaft op en heeft een paar sessies met haar op de set waar de film wordt opgenomen. Marilyn praat met haar over Miller: 'Hij dacht dat ik een engel was, en nu vraagt hij zich af of hij er niet verkeerd aan heeft gedaan om met mij te trouwen. Zijn eerste vrouw is bij hem weggegaan, maar hij beschuldigt mij ervan dat ik iets ergers heb gedaan. Olivier begint me te behandelen als een sloerie die voor problemen zorgt en Arthur verdedigt me niet.' Hohenberg, overweldigd door de angstdepressies van haar patiënte en moe van de dwingende vraag om liefde die ze al meer dan een jaar herhaalt, kan haar praktijk van analytica in New York niet te lang stil laten liggen. Ze zoekt ter plaatse een oplossing om Marilyn te helpen haar verplichtingen ten aanzien van de opnamen na te komen.

Onder de bijna witte hemel van een warme augustusdag stopt een zwarte Rolls Royce voor Maresfield Gardens 20. De chauffeur ontgrendelt het portier en maakt zijn zware gestalte onzichtbaar als hij een jonge, blonde vrouw langs laat, die met snelle passen naar de deur loopt. Paula Fichtl, al zevenentwintig jaar de huishoudster van de familie Freud, opent de deur en laat de onbekende de hal binnen. De vrouw draagt een heel eenvoudige blauwe regenjas met opgezette kraag. Geen make-up, de platinablonde haren verborgen onder een slap vilten hoedje, een grote zonnebril. Marilyn Monroe gaat naar haar eerste psychoanalyseafspraak bij de dochter van Sigmund Freud.

De behandeling is heel discreet en snel voorbereid. Anna was bang voor publiciteit, maar na enige aarzeling heeft ze er ten slotte in toegestemd haar aan te nemen. Een week lang komt Marilyn Monroe niet op de opnamen, niemand weet wat ze doet. Elke dag stopt haar auto op Maresfield Gardens, elke dag verdwijnt ze in Anna Freuds praktijk. 'Ze zag er heel eenvoudig uit,' vertelt Paula, 'een mooi meisje, zeker, maar niet heel verzorgd. Mevrouw Monroe was heel gewoontjes, niet de minste pretentie, een beetje angstig, maar als ze glimlachte kon ze innemend zijn.'

Op een dag neemt Anna haar patiënte mee naar de speeltuin van de kliniek. Marilyn fleurt op, ontspant, maakt grapjes en speelt met de kleintjes. Zeer onder de indruk van Anna's werk vertelt ze haar dat ze *The Interpretation of Dreams* heeft gelezen toen ze eenentwintig was. De beschrijving van 'dromen over naaktheid' had haar gefascineerd. Exhibitionisme, de drang om zich in het openbaar uit te kleden, is een symptoom dat ze lang aan haar eerste therapeut uiteen heeft gezet. Anna stelt haar diagnose en schrijft die op een kaart die nog altijd in een kaartregister van het Anna Freud Centre zit. Het 'geval Marilyn' staat er gecodeerd op: 'Volwassen patiënte. Emotionele instabiliteit, overdreven impulsiviteit, voortdurende behoefte aan goedkeuring van anderen, kan niet tegen alleen zijn, neiging tot depressies in geval van afwijzing, paranoïde met aanvallen van schizofrenie.'

Met gebruikmaking van een psychotherapietechniek voor kinderen doet Anna Freud een spelletje met Marilyn Monroe. Ze zitten tegenover elkaar, gescheiden door een tafel waarop een paar glazen knikkers zijn gelegd. De analytica wacht op wat ze met de knikkers gaat doen. Marilyn begint ze één voor één in haar richting te rollen. Interpretatie van de psychoanalytica: 'verlangen naar seksueel contact'. De versnelde behandeling van Anna Freud heeft volgens haarzelf volop succes. Na een week begint de actrice weer met de opnamen en ze maakt ze af. Op 20 november neemt ze het vliegtuig terug naar New York.

'Juffrouw Anna en mevrouw Monroe hebben in goede verstandhouding afscheid van elkaar genomen,' meldt Paula Fichtl. In zo'n goede verstandhouding dat er een paar maanden later een cheque met een aanzienlijk bedrag op Maresfield Gardens aankomt, getekend: Marilyn Monroe.

In 1953 was Vivien Leigh, de vrouw van Laurence Olivier, een tijdje patiënte van dokter Greenson in Hollywood geweest. Ten prooi aan angst- en depersonalisatieaanvallen was ze gedwongen geweest de opnamen van *Elephant Walk* te onderbreken, waarvan de buitenopnamen op Ceylon werden gefilmd, onder regie van William Dieterle. Peter Finch, de acteur die in de film haar echtgenoot speelde, was in het echte leven haar minnaar. De manisch-depressieve psychose waaraan de actrice leed manifesteerde zich opnieuw. Ze had het gevoel dat de blauwige warmte van het Ceylonse woud door haar lichte jurk heen kroop om volledig in haar binnen te dringen. Elke keer als de bruine gezichten van de Singalezen in te grote aantallen haar blikveld kruisten, werd ze bevangen door aanvallen van vervolgingswaanzin. Hun blikken brachten een ongekende angst bij haar teweeg. Haar gedrag begon Paramount te veel geld te kosten. Tijdens de opnamen begon Vivien erotische standjes na te doen, Dieterle te verleiden en, wat niets voor haar was, over haar tekst te struikelen. Olivier besloot haar naar Hollywood te laten terugbrengen. Toen het vliegtuig opsteeg, zagen ze Vivien op de raampjes bonken om haar eruit te laten. De hele vlucht van zeventien uur lang verscheurde ze haar kleren met het bestek van de maaltijden, strook voor strook.

De opnamen van de binnenscènes begonnen weer in Hollywood, in de Paramount-studio's. Vivien had heldere momenten, maar begon direct weer te drinken, te schreeuwen en te hallucineren. De maand erna gaan de acteurs David Niven en Stewart

Granger, gewaarschuwd door Olivier, naar het huis dat Vivien op de heuvel van Bel Air huurt, vlak nadat ze door Paramount is ontslagen. Ze vinden haar zittend in een witte badjas voor het lege scherm van een televisie. Granger laat haar roerei eten, waar hij een kalmerend middel doorheen mengt. De actrice kleedt zich uit en gaat naakt overgeven in het zwembad. Wanneer de ambulance komt, zegt de verpleegster: 'Ik ken u, u speelde toch Scarlet O'Hara?' Vivien Leigh brult: 'Ik ben Scarlet O'Hara niet, ik ben Blanche DuBois.' Greenson, die met spoed is gebeld, probeert haar te behandelen. Na zes dagen lang onophoudelijk te zijn geraadpleegd – in totaal vijftig uur waarvoor hij 1500 dollar rekent – kan de psychiater niet voorkomen dat de actrice onder zijn ogen wegzinkt.

'Zo gek is ze niet,' vertrouwde hij Laurence Olivier daarna toe. 'Ze weet dat ze de sprong heeft gewaagd tussen de lotsbestemmingsneurose van haar personage in *Gone with the Wind*, de film van Victor Fleming en Selznick, en de hallucinatoire psychose uit *A Streetcar Named Desire* van Tennessee Williams en Elia Kazan. Er zit altijd een stukje waarheid in de kern van een waan.' Toch stelde Greenson haar echtgenoot, die hij dagelijks op de hoogte stelde van de mentale toestand van zijn vrouw, gerust: ze zou over een week weer op de been zijn voor de opnamen, en zou weer kunnen vertrekken om de buitenopnamen in Ceylon af te maken. Volgens zijn rivaal onder de psychoanalytici van sterren, Martin Grotjahn, zou Greenson zelfs elektroshocks hebben voorgeschreven. Leigh kon niet verder met de opnamen en moest terug naar Engeland, waar ze in een ziekenhuis in Surrey tussen de geesteszieken werd opgenomen. 'Dat zal ik nooit vergeten,' riep ze later. 'Al die zieken die zo'n beetje overal aan het ronddwalen waren. Ik dacht dat ik in het gekkenhuis zat.' Vanaf die dag besloot ze nooit meer een voet in een ziekenhuis of kliniek te zetten, uit angst dat het een krankzinnigengesticht was.

Toen ze een paar maanden later weer in Los Angeles terug-kwam, betrok Vivien Leigh opnieuw haar huis in Bel Air. Op een avond nodigde ze haar analyticus uit voor een galadiner. Greenson arriveerde in smoking op het genoemde tijdstip, maar zijn gastvrouw stelde het moment uit om hem aan haar voorna-me gasten voor te stellen. 'Ga onmiddellijk een sari aantrekken... er komen om halfacht zeventig mensen. Ik heb een feest ter ere van u georganiseerd.' Er was niemand anders dan zij tweeën in de grote salon van de actrice.

Zeven jaar later, als hij de psychoanalyse van de ster uit *Let's Ma-ke Love* voortzet, komt Greenson op een zomeravond bitter en ontmoedigd thuis en vertrouwt hij zijn vrouw toe hoezeer hij getroffen is door de gelijkenis van Viviens en Marilyns situatie. Toen hij hen voor het eerst had ontvangen, waren beide actrices net ingestort tijdens een film waarin hun tegenspeler ook hun minnaar was, en hij had tegen Fox met betrekking tot Marilyn herhaald wat hij tegen Studio Paramount over Vivien had ge-zegd: over een week pakt ze het weer op. Hij had hen geen van beiden genezen.

'Maar Marilyn is toch niet gek?' vroeg hij aan Hildi.

'Nee. En jij ook niet. Maar jullie zouden het kunnen worden.'

'Gek van elkaar?'

'Nee: door elkaar.'

Tijdens de opnamen van *The Misfits* zat Clark Gable, in de vee-wagen die hun als grimeerruimte diende, te kijken naar Marilyn, die een inzinking had. Eén scène had haar gebroken. Roslyn ver-hinderde de drie mannen de mustang te bedwingen en te doden die ze daarna zouden verkopen om dierenvoer van te maken. De scène eindigde met een heel hard beeld. Met tegenlicht, haar lichaam doormidden gesneden door de lijn van de horizon, draaide ze zich om naar Clark Gable en schreeuwde tegen hem: 'Ik haat je.' Niet het dier, maar zíj leed. Ze leed fysiek, ze kon niet meer tegen zichzelf zeggen dat het maar film was, alleen maar beelden. Ze was niet meer dan een wanhopig lichaam in het licht van de flitslampen. De foto's die ze van haar namen, die haar vroeger goed deden, werden een verwonding, een huid die reep voor reep werd afgestroopt. Daarna voelde ze zich, elke keer als de samengedromde fotografen haar riepen om in hun lens te kijken, of als ze haar hoofd optilde en haar gezicht weer in de schaduw bracht, als het paard dat met de stem wordt ge-temd en met de lasso wordt vastgebonden zodat het niet meer beweegt, totdat ze niet meer was dan een stuk vlees, verlamd van angst en haat.

'Moppie,' zei Gable tegen haar, 'we moeten allemaal een keer gaan, of er nou een reden voor is of niet. Doodgaan is net zo natuurlijk als leven. Mensen die bang zijn om dood te gaan, zijn te bang om te leven. Dat heb ik altijd gezien. Dus het enige wat je moet doen is vergeten.'

Eén vraag hield alle gemoederen steeds weer bezig: gaat Marilyn vandaag werken? Haar laatste film had haar uitgeput en haar gevoelsmatige tegenslagen stapelden zich op. Haar avontuurtje met Yves Montand was voorbij. Miller, die de novelle waarop het scenario was gebaseerd in Nevada had geschreven, in een periode waarin hij wachtte tot zijn eerste scheiding werd uitgesproken, bevond zich nu weer op dezelfde plaats terwijl zijn huwelijk met Marilyn op z'n einde liep. Om Marilyn in de eerste scènes van de film te zien, en om naar de rechtbank te gaan voor de scheiding, deed hem verdriet als het beeld uit een droom waar je je uit los wilt rukken. Maar ondanks de spanningen zocht Marilyn vaak steun bij hém.

Om haar te bemoedigen lieten ze Lee Strasberg overkomen, die gekleed als cowboy in de woestijn verscheen, met een geblokt overhemd, een leren broek en puntlaarzen met sporen. Toen ze hem zo zag, de man die altijd gekleed ging als een marxistische pastoor, lachte Marilyn zich een ongeluk. Het lukte Strasberg niet haar van de twintig dagelijkse tabletten Nembutal af te krijgen, waarvan ze het effect versnelde door met een naald de capsules stuk te prikken. Op zaterdag 20 augustus, de dag voor de première van *Let's Make Love* in het Crest Theater in Reno, waarvoor Montand en Signoret waren uitgenodigd, bleef Marilyn onvindbaar. 's Middags vatte de Sierra vlam en verduisterden zwarte rookpluimen de hemel. Vliegtuigen probeerden tevergeefs producten uit te storten om de oprukkende vlammenzee te stoppen. De stroomvoorziening van de stad werd afgesloten en Reno werd in duisternis gehuld. De première werd afgeblazen. Op het terras van het verlaten Mapes Hotel, met als enige verlichting het reclamebord op het dak waar het witte licht van een generator op terugkaatste, dronk Marilyn champagne met de technici van de set en keek ze naar de branden, ver weg in het donker.

Drie dagen later werden de opnamen hervat, zonder Marilyn.

Russ Metty, de hoofdcameraman, legde producent Frank Taylor uit: 'Ik kan haar niet opnemen. Haar ogen zijn afwezig. Je kunt haar niet vastleggen. Als dat zo doorgaat is het afgelopen met de film.' Op 26 augustus moest Marilyn de set van *The Misfits* opnieuw verlaten, en ze kwam er pas op 6 september weer terug. Het gerucht deed de ronde dat ze aan een vrijwillige dood was ontsnapt dankzij het feit dat haar maag was leeggepompt. In de gloeiende hitte werd ze overgebracht naar Los Angeles. Ze droegen haar gewikkeld in een vochtig laken het vliegtuig in. Huston, die voorspelde of hoopte dat ze definitief zou instorten en vervangen zou kunnen worden, kwam opgelucht van het vliegveld terug en ging weer naar zijn gebruikelijke speeltafel in het casino, terwijl hij *Venezuela* neuriede. Door de productie werd besloten dat de opnamen voor onbepaalde duur werden uitgesteld.

Marilyn stortte niet onmiddellijk in. Aangekomen in Los Angeles liet ze zich direct naar het Beverly Hills Hotel brengen en ging ze naar een societydiner bij de weduwe van cineast Charles Widor. Zondagavond besloten Greenson en Hyman Engelberg, haar huisarts, tot ziekenhuisopname. Ze brachten haar er samen van op de hoogte dat de filmopnamen waren uitgesteld en adviseerden haar een week rust, maar niet in het hotel en niet in haar eigen huis. Aangezien Hildi Greenson een logeerpartij bij hen thuis had geweigerd en omdat United Artists had beloofd de kosten van ziekenhuisopname te dekken, werd Marilyn opgenomen in een comfortabele kamer van het Westside Westbrook Hospital, op La Cienega Boulevard. Ze verbleef er tien dagen onder de naam Mrs Miller en kreeg er bezoek van Marlon Brando en Frank Sinatra. Greenson bracht zijn dagen en een deel van zijn nachten aan haar bed door.

Tijdens die periode kwam de psychoanalyticus volkomen afwezig en gedesoriënteerd op zijn patiënten over. Zijn collega's hoorden hem opmerkingen maken over het noodlot van herkomst en onherstelbare lotsbestemmingen. Daarna vermande hij zich. In het ziekenhuis zorgde hij voor een dagelijkse *follow-up*, en hij belde Huston om hem gerust te stellen dat Marilyn binnen een week zou terugkomen voor de opnamen. Woedend antwoordde Huston: 'Als ik *The Misfits* niet kan afmaken, is het met me afgelopen als filmmaker. Niemand zal me nog willen produceren en borg willen staan.' Verslaggevers onthulden dat Marilyn heel ziek was, erger dan men had kunnen vrezen, en een psychiatrische behandeling volgde. Engelberg kon zich er niet van weerhouden met de pers te praten: 'Juffrouw Monroe lijdt aan ernstige uitputting en heeft veel rust nodig.' Frank Taylor had het over hartproblemen en benadrukte dat de film bijna volledig op locatie werd opgenomen en fysiek heel zwaar was geweest, des te meer omdat hij direct op *Let's Make Love* was gevolgd. Wat geen van beiden kon zeggen, was dat Greenson haar onder de kalmerende middelen – librium, Placidyl en chloraalhydraat – had aangetroffen.

In het ziekenhuis kon ze zich er niet van weerhouden Yves Montand te bellen. De telefoniste van het Beverly Hills Hotel gaf door dat 'meneer Montand haar niet kon aannemen'. Toen de psychoanalyticus haar na dat vergeefse telefoontje zag, leek ze de kluts kwijt en herhaalde ze: 'Heeft u gezien wat hij heeft gezegd, die smeerlap, in het interview met dat kutwijf Hedda Hopper? Hij zegt dat ik een verrukkelijk kind ben waar niks kwaads in zit, dat als een schoolmeisje verliefd op hem is geworden. Een geil grietje. Het spijt hem dat hij eraan heeft toegegeven, uit zwakheid voor kinderlijke ontreddering. Hij heeft zelfs gezegd dat hij alleen maar met me heeft geneukt om de liefdesscènes in de film een realistischere intensiteit te geven.'

Greenson probeert haar ervan te overtuigen dat ze tot elke prijs weer met de opnamen moet beginnen. 'U zit in een impasse. Ik noem dat een liefdesimpasse. Wanneer je daarin terecht bent gekomen, kun je de ander alleen pijn doen door jezelf te kwetsen.' Thuis in Santa Monica ontvangt hij daarna Huston, die is gekomen om nieuws te horen. 'We kunnen alleen maar wachten en laten wachten. Een ster is geen man of vrouw meer. Het is een kind. Een ster brengt zijn tijd door met wachten. Wachten tussen twee films, tussen twee scènes, tussen twee opnamen van de scène. Je hebt niets onder controle. De tijd is niet van jou. Het is heel passief. Acteurs worden vaak regisseur of producent om dat wachten te ontvluchten, maar actrices zijn het meer gewend. Wachten is het lot van vrouwen. We moeten haar begrijpen. Maar ik sta ervoor in dat ze over een paar dagen weer met de film kan beginnen.' Huston staat op het punt Greensons klinische uiteenzetting te onderbreken, als Marilyns verschijning midden in het gesprek de beloften van haar arts komt bevestigen. Heel helder, stralend en hartstochtelijk werpt ze de regisseur een verleidelijk kushandje toe. Daarna wendt ze zich tot de analyticus, met de beschaamde glimlach van een kind dat betrapt is terwijl het zichzelf betast: 'Ik ben me bewust van het kwaad dat de barbituraten me hebben gedaan. Maar het is afgelopen.' Daarna richt ze zich tot Huston: 'Ik schaam me en ik dank u dat u me heeft gedwongen om deze week te stoppen. Ik wil graag weer beginnen. U ook?' De regisseur zegt niets terug. Greenson verbreekt de stilte en verklaart dat ze er klaar voor zal zijn, zonder barbituraten.

Op 5 september ging Marilyn terug naar Reno. In de warme nacht werd het vliegtuig aan de grond gezet. Een orkest speelde en er werd gebruld, bravo geroepen en gezongen. Spandoeken schreeuwden: WELKOM MARILYN. Huston sprong uit zijn vel: 'Die smeerlappen van een producenten weten ook hoe ze het moeten brengen! De overdosis wegschoffelen onder de uitgelatenheid van het volk...' De volgende dag was Marilyn voor dag en dauw op de set. Maar toen ze weer in de schijnwerpers stond, voelde ze iets onwezenlijks. In zichzelf, en om zich heen.

De opnamen in Nevada waren op 18 oktober klaar. De laatste dagen herschreef Arthur Miller voortdurend het scenario en wanneer ze Marilyn die veranderingen doorgaven, bleef ze de hele nacht haar nieuwe tekst voorbereiden. Clark Gable zei tegen haar: 'Ik wil geen veranderingen van het script meer. Help me. We moeten weigeren.' Begin november werden de binnenscènes van de film in de Paramount-studio's in Hollywood gedraaid. Een fotograaf van het Magnum-agentschap, Ernst Haas, die het eind van de opnamen was komen vastleggen, beschreef de sfeer later als volgt: 'Alle mensen die met de film te maken hadden, waren gestoord – Marilyn, Monty, John Huston –, ze hadden allemaal iets van onheil over zich.' Acht jaar eerder noemde Marilyn zichzelf in haar vermeende autobiografie, *My Story*, 'de gestoorde van Hollywood'. Gable, die zichzelf bleef, praatte weinig. De laatste draaidag, toen Marilyn Hustons assistent, Tom Shaw, hoorde roepen: 'Het zit in de kist,' barstte ze in lachen uit: 'Wat je zegt! In de kist, alleen daar heb je het goed. Krap natuurlijk, maar rustig!' Iedereen realiseerde zich dat sommige sterren net als de sterren aan de hemel zijn, die in feite al niet meer stralen. Hun licht bereikt ons nog, maar ze zijn gedoofd. Die acteurs speelden in een denkbeeldige wereld, die niets anders was dan de weerspiegeling van hun leven. Het leek alsof ze bij hun eigen begrafenis waren.

Begin december zocht Marilyn Frank Sinatra weer op, die optrad in het Sands Hotel in Las Vegas. Er waren ook twee zussen van president Kennedy, Pat Lawford en Jean Smith. Bij terugkomst vond Greenson zijn patiënte verschrikkelijk alleen, en aan Marianne Kris beschrijft hij haar als 'vervuld van een gevoel van vervolging met paranoïde trekjes'. Hij is van mening dat het een reactie is op die mensen die ze regelmatig opzoekt en die haar alleen maar kwaad kunnen doen. De personen op wie hij zinspeelt noemt hij niet, zelfs niet met initialen.

Kort daarna kwam Henry Hathaway, die de actrice in *Niagara* had geregisseerd, haar tegen in Hollywood. Ze zat in haar eentje in een in het donker gehulde opnamestudio. Toen hij dichterbij kwam, zag hij dat ze huilde. 'Ik heb Marilyn Monroe, Marilyn Monroe en nog eens Marilyn Monroe gespeeld. Ik heb geprobeerd het anders te doen. Toen merkte ik dat ik een imitatie van mezelf aan het doen was. Ik wil iets anders. Een van de dingen waardoor ik op Arthur viel, is dat hij tegen me zei dat hij míj wilde, echt míj. Toen ik met hem trouwde, hoopte ik zo dat ik dankzij hem afstand kon nemen van Marilyn Monroe, en nu merk ik dat ik hetzelfde aan het doen ben. Ik kan er niet tegen. Ik wil er vanaf. Ik kan niet accepteren nóg een scène met Marilyn Monroe te spelen.'

Tijdens de opnamen van *The Misfits* was Marilyn een weekend naar San Francisco gegaan. Misschien had ze er een afspraak met iemand. Bekend is dat ze er in een nachtclub, de Finnochio Club, aanwezig was bij het optreden van een travestiet die imitaties deed, en die háár uiterlijk en háár stem had aangenomen. Bekend is dat ze voor het eind wegging.

Toen John Huston het vliegtuig naar Los Angeles had genomen om Greenson daar te ontmoeten, wilde hij niet alleen weten hoe het er met de depressie van de actrice voorstond, maar ook met hem praten over zijn filmproject over Freud, waarbij hij tegen problemen aanliep. Hij was op de hoogte van de vijandige houding van de psychoanalyticus tegenover het project en van diens invloed op Marilyn, en waagde op die manier een laatste kans om zich van zijn steun te verzekeren.

'Ik heb het traject Reno-Los Angeles alleen maar afgelegd om Greenson te zien,' zei de cineast tegen Arthur Miller. 'Niet om haar te zien. Ze zoekt het maar uit met haar pillen. Maar hij, die smeerlap, houdt al twee jaar mijn Freud-project tegen. Midden in ons gesprek kwam ze plotseling te voorschijn en het lukte me niet haar psychoanalyticus te laten zeggen dat ze in mijn *Freud* moest spelen.' Op dat moment had Huston begrepen dat Marilyns deelname definitief van de baan was. Hij was al jaren met de voorbereiding van die film bezig en had haar verscheidene maanden eerder de rol aangeboden, toen ze ten slotte had geweigerd er Cecily in te spelen. In het door Sartre en de regisseur zelf geschreven scenario belichaamde dat personage in één figuur verschillende patiënten van Freud, die hysterici van de moederschoot waar de psychoanalyse uit voort was gekomen. De film moest laten zien hoe Freud seksuele pathologie met het woord behandelde, en zo het verhaal vertellen van de uitvinding van de psychoanalyse. Huston vond het erg leuk erop te wijzen dat de filmkunst in precies hetzelfde jaar was ontstaan als de freudiaanse ontdekking, in 1895.

Toen Marilyn had gehoord dat Huston dat project voorbereidde, was ze direct heel geïnteresseerd geweest. 'Ik wil echt dat jij Cecily bent in mijn *Freud*, en dan is Monty de arts van de hysterici!' Ze was in de wolken. 'Ik weet wat het is om op de divan te liggen, maar ook om in bed te liggen,' antwoordde ze. Ook al wist ze dat hij de pest aan haar had, ze vond het toch een grote uitdaging om die rol voor Huston te spelen, en ze had er geen spijt van dat ze onder zijn regie in haar eerste belangrijke film, *The Asphalt Jungle*, had gespeeld, en onlangs nog in *The Misfits*. Een beetje bijgelovig zag ze het als een lotsbestemming dat ze nooit meer dan twee films met dezelfde cineast had gemaakt. Maar een paar dagen later had ze tegen de regisseur gezegd: 'Ik kan het niet spelen. Anna Freud wil niet dat het leven van haar vader wordt verfilmd. Mijn analyticus heeft me dat verteld. Jammer voor Freud, hij zag me al met zijn oude gevallen aan de gang gaan!'

In het onderhavige geval probeerde Greenson de belangen van zijn intellectuele erfenis te verenigen met die van zijn patiënte, wier agent hij was geworden en wier carrièrestappen en financiële contracten hij beheerde. Toen de cineast met hem had gesproken, was hij heel stellig geweest. 'Freudiaanse beelden op het doek, akkoord. Beelden van Freud, geen sprake van.'

'Ik snap het niet,' had Huston geantwoord. 'Psychoanalyse gaat over seks, liefde, vergeten beelden, beelden die Freud, onder woorden gebracht, wilde begrijpen.'

'Freud was visueel ingesteld, dat is waar, maar hij kon er niet tegen om te worden gefotografeerd. Een film over hem is een begripsfout.'

'Dat ben ik niet met u eens! Hij heeft die vreemde opstelling van de divan en de fauteuil uitgevonden, om ervoor te zorgen dat patiënt en analyticus elkaar niet aankijken maar de beelden zien die het woord oproept. Dát ga ik in mijn *Freud* laten zien.

Dat wat ook de kern van film is: de blik die gericht is op een geheim achter het doek, op wat je niet ziet. Het luisteren dat vragen stelt bij beelden. Per slot van rekening komen jullie, psychoanalytici, toch van de hypnose, waarbij je iemand strak in de ogen kijkt om vergeten woorden op zijn lippen te laten terugkomen. Zegt u eens: ligt die weigering om de psychoanalyse in een film te laten zien aan het feit dat ze, zoals u zegt, zo intens van elkaar verschillen, of aan het feit dat ze, zoals u weet, te veel op elkaar lijken?'

'Aan geen van beide,' zei Greenson. 'Het ligt aan het feit dat Anna nog leeft en de nagedachtenis aan haar vader beschermt.'

De betrekkingen tussen Ralph Greenson en Anna Freud bleven lang formeel en schriftelijk. Daarna ontstond langzamerhand een persoonlijke band. In 1953 stuurde hij haar foto's die hij tijdens een verblijf in Londen van haar had gemaakt. Ze schreef een vreemd antwoord: 'Gewoonlijk lijk ik op foto's op een soort ziek dier, maar op de uwe vind ik mezelf heel menselijk.' Toen Anna in 1959 voor de eerste en laatste keer naar Los Angeles kwam, logeerde ze bij Greenson thuis. Hij nam haar mee op lange wandelingen, liet haar in zijn zwembad zwemmen en was zelf haar chauffeur om Palm Springs te bezoeken, na de lezingen die ze voor de LAPSI gaf. Er werd ter ere van haar een receptie bij hem thuis gehouden, en niemand durfde naast de dochter van Freud op de bank te gaan zitten. Anna bedankte hem voor dat verblijf: 'Ik vind het heel moeilijk om me Los Angeles zonder mezelf voor te stellen.'

Een jaar later bezochten Ralph en Hildegarde Greenson haar in Londen en brachten ze verscheidene weken op Maresfield Gardens door. 'Het echtpaar Greenson gebruikte mijn kamer,' zei Paula Fichtl, de huishoudster van de familie Freud, later, 'en meneer de dokter sliep zelfs in mijn bed. Juffrouw Freud heeft een zeker aantal uren met meneer de dokter en dokter Kris doorgebracht. Ze hebben als specialisten over Mrs Monroe gesproken.' Bij die gelegenheid brachten de Greensons voor Anna een indiaans popje van suède mee. 'Ik speel soms met het popje,' schreef Anna hun om te bedanken, 'maar andere keren kijk ik er alleen naar, en dan stel ik me voor dat het mijn heidense godin is.'

In 1956, het jaar waarin Anna Freud kortstondig zorgdroeg voor de beroemdste actrice ter wereld, behandelde Greenson Marilyn nog niet, maar sloofde hij zich wel al uit om de belangen van het freudiaanse instituut te verdedigen. De psychoanalytische gemeenschap was druk in de weer om Freuds honderdste geboortedag te vieren. Sommigen hoopten de hand te kunnen leggen op films die tijdens Freuds leven waren opgenomen, met name door Mark Brunswick, een oud-patiënt die zijn analyse probeerde te betalen door zijn beelden van Freud aan de officiële archieven te verkopen. Al waren Anna en Ernst, de kinderen van de meester, begaan met Brunswicks situatie, ze verzetten zich krachtig tegen dat project en vroegen aan alle Weense analytici die zich in Amerika hadden gevestigd om dezelfde houding aan te nemen.

Ook de beroepsmensen in de filmwereld hadden hun projecten waarvan de realisatie dringend verhinderd moest worden. John Huston pakte zijn oude idee om een film over Freud te maken weer op, gesteund door verschillende producenten. Hij trok zijn twee medewerkers van *Let There Be Light* aan, producent Julian Blaustein en scenarist Charles Kaufman. 'Die film maken,' zei de cineast later, 'is alsof je een soort religieuze ervaring hebt. Ik realiseer een obsessie die gebaseerd is op de innerlijke overtuiging dat de grootste avonturen en de grootste reizen van de mens nooit kunnen evenaren wat Freud in de onbekende gebieden van de menselijke ziel deed.' Maar Anna Freuds vastberaden verzet hield het project vijf jaar lang tegen. Huston bleef Freud en zijn ontdekking bewonderen, maar vatte later een ware haat op tegen de onwaardige officianten die de psychoanalytici waren.

Toen ze kennisnam van het project, ontstak de dochter van de vader van de psychoanalyse in grote woede. Er was een aspect dat haar zeer bedroefde: Marilyns aanwezigheid in de rolverdeling. Haar vader als filmheld, luisterend naar Marilyn Monroe die languit op een divan lag, het geheel naar een scenario van Sartre, dat was toch echt te veel voor de tempelbewaarster die zich later gewikkeld in haar vaders jas liet begraven en die haar brieven ondertekende met ANNA FREUD, als één woord.

Maar op dat moment kon Marianne Kris, die alleen maar af en toe de therapeute was van de actrice, wanneer die in New York verbleef, dat rampzalige scenario niet tegenhouden. Omdat ze de film niet kon verbieden, maakte Anna dus gebruik van Greenson om haar voormalige patiënte erbuiten te houden. De rol van Cecily werd aan Susanna York gegeven. De opnamen duurden vijf maanden. *Freud, the Secret Passion* kwam in 1962 uit en werd commercieel gezien een flop, die Huston toeschreef aan het feit dat het personage van de vrouw die ten prooi is aan de kwellingen van seks niet door Marilyn werd gespeeld. Na de première verklaarde hij: 'We hebben geprobeerd iets te doen wat in de geschiedenis van de film nog niet eerder is vertoond: doordringen in het onbewuste van het publiek, de kijker choqueren en ontroeren door de herkenning van zijn eigen geheime, psychische drijfveren.'

Greenson, die door Huston was uitgenodigd, wilde niet naar de vertoning van de film in Hollywood komen. Maar een paar weken later belde hij de regisseur op om het nog eens met hem over Marilyn te hebben. 'Ik heb u niets te zeggen,' blafte de cineast. 'U bent een lafaard. Uiteindelijk is het maar goed dat we haar niet Freuds hysterica hebben kunnen laten spelen, het publiek zou niet hebben begrepen dat de oude wijze haar niet al na vijf seconden behandeling door het woord achterover op de divan duwt.'

Begin 1957 had Marilyn met Margaret Hohenberg gebroken en had Anna Freud, aan wie ze had gevraagd haar een nieuwe therapeut te adviseren, haar Marianne Kris aanbevolen. Als dochter van de kinderarts van Freuds kinderen was zij voor Anna iets meer dan een collega die naar Amerika was gevlucht. De jeugdvriendin en vakgenote uit de Weense jaren had in 1938 voor ballingschap in Amerika gekozen. Net als Anna was Marianne in analyse geweest bij de geestelijk vader, en Marilyn dacht op die manier in contact te komen met de freudiaanse bron zelf.

Op haar zevenenvijftigste was Marianne Kris nog een mooie vrouw met zwart haar. Ze had net haar echtgenoot verloren, ook analyticus en kunstkenner. Marilyns derde analyse (als we de analyse die Anna zelf deed meetellen) duurde vier jaar, het laatste jaar onderbroken door reisjes terug naar Los Angeles, waar ze werd gevolgd door Ralph Greenson.

Marianne Kris woonde in hetzelfde pand als het echtpaar Strasberg, Central Park West 135, en in het voorjaar van 1957 zette Marilyn haar analyse voort op basis van vijf sessies per week. Als ze bij Marianne wegging nam ze de lift naar de verdieping waar de Strasbergs woonden en ging het werken met herinneringen verder, op een meer toneelmatige manier. Ze moest 'geheugenoefeningen' doen, bestaande uit het oproepen van haar kindertijd en jonge jaren. De ene keer moest ze een uitgehongerde baby spelen. Niet spelen: voordragen, of liever gezegd: laten spreken, verduidelijkte Strasberg. Een andere keer een eenzame wees, of een verloren schoolmeisje, of een verraden verloofde...

De lasten van de sessies waren zo hoog dat Arthur Miller besloot dat ze in onderhuur in een minder centrale wijk gingen wonen. De kwestie van de psychoanalyse werd een onderwerp van conflicten tussen Marilyn en haar echtgenoot. Hij dacht dat psychiaters de meeste mensen niet konden helpen en ergerde zich eraan te zien dat er voor haar geen onschuldige versprekingen of onbetekenende vergissingen bestonden, geen gebaar of zin zonder verborgen bedoeling, en dat de meest alledaagse opmerking een onheilspellende dreiging kon bevatten.

Hoewel hij erkende dat Marianne Kris, net als later Ralph Greenson, heel integer en echt toegewijd aan haar patiënte was, concludeerde Miller dat de analyse een mislukking was geweest. 'De meeste mensen die ik ken die in analyse zijn gegaan, zijn er nooit uitgekomen. Ze waren bij aanvang in de war en zijn in de war gebleven. Voordat we psychiaters hadden, leefden mensen in een stam of in een gemeenschap en werden ze gesteund of de grond in geboord door de waarden en de godsdienst die hun waren verschaft. Het is nogal veel gevraagd van de psychiatrie om een persoon waarden te verschaffen.'

Lee Strasberg was het natuurlijk niet met Miller eens. Hij dacht dat de analyse Marilyn zou beginnen te bevrijden. Het werk tijdens de lessen in de Actors Studio was volgens hem een analyse van haar analyse. Wanneer scènes moeilijk waren, omdat de geremde acteur niet in staat was contact te leggen met een bepaalde vroegere ervaring, maakte het feit dat hij het zich in het kader van de analyse herinnerde dat contact voor hem mogelijk en zorgde het voor een soort sublimatie. Op een keer zei Marilyn, een beetje geterroriseerd door haar psychoanalytica, tegen Susan Strasberg dat het haar niet lukte om tijdens de sessies bij haar kinderherinneringen te komen. Ze bekende dat ze, als haar psychoanalytica haar een vraag stelde waarop ze geen antwoord wist, iets interessants verzon. En Rupert Allan, haar agent, vertrouwde ze toe dat ze met Kris, net als met

Hohenberg, het gevoel had rondjes te draaien, cirkels te trekken in een ontoegankelijk verleden. 'Zo ging het altijd: hoe ik dit of dat had beleefd, waarom mijn moeder volgens mij zus of zo had gedaan. Ze wilden nooit weten waar ik naartoe wilde, altijd waar ik was geweest. Maar ik wist best waar ik was geweest, in wat voor rottige kindertijd. Wat ik wilde weten was wat ik moest doen om verder te gaan.'

Om het leed te stillen dat ze in die dubbele analytische erva- ring doormaakte, stortte ze zich op de barbituraten, die meer ef- fect hadden dan de sessies. Ze deed een zelfmoordpoging. Miller redde haar en zei daarna dat het nutteloos was haar daad terug te voeren op iets wat gedaan of gezegd was. 'De dood, de behoefte aan de dood, komt altijd plotseling vanuit het niets naar boven.' Het niets, dat was de ruimte van het binnenste, de donkere, tot vergetelheid veroordeelde binnenkant, het lijden in afwachting van een onderwerp. Waren het resten van de wanhoop een baby te hebben verloren, kwam het door het feit dat ze merkte dat Miller, die haar had bezworen dat hij nooit gebruik van haar zou maken als personage, bezig was zijn stuk *After the Fall* te schrij- ven en een gestoorde vrouw liet zien, waarmee hij dat wat hij over Marilyn wist aan de hele wereld kenbaar maakte? Dacht ze dat ze, als ze Maggie werd, de vrouw die door hoofdpersoon Quentin wordt geminacht, via haar eigen dood gestalte en ge- loofwaardigheid aan dat literaire beeld van zichzelf kon geven?

∾

Nadat John Huston van Universal een voorschot van 25.000 dollar voor zijn *Freud* had gekregen, kwam Marilyn door de hervatting van de opnamen van *The Misfits* weer tegenover Montgomery Clift te staan, in een vijf minuten lange opname van een dialoog. Op de achterplaats van een armoedige dancing, de Dayton Bar. Onder een zwart geteerd dekzeil en spots van tienduizend watt, tussen autokarkassen, lege bierflesjes en vuilnis stonden Roslyn en Perce tegenover elkaar, terwijl de vliegen om hen heen zwermden. Beide acteurs konden hun tekst niet zeggen zoals Huston het wilde: kortaf, kwaad. Hun woorden waren strelingen die gewonde dieren zouden uitwisselen.

Drie dagen later kwam er een bedscène. Bij de zevende take werd Marilyn, naakt onder de lakens, wakker gemaakt door Clark Gable, met zijn kleren aan. Het lukte haar niet zich aan het script te houden en ze herinnerde zich het gebod van Laurence Olivier: 'Wees sexy', wat betekende: 'Wees hoe je eruitziet, meer kun je niet zijn'. Ze ging rechtop zitten en liet haar rechterborst aan de camera zien. Het was een triest moment, zoals de fotografe van Magnum, Eve Arnold, zich later herinnerde. Alsof de actrice niets anders te bieden had. Alsof ze afzag van de tekst, van de taal, van haar spel als actrice. Alsof ze Olivier gelijk gaf en Huston tevreden dacht te stemmen. Ze vergiste zich. Op de blik die ze hem na het '*Cut!*' toewierp, antwoordde hij: 'Dat heb ik al eens gezien. Ik weet allang dat meisjes borsten hebben.' Hij eiste andere opnamen, haar borstkas bedekt door het laken.

Een paar dagen later werd de dialoog tussen Roslyn en Perce opnieuw opgenomen. Dit keer gaf Marilyn de regisseur de prestatie waar hij op wachtte. 'Het is de beste scène van de film.' Maar toen Huston haar kwam opzoeken in het Holiday Inn, waar ze met Paula Strasberg haar intrek had genomen, zag hij een gedrogeerde Marilyn, ongewassen, met verwarde haren, in een groezelig nachthemd. Overgaand van euforie in trance. 'Zie je Marilyn, dat doen drugs! Daardoor zie je je angst voor extase aan!' Een arts was bezig een ader op de rug van haar hand te zoeken om haar een injectie met Amytal te geven.

'Toen ik de opnamen moest onderbreken,' zei Huston later, 'wist ik dat ze verloren was. Een voorgevoel. Ten dode opgeschreven. Ze kon zichzelf niet redden en niet gered worden. Ik zag in wat voor leegte ze stapte, met haar slaapwandelaarstred, en ik dacht: over drie jaar is ze dood of zit ze in een inrichting. Maar wat me van haar in die periode bijblijft is haar onschuld. Ik hou van de verdorvenheid van Hollywood. Ik hou er ook van dat er mensen zijn die niet zuiver en ongerept zijn, dat wil niets zeggen, maar die weten dat ze bedorven zijn. Bedorven, ja. Een kwestie van vleselijkheid. Mensen bederven elkaar als stukken vlees. Zij niet. Zij hield iets onbedorvens. Ziet u, ik heb het een keer over haar gehad met haar masseur, Ralph Roberts, "de sterrenmasseur". Hij was ook acteur geweest. Hij zei dat Marilyn ander vlees had dan alle andere mensen die hij had aangeraakt. Vlees, niet alleen huid. Iets oorspronkelijks, iets onverwachts. Dat zie je op het doek. Je ziet niets anders. Je filmt geen lichaam, je wordt verblind door het licht van een lichaam. Zelfs in *The Misfits*, waar het een beetje pafferig is. Sartre zei eens tegen me: "Het is geen licht dat van haar afstraalt, maar warmte: ze verbrandt het doek."'

ॐ

Eind 1959 zoekt Marilyn in New York contact met schrijvers die ze bewondert. Carson McCullers nodigt haar uit in haar huis in Nayack, waar ze, samen met romanschrijfster Isak Denisen, lange gesprekken over poëzie en literatuur voeren. Dichter Carl Sandburg, die ze heeft ontmoet bij de opnamen van *Some Like It Hot*, zoekt haar vaak op in haar appartement in Manhattan voor eindeloze discussies, waarbij ze het lezen van gedichten combineert met imitaties van acteurs.

Marilyn en Truman Capote zien elkaar weer terug.

'Ik wil het met je over een project hebben. Vorig jaar heb ik een korte roman geschreven, *Breakfast at Tiffany's*. Het meisje in mijn boek – ze heet Holly Golightly – ben ikzelf. Dat is de les van mijn meester, Flaubert, mijn geheime vriend. Maar jij bent Holly ook. Weet je, mijn romans zijn herinneringen aan herinneringen, en ik wil graag dat lezers zich mijn personages herinneren zoals je je een droom herinnert, of iemand die je bent tegengekomen, met een mix van vaagheid en extreme scherpte. Je wilt vast dat ik je de eerste zin vertel: "Ik word altijd weer naar de plaatsen getrokken waar ik heb gewoond, de huizen en hun buurt." De verteller herinnert zich een meisje dat een beetje hoerig was, een beetje bezopen, een beetje gek. Ze kwam eerst altijd in een bar op Lexington Avenue. Het is een meisje dat nergens bij hoort, bij geen enkele plaats, bij niemand en nog minder bij zichzelf. Een ontheemde. Altijd op zoek, op reis, op de vlucht. Ze komt nooit thuis. Er wordt haar gevraagd wat ze doet in het leven. Ze antwoordt: "Ik vertrek." In de roman noem ik haar "de reizigster". Ze gaan er een film van maken. Lijkt het je wat?'

'Wat mij betreft,' antwoordde ze, 'zou mijn lijfspreuk eerder "Ik kom terug" zijn. Mijn reizen zijn altijd hetzelfde. Het doet er niet zoveel toe waar ik heen ga en waarom ik erheen ga, aan het eind heb ik nooit iets gezien. Filmactrice zijn is zoiets als op een draaimolen leven. Je reist, maar op de draaimolen, in het rond. En nergens ken je of zie je de mensen die er wonen. Je kijkt niet verder dan het decor. Alleen maar dezelfde agenten, dezelfde interviewers, dezelfde beelden van jezelf. De dagen, woorden en gezichten lijken alleen maar voorbij te gaan om weer terug te komen. Net als in die dromen waarin je denkt: dat heb ik al eens gedroomd. Het is absoluut daarom dat ik actrice wilde zijn, om te *draaien*, precies, maar ter plaatse, door steeds op dezelfde plek terug te komen. Film is een draaimolen voor kinderen.'

Marilyn had heel veel zin om Holly Golightly te spelen. Ze oefende in haar eentje twee hele scènes en speelde die voor Truman, die haar fantastisch vond. Ze brachten nachten door met repeteren, onderbroken met *White Angels* en scheldpartijen over *Diamonds Are a Girl's Best Friend*, haar liedje uit de film *Gentlemen Prefer Blondes*. Maar Hollywood had een andere opvatting over de hoofdpersoon van de roman en koos voor de bruinharige, brave en geenszins sensuele Audrey Hepburn. 'Marilyn zou absoluut schitterend zijn geweest in die rol, maar Paramount heeft me over de hele linie belazerd,' concludeerde Capote, ontmoedigd door de bewerking die de studio had gemaakt. Het slot was niet meer dat de verteller zijn herinneringen aan het verloren meisje voor de geest roept. Hij overtuigde haar ervan in New York te blijven, 'want die stad en zij hoorden voor eeuwig bij elkaar.' 'Ik houd van New York omdat ze me uit de vingers glipt,' zei Holly daarentegen in de roman. Een zin die Capote had horen zeggen door haar evenbeeld, zijn witte engel.

∾

Toen ze acht maanden in analyse was bij Greenson, was Marilyn verlaten door Montand. Ze wilde liefhebben, maar wist niet wie. Ze belde André de Dienes op. Met één lange jammerklacht. Hij plaagde haar door haar voor te stellen naar zijn huis te komen, waar hij 'de remedie tegen alle kwalen' had. 'Kom je op de hoogte stellen van mijn wonderbehandeling en je zult al je zorgen vergeten.' Die dag kwam ze niet. Maar een paar weken later stapte er een vreemd geklede dame uit een taxi aan het begin van de laan die naar het huis in de heuvels leidde. Marilyn was zo dik ingepakt dat André haar pas herkende toen ze de garage naderde waarnaast hij aan het tuinieren was. Ze droeg een hoofddoek, een zonnebril, een lange broek, sandalen en een jas. Toen ze op drie meter van hem af was, zette ze haar bril af en herkende hij haar eindelijk. Wat was er gebeurd met zijn prachtige Norma Jeane die de hele tijd lachte? Hoe kon ze er zo uitgeblust, zo ongelukkig uitzien? Ze meldde hem dat ze was komen kijken wat zijn 'remedie tegen alle kwalen' was.

'Wat is er mis?'

'Ik heb vannacht geen oog dichtgedaan.'

'Heb je gisteren veel koffie gedronken?'

'Nee.'

'Ben je blut?'

'Nee.'

'Heb je veel zorgen?'

'Een hele berg. Ik word afgezet!'

'Dat is de eerste oorzaak van slapeloosheid. Je bent kwaad,

omdat je je uitgebuit voelt. Voel je je alleen? Zeg me de waarheid, Marilyn, de absolute waarheid!'

Ze gaf geen antwoord.

'Wanneer heb je voor het laatst gevreeën? Hoe lang heb je al geen orgasme meer gehad?'

'Weken en weken. Kan me niet schelen.'

Toen hij klaar was met het overplanten van een struik, stelde André voor een cocktail voor haar te maken. Ze wilde er net mee instemmen toen ze werden gestoord door een andere bezoekster. Het modellenbureau waarvoor de fotograaf werkte stuurde een mooie jonge vrouw om te poseren. Als tegenpool van de onherkenbare Marilyn droeg ze naaldhakken en een nauwsluitende jurk van roze zijde. Haar lange haar viel sierlijk op haar schouders. Het meisje zond hem haar mooiste glimlach en liep de lange gang van het huis in, waarbij ze de beroemde manier van lopen van Marilyn Monroe nadeed. Het model, dat bereid was om voor vijftig dollar naakt te poseren, was sexyer dan Marilyn. Zo uitgeput, nerveus en depressief is ze gewoonweg lelijk, dacht André. Marilyn draaide haar hoofd af om te voorkomen dat ze door de jonge vrouw werd herkend, en terwijl de anderen stonden te praten maakte zij zich uit de voeten om een taxi te bellen. Vervolgens sloot ze zich op in de wc totdat de auto kwam, en daarna vroeg ze André ervoor te zorgen dat het model haar niet zag weggaan. Op het moment dat ze in de taxi stapte, dacht ze er weer aan: wat was 'de remedie tegen alle kwalen'? Te gegeneerd om daar in het bijzijn van de chauffeur over te praten vroeg hij die even te wachten, en hij rende naar zijn bureau en krabbelde een paar regels op een afgescheurd stukje papier. Dat gaf hij haar toen de taxi optrok. Marilyn las: 'Seks, mijn geslacht.' Ze liet zich ontvallen: 'De lul! De echte remedie is doodgaan.' Daarna gooide ze het verfrommelde papiertje uit het raam, zodat het een paar meter door het stof dwarrelde, die avond op de glooiende weg naar Sunset Strip.

∾

De laatste avond in Reno was pathetisch geweest. Met te veel whisky op had Marilyn gezegd: 'Ik probeer mezelf als persoon te vinden. Miljoenen mensen leven hun leven zonder zichzelf te vinden. De enige manier die ik uiteindelijk heb gevonden, is om mezelf als actrice te ervaren.' Op 4 november maakte Huston in de Hollywood-studio's nogmaals een laatste opname van het gelukkige einde van *The Misfits*, waarin je Marilyn en Gable naar een gezamenlijk leven ziet vertrekken. Met veertig dagen vertraging werd de film eindelijk afgemaakt. Het volgende weekend vertrokken Marilyn en Arthur Miller met twee aparte vluchten weer naar New York. Zij hield het appartement op East 57th Street en hij nam zijn intrek in het Adams Hotel op East 86th Street.

Ze begon weer met haar dagelijkse sessies bij Marianne Kris, en de rest van de tijd bekeek ze de contactafdrukken van de zwart-witfoto's die Henri Cartier-Bresson, Inge Morath en Eve Arnolds tijdens de opnamen van *The Misfits* hadden gemaakt en zette ze een rood kruis door alle foto's waar Arthur op stond. Toen ze twaalf dagen later hoorde dat Clark Gable dood was, zei Marilyn er niets over tegen Kris. Pas een paar weken later, terug in Los Angeles, stortte ze haar hart uit bij Greenson, dit keer in zijn praktijk in Beverly Hills.

'U kunt zich niet voorstellen hoe gebroken ik ben sinds Clark dood is. In de liefdesscènes van *The Misfits* omhelsde ik hem hartstochtelijk. Ik hield van zijn lippen, en zijn snor streelde me langzaam wanneer hij zijn rug naar de camera draaide. Ik wilde niet met hem naar bed; ik wilde gewoon dat hij wist hoeveel ik van hem hield. Mijn naakte huid tegen zijn kleren voelen. Ik liet een keer een dag verstek gaan bij de opnamen. Hij legde zijn hand op mijn billen, zoals je een lief dier aait, en zei: "Als je jezelf niet onder controle hebt, geef ik je een pak voor je broek." Daarna keek hij me diep in de ogen: "Breng me niet in de verleiding," en toen begon hij verschrikkelijk te lachen. Die rotzakken van de Academy of Motion Pictures Arts and Sciences' – ze benadrukte die woorden ironisch – 'hebben hem niet eens een Oscar gegeven voor *Gone with the Wind*. Ik heb die film voor het eerst gezien toen ik dertien was, toevallig. Daarna heb ik nooit meer iemand gezien die zo romantisch was. Maar toen ik hem leerde kennen, was het anders: ik had gewild dat hij mijn vader was, dat hij me zo veel pakken voor mijn broek had gegeven als hij wilde, als hij me ook maar tegen zich aandrukte en tegen me zei dat ik het kleine meisje van haar lieve papa was en dat hij van me hield. Natuurlijk gaat u nu zeggen: "Klassieke oedipale fantasie."'

Greenson zweeg en streek over zijn snor.

'Het vreemdste,' ging Marilyn verder, 'is dat ik een paar dagen geleden van hem heb gedroomd. Hij hield me tegen zich aangedrukt, terwijl ik bij hem op schoot zat, en zei tegen me: "Ze willen me een vervolg op *Gone with the Wind* laten spelen. Zou jij misschien mijn nieuwe Scarlett kunnen zijn?" Ik werd huilend wakker. Bij de opnamen van *The Misfits* werd hij de Koning genoemd en iedereen, acteurs, technici en zelfs Huston, keek met respect naar hem. Ik zou willen dat ik ooit zo behandeld word. Hij was voor iedereen Mr Gable, maar hij wilde dat ik hem Clark noemde. Hij zei een keer tegen me dat wij iets heel sterks gemeenschappelijk hadden. Een geheim. Zijn moeder was gestorven toen hij zes maanden oud was.'

Kort daarna had Marilyn tijdens een heel onrustige sessie, met verwijde pupillen en haar blik op het onzichtbare of op het duis-

142

ter gericht, met lichte, bijna opgewekte stem gezegd, zoals je een sprookje aan een kind vertelt: 'Toen ik klein was, dacht ik dat ik Alice in Wonderland was. Ik keek naar mezelf in de spiegel en vroeg me af wie ik was. Was ik dat echt? Wie keek er terug naar me? Misschien iemand die deed alsof ze mij was? Ik danste, trok gekke bekken, alleen maar om te zien of het meisje in de spiegel hetzelfde deed. Ik neem aan dat alle kinderen door hun verbeelding worden meegesleept. Een spiegel is magisch, net als films. Vooral als je iemand anders speelt dan jezelf. Zoals toen ik de kleren van mijn moeder aantrok en mijn haar deed en me opmaakte zoals zij: rood, wangen, lippen, zwart, ogen. Ik zag er vast meer uit als een clown dan als een sexy vrouw. Er werd om me gelachen. Ik huilde. Toen ik naar de bioscoop ging, moesten ze me van mijn stoel trekken. Ik vroeg me af of dat allemaal echt was, of illusie. Die reusachtige beelden daarboven, op het grote doek in de donkere zaal, dat was geluk, vervoering. Maar het doek bleef een spiegel. Wie keek er naar me? Was ik dat echt, dat kleine meisje in het donker, ik, de grote vrouw die door een zilveren lichtbundel werd vertoond? Ik, de weerspiegeling?'

☙

Beelden zijn een schil. Hard. Koud. Achter de beelden die ze opwierp, stortte Marilyn nog steeds in. Wanneer ze niet meer wist wie ze moest zijn, zocht ze een antwoord in de blik van een man. Voor haar was dat een ruil: zeg me met je ogen, je handen, je geslacht dat ik besta. Zeg me dat ik een ziel heb en dat je een deel van mijn lichaam kunt nemen, erin binnen kunt dringen door een van de gaten, of het op afstand kunt grijpen om het te fotograferen.

Op een najaarsdag kwam ze opnieuw onaangekondigd langs bij André de Dienes, de verloren en teruggevonden minnaar: in een eenvoudig, elegant zwart mantelpak. Ze leek kalm, treurig zelfs. Ze omhelsde hem direct: 'André, maak vanavond nieuwe foto's van me. En morgen. Nog meer, en nog meer. Ik blijf bij je slapen.'

Hij had geen zin in zo'n deal en bracht haar naar huis, een paar blokken verderop. Het appartement was verwaarloosd, vol nauwelijks geopende koffers en lege verhuiskisten. In een hoek twee grote hutkoffers. De kisten deden dienst als tafel, de ene om cocktails met wodka te maken, de andere voor een lamp, een draagbare pick-up, een telefoon en een vaas gele rozen. Tegen een muur stonden stellingkasten van ruw hout en daarop, slordig, een halve plank literatuur. André hield van die kamer, dat sfeertje van er stiekem tussenuit knijpen. Het appartement van Holly Golightly, Capotes personage, dacht hij.

Marilyn was besluiteloos. Ze had het gevoel dat ze nergens meer thuis hoorde. De fotograaf keek naar de bekendste, meest verafgode vrouw ter wereld, weggezakt in die smerige stoel, in een oud, vervallen appartement dat muf rook. Alleen. Niet wetend waar ze heen moest. Hij praatte met haar over de boerderij die ze in Connecticut had gekocht en waar ze met Arthur Miller had gewoond.

'Dát was je thuis,' zei hij.

Ze antwoordde dat ze Arthur hem had laten houden.

'Je bent gek dat je het enige huis dat je ooit hebt gehad weggeeft. Niets is belangrijker in het leven dan een eigen plek hebben. Jij zorgt ervoor dat je weer op straat staat. Je bent stom! Je ruimhartigheid ruïneert je! Wat maak je van je leven, Norma Jeane?'

Ze keek hem aan met een vaag glimlachje en schonk daarna champagne uit een halflege fles in een plastic bekertje. Hij vroeg zich af wat de werkelijke reden van haar bezoek die middag was. Wat wilde ze van hem dat ze niet ergens anders en van iemand anders kon krijgen? Waarom vroeg ze hem haar te fotograferen terwijl ze net klaar was met een film en er overal ter wereld foto's van haar in tijdschriften en kranten stonden? Misschien was ze tegen hem komen zeggen: 'Neem me mee. Neem me mee. Ik sta helemaal tot je beschikking.'

Plotseling rinkelde de telefoon. Ze liet hem lang overgaan voordat ze opnam. Daarna luisterde ze en gaf ze antwoord met een lage, monotone stem. Haar uitdrukking werd verdrietig. Na een ogenblik veegde ze tranen weg, terwijl ze bleef luisteren naar degene die belde. De Dienes was er de man niet naar om telefoongesprekken af te luisteren. Hij ging naar de wc, en toen hij er weer vandaan kwam hoorde hij Marilyn nog net zeggen: 'Goed. Ik kom. Ik zal er morgen zijn.' Ze hing op en draaide zich vervolgens naar hem om.

'André, ga alsjeblieft naar huis. Ik moet terug naar New York.'

Haar mascara liep in strepen over haar wangen.

Hij vertrok, maar op de terugweg maakte hij rechtsomkeert,

hij rende terug naar haar huis en viel haar salon binnen. Ze zat weer aan de telefoon, op dezelfde plaats, huilend. Ze leek niet verbaasd hem te zien en hing op. Hij ging op zijn knieën voor haar op de grond zitten.

'Kom terug! Laten we naar mijn huis gaan. Meteen! Ik zal foto's van je maken zoals je ze nog nooit hebt gehad. Norma Jeane, ik smeek je, ga niet naar New York.'

'Nee, ze verwachten me aan de oostkust.'

Toen hij de volgende ochtend opbelde, was Marilyn vertrokken.

∾

Marilyn vloog naar New York. Ze ontmoette er twee keer W.J. Weatherby, een Engelse journalist die ze in Reno tijdens de opnamen van *The Misfits* had leren kennen. Op een ijzige winterdag hadden ze een afspraakje in een bar op 8th Avenue. Weatherby dacht dat ze niet zou komen. Zíj had gezegd dat ze hem wilde zien, maar waarom zou je woord houden als je in de put zit: hij was noch familie, noch een vriend, noch haar psychoanalyticus. Hij wachtte een uur. Ze kwam niet. Toen hij terugkwam in het YMCA-huis op West 34th Street was hij nog maar nauwelijks op zijn kamer of de telefoon ging.

'Sorry, sorry, sorry! Ik sliep. Ik had iets geslikt. Te veel. Wilt u het me vergeven?'

De journalist was vergeten dat hij haar had verteld dat hij in het William Sloane House logeerde.

'Kunnen we elkaar nog zien?' vroeg ze benauwd. 'Of bent u misschien te moe?'

'Nee. Niet echt.'

Sinds de tijd – ruim een jaar – dat hij met haar praatte, had de journalist begrepen dat Marilyn, die zich zo graag liet zien, maar één verlangen had: zich verstoppen. Ze had een in zijn ogen uniek vermogen te verschijnen om te verdwijnen en door te gaan voor de vrouw die men wilde dat ze was terwijl ze haar werkelijke persoon diep weggestopt hield.

Een kwartier later ontmoetten ze elkaar. Ze leek heel levendig en had zich mooi opgemaakt. Hij had het gevoel dat ze weer een voorstelling van zichzelf gaf en haar ware gevoelens verborg. Hij had graag gezien dat het haar niet kon schelen, maar misschien was ze bang dat ze in het openbaar zou instorten. De namen Yves Montand en Simone Signoret kwamen ter sprake.

'Dat is nog eens een huwelijk. Hij gaat elders kijken en komt altijd terug. Toen ik geïnteresseerd was in mijn echtgenoot, had ik geen enkele belangstelling elders.'

De journalist herinnerde zich dat Miller hem had verteld hoe zij hem met Montand had bedrogen, maar hij dacht dat ze de waarheid sprak: waarschijnlijk voelde ze zich toen al niet meer zijn vrouw.

'En films?'

'Weet u, films zijn net als liefdes, als je er geen behoefte aan hebt, heb je alles wat je wilt. Als je erachteraan rent, heb je niks. Dat is het verhaal van mijn leven. Filmster zijn is nooit zo leuk geweest als dromen om er een te worden. Ze hebben me nooit zo veel sterrollen aangeboden als toen ik stopte. Je hebt de keus: de slaaf zijn van de studio's of jezelf beschermen met ongenaakbare beroemdheid. Ik kan niet ophouden een idool te zijn. Zelfs critici, fotografen en journalisten geef ik de indruk dat ik ze belangrijk vind, en dat werkt. Bij allemaal.'

'Is dat uw techniek met mij?'

'Heeft u de onvoltooide roman van Scott Fitzgerald gelezen, *The Last Tycoon*? Het is een mooi boek, maar het beeld van Hollywood is te romantisch. Het mist geweld, het criminele aspect, de maffia, al die dingen. Dat ondermijnt de studio's. Dat heeft hij niet laten zien. Ze worden heel beschaafd afgeschilderd, die smeerlappen.'

Daarna ging het gesprek over de Kennedy's, die ze heftig verdedigde tegen de kritiek van de journalist. De toon werd verhit. Hij wilde liever terug naar een rustiger onderwerp: boeken.

'En heeft u *Tender is the Night* gelezen, Scott Fitzgeralds beroemde roman?'

'Nee. Ik weet dat Fox bezig is met een bewerking.'

'Er zit iets van u in dat boek. Een actrice die...'

Weatherby aarzelde, omdat hij zich het verhaal herinnerde dat over Marilyns moeder werd verteld, en haar eigen angst om gek te worden.

'Gek wordt?'

'Ja. Nicole Warren, het vrouwelijke personage, is een nogal onevenwichtige actrice. Ze trouwt met haar psychoanalyticus en wordt dan almaar gekker. Ze stort in, maar komt weer tot rede wanneer ze haar man verlaat. Hij begrijpt dat dat het bewijs van haar genezing is: ze is sterk genoeg om zich los te maken van hun gezamenlijke gekte. Uiteindelijk gaat hij eraan onderdoor.'

Weatherby had direct in de gaten dat hij twee verhalen door elkaar haalde, dat van Nicole, de patiënte van Dick, en dat van de actrice. Maar dat deed er niet toe. In zijn herinnering had de hoofdpersoon in *Tender is the Night* een soort gouden uitstraling à la Monroe. Hij had de roman jaren eerder gelezen en het scheen hem toe dat Fitzgerald vooruit was gelopen op Marilyn, of ten minste op sommige trekjes van haar. Terwijl hij de twee vrouwelijke personages door elkaar haalde, zag hij het gezicht van de vrouw die tegenover hem zat. Ook zij was gescheiden, maar dat had haar niet genezen. Ze raadpleegde dagelijks haar psychoanalyticus, maar wat voor eind zou de nacht hebben? Hoe zou haar roman aflopen?

'Een mooie titel,' zei ze, om iets te zeggen. 'De nacht is *teder*. Soms. In elk geval zou je willen dat hij dat was.'

'De dokter verdween in de duistere nacht. De vrouw ontsnapte voor een poosje aan haar mentale nacht.'

Ze wist niet of de journalist een stukje uit de roman citeerde of een voorspelling deed voor haar toekomstige leven.

'Dat doet me ergens aan denken,' grapte ze. 'Er zijn dagen waarop ik eindelijk in slaap ben gevallen en niet meer wil dat ik nog wakker word en nog verder moet gaan met dat alles.

Dat klinkt onheilspellend, hè?'

Het boek was een gevaarlijk onderwerp geworden. Weatherby richtte haar aandacht op de film.

'Ik zou u wel graag Nicole zien spelen. U weet dat ik de rol van de arts aan Laurence Olivier heb voorgesteld.'

'Verbluffend! Hij heeft wel verstand van gekke vrouwen. Maar niet met mij. Ik zou me voor niets ter wereld door hem laten behandelen, zelfs niet op het doek.'

'Waarom zou u het niet doen met Montgomery Clift?'

'Twee gekken samen. Perfect! En bovendien heeft Fox me de rol niet voorgesteld.'

Toen ze uit elkaar gingen zag de journalist hoe bleek ze was. Ze had vast slaapgebrek. Ze beloofden dat ze elkaar zouden terugzien. Hij keek hoe ze wegliep, en het laatste dat hij van haar zag was haar rug. Mooie benen had ze niet.

Marilyn haastte zich om Fitzgeralds roman te kopen. Ze was gefascineerd door het verhaal van de rijke, beroemde psychoanalyticus Dick Diver (ze wees Weatherby er later op dat die namen in het Engels en in *slang* het beeld oproepen van het mannelijke geslachtsdeel dat in het lichaam van de vrouw duikt), die met zijn voormalige patiënte trouwt. Ze las hoe Nicole als kind door haar vader seksueel was misbruikt en dat ze schizofreen was geworden. Ze had meer romans van Fitzgerald gelezen. Maar niet de roman die haar eigen verhaal vertelde. In een biografie van de romanschrijver ontdekte ze dat hij zich ook had laten inspireren door dat van zijn vrouw, Zelda, om Nicole te beschrijven. Ze kende hun liefdesgeschiedenis. Toen ze in december 1954 naar New York was gevlogen om verandering te brengen in haar carrière als actrice en te beginnen met die van analysepatiënte, had ze zich voor de enkele reis laten registreren onder de naam Zelda Zonk. Ze wilde niet meer het domme blondje zijn. Ze had een zwarte pruik opgezet. Zelda vertrok om Nicole te zoeken, maar wist dat niet. Een zin uit de roman trof haar nu: 'Hollywood was de stad van de minieme scheidslijnen, een wereld van fragiele scheidslijnen en geschilderde decors.' Dát ontvluchtte ze door ver van Greenson te vluchten. Dat: de onmerkbare verschillen. De leegte van alles. Ze wilde dat de tijd zin kreeg, dat alles niet meer de hele tijd omkeerbaar was. Dat er een verschil zichtbaar werd tussen krankzinnigheid en dat wat ze niet anders dan verlangen kon noemen. Het tegenovergestelde van gekte is niet redelijkheid.

In september was John Huston in de Scala Robert Goldstein tegengekomen, die David O. Selznick aan het hoofd van Fox had vervangen.

'Hoe ver bent u met uw bewerking van *Tender is the Night?*' vroeg de cineast.

'Twee maanden geleden is David uit het project gestapt,' antwoordde de producent. 'Nu heeft Henry Weinstein de leiding, nog steeds met Jennifer Jones, de vrouw van O. Selznick, en met technische ondersteuning van dokter Greenson...'

'Wat?' onderbrak Huston hem. 'Greenson! Die wilde mij verhinderen mijn *Freud* te maken en nu speelt hij voor "technisch raadsman" bij een film waarin een psychoanalyticus ten tonele wordt gevoerd! En ook nog met Jennifer, patiënte van Wexler, met wie hij zijn praktijk deelt. Wat een schoft, die kerel!'

Tender is the Night, geproduceerd door Fox, werd in het voorjaar van 1961 in Zwitserland en aan de Côte d'Azur opgenomen door Henry King, wiens laatste film het was. Greenson komt niet voor op de aftiteling, maar hij heeft zijn vriend Weinstein de keus voor een scenarist ingegeven en diens werk tot in detail gestuurd. Hij wilde het personage Diver minder somber maken, en zijn aantrekkingskracht op Nicole minder noodlottig. Het spel met de dood dat ze speelden minder wanhopig. Alsof het deel dat de personages allebei waren verloren, betekende dat zijn eigen leven niet meer de betekenis had die hij erin had proberen te leggen. Hij vertelde Marilyn nooit over die roman of over de film.

Marilyn ging nog een keer terug naar New York. Toen ze het vliegtuig nam om erheen te gaan, wist ze niet meer of ze in het verleden of in de toekomst reisde. Wanneer haar scheiding van Arthur Miller in januari wordt uitgesproken, zegt Billy Wilder: 'Marilyns huwelijk met Joe DiMaggio is gestrand omdat de vrouw met wie hij was getrouwd Marilyn Monroe was, en dat met Arthur Miller omdat ze Marilyn Monroe niet was.' Na de kritische ontvangst van haar laatste film denkt Marilyn dat haar carrière als actrice in een impasse zit. In het appartement op East 57th Street brengt ze haar dagen door in het donker van haar slaapkamer, luisterend naar sentimentele liedjes, vermagerd en onder de kalmerende middelen. Zonder te eten of te praten. Ze ziet niemand, behalve W. J. Weatherby.

Na zevenenveertig sessies in twee maanden besluit Marianne Kris, getergd en geschrokken door haar terugval, haar te laten opnemen. Onder de naam Faye Miller wordt ze opgenomen in de psychiatrische kliniek Payne Whitney. Er wordt haar niet gevraagd of ze het ermee eens is; ze laten haar een papier ondertekenen. Ze heeft zoveel drugs gebruikt dat ze verward is en niet weet wat ze tekent. Marilyn is vierendertig jaar, de leeftijd van haar moeder, Gladys, toen die definitief was opgenomen.

Marilyn schrijft direct naar Paula en Lee Strasberg, haar beste vrienden in New York.

Beste Lee en Paula,

Dokter Kris heeft me in het ziekenhuis in New York laten opnemen, op een psychiatrische afdeling, en me aan de zorgen toevertrouwd van twee geschifte artsen. Geen van beiden zou mijn arts moeten zijn. Jullie hebben geen nieuws ontvangen omdat ik zit opgesloten met al die arme gekken. Ik weet zeker dat ik zal eindigen zoals zij als ik in deze nachtmerrie blijf. Ik smeek je, help me, Lee, dit is echt de laatste plaats waar ik zou moeten zijn. Misschien als jij dokter Kris belt en haar ervan verzekert dat ik nog goed bij mijn hoofd ben en dat ik zou kunnen terugkomen om jouw lessen te volgen... Lee, ik herinner me wat je een keer tijdens de les hebt gezegd: 'Kunst gaat veel verder dan wetenschap.' En de wetenschap zou ik hier graag vergeten, net zoals dat vrouwengekrijs, enzovoort. Ik smeek je, help me. Als dokter Kris tegen je zegt dat ik het hier heel goed heb, kun je antwoorden dat ik het hier helemaal niet goed heb. Ik hoor niet op deze plaats.
Veel liefs voor jullie allebei,

Marilyn

Ze mag maar één telefoontje plegen. Ze belt Joe DiMaggio, die in Florida woont. Ze heeft hem al zes jaar niet meer gesproken. Diezelfde nacht neemt hij een vlucht naar New York en eist hij dat ze haar de kliniek laten verlaten. Vier dagen later vertrekt Marilyn, en haar herstelperiode brengt ze door aan de andere kant van Manhattan, in een ziekenhuis aan de Hudson River. Ze blijft er van 10 februari tot 5 maart 1961. Vastbesloten om van Greenson haar enige analyticus te maken, schrijft ze hem daarvandaan een brief, waarvan lang is gedacht dat hij was verdwenen, maar die in de archieven van Twentieth Century-Fox was beland, waar hij in 1992 is teruggevonden.

Geachte dokter Greenson,

Uit het raam van het ziekenhuis zie ik de sneeuw het groen bedekken. Ik zie gras en tere struiken met groenblijvende bladeren, maar de bomen maken me bedroefd... misschien kondigen de kale, treurige takken het voorjaar aan, en zijn ze een belofte van hoop. Heeft u *The Misfits* gezien? In een van de scènes kun je zien hoe kaal en mysterieus een boom soms is. Ik weet niet of dat op het doek te zien is... ik ben niet enthousiast over de manier waarop ze de film hebben gemonteerd... Maar, en daar zult u om lachen, hoewel ik op dit moment allesbehalve vrolijk ben, de scène waarin Roslyn die boom omarmt en eromheen danst heeft een schandaal veroorzaakt, en de religieuze autoriteiten zagen daar een soort masturbatie in. Je vindt altijd iemand die freudiaanser is dan jezelf, nietwaar? Maar Huston heeft het er bij de montage niet uit willen halen.

Terwijl ik deze zinnen schrijf zijn er vier stille tranen langs mijn wangen gegleden. Ik weet niet waarom.

Ik heb vannacht niet geslapen. Soms vraag ik me af waar de nacht goed voor is. Voor mij is het niet meer dan een afschuwelijke, lange dag zonder eind. Maar goed, ik wilde profiteren van mijn slapeloosheid en ben begonnen de correspondentie van Sigmund Freud te lezen. Toen ik het boek opensloeg, deed Freuds foto me in tranen uitbarsten: hij ziet er zo gedeprimeerd uit (ik denk dat die foto kort voor zijn dood is genomen), alsof hij droevig en gedesillusioneerd aan zijn eind is gekomen. Maar dokter Kris heeft me verteld dat hij lichamelijk enorm leed, wat ik al wist door het boek van Jones. Desondanks voel ik een gedesillusioneerde vermoeidheid op zijn zo goeiige gezicht. Zijn correspondentie (ik weet niet zeker of je wel liefdesbrieven van iemand zou moeten publiceren) bewijst dat hij verre van star was! Ik hou van zijn vriendelijke, een beetje droevige humor, en van zijn strijdlust.

In de Payne Whitney was er geen enkele menselijke warmte,

en die kliniek heeft me veel kwaad gedaan. Ze stopten me in een cel (een echte cel van beton en zo) voor heel onrustige geesteszieken, heel depressieve mensen, maar ik had de indruk dat ik werd opgesloten voor een misdaad die ik niet had gepleegd. Ik vond dat gebrek aan menselijkheid meer dan barbaars. Ze vroegen me waarom ik me daar niet goed voelde (alles zat achter slot en grendel; er waren overal tralies, om de elektrische lampen heen, voor de kasten, op de wc's, voor de ramen... en in de celdeuren zaten kleine raampjes, zodat de patiënten altijd te zien waren voor de surveillanten. Er was ook bloed en graffiti van eerdere patiënten). Ik antwoordde: 'Ik zou knettergek moeten zijn om het hier leuk te vinden.' De andere patiënten brulden in hun cel... Op dat moment zei ik bij mezelf dat een psychiater die die naam waardig was met hen zou moeten praten, hen zou moeten helpen om hun ellende en verdriet op z'n minst tijdelijk te verlichten. Ik denk dat artsen iets zouden kunnen leren, maar ze hebben alleen maar belangstelling voor wat ze in boeken hebben bestudeerd. Misschien zouden ze er meer van kunnen leren door te luisteren naar menselijke wezens van wie het leven een lijdensweg is. Ik heb de indruk dat ze zich meer bekommeren om hun wetenschap en hun patiënten laten vallen, en ze pas met rust laten na ze te hebben laten 'buigen'. Ze vroegen me om me bij de andere patiënten te voegen, om naar arbeidstherapie te gaan. 'Om wat te doen?' vroeg ik. 'U kunt er naaien, dammen, kaarten of zelfs breien.' Ik legde hun uit dat ik, als ik dat ooit zou kunnen doen, niet meer mezelf ben. Dan hebben ze niets meer in handen. Die dingen stonden mijlenver van me af. Ze vroegen me of ik mezelf anders vond dan de andere patiënten, en ik dacht bij mezelf dat als ze zo stom waren om dat soort vragen te stellen, ik een heel dom antwoord zou geven: Ja, dat ben ik. Ik ben alleen degene die ik ben. Nu ik mezelf dit aan u zie schrijven moet ik lachen, want u, u weet best dat ik helemaal niet weet wie ik ben, en dat het schaakspel me boeit omdat je pas op het laatste moment weet welk spel er werd gespeeld.

De eerste dag heb ik inderdaad contact gelegd met een andere patiënte.

Ze vroeg waarom ik zo treurig was en raadde me aan een vriend te bellen om mijn eenzaamheid te doorbreken. Ik zei haar dat ze me hadden verzekerd dat er geen telefoon op de afdeling was. Wat die afdelingen betreft, die zijn allemaal afgesloten; je kunt er niet in en niet uit. De patiënte keek verbaasd en bracht me naar de telefooncel. Terwijl ik op mijn beurt wachtte, zag ik een bewaker (het was echt een bewaker, want hij droeg een uniform), en toen ik de hoorn van de haak wilde nemen, rukte hij die uit mijn handen en riep hij: 'U mag niet bellen.' Het meisje dat me de telefoon had gewezen zag er zielig uit. Na die scène met de bewaker zei ze tegen me dat ze nooit had gedacht dat ze me zo zouden behandelen, daarna vertelde ze dat ze was opgenomen vanwege psychische problemen. 'Ik heb verschillende zelfmoordpogingen gedaan,' herhaalde ze minstens vier keer tegen me.

De mens wil naar de maan, maar niemand interesseert zich voor het menselijk hart. Toch zou er veel aan te doen zijn. (Trouwens, dat was oorspronkelijk het thema van *The Misfits*, maar dat is niemand opgevallen. Waarschijnlijk omdat ze het script zo hebben veranderd en ook vanwege de regie.)

Later:

Ik weet dat ik nooit gelukkig zal zijn, maar ik kan wel vrolijk zijn! Ik heb u al verteld dat Kazan beweerde dat ik het vrolijkste meisje was dat hij had gekend, en geloof me, hij heeft er veel gekend! Hij heeft me een jaar *bemind*, en op een nacht toen ik verschrikkelijk bang was, heeft hij me gewiegd totdat ik in slaap viel. Hij had me ook aangeraden in analyse te gaan en hij was degene die wilde dat ik met Lee Strasberg ging werken.

Was het Milton die schreef: 'Gelukkige mensen zijn nog niet geboren?' Ik ken minstens twee psychiaters die optimistischer zijn.

Vanochtend, 2 maart: Ik heb vannacht geen oog dichtgedaan. Gisteren ben ik vergeten u iets te vertellen. Toen ze me in de eerste kamer stopten, op de zesde verdieping, zeiden ze niet dat ik op een psychiatrische afdeling zat. Dokter Kris verzekerde me dat ze de volgende dag bij me langs zou komen. Ik werd medisch onderzocht, en ze betastten zelfs mijn borsten om zich ervan te vergewissen dat er geen knobbel in zat. Ik protesteerde, maar niet erg heftig, en legde uit dat de arts die me hier had gebracht, een idioot met de naam Lipkin, me een maand eerder al volledig had onderzocht. Daarna kwam er een verpleegster, en ik merkte dat er geen bel was om haar te roepen. Ik vroeg waarom dat was, en zij vertelde toen dat ik op een psychiatrische afdeling zat. Na haar vertrek heb ik me aangekleed, en op dat moment kwam ik dat meisje van de telefoon tegen. Ik stond te wachten voor de deur van de lift, die net als alle andere deuren geen deurkruk en geen nummer heeft. Die zijn er allemaal afgehaald, ziet u, zoals in nachtmerries of in de verhalen van Kafka. Nadat dat meisje me had verteld wat ze zichzelf had aangedaan, ging ik terug naar mijn kamer, in de wetenschap dat er tegen me was gelogen over de telefoon. Ik dacht terug aan het woord 'snijden' en ben op bed gaan zitten, terwijl ik probeerde te bedenken wat ik in dezelfde situatie zou doen als ik op toneelles aan het improviseren zou zijn. Wat zou ik doen? Toen zei ik bij mezelf dat je een wiel niet smeert zolang het niet piept. Ik geef toe dat dat piepen een beetje vergezocht is, maar het idee heb ik uit *Don't Bother to Knock*, een film waarin ik heb gespeeld. Ik pakte een stoel en gooide die tegen het raam, expres, en dat was niet gemakkelijk want ik had in mijn hele leven nog nooit iets gebroken. Op mezelf na... Gelach, staat er dan in het scenario. Het maakte een hels kabaal, alleen maar om een beetje glas te breken. Ik moest het verschillende keren overdoen om een kleine glasscherf te krijgen, die ik in mijn hand heb verstopt. Daarna ben ik rustig gaan zitten, als een braaf klein meisje. Toen ze kwamen, heb ik gezegd dat ik me als een idioot ging gedragen omdat ze me als een idioot behandelden. Ik geef toe dat het vervolg bespottelijk is, maar het is echt wat ik in de film had gedaan, behalve dat het daar met een scheermesje was. Ik dreigde dat ik mijn aderen zou opensnijden als ze me niet lieten weggaan... ik zou het nooit hebben gedaan, want zoals u weet, ik ben actrice en ik zou mezelf nooit krassen of verwondingen toebrengen, ik ben veel te trots op mijn lichaam. Ik wilde niet meewerken, omdat ik het absoluut niet eens was met hun manier van handelen. Omdat ik weigerde me te verroeren, kwamen ze met hun vieren om me naar de verdieping daarboven te brengen, vier potige types, twee mannen en twee vrouwen. Ik heb de hele weg gehuild en ze hebben me opgesloten in de cel waarover ik u al vertelde, en dat dikke rotwijf beval me een bad te nemen. Ik legde haar uit dat ik er net een had genomen en ze antwoordde dat je elke keer als je van afdeling wisselde een bad moest nemen. De directeur, die op een schooldirecteur leek (hoewel dokter Kris hem 'beheerder' noemt), deed alsof hij analyticus was en ondervroeg me. Hij zei tegen me dat ik heel erg ziek was, en dat al jarenlang. Het is een type dat zijn patiënten minacht. Hij was verbaasd dat ik in mijn depressieve toestand kon werken en beweerde dat dat mijn spel vast nadelig beïnvloedde. Dat alles heel zelfverzekerd en op onherroepelijke toon. Ik wees hem erop dat Greta Garbo en Charlie Chaplin en Ingrid Bergman misschien ook wel eens gedeprimeerd waren als ze speelden. Ik vind dat net zo stom als zeggen dat een kampioen als DiMaggio geen bal zou kunnen slaan als hij gedeprimeerd was.

Trouwens, ik heb goed nieuws. Ik ben ergens nuttig voor geweest. Joe beweert dat ik zijn leven heb gered door hem naar een psychotherapeut te sturen. Hij zegt dat hij zich heeft hersteld na onze scheiding, maar hij zegt ook dat hij ook om een scheiding zou hebben gevraagd als hij in mijn schoenen had gestaan. Voor Kerstmis heeft hij me een heel veld aan kerststerren gestuurd. Ik was zo verrast! Mijn vriendin Pat Newcomb was er toen ze werden gebracht; ik vroeg wie ze had gestuurd en zij zei: 'Er hangt een kaartje aan. Wacht... BESTE WENSEN, Joe.' Ik zei tegen haar:

'Er is maar één Joe.' Omdat het kerstavond was, belde ik hem op, en ik vroeg waarom hij me bloemen had gestuurd. Hij zei: 'Ten eerste om ervoor te zorgen dat je me belt... en ten tweede, wie zou je anders bloemen sturen? Ik ben de enige op de wereld die je hebt.' Hij stelde voor om een keer samen iets te gaan drinken. Ik wees hem erop dat hij nooit dronk. Hij zei dat hij tegenwoordig zo nu en dan dronk, en ik zei dat ik het goed vond, maar dat hij een plek moest zoeken met héél gedempt licht! Hij vroeg wat ik met de kerstdagen deed; ik legde hem uit dat ik met een vriendin was, en toen zei hij dat hij zou komen. Ik was echt blij hem te zien, ook al was ik gedeprimeerd en huilde ik de hele tijd. Ik kan nu maar beter stoppen, u heeft andere dingen te doen. Dank u dat u naar me heeft geluisterd.

Marilyn M.

Aan de brief, die getypt was door haar secretaresse May Reis, had Marilyn met de hand de volgende woorden toegevoegd: 'Er is iemand, een heel dierbare vriend, bij wie u altijd uw ogen ten hemel sloeg en uw snor gladstreek als ik zijn naam noemde. Voor mij is hij een liefdevolle vriend geweest. Heel liefdevol. Ik weet dat u me niet gelooft, maar ik vertrouw op mijn instincten. Het was een soort verhouding zonder toekomst, maar dat had ik nooit eerder meegemaakt. Nu heb ik nergens spijt van. Hij is heel zorgzaam in bed. Van Yves geen enkel nieuws, maar dat kan me niet schelen. Ik heb een sterke, tedere, schitterende herinnering. Ik ben bijna in tranen.'

Greenson begon aan een antwoord, dat hij niet verstuurde omdat hij dacht dat het beter was pressie op Kris uit te oefenen om haar het ziekenhuis uit te krijgen, en dat de interpretaties daarna wel zouden komen. In zijn archieven werd dit briefje gevonden:

Beste Marilyn,

Verwacht niet van mij dat ik degenen die u verzorgen of proberen te verzorgen bekritiseer of veroordeel, en zeker niet mijn collega en vriendin Marianne Kris. Wat er aan de hand is, is dat u niet gek bent, maar dat het ziekenhuis u inderdaad gek zou maken als u er zou blijven. Het ziekenhuis is de plaats waar u kinderen verliest als u een miskraam heeft, en de plaats waar u zich weer kind voelt als u er wordt behandeld voor uw depressies of suïcidale buien.

Marilyn wilde Marianne Kris nooit meer zien, maar hield haar – uit slordigheid of opzettelijk – als een van de erfgenamen in haar laatste testament, dat ze drie weken voordat ze naar Payne Whitney ging had opgesteld. Kris erkende later dat ze 'iets verschrikkelijks' had gedaan. 'Iets heel verschrikkelijks. Ik wilde het niet, maar deed het toch.' Ze bleef met Greenson en Anna Freud over haar vroegere patiënte corresponderen.

In het begin van het voorjaar besloot Marilyn naar Californië terug te gaan, en smeekte ze een heel terughoudende Greenson haar als 'voltijds' patiënte te nemen. Ze begonnen weer met de sessies. Toen Marilyn in mei opnieuw naar New York was vertrokken, waarvandaan ze hem elke dag belde, beschreef Greenson zijn behandelingsplan aan Marianne Kris: 'Op de eerste plaats probeer ik haar te helpen zich niet alleen te voelen, omdat ze dan vlucht in drugs of zich inlaat met heel destructieve mensen, die een sadomasochistische verhouding met haar beginnen... Het is het soort programma dat je normaal gesproken met een adolescent hebt, die raad, vriendschap en strengheid nodig heeft, en ze lijkt dat heel goed op te pakken... Ze zei dat ze er voor het eerst naar verlangde om naar Los Angeles te komen, omdat ze dan met mij kon praten. Uiteraard weerhoudt dat haar er niet van verscheidene sessies af te zeggen om met

Mr F. S. naar Palm Springs te gaan. Ze is me ontrouw als met een ouder...'

Een paar dagen later belde Marilyn uit New York naar haar Californische analyticus dat ze had besloten definitief naar Los Angeles terug te komen. De stad waar ze was geboren. De stad waar ze niet had willen sterven, voor niets ter wereld. De stad waar ze stierf.

Die middag was André de Dienes aan het werk in zijn tuin toen hij zich plotseling herinnerde dat het Marilyns verjaardag was. Zonder ook maar enig idee te hebben van de plaats waar ze was, ging hij het huis binnen, pakte de telefoon en vroeg bij inlichtingen het nummer van het Beverly Hills Hotel. Toen hij de telefoniste vroeg hem de suite van Marilyn Monroe te geven, verbond ze hem direct door. Hij begon 'Lang zal ze leven' in de hoorn te zingen. Marilyn herkende zijn stem en stelde hem opgetogen voor meteen naar haar toe te komen. Ze was alleen in bungalow nr. 10. Hij verheugde zich als een kind op een verwacht cadeautje. Het is bijna weekend, misschien kan ik haar overhalen een paar dagen met mij door te brengen! dacht hij. Toen hij aankwam, leek ze heel vrolijk en haalde ze kaviaar en twee flessen champagne uit het koelkastje. Ze bespraken langdurig van alles en nog wat. Plotseling nam het gesprek een sombere wending. Ze voelde zich ongelukkig, uitgebuit door Fox, en wilde terug naar New York.

De Dienes vroeg: 'Waarom heb je zo vaak ploegen van honderden mensen laten wachten totdat jij je ten slotte verwaardigde om te verschijnen? Besef je niet dat elk uur vertraging de studio duizenden dollars kost? Toen wij in 1945 samen reisden, was je altijd op als het licht werd, altijd vroeg opgemaakt en gekapt... Hoe heb je een hele filmploeg dag in dag uit kunnen laten wachten? Wat zijn dat voor kuren? Zo was je niet met mij.'

'André,' antwoordde Marilyn met een verdrietig stemmetje, 'het is vaak sterker dan ik. Te moe om op te staan. Weet je nog dat ik ziek was in jouw auto, tijdens die lange uren op de weg toen we een tocht langs de westkust maakten? Jij reed zonder te stoppen, dag en nacht, en ik viel om van de slaap. Tijdens de opnamen voelde ik me hetzelfde, doodmoe en met behoefte aan rust. Soms, als ik met een vriend uitging en we wat dronken, werden mijn nachten te kort en te leuk om zo vroeg te gaan werken. Dat is toch menselijk? Ik loop gewoon op m'n tandvlees, en al dat werk is te zwaar voor me geworden. Op het ogenblik maakt de studio me belachelijk door openlijk te verklaren dat ik gek aan het worden ben!'

In de loop van het gesprek werd ze steeds bitterder en bedroefder. Ze stond kaarsrecht tussen de gebruikelijke stapels koffers en tassen, prachtig en triest. Tijdens die paar uur van hun gesprek glimlachte ze heel weinig. Ze had moeite haar tranen in te houden. André zag het onopgemaakte bed in de kamer ernaast en begon haar in zijn armen te nemen.

'Als we gaan vrijen, voel je je vast beter.'

'Ik heb net een operatie achter de rug. Hou je in! Wil je me dood hebben of zo? Sorry, André, maar ik heb rust nodig.'

Ze gaf hem zijn jasje, liep met hem mee naar de deur van de bungalow en wenste hem goede nacht. André liep een meter of tien, trok daarna zijn schoenen uit en keerde op zijn schreden terug, sluipend op zijn tenen over de veranda. Hij ging zitten in de geurige koelte van de avond, op een paar meter van haar slaapkamerraam. Hij wilde weten wat ze ging doen: maakte ze zich op om uit te gaan, of verwachtte ze bezoek? Maar ze deed het licht uit en ging naar bed. Door de openstaande ramen lichtte het briesje de nylon vitrage op. In het halfdonker leken het wel spoken. Vluchtend voor die geestverschijning ging De Dienes er nu echt vandoor.

De volgende dag ging hij Beverly Hills in om bloemen voor haar te kopen, en een mooie Italiaanse schaal van keramiek.

Hij vulde die met sinaasappels en deed er daarna een brief bij waarin hij zich ervoor verontschuldigde dat hij met haar had willen vrijen. Hij gaf de piccolo van het hotel een ruime fooi en drukte hem op het hart zich ervan te vergewissen dat het cadeau aan Marilyn persoonlijk zou worden overhandigd. Hij wist dat ze het had ontvangen, want de volgende dag vond hij een van de bloemen op zijn mat. Ze had ook een envelop onder de deur door geschoven, vol foto's die de studio van haar had genomen. Blijkbaar was ze op weg naar het vliegveld bij hem langs gereden.

Een jaar later bekeek De Dienes een serie ongepubliceerde foto's van Marilyn zonder make-up, die hij in 1946 had genomen. Hij was van plan ze aan te bieden aan het tijdschrift *Life*, onder de titel 'Wie is dit?', in de zekerheid dat niemand haar zou herkennen. Plotseling, zonder te weten waarom, besloot hij een schep te pakken en in zijn tuin te gaan graven, in de hoop andere negatieven van Marilyn terug te vinden. Terwijl hij de aarde wegschepte werd hij door morbide gedachten besprongen; hij had het gevoel dat hij een graf stond te graven. Alles wat van papier was geweest, was volledig vergaan, maar de negatieven hadden elkaar beschermd en tot zijn grote verrassing ontdekte hij er verschillende van Marilyn die nog bijna intact waren. Op één negatief was ze te zien terwijl ze in de zon keek, met een treurige uitdrukking op haar gezicht. Toen hij die foto had genomen, had ze gezegd: 'André, ik kijk naar mijn eigen graf.' Een ander toonde haar liggend op haar rug, met haar ogen dicht, alsof ze dood was. Op het moment dat hij die fotoserie voorbereidde en de foto's met de dood als onderwerp terugvond, wist André niet dat Marilyn net de somberste periode van haar leven doormaakte. Hij ging zo op in zijn werk dat hij geen tijd had om kranten te lezen en de verwikkelingen bij de opnamen van *Something's Got to Give* te volgen.

Een paar weken daarna, toen hij nog steeds aan de foto's werkte, kreeg hij een reeks nachtmerries. Hij zag de doodkist van zijn moeder onder zijn bed. Marilyn verscheen er met regelmaat in. Oude herinneringen kwamen boven. In die tijd heette hij niet André de Dienes. Niet voor haar. Zij gaf hem de bijnaam W. W., *Worry Wart*, zorgelijke wrat. Ze had hem zo genoemd omdat hij zich overal zorgen over maakte. Elke keer als ze hem W. W. noemde in plaats van André, moest ze daarom lachen. Het waren haar initialen op hun kop: M. M. Hij noemde haar 'kalkoenpootje', omdat ze tijdens hun fotosessie in de bergen vaak paarse handen van de kou had.

Toen hij op een ochtend in juli na weer zo'n verontrustende droom wakker schrok, besloot André onmiddellijk naar het dichtstbijzijnde postkantoor op Sunset Boulevard te gaan. Hij wist niet waar ze woonde en stuurde een telegram naar Marilyn in de studio waar ze speelde. KALKOENPOOTJE. HEB VAN-NACHT AKELIG OVER JE GEDROOMD. BEL ME SVP. KUS. W.W. Hij kreeg noch een brief, noch een telefoontje als antwoord.

Op de avond van 4 augustus 1962 ging De Dienes naar de bioscoop. Toen hij terugkwam, hoorde hij de telefoon rinkelen terwijl hij voor de deur naar zijn sleutels stond te zoeken. Hij haastte zich, maar kwam te laat. Hij bleef daarna nog lang denken dat het Marilyn was geweest, die had geprobeerd hem te bereiken. Misschien zonder zich er bewust van te zijn: je weet nooit wie je kunt gaan bellen als je onder invloed van alcohol of drugs bent. Niemand weet hoeveel telefoontjes ze in de loop van die nacht heeft gepleegd, en naar wie. De volgende ochtend stond André zich te scheren toen er op de radio werd gezegd dat Marilyn die nacht was overleden. De eerste minuten bleef hij in shock staan, verbijsterd. Wat later, toen hij naar zijn foto's keek die op zijn lange werkblad lagen uitgespreid, werd hij weer rustiger. Hij bekeek de eerste foto van een lachende Norma Jeane, daarna de volgende waarop ze serieuzer stond, en ten slotte de laatste serie waarop ze dood was. Hij was wekenlang bezig geweest die negatieven voor te bereiden. Alsof hij het had geweten.

Twintig jaar nadien, teruggetrokken in zijn huisje op Boca de Canyon Drive, zette André de Dienes zijn herinneringen op een rij. Hij was een keer kwaad op haar geworden: zij had zijn leven verpest en als hij niet zo stom was geweest om verliefd op haar te worden, was hij een succesvol fotograaf gebleven. Zij ontstak op haar beurt in woede: 'Wie heeft jou gevraagd verliefd op mij te worden? Ik wilde actrice worden! Niet jouw dienstmeid of je hoer!' De scène ontaardde in een vreselijke ruzie. Ze kleedde zich aan en verliet te voet het huis. In de tijd dat hij de auto pakte om haar te zoeken en weer thuis te brengen, was Marilyn verdwenen.

Zesendertig jaar zijn verstreken sinds die liefde, de duur van haar korte leven. Marilyn zou nu zesenvijftig zijn geweest. Ik zou moeten vertellen wat het eind van ons verhaal was, dacht André. Het eind? Dat weet ik niet. In feite is het nooit afgelopen, of was het niet meer dan een opeenvolging van eindes. Ik heb onze laatste ontmoeting in gedachten, maar tijdens die zeventien jaar waarin het ons niet lukte elkaar volledig los te laten, hadden al onze ontmoetingen de smaak van afscheid.

André de Dienes nam al een jaar of tien bijna geen foto's meer toen hij in 1985 in zijn huis in de heuvels boven Sunset Boulevard stierf. Hij leefde in zijn donkere kamer en drukte steeds maar negatieven af. De meeste van die van Marilyn waren na zijn dood onvindbaar in zijn inboedel. Hij werd begraven op een paar stappen van Marilyns crypte, op Westwood Village Mortuary, op Wilshire Boulevard.

In mei was Marilyn verhuisd naar een andere buurt in Los Angeles, naar North Doheny Drive 882, vlak bij Rancho Park en
niet ver van de Fox-studio's. Een appartement dat ze leeg liet. Alleen een kist boeken, een koffertje make-upspullen en een paar
kledingrekken. Geen enkele foto, geen enkele trofee. Niets wat
aan film herinnerde. Hollywood, de stad van de beelden, nam
haar terug van New York, de stad van de woorden. Nu wilde ze
niet meer praten. Ze wilde zich verstoppen voor de woorden en
de beelden. Ze wilde een plaats om te slapen, volgepropt met
Nembutal, tussen twee bezoeken door aan Greenson, elke dag
vanaf vier uur 's middags, voor de woorden en de stiltes, of aan
Hyman Engelberg, voor de pillen en de injecties. Ze vroeg Ralph
Roberts, haar masseur en chauffeur, om voor de ramen van haar
appartement gordijnen op te hangen die het daglicht buiten
hielden.

Hij was degene die Marilyn een paar maanden eerder na haar
ontslag uit de Payne Whitney-kliniek met de auto had teruggebracht. Ze kreeg van de productie voor elkaar dat Roberts in
The Misfits de rol van ambulancechauffeur speelt. Op een avond
leent ze de Pontiac Firebird vol deuken van Roberts en rijdt ze
naar een *drive-in food* op Wilshire. Ze doet haar bestelling, en als
ze die een paar ogenblikken later in ontvangst neemt, ziet ze dat
ze haar per vergissing een Happy Meal voor kinderen hebben
gegeven. Ze doet de felgekleurde verrassingsdoos open en ziet
een figuurtje om in elkaar te zetten, een blond meisjespopje dat
onvermoeibaar op een carrousel aan het ronddraaien is, gevan-

gene van een eindeloos herhaalde beweging. Ze hoort de stem van de serveerster die in de luidspreker kraakt: 'Volgende klant. Zegt u het maar.' Om twee uur 's ochtends, als ze in haar onopgemaakte bed de slaap probeert te vatten, herhaalt ze de volgende zinnen alsof ze die voor zich ziet: 'De carrousel draaide, de carrousel draaide. De woorden waren niet makkelijk te vinden. De carrousel draaide en ik liet mijn kans voorbijgaan.'

Op 1 juni stuurt ze haar analyticus een telegram waarin ze melding maakt van haar eigen verjaardag, alsof je jezelf een cadeautje geeft uit angst dat anderen je die dag zullen vergeten. GEACHTE DOKTER GREENSON, IN DEZE WERELD VOL MENSEN BEN IK BLIJ DAT U BESTAAT. IK VOEL HOOP, HOEWEL IK VANDAAG VIJFENDERTIG WORD.

Ze legt weer contact met Frank Sinatra, die ze tegenkomt op de verjaardagsparty van Dean Martin, een week later in Las Vegas. Hij blijft haar minnaar tot begin 1962.

Aan het eind van de maand gaat ze terug naar New York om daar te worden geopereerd aan galstenen, haar tweede ziekenhuisopname in vijf maanden. Ze schrijft aan Greenson: 'Op het balkon van mijn kamer heb ik met de dokter die me heeft geopereerd naar de sterren gekeken, en ik zei: "Moet u kijken, ze zijn zo schitterend en zo eenzaam. Onze wereld is een schijnwereld."'

Als ze twaalf dagen later de kliniek op West 50th Street verlaat, wordt de beroemdste vrouw ter wereld omgeven door een zwerm fotografen. Ze bestoken haar met vragen, rukken handtekeningen uit haar handen, proberen haar huid aan te raken of langs haar truitje te strijken. Ze wordt bang. Een paar minuten lang voelt ze zich in stukken gescheurd. Ze weet en is zich ervan bewust dat fotografen dat geroep onder elkaar *wolf calls* noemen. Ze hield er altijd van dat ze haar waarderen, ze hield ervan dat ze van haar houden of op z'n minst doen alsof, maar dit keer is het anders, ze verslinden haar. Een nachtmerrie waaraan ze moeilijk kan ontsnappen. Ze heeft bijna zin om te vragen of ze haar naar dokter Kris willen brengen, maar sinds het gekkenhuis zou ze niet meer met haar kunnen praten.

De zomer gaat voorbij zonder dat Greenson besluit op vakantie te gaan. Hij ziet haar nu zeven dagen per week en rekent een vriendentarief van vijftig dollar per sessie. Hij schrijft aan Kris: 'Ik ben geschrokken van de leegte in haar leven, in termen van objectrelaties. In essentie is ze narcistisch. We boeken zo goed en zo kwaad als het gaat vooruitgang, maar ik durf niets te zeggen over de ernst van het probleem of de duur ervan. Op klinisch gebied heb ik er twee problemen uit gelicht: haar obsessieve angst voor homoseksualiteit en haar onvermogen om geestelijke klappen te incasseren. Ze kan niet tegen de minste zinspeling op homoseksuele zaken. Pat Newcomb had lokken in dezelfde kleur als haar haar laten verven. Ze trekt daar onmiddellijk de conclusie uit dat die vrouw bezit van haar wilde nemen, en ontsteekt in heftige woede tegen haar.'

Wat haar houding ten aanzien van mannen betrof, was Greenson geschrokken van haar toenemende voorliefde voor toevallige ontmoetingen. Op een dag zegt ze tegen hem dat ze heeft geslapen met een van de werklieden die haar appartement van binnen opknapten. Een inspecteur van de District Attorney van Los Angeles meldt hem dat hij Marilyn tegen het lijf was gelopen terwijl ze in het donker van een bioscoopgang met een man stond te vrijen. In een verantwoording die hij aan Anna Freud schrijft, heeft de psychoanalyticus het over een 'angst voor mannen, gemaskeerd door een behoefte om te verleiden die haar ertoe bracht zich letterlijk aan de eerste de beste te geven'.

Vanaf dat moment is hij van oordeel dat Marilyn verloren is voor de psychoanalyse. In werkelijkheid was ze verloren binnen zíjn psychoanalyse. Als een drenkeling die zijn redder mee de diepte in sleurt, trok zij de therapeut steeds verder naar de duisternis, de onderkant, de leegte. Ze was beledigd bij het minste teken van irritatie van zijn kant en kon de gedachte van een willekeurige tekortkoming bij bepaalde mensen die zij idealiseerde niet verdragen. 'Ze was in alle staten zolang de vrede niet weer getekend was,' schreef Greenson aan Anna Freud. 'Nu improviseer ik met haar. Ze is echt heel erg ziek. Ik zie geen enkele oplossing die Marilyn de geruststelling kan brengen die ze zoekt.' Haar onvermogen om te verdragen wat zij als beledigingen ervoer en haar abnormale angst voor homoseksualiteit waren, zoals hij later zei, 'beslissende factoren die tot haar dood zouden leiden'.

Marilyns vrienden, Allan Snyder, Ralph Roberts, Paula Strasberg en Pat Newcomb, begonnen te zeggen dat de psychoanalyticus te veel invloed op haar leven kreeg. 'Hij is je beschermengel niet; hij is je schaduw geworden, of liever gezegd, jij de zijne,' zei Pat, en Roberts vertelde later dat de psychiater Marilyn in die periode helemaal niet alle medicijnen wilde ontzeggen, maar juist toestemming gaf voor een dosis van drie milligram Nembutal per dag en haar daar zelf van voorzag. Jaren later zei Snyder: 'Ik heb Greenson nooit gemogen, en de rol die hij voor haar speelde ook niet. Hij deed haar geen goed. Hij gaf haar alles wat ze vroeg; hij stopte haar vol met alle mogelijke soorten drugs.' Er zat volgens hem iets ongezonds in zijn verhouding met zijn patiënte, iets wat met geld te maken had. 'Met geld,' benadrukte hij. En hij had daar een bevestiging voor gevonden toen hij had ontdekt dat Greenson op een mooie plaats in de betalingsregisters van Fox voorkwam.

Alle vier haar analytici moesten in de loop van de therapie bij opnamen langskomen om haar te steunen en weer op de been te krijgen: Margaret Hohenberg bij *Bus Stop*, Anna Freud bij *The Prince and the Showgirl,* Marianne Kris bij *Some Like It Hot* en Greenson bij *Let's Make Love, The Misfits* en *Something's Got to Give.* Marilyn antwoordde haar vrienden dat ze het fijn vond te gehoorzamen. Voor die ene keer dat iemand haar leidde en haar vertelde wat ze moest doen. Ze voegde eraan toe dat ze het zelfs zou hebben geaccepteerd als haar psychoanalyticus haar had gezegd wie ze moest zijn.

LOS ANGELES, WILSHIRE BOULEVARD,
NAJAAR 1961

Ze hield niet meer van auto's, wilde er zelf geen meer hebben. De zwarte Cadillac cabrio met roodleren bekleding had ze verkocht, de zwarte Thunderbird had ze aan Strasberg gegeven en van de witte Cadillac die voor de opnamen van *The Misfits* was gehuurd had ze afstand gedaan. Marilyn liet zich door Ralph Roberts in de richting van de oceaan rijden. Op Wilshire zag ze de lage huizen die lukraak rond de ellenlange as lagen verspreid. Er straalde iets onechts uit van die plek van niets en die gebouwen zonder kwaliteiten. Ze herinnerde zich de eerste keer dat ze naar de Fox-studio's was gegaan, voor een test in technicolor. Ze had de decors bezocht, die straten en pleinen die alle landstreken en tijdperken vertegenwoordigden, uiterlijk zo stevig. Het had haar moeite gekost zich te overtuigen van de onechtheid van de gevels, waarvan de achterkant de structuur van planken en gips liet zien. Het geheel vormde een warboel van tijden, een droomruimte, maar heel geloofwaardig. Hier was de illusie andersom. Marilyn bedacht dat er veel verbeelding voor nodig was om te geloven dat die decors van papier-maché échte huizen waren, waar echte mensen worstelden met liefde, wreedheid of geld. Er was niemand op de trottoirs. Niemand loopt in deze stad, behalve ik, dacht ze.

Ze liet de auto stoppen en ging te voet verder, zonder doel. Toen ze linksaf sloeg naar Pico bleef ze even vanaf de brug boven de Santa Monica Freeway naar de auto's kijken die elkaar in het avondrood kruisten, een stoet vermoeide dieren. Als beelden die in een droom te voorschijn komen, ontcijferde ze de lijnen van de witte koplampen: lege ogen die nergens naar keken. Toen het helemaal donker was geworden, zag ze een man die voor een benzinestation was gestopt. Ze liep hem voorbij. Hoewel ze haar zwarte pruik op had, werd ze herkend door de man, die heel jong was. Hij had zich vast moeilijk kunnen voorstellen dat Marilyn Monroe een uur eerder Dostojevski had zitten lezen, Marilyn die al jaren graag met de dichter en schrijver Carl Sandburg sprak en literatuurlessen aan de UCLA had gevolgd: ze was waanzinnig mooi en hield de man gevangen tussen begeerte en ontzetting. Ze was alleen maar lichaam. Een lichaam om te penetreren, in de hoop vrij te blijven van de ziel die erin huisde.

De man liet haar in zijn kastanjebruine Oldsmobile stappen en bracht haar naar een klein groen huisje met afgebladderde verf, zonder verdieping, twee blokken van het strand verwijderd, in een straat bij Venice Beach. Superba Avenue. Santa Clara? Milkwood? San Juan? Wat maakte het uit. Jawel, ze moest het zich morgen herinneren als ze het aan de dokter vertelde. 'Details, alleen dat doet ertoe, namen, namen...' En bovendien, in Venice was het graf van de moeder van haar moeder, Della, de waanzinnige, die had geprobeerd haar te laten stikken op een kussen toen ze baby was. Ze had het aan de verlosser verteld. Hij had zelfs een woordgrapje gemaakt met *mother* (moeder) en *smother* (smoren).

Daarna had ze de man gevraagd haar van achteren te nemen, echt van achteren, had ze verduidelijkt. Hij was verbaasd en had het gevoel van een gift, van een cadeau dat ze hem gaf. Ze gaf het intiemste van haar wezen prijs, het oudste deel van zichzelf. Ze was op haar buik gaan liggen. Hij had zich ingesmeerd met het glijmiddel dat zij hem had aangereikt en was bij haar binnengedrongen terwijl zij hartstochtelijk stil lag, niet zo lang, maar krachtig en zelfs nijdig. Toen hij met een hand het haar omhoog tilde dat de linkerkant van haar gezicht bedekte, zag hij dat ze in haar rechtervuist een stukje verfrommeld laken klemde, alsof het een knuffeltje was, iets zachts, geurigs en warms. Ze wreef het zachtjes tegen de onderkant van haar gezicht. Hij vroeg: 'Is het goed, voel je me?' Daarna: 'Ik doe je toch geen pijn, hè? Wil je dat ik stop?' Ze gaf op geen enkele vraag antwoord en bleef alleen maar zonder iets te zeggen het laken tegen haar lippen wrijven. Hij moest zich terugtrekken, treurig door haar treurigheid. Ze gingen uit elkaar met onhandige bedankjes.

De volgende dag deed ze Greenson verslag van die gebeurtenis.

'Ik voel in uw verhaal iets dromerigs, alsof het niet echt beleefd is. U was daar, maar tegelijkertijd was u het niet meer. In feite probeerde u zich aan de greep van die man te onttrekken. Het laken is wat wij een "transitioneel object" noemen. We hebben allemaal onze transitionele objecten. Het opvallendste is wat u ermee over uzelf zegt. Alsof u tegen die man zei: "M'n mond krijg je niet, m'n stem zul je niet horen. M'n anus mag je zoveel forceren als je wilt, het lijkt alsof dat geen deel meer van me is." Weet u, in tegenstelling tot de mond, die voor ons verbonden is met onze stem en identiteit, is de anus verbonden met schaamte, verlies, verwarring en kwetsbaarheid.'

Ze had niets geantwoord. Ze had een paar tranen voelen lopen, die ze niet had weggeveegd.

Naarmate haar behandeling voortging en de overdracht intens en chaotisch werd, werden de betrekkingen tussen Marilyn en de familie Greenson steeds hechter. Marilyn had altijd een fles Dom Pérignon koel staan bij haar analyticus, om zich na afloop van haar sessie een glas champagne in te schenken. Ze bleef regelmatig bij hen eten en was niet te beroerd om de afwas te doen. Ze was dol op de keuken in Mexicaanse stijl waar het gezin samenkwam, en op de woonkamer met de gelambriseerde muren vol boeken en kunstwerken. Vanaf het balkon bekeek ze de tuin, het zwembad en een grillige heilige boom waaronder een twee meter hoge Polynesische god was neergezet, wiens mond om de bezoekers leek te lachen.

Na vijfentwintig jaar huwelijk waren Ralph en Hildi nog steeds heel verknocht aan elkaar, en ze waren heel innig met hun kinderen. Greenson beschreef zichzelf als een jood uit Brooklyn die met een keurig Zwitsers meisje was getrouwd. Hij noemde haar 'de vrouw die alles mogelijk heeft gemaakt' en zij zag in hem wat ze zelf ontbeerde: hij was georganiseerd tegenover haar rommeligheid, en open en hartelijk in tegenstelling tot haar verlegen terughoudendheid. Joan, eenentwintig en kunststudente aan het Otis Art Institute, had toen ze klein was de gewoonte aangenomen om buiten het blikveld van de patiënten te blijven, en haar betrokkenheid bij Marilyns behandeling was iets nieuws wat ze leuk vond zonder te begrijpen waarom. Wanneer de ster arriveerde wachtte Joannie haar voor de deur op, en als Greenson door een bespreking op de universiteit werd opgehouden, vroeg hij vaak aan zijn dochter om met haar te gaan wandelen. Soms maakten ze samen voor of na de sessie een ommetje naar het Reservoir in de buurt van de villa. Marilyn leerde Joannie dansen en zich op te maken als een sexy meisje. Danny, de zoon, die vierentwintig was en medicijnen studeerde aan de UCLA, woonde nog bij zijn ouders en sloot ook vriendschap met Marilyn. Als extreem-links actievoerder tegen de bemoeienissen in Vietnam praatte hij 's avonds met de gast over politiek. De kinderen Greenson wisten dat hun vaders gedrag vreemd was voor een strikte freudiaan, maar hij overtuigde hen ervan dat de traditionele therapie niet doeltreffend zou zijn en dat Marilyn een voorbeeld van een stabiel gezin erg nodig had om er op haar beurt een te kunnen stichten. Hij vertelde hun ook dat hij haar zo charmant en kwetsbaar vond dat alleen híj haar kon redden. De analyticus hoopte zijn patiënte op die manier de warmte en genegenheid van een gelukkig gezin te bieden. Hij wilde de gebreken van haar kindertijd compenseren en haar eenzaamheid verlichten. Maar door haar zo in zijn huis te onthalen, probeerde hij ook zichzelf echt te maken en in haar ogen iemand te zijn die net zo menselijk was als anderen. Hij vond dat patiënten moesten zien dat de analyticus ook zijn gevoelens en zwaktes had en ondanks zijn kwetsbaarheden een betrouwbaar, constant voorbeeld bood. Hij deed zijn best hen te laten accepteren dat de mens onvolkomen was en dat je moest leren in het ongewisse te leven.

Hoewel hij zich vaak afvroeg tot hoe ver dat zou gaan, was zowel die behandeling uit liefde voor overdracht als de weinig orthodoxe, zeer omstreden beslissing om Marilyn in zijn helende gezinsleven op te nemen weloverwogen. Een jaar eerder had hij een ontdekking gedaan. Teleurgesteld door de behandeling van een jonge schizofrene vrouw en vol schuldgevoelens over zijn volledige therapeutische mislukking, had hij Anna

Freud gevraagd om als adviseuse uit Engeland te komen. Ze had geweigerd. Het geval leek hopeloos, toen de analyticus min of meer toevallig aan Joannie had gevraagd die patiënte met de auto naar huis te brengen. De reactie van de zieke was verrassend. Terwijl ze in de auto met Joannie kletste, begon ze plotseling op een gezonde jonge vrouw te lijken. Daarna vroeg Greenson zijn dochter regelmatig haar in de auto mee te nemen. De verbeteringen verdwenen zodra zijn dochter en zijn patiënte uit elkaar gingen, maar laatstgenoemde had haar eerste duidelijke vooruitgang geboekt toen hij haar als gezinslid had behandeld.

Op een avond in juli gaven de Greensons een receptie voor de verjaardag van hun dochter. Marilyn had bij de voorbereidingen geholpen en kwam op de party. Zodra ze was gearriveerd gingen verschillende jongens, na hun eerste verbijstering, met haar dansen en algauw stonden ze er allemaal voor in de rij. De andere meisjes vonden geen danspartner meer, en in het bijzonder danste er niemand met een mooi zwart meisje dat vóór haar komst het middelpunt van de avond was geweest. Marilyn merkte dat en ging naar haar toe: 'Jij kent een danspas die ik graag wil kunnen, maar ik weet niet hoe. Zou je me die willen leren?' Ze draaide zich weer naar de anderen en riep: 'Wacht even, zij gaat me een nieuwe dans leren.' Feit is dat Marilyn die dans kende, maar dat ze het meisje haar les liet geven omdat ze de aandacht, die alleen maar op háár lichaam was geconcentreerd, op haar wilde afwentelen. Ze was zich heel bewust van de eenzaamheid van anderen, herhaalde Greenson later, geroerd door dat tafereel.

◆

Na achttien maanden behandeling was haar psychoanalyticus van mening dat Marilyn in een beslissende fase was gekomen. Hij vroeg haar wat de redenen waren van haar problemen om de tekst van het scenario uit te spreken. Ze vertelde dat ze heel aangedaan was geweest door iets wat een criticus over haar verschijning in de film had geschreven: 'Marilyn is in feite een actrice van de stomme film die verdwaald is op het doek van de sprekende film.' Ze vond dat het waar was, dat haar gezicht uitdrukte wat woorden niet konden zeggen.

'Waarom stottert u op de set en niet in het dagelijks leven, niet hier, bijvoorbeeld?' vroeg Greenson.

'Uit angst.'

'Angst waarvoor? Om niet te worden gehoord, of om te worden gehoord?'

'U maakt alles ingewikkeld. Uit angst voor woorden. Het is net alsof mijn lippen ze niet willen laten gaan.'

'Ja, taal schept afstand. Een uitgesproken woord is een verloren woord. Dus u stottert, u doet na de eerste lettergrepen uw mond weer dicht. U kunt ook geen afstand doen van de taal.'

'Dat doet me ergens aan denken. Toen ik als kind stotterde, struikelde ik vooral over de M. Ik was meer dan verlegen. Maar net zoals het me níét stoorde als ze naar me keken en ik er zelfs vaak van droomde dat ze me helemaal naakt zouden zien, zo dacht ik ook dat ik maar beter mijn mond kon houden. Dan zouden ze me tenminste geen slecht taalgebruik kunnen verwijten. Ik weet het nog goed. Op de Emerson Jr High School in

Van Nuys was ik, toen ik een jaar of dertien, veertien was, klassenvertegenwoordigster en moest ik de bijeenkomsten openen door te zeggen: *"M-m-minutes of the last m-m-meeting..."* Ik stotterde als een gek. Daarna werd ik op school *juffrouw MMMM* genoemd. En weet u, toen Ben Lyon *Marilyn Monroe* als artiestennaam koos, nam hij als initialen de letter die me het meest moeite kostte om uit te spreken. En de eerste keer dat ik voor een camera stond, in *Scudda Hoo! Scudda Hay!*, waren mijn eerste woorden op celluloid *Mmmm*. Ze hebben het eruit moeten snijden, en in de film ben ik stom.

Ik heb altijd moeite met woorden gehad,' ging ze na een stilte verder. 'Moeite om mijn teksten te leren en ze op te zeggen. Dat heeft na mijn debuut als actrice een tijdje geduurd. Nu heb ik ontdekt hoe ik het stotteren kan vermijden. Ik mompel. Ik heb van mijn angst een wapen gemaakt, om mensen voor de gek te houden.'

'De M is ook de letter van moeder. Weet u, in de meeste Europese talen die ik ken begint het woord moeder met de letter M. De kinderpsychoanalytici Anna Freud en Dorothy Burlingham hebben vastgesteld dat kinderen die ver van hun moeder zijn opgegroeid een taalachterstand hebben.'

'Ik ken Anna Freud, zij heeft me vóór u geanalyseerd, wist u dat niet?'

'Die klank, *Mm...* is auto-erotisch,' ging Greenson verder, geïrriteerd door de onderbreking, 'en waarschijnlijk verklaart dat dat het woord *mij* ook met een M begint.'

Marilyn wist niet wat ze moest zeggen. Ze wendde haar gezicht af, dat ze tot dat moment naar de analyticus toegekeerd had gehouden, en vouwde haar armen voor haar borst.

December 1953. Ralph Greenson gaat naar New York voor het halfjaarlijkse congres van de American Psychoanalytic Association. Zeven jaar voordat hij Marilyn ontmoet geeft hij zijn lezing de titel: 'Over de klank *Mm...*' Hij schrijft deze regels: 'De klank *Mm...*, gemompeld of geneuried, laat de ervaring, herinnering of fantasie herleven van het plezier dat tegen de moederborst is ervaren. Het is de echo van het woordloze gemompel van de moeder als ze haar kind voedt of wiegt. Het feit dat de klank *Mm* met gesloten lippen wordt gevormd, lijkt erop te wijzen dat het de enige klank is die je kunt maken en herhalen terwijl je iets kostbaars in je mond houdt. Het is de klank die je maakt als je de borst in je mond hebt, of erop wacht.'

Als hij een jaar voor zijn dood zijn artikel uit 1949 over 'De moedertaal en de moeder' opnieuw publiceert, stelt Greenson nogmaals de noodzaak aan de orde om in sommige kuren met de patiënt in diens kindertaal te praten, en onderaan de bladzijde voegt hij als noot toe: 'Wanneer een analyse in een impasse komt, moet de mogelijkheid worden overwogen dat de patiënt en zijn analyticus niet in dezelfde taal hebben kunnen communiceren. Ik zal een meisje dat in Brooklyn is geboren en dat Hollywood-actrice is geworden bijvoorbeeld niet naar een stijve, beschaafde analyticus uit Centraal-Europa sturen. Ze zouden niet dezelfde taal spreken.' Misschien was de impasse waarin hij door de analyse van Marilyn terecht was gekomen niet te wijten aan de afwezigheid van een gemeenschappelijke taal, maar aan het feit dat ze allebei in zekere zin hun moedertaal hadden uitgewisseld? Terwijl hij haar in de analysetaal meetrok, zorgde zij ervoor dat hij in filmbeelden ten onder ging.

Gelijktijdig met haar sessies bleef Marilyn verschillende kalmerende middelen bij Engelberg inslaan. Hoewel hij door zijn klantenkring van filmmensen vaak met dat soort ziekte was geconfronteerd, schatte Greenson slecht in hoe ernstig en oud Marilyns verslaving was. Ze was begonnen drugs te gebruiken sinds haar eerste filmpogingen toen ze achttien was, en had de doses daarna verzwaard en uitgebreid: barbituraten, narcotica, amfetaminen. Vervolgens slaagden noch Greenson, noch Engelberg, noch Wexler erin haar van de medicijnen af te krijgen. John Huston zei bij haar dood: 'Niet Hollywood heeft haar gedood. Die kloteartsen hebben haar gedood. Ze was knettergek van de pillen. Zij hebben haar aan de pillen gebracht.'

Op geen enkel moment waagde Greenson het een echte diagnose te stellen over de casus van Marilyn, die hij dertig maanden volgde. Eerst merkte hij symptomen op van paranoia en een depressieve reactie. Zijn collega's van de Los Angeles Psychoanalytic Society haalden hun schouders op: 'Hij begrijpt niet dat therapie door helende adoptie haar alleen maar onder de neus wrijft wat ze nooit heeft gehad: een thuishaven, en wat ze nooit zal zijn: een meisje dat door haar ouders bemind wordt, een moeder, een zus,' zei een van hen. Toch was Greenson een beetje bezorgd wanneer hij met hen over Marilyn van gedachten wisselde.

'Ben ik niet bezig de regels te overschrijden, de grenzen te passeren?' vroeg hij aan Wexler. 'Het is een geval voor jou. Ik heb aanwijzingen voor schizofrenie gevonden. Ze heeft een afschuwelijke kindertijd gehad, en of het nou fantasie is of realiteit, dat weet ik niet, ze heeft het erover dat ze seksueel is misbruikt.' (Het enige waar hij echt zeker van was, is dat hij te maken had met een kwetsbare psyche die elk moment kon instorten.) 'Ik heb het aangepakt zoals met onze schizofrene patiënten: de behoeften en de psychische arbeid van mijn patiënte op de eerste plaats zetten, en mijn persoonlijke bedoelingen als therapeut op de tweede. Ik wilde haar woorden en haar gevoelens tot me door laten dringen. Maar ik zou mezelf onzichtbaarder moeten maken, denk je niet?'

'Nee,' antwoordde Wexler. 'Je moet juist doorgaan op die onorthodoxe weg. Het is belachelijk om te denken dat de psychoanalyticus die zwijgend achter de patiënt zit een soort non-entiteit is waarop alles wordt geprojecteerd. Ik geloof niet dat er veel tijd voor nodig is om de patiënt te laten beseffen of ik briljant ben of stom. Als hij "vuile smeerlap" tegen me zegt, geloof ik niet dat je eenvoudigweg kunt denken: dat is tegen zijn vader gericht, niet tegen mij. Misschien ben ik wel echt een smeerlap. Wanneer ik met patiënten dineer weten ze ook allemaal dat ik zus of zo als persoon ben. De gedachte dat je buiten het kantoor geen werkelijke relaties met je patiënten zou kunnen hebben, lijkt me onredelijk, onrechtvaardig en gewoonweg idioot.'

'En geloof jij dat je een grens passeert als je het lichaam van een patiënt aanraakt?' vroeg Greenson terwijl hij met een vinger over zijn fijne snor streek.

'Laten we niet weer met die eindeloze discussies beginnen, zoals in ons opleidingsinstituut, toen onze collega's bespraken of het wel volgens de regels is om een Kleenex te geven aan een zieke die radeloos aan het huilen is. Een flink aantal analytici vindt van niet, omdat dat invloed zou hebben op de overdracht... Als ze eens wisten hoe neurotisch hun analytici zelf zijn, als ze een beeld hadden van wat er in de instituten voor psychoanalyse gebeurt, zouden de mensen ervan afzien om in behandeling te gaan. Het is paradoxaal, maar psychoanalytici die net als ik niet als arts zijn opgeleid, zijn veel minder bang voor het lichaam, voor dat van henzelf en voor dat van hun patiënt.'

Enige tijd na de dood van hun gemeenschappelijke patiënte maakten Milton Wexler en Ralph Greenson plannen voor een onderzoek voor de Foundation for Research in Psychoanalysis in Beverly Hills, en voor een boek dat over de *Mislukkingen van de psychoanalyse* zou gaan. Dat boek werd nooit geschreven.

Toen Marilyn in de nadagen van september 1961 op haar sessie kwam, trof ze haar psychoanalyticus in een roeibootje in zijn zwembad aan. Hij hield ervan uren op die manier door te brengen. Hij noemde het *Lake Greenson*. Dat zachte, hypnotiserende geschommel bracht hem tot rust. De lucht geurde naar rozen en camelia's. Hij las. Hij mediteerde. Soms rookte hij een sigaar. Op 20 september is hij vijftig jaar geworden. Een keerpunt, vertrouwt hij Anna Freud toe. Hij voelt zich 'niet ouder, maar wijzer'. Zes jaar eerder heeft een hartaanval hem pijnlijk bewust gemaakt van zijn eigen sterfelijkheid. Hij beschouwt de tijd als kostbaar en streeft ernaar zich op zijn eigen creatieve werk te kunnen concentreren.

Bezig met zijn boek over de techniek en de praktijk van psychoanalyse heeft hij net een bladzijde of honderd over weerstand geschreven. Hij gaat beginnen aan een hoofdstuk over overdracht, een 'verkeerd begrip op het verkeerde moment', een reeks vergissingen over de persoon waardoor de waarheid van de patiënt kan worden bereikt. Hij voorziet dat dat hoofdstuk nog langer kan worden dan het vorige. Hij zou het boek graag voor het eind van het jaar willen afmaken, als zijn patiënten en de te zware werkroosters hem daar niet van weerhouden, en hij moet er binnenkort over praten met zijn uitgever aan de oostkust. Hij besluit dan ook zijn baan als decaan aan het opleidingsinstituut neer te leggen, en hij beperkt zijn beroepsactiviteiten. Hij ziet er zelfs vanaf om naar het congres van de American Psychoanalytic Association te gaan, terwijl hij er zo van hield daar uit te blinken.

Van Marilyn zou hij werkelijk ook afstand willen nemen, maar hij ziet dat ze alleen op de wereld is en geeft toe dat hij een zwak heeft voor vrouwen in nood. Hij hoopt dat hij de doodskrachten die in haar aan het werk zijn nog in toom zal kunnen houden, en in het proces dat haar te gronde richt nog iets zal kunnen begrijpen. Maar hij ervaart ook een toenemende tweeslachtigheid ten opzichte van haar, want hij vindt dat ze zich wat tijd en gevoelens betreft uitzonderlijk veeleisend opstelt en dat ze te ziek is om een klassieke psychoanalyse te doen.

In de eerste dagen van oktober had Marilyn bij een diner de jongere broer van de president ontmoet, Robert Kennedy, minister van Justitie, die voor een officiële vergadering naar Los Angeles was gekomen. Om zich op die avond voor te bereiden had Greenson haar wat kleding betreft precieze instructies gegeven. Zíj wilde een lange zwarte, nauwsluitende jurk aan die de bleekheid van haar huid goed deed uitkomen. Die jurk was het strategische element: ze wilde dat haar borsten zoveel mogelijk zichtbaar waren. Dat was precies het soort zelfdestructieve gedrag dat hij probeerde uit te bannen. Het diner vond plaats in het huis van Peter Lawford, die met een zus van Kennedy was getrouwd. In de loop van de avond zette Marilyn het op een drinken, en naarmate het later werd, werd het duidelijk dat ze niet alleen terug naar huis zou kunnen gaan. Bob Kennedy en zijn persattaché boden aan haar terug te brengen naar haar appartementje op Doheny Drive.

Tien dagen later liet Fox haar weten dat ze in *Something's Got to Give* moest spelen. In de overtuiging dat Cukor haar minachtte en dat algauw dat deel van haarzelf naar boven zou komen dat een hekel aan film had en dat wilde stoppen met spelen, dreigde ze zelfmoord te plegen. Greenson, die het mogelijk achtte dat ze de daad bij het woord zou voegen, besloot tot een nieuwe ontwenningskuur, maar dit keer thuis, want hij herinnerde zich het voorval met de Payne Whitney Clinic. Marilyns woonkamer, met de zware, driedubbeldikke blauwe gordijnen, werd haar ziekenhuis. De psychoanalyticus kreeg van Fox een aanzienlijk honorarium en een aanstelling als Marilyn Monroes speciaal raadsman en als technisch adviseur voor de komende film.

'Weet u,' zei ze tegen Greenson, die 's avonds bij haar langs kwam, 'ik heb mijn definitie van de dood gevonden. Een lichaam waarvan je je moet ontdoen. De achterblijvers denken alleen maar dááraan. Een beetje zoals mannen wanneer ze op straat achter je aanlopen. Seks is ook vaak een lichaam waarvan ze zich moeten ontdoen. Een lichaam te veel, dat ze door een snelle wip hopen kwijt te raken. Ik heb in New York een testament opgemaakt, tijdens mijn eerste analyse bij de Hongaarse. Als grafschrift had ik bedacht: "Marilyn Monroe – blond: 94-53-89".'

Met een gesmoord lachje voegde ze eraan toe: 'Ik geloof dat ik me eraan ga houden, ook al moeten de maten herzien worden.'

Terug in Santa Monica probeerde de psychoanalyticus te begrijpen wat Marilyns verhalen en seksuele poses in hem losmaakten. Afkeer, bedroefdheid zelfs. Als hij tegenover haar zat kwam de misselijkmakende lucht van de waterstofperoxide waarmee ze haar haar bleekte helemaal tot waar hij zat, en dan had hij geen enkele behoefte om zijn hand of lippen ernaartoe te brengen. Die lucht bleef hij altijd ruiken. Greenson hield niet van dat soort vrouwen, van dat type lichamen. Hij gaf de voorkeur aan slanke brunettes en vond Marilyn te kinderlijk en te Amerikaans. Als hij haar ontving was hij terughoudend, met bewondering zonder begeerte voor haar lichaam. Hij vond haar mooi en sexy, maar niet lustopwekkend.

Hij probeerde te begrijpen waarom hij haar niet begeerde en

niet eens meer naar haar keek. Wat vorm geeft aan een woord zijn de medeklinkers, dacht hij, niet de klinkers. Wat vorm en samenhang geeft aan een zin is de opbouw, de syntaxis, niet de woorden die erin zijn samengevoegd. Een lichaam is een beetje hetzelfde als een zin. Het vlees en de vormen zijn niet genoeg om de behoefte op te wekken het te nemen, er moeten een structuur, gebeente, gewrichten in te vermoeden zijn. Een vorm. Marilyn was alleen maar vlees. Wanneer hij zag hoe ze haar lichaam meedroeg zoals je een voorwerp draagt, en het in de stoel zette alsof ze zei: 'Vind je het wat?', veranderde de bezorgdheid niet in begeerte, maar veroorzaakte de overdaad afkeer.

Op verzoek van radiozender KPFA-FM gaf Ralph Greenson
in oktober twee lezingen over 'De diverse vormen van liefde'.
Volgens zijn beschrijving verwaarlozen Amerika en de Amerikanen de liefde en geven ze de voorkeur aan het zoeken naar
succes, geld, aanzien en macht. Hij komt met een onderscheid:
'Iedereen wil bemind worden, maar weinig mensen kunnen en
willen beminnen. Liefde wordt in het algemeen verward met
seksuele bevrediging of met het sussen van onderlinge spanningen en ruzies bij echtparen.' De televisie ziet hij als scherm dat
je ervan weerhoudt anderen te ontmoeten, hen lief te hebben of
te haten. 'Voor veel mensen,' zegt hij, 'is liefde een vreemd idee,
en voor sommigen is het pervers. Liefde is niet aangeboren. Een
baby wordt niet geboren met het vermogen lief te hebben. Hij
probeert te overleven, adem te halen en eten te krijgen. Veel volwassenen blijven in die toestand hangen, alcoholici, drugsver-
slaafden, eetverslaafden of mensen die verslaafd zijn aan de sen-
satie van gevaar. Voor hen is er niemand die ertoe doet, niemand
in het bijzonder. De ander is maar een leverancier die het leed en
het gebrek tot zwijgen brengt.'
   Toen hij na de tweede lezing thuiskwam dacht hij weer aan
Marilyn, en aan dat zinnetje dat zich elke keer aan hem opdrong
als hij haar geval wilde overdenken: een liefde zonder liefde.

In de loop van het laatste jaar van haar leven werd Marilyns omgang met haar analyticus ingegeven door hartstocht. Greenson
wilde de belichaming zijn van de vader die ze gemist had, en liet

de moederzorg aan Hildi over. Hij nam het op zich haar fantasie over een teruggevonden thuishaven te bevredigen en alles wat pijn kon doen uit haar leven te bannen. Marilyn begon hem dag en nacht op elk tijdstip te bellen om over haar dromen, angsten en remmingen te praten. Haar aarzelingen naar aanleiding van een scenario en zelfs haar amoureuze afspraken werden behandeld als elementen die bij haar behandeling hoorden. De psychoanalyticus begon regelmatig zijn afspraken met andere patiënten op zijn kantoor op Roxbury Drive af te zeggen en haastte zich dan naar huis om Marilyn privé te ontmoeten. Hij besloot zelfs om voortaan bepaalde sessies met zijn patiënte languit op de divan te doen.

Marilyn vond die verhouding zowel strelend als bevredigend, maar in studiokringen gingen er stemmen op dat de situatie van het koppel Ralph en Marilyn een goed scenario zou kunnen opleveren. John Huston, wiens verhouding met psychoanalyse en psychoanalytici hartstochtelijk was geweest, barstte in lachen uit bij die tragikomedie. 'Het is niet meer de prins en het revuemeisje,' zei hij, verwijzend naar Marilyns Engelse kostuumfilm, 'het is de psychoanalyticus en zijn evenbeeld.' Als hij minder lui was geweest, zou hij er vast een film van hebben gemaakt. Goed scenario, dacht hij. Zonder het te weten maken ze zich allebei tot regisseur van de ander. Allebei spelen ze de rol van wat ze niet konden zijn: hij een kunstenaar, zij een intellectueel. Allebei zijn ze uiteindelijk de droom van de ander geworden. Voordat ze elkaar ontmoetten, en los van hun ontmoeting, waren ze geen van beiden gek; samen worden ze het. Veel later, in 1983, deed het Huston veel plezier om wraak te nemen op de botte afwijzingen van de freudiaanse familie tijdens de voorbereiding van zijn *Freud, the Secret Passion*, door in *Lovesick* van Marshall Brickman op het doek de rol te vertolken van een ervaren psychoanalyticus, die een collega die smoorverliefd is geworden op zijn patiënte superviseert en op de divan legt.

Op een zaterdagmiddag eind november vroeg Greenson Marilyn bij hem te komen, voor een tweede sessie die dag. Kortaf stuurde hij haar naar Ralph Roberts, die voor de deur in zijn auto op haar zat te wachten, om te zeggen dat die definitief naar New York moest teruggaan, omdat hij iemand anders had uitgekozen om hem bij Marilyn te vervangen. 'Twee Ralphen in één leven was één te veel.' Zonder in discussie te treden reed Ralph Roberts naar Marilyns appartement, pakte zijn massagetafel en vertrok. Greenson complimenteerde zijn patiënte ermee dat ze zich wist los te maken van een heleboel mensen die haar gebruikten. Dat ze zich had ontdaan van al die mensen die van haar profiteerden was een vooruitgang in haar behandeling. Hij informeerde direct Marianne Kris erover.

Een paar dagen later kwam een vrouw op leeftijd, met het profiel van een grijs, kaal vogeltje, de patio voor het appartement op Doheny, vlak onder Sunset Strip, oplopen. Achter de zwartgeverfde deur van het appartement zou ze Marilyn Monroe vinden, die voor haar alleen de naam van een filmster was. Ze drukte op de bel en wachtte lang voordat een blondine met blauwe ogen en bijna wit haar kwam opendoen, blootsvoets, gekleed in een rode kimono en met verwilderde haren door de slaap. 'Dag!' zei de dame zacht. 'Ik heet Eunice Murray. Dokter Greenson zei dat u me verwachtte.' Bij Marilyns dood vertelde ze dat ze in de eerste plaats was aangenomen om haar van haar appartement naar de praktijk van de psychiater te rijden, en weer terug, om de deur open te doen en de telefoon op te nemen, en om schoon te maken en het huishouden te doen. Eigenlijk was Murray van beroep psychiatrisch verpleegkundige en had Greenson haar bij Marilyn geplaatst om haar gedrag in de gaten te houden. Whitey Snyder, Marilyns grimeur, beschouwde haar als een heel vreemde dame, die onophoudelijk fluisterde. Fluisterde en luisterde. Ze was de hele tijd aanwezig en herhaalde alles tegen de dokter. Ze had zelf een dochter die Marilyn heette en richtte zich tot haar bazin door haar bij die voornaam te noemen. Marilyn noemde haar altijd Mrs Murray.

Greenson kon Marilyns behoefte om te werken en te spelen toch niet tot bedaren brengen. Zonder de verlangde en verfoeide compensatie van haar creatieve werk werd ze weer depressief. In die trieste winter stuurde ze Norman Rosten dit korte gedicht:

Help. Help. Help.
Ik voel het leven dichterbij komen
Terwijl ik alleen maar wil sterven.

Sinds haar vijfendertigste verjaardag vertelde Marilyn haar psychoanalyticus onophoudelijk over het fysieke leed dat te wijten was aan de scheiding van een minnaar. Tijdens een sessie begint ze, na heel heftige en luidruchtige huilbuien, te kalmeren en zich te troosten met de gedachte dat de analyse haar zal helpen weer tot zichzelf te komen, zichzelf weer bij elkaar te rapen. Terwijl ze die woorden uitspreekt, ziet Greenson dat ze zachtjes en ritmisch het stoffen behang boven de divan streelt, met haar ogen half gesloten. Na een pauze zegt ze: 'U bent goed voor me. U probeert dat echt te zijn.' Ze blijft de muur stilzwijgend strelen. Hij zwijgt ook. Na een paar minuten houdt ze, met droge ogen, op met het strelen van de muur, fatsoeneert haar kleren die een beetje slordig zijn gaan zitten, en zegt: 'Ik voel me nu beter. Ik weet niet waarom, maar ik voel me beter. Misschien was het uw zwijgen. Ik ervoer dat alsof het warm en troostend was, en niet koud zoals sommige keren. Ik voelde me niet meer alleen.'

In het begin begreep Greenson niet dat zijn kantoor op dat moment een soort transitioneel object voor haar was. Het strelen van de muur leek veel andere betekenissen te hebben. Ze streelde de muur zoals ze iemand zou hebben gestreeld, zoals ze gestreeld had willen worden door haar minnaar of door hem.

Het strelen van de muur was de herhaling van iets kinderlijkers – dat begreep Greenson pas later. De ritmische beweging, de ogen halfgesloten, het kalmerende effect van het feit dat hij niet ingreep, dat alles had hem erop moeten wijzen dat ze een transitionele overdrachtservaring had.

Zodra hij begon te praten onderbrak ze hem, om te zeggen dat zijn woorden voor haar gevoel een inbreuk betekenden. Hij wachtte en zei vervolgens zachtjes dat hij de indruk had dat ze zich, terwijl ze huilde, in het verleden liet wegglijden. Het strelen van de muur kon een gevoel van welzijn uit haar kindertijd hebben opgeroepen. Marilyn antwoordde: 'Ik was me maar nauwelijks bewust van dat strelen. Ik genoot vooral van de kwaliteit van uw behang. De textuur ervan. Het lijkt wel bont. Wel vreemd: alsof het behang me op de een of andere manier antwoord gaf.'

'In het verdriet om op de divan te liggen,' zei de analyticus, 'voelde u, terwijl u de muur streelde, dat mijn zwijgende aanwezigheid een beetje leek op gerustgesteld worden door een moederfiguur.'

'Weet u, dat ben ik niet met u eens,' antwoordde Marilyn na een pauze. 'Het kan vreemd lijken, maar het was het strelen van het behang dat me hielp, en ook, neem ik aan, het feit dat u me liet begaan. Dat herinnert me eraan dat ik mezelf als kind in slaap huilde terwijl ik mijn lievelingspandabeertje in mijn armen hield. Ik heb die panda jarenlang bewaard. Ik heb zelfs nog foto's van mezelf als kind ermee. Zijn vacht was natuurlijk heel erg zacht, en later is die glad geworden, maar voor mijn gevoel bleef hij altijd zacht.'

Daarna had ze dromen waarin de analyticus zich tussen zwarte en witte punten bevond, beelden die ze verbonden met dat van haar pandabeer en dat van zijn baard, die ze zijn vacht noemde. Zonder goed te weten waarom had Greenson zijn baard laten groeien. Wexler had gelachen: 'Ik heb mannen die hun baard laten staan nooit goed begrepen. Als het is om mannelijker te zijn, is het mislukt: ze beseffen niet dat ze de onderkant van hun gezicht laten lijken op het geslacht van hun moeder.' Greenson gaf geen antwoord en keek hem aan zoals je gekken aankijkt.

∾

Greenson werkt mee aan het scenario van *Captain Newman, M.D.* Hij schrijft aan Leo Rosten, de auteur van het boek: 'Milton Rudin heeft voor mij van Universal twaalfenhalf procent van de filmrechten gekregen. Dat is wel het minste: zoals je weet ben ik voor honderd procent de psychiater in de film, en negentig procent van de personages zijn mijn vroegere patiënten.' Op hetzelfde moment neemt hij de voorbereiding van *Something's Got to Give* ter hand. In november hoort producent David Brown dat hij wordt vervangen door Henry Weinstein, die zijn debuut als producent had gemaakt met *Tender is the Night*. Als hij zich verongelijkt toont dat hij plaats moet maken, wordt hem uitgelegd dat het een van de voorwaarden is waar Marilyn voor heeft getekend. Greenson had bezworen dat hij instond voor de punctualiteit van de ster en dat de film op tijd zou worden afgemaakt als Brown werd vervangen door Weinstein. 'Maakt u zich niet ongerust, ik kan haar laten doen wat ik wil.' De opnamen moeten op 9 april beginnen en Cukor verwacht het ergste, woedend dat Brown aan de kant is geschoven. Het feit dat de nieuwe producent Marilyns psychiater kent zal daar heus niets aan veranderen. 'Denkt u dat u in staat bent Marilyn op tijd op de set te laten komen? Ik zal u eens iets vertellen. Zelfs als u Marilyns bed met Marilyn erin op de set vastspijkert, met alle spots erop, zou ze nog niet op tijd zijn voor de eerste opnamen!'

Naarmate het eind van het jaar naderde, werd Marilyns behandeling intensiever. De patiënte en de analyticus, die te dicht op elkaars huid waren gekropen, wisten niet meer wie ze zelf waren. Langzamerhand hadden de psychoanalyticus en zijn patiënte hun remmingen uitgewisseld. Marilyn, die in het begin alleen de kopie was van Marilyn, vertrouwde minder op haar beeld om zichzelf gerust te stellen en anderen te verleiden. Ze begon toe te geven dat woorden ook warm konden houden, een omhulsel, een bekleding konden vormen. Greenson kwam uit een ontwikkelde, talige wereld, was een begenadigd spreker en had na zijn medicijnenstudie voor de psychiatrie gekozen om het lichaam en het beeld van de ander op zekere afstand te houden. Hij begon steeds meer voordrachten en lezingen te houden, waarbij hij zich in lichaam en beeld aanbood aan de onverzadigbaarheid van een publiek dat niet kwam om te begrijpen en te luisteren, maar om naar hem te kijken en de stem van de kunstenaar in zich op te nemen. Hij drong steeds dieper door in de grilligheden van de filmwereld en maakte zich de beeldenfabriek van Hollywood meester. Hij was al jarenlang verbonden aan verschillende studio's, waarvan de directeurs of producenten vaak zijn patiënten waren, en werd met name de bevoorrechte onderhandelingspartner van Fox. Volgens een notitie die in de archieven is teruggevonden: 'De psychoanalyticus wil niet worden aangezien voor een marionettenspeler, maar een ogenblik later zegt hij dat hij zijn patiënte alles kan laten doen wat hij zegt dat ze moet doen. Hij bepaalt welke scènes ze al dan niet moet spelen, kiest uit welke opnamen hij het beste vindt en alle artistieke beslissingen komen onder zijn bevoegdheid, omdat hij het uiteindelijk voor elkaar heeft gekregen dat hij tot de montagekamer wordt toegelaten.'

Waarschijnlijk begon Ralph Greenson omstreeks 1976 aan zijn ongepubliceerd gebleven artikel 'Het scherm van de overdracht, rollen en ware identiteit'. Hij had in de Freud-archieven een opwindende serie gevonden met betrekking tot de grenzen van analyse en de liefde. Gefascineerd door zijn ontdekking maakte hij Milton Wexler er deelgenoot van: 'Nu begrijp ik pas waarom Anna Freud niet wilde dat er een film over haar vader werd gemaakt. De kwestie Marilyn was niet waar het om ging. Waar het om ging was de liefde, die het materiaal is waaruit de filmwereld bestaat.'

Wexler haalde zijn schouders op.

'Nou, dat is me wat! En heb je er zo veel jaar voor nodig gehad om te begrijpen dat hartstocht in de eerste plaats een toneelstuk, acteursspel is?'

'Ik hou van film, acteurs raken me, het doek fascineert me. Jij denkt dat ik acteur had willen zijn, maar dat is niet zo. In werkelijkheid is het ernstiger: ik had regisseur willen zijn, om te doen wat je in een kuur nu juist niet kunt of moet doen. Teksten schrijven, het verhaal opbouwen, scènes ontwikkelen.'

'Daar ben je te narcistisch voor. De regisseur staat niet op het toneel...'

'Over al die dingen,' onderbrak Greenson hem, 'ben ik van plan een artikel te schrijven dat zowel historisch als theoretisch moet zijn: "Waarom Freud, verzot op beelden, niet van film hield".'

'Niet doen! Je hebt het alleen maar over film. En amoureuze

hartstocht? En liefde? Was het met Marilyn liefde die je regisseerde? Je hebt me geen antwoord gegeven.'

'Ik heb helemaal niets seksueels met haar gedaan, dat weet je. Het is waar dat zij mij heeft genomen en dat ik haar heb genomen, op een bepaalde manier. Maar de zakkenwassers die me ervan verdenken dat ik een amoureuze en seksuele verhouding met haar heb gehad, kunnen dat niet begrijpen. Seksueel gezien raakte haar lichaam me niet. Ik bewonderde het natuurlijk, maar ik zag het bijna niet meer. Ik hoorde, diep daarbinnen, opgesloten, een kind – ik zeg niet eens een klein meisje – een kind dat altijd bang was geweest te praten, omdat je haar, op die manier, niet op een fout zou kunnen betrappen. Ik slaap niet met kinderen.'

'Wat heeft je in staat gesteld om niet te zwichten, gebrek aan begeerte of gebrek aan liefde? De behandeling en de vervreemding die ze daarin zocht – en vond – waren voor haar misschien minder destructief geweest als je met haar had geslapen. Waarschijnlijk hadden jullie elkaar niet zo beschadigd als jullie nu hebben gedaan. En misschien zou ze nog in leven zijn. Ik begrijp het niet. Wat heeft je in staat gesteld om los te komen, niet al te slecht uiteindelijk, van wat we wel jullie hartstocht, jullie film kunnen noemen?'

'Een andere keer, alsjeblieft. Ik heb dingen te doen.'

Greenson vertrok en sloeg de deur achter zich dicht.

∾

De laatste sessie van de dag was dagelijks voor Marilyn gereserveerd. Ze liet zich vroeg in de middag de heuvel op rijden waar de haciënda bovenop was gebouwd. Als ze uit de door Eunice Murray bestuurde Dodge Coronet, model 1957, was gesprongen, liep ze over het trottoir, met hoge palmbomen erlangs, terwijl ze vanuit de verte keek naar het grote, wit gepleisterde huis, waar een mooi grasveld omheen lag en waarvan de ramen aan de ene kant uitkeken op de oceaan en aan de andere kant op de stad beneden, als een zee waarvan de golven het zand naar de horizon terugstuwen. Vanaf de straat kon ze de dokter in hemdsmouwen en met stropdas in zijn spreekkamer met het balkenplafond zien zitten, in zijn leren fauteuil achter een donker houten bureau, met zijn rug naar de enorme, met Mexicaans keramiek versierde schoorsteen toe.

Die dag ging Marilyn zitten, na behoedzaam de spreekkamer te hebben rondgekeken. Greenson zei opgewekt: 'Het is de derde film die we samen gaan maken. Heb maar geen spijt van Cecily. Ik heb liever dat u mijn patiënte bent dan dat u een patiënte van de meester speelt. Maar waarom heeft u zo veel moeite met die opnamen?'

'Dat is niets nieuws. Bij al mijn films heb ik me de set op gesleept, en de laatste drie waren nachtmerries. Maar deze spant de kroon, ik moet er bijna om lachen: *Something's Got to Give*, alsof het een plan is!'

Daarna hield ze lang haar mond, terwijl ze haar ogen neergeslagen hield en aan haar vingers plukte.

'Ik heb u niet verteld,' ging ze verder, 'wat ik in de kliniek in New York heb gedaan voordat ik de stoel door het raam gooide. Ze wilden me niet weg laten gaan. Toen heb ik me helemaal uitgekleed en me naakt tegen dat raam aangedrukt, als een beeld op een scherm.'

'Wat zei u?'

'Niets. Ik stond daar, zonder iets te zeggen. Dokter, weet u, ik heb moeite met woorden. Woorden onderwerpen ons meedogenloos aan het oordeel van anderen, leggen ons veel meer bloot dan alle handen die we naar onze huid laten zoeken. Gisteravond heb ik op een party bij Cecil Beaton naakt gedanst voor vijftig personen, maar ik zou tegen niemand van hen dit eenvoudige zinnetje hebben gezegd dat me zo veel moeite kost om tegen u te zeggen, zelfs tegen u: "Mijn moeder? Wie mijn moeder is? Een vrouw met rood haar, meer niet."'

Toen ze na haar sessie wegging, was het opmerkelijk warm. Greenson ging bij zijn zwembad zitten. Hij vouwde het gele papiertje open dat zijn patiënte op de armleuning had laten liggen. Het was een gedicht, of een paar korte gedichten, achter elkaar aan geschreven.

Nacht van de nacht – kalmerend
Duisternis – verkoelend – de lucht
Lijkt anders – De nacht heeft
Geen ogen en niets anders – Stilte –
Behalve voor de nacht zelf.

Leven op vreemde momenten
Ik volg je twee richtingen
Meer bestaand wanneer het vriest
Stevig als een spinnenweb in de wind

Zo goed en zo kwaad als het gaat blijf ik hangen, gelokt naar de leegte
Terwijl je twee richtingen me lokken.

Aan de treurwilg.
Ik hield me staande onder je takken
En jij bloeide en ten slotte heb jij je aan mij vastgeklampt
Toen de wind ons striemde... met aarde
en met zand heb jij je aan mij vastgeklampt.

Op 4 december 1961 schreef Greenson aan Anna Freud, zonder haar te herinneren aan haar korte kuur met Marilyn, vijf jaar eerder: 'Ik ben weer begonnen met de behandeling van mijn patiënte, die verscheidene jaren door Marianne Kris is gevolgd en die borderliner, verslaafd, paranoia en heel ziek is geworden. U kunt zich voorstellen hoe moeilijk het is een Hollywood-actrice te behandelen, iemand die zo veel ernstige problemen heeft en helemaal alleen op de wereld is, maar die ook een grote beroemdheid is. Er is nog geen sprake van psychoanalyse en ik improviseer voortdurend, vaak verbaasd te zien waar dat toe leidt. Geen enkele andere koers om me op te richten. Als ik slaag, zal ik iets hebben geleerd, maar ik besteed er waanzinnig veel tijd en evenveel emoties aan.'

Vreemd is dat er in Anna's antwoord ook geen melding wordt gemaakt van de therapie die zij met de actrice heeft gedaan. 'Ik ben door Marianne op de hoogte van de ontwikkeling van deze patiënte, evenals van haar eigen worstelingen met haar. Het is de vraag of iemand de impuls kan geven die ze zelf zou moeten hebben om zich goed te voelen.' Ze lijken het erover eens te zijn dat Anna's aandeel in Marilyns geestelijke toestand maar beter kan worden vergeten, misschien omdat ze voorvoelen dat haar verantwoordelijkheid dan nooit aan de orde zal worden gesteld als het verkeerd afloopt.

Diezelfde maand schrijft Greenson aan een andere collega:

'Ze heeft een periode van zware paranoïde depressie doorgemaakt. Ze wil stoppen met de film, een einde aan haar leven maken, enzovoort. Ik heb dag en nacht verpleegsters bij haar moeten zetten om in de gaten te houden wat ze aan medicijnen innam, want ik ben van mening dat ze potentieel suïcidaal is. Marilyn heeft het die verpleegsters zo moeilijk gemaakt dat ze na een paar weken allemaal zijn vertrokken.'

Op 11 december liet J. Edgar Hoover, baas van de FBI, Robert Kennedy weten dat de maffiabaas van Chicago, Sam Giancana, van plan was Frank Sinatra te gebruiken om een goed woordje voor hem te doen bij de Kennedy's. Drie weken later riep Marilyn aan tafel bij haar analyticus uit: 'Lieve god! Ik moet gaan dineren bij de Lawfords, en Bobby komt ook. Kim Novak gaat praten over haar nieuwe huis vlak bij Big Sur. Ik moet Bobby serieuze dingen te vertellen hebben!' Het was het tweede diner met het broertje Kennedy en ze wilde niet dat het eindigde zoals het eerste, met haar borsten uit haar jurk, in braaksel en tranen. Ze bestudeerde opnieuw haar vocabulaireschrift en inventariseerde daarna met Danny Greenson de politieke problemen die wellicht een gespreksonderwerp konden vormen. Ze maakte aantekeningen. Het waren kritische opmerkingen vanuit een links standpunt – in die tijd voerde de jonge student actie tegen de steun aan het Zuid-Vietnamese bewind. Ze wilde ook praten over de Commissie voor anti-Amerikaanse activiteiten, over burgerrechten, enzovoort. Ze wilde graag indruk maken. Bobby was in eerste instantie inderdaad onder de indruk. Daarna zag hij Marilyn haar lijstje raadplegen dat ze in haar handtasje had verstopt, en dreef hij de spot met haar. Ze had al jarenlang de gewoonte om op die manier haar gespreksonderwerpen voor te bereiden, om altijd op haar best voor de dag te komen. Als je denkt dat je zelf een vergissing bent, heb je geen zin om tegen je te horen zeggen dat je je vergist hebt.

De middag van haar laatste kerstdag bracht Marilyn samen met haar ex-man Joe DiMaggio bij de Greensons door. Toen ze 's avonds met Joannie en Joe zat te praten, kwam ze tot rust. Ze dronken champagne. Maar toen Greenson de kamer binnen-kwam leek ze onrustig, verward. DiMaggio stelde haar vragen. Afhankelijk als ze was van de liefde die haar analyticus haar toedroeg, zag ze nauwelijks haar eigen aandeel in zijn invloed. Ze vertelde haar ex-man dat de analyticus haar raad gaf op alle belangrijke gebieden: welke vrienden ze moest houden, met wie ze moest uitgaan, in welk soort films ze moest spelen, waar ze moest wonen en hoeveel ze Eunice Murray moest betalen: hij had haar net opdracht gegeven haar salaris te verdubbelen.

Omdat hij vond dat haar intensieve omgang met de gebroe-ders Kennedy niet goed voor haar was, en ook omdat hij een beetje afstand van Marilyn wilde nemen, gelastte de psycho-analyticus haar een maand later zichzelf een beetje vakantie in Mexico te gunnen voordat ze met *Something's Got to Give* begon. Ze voelde een verandering bij hem die ze niet had kunnen om-schrijven, en begon hem meer als hartstochtelijk wezen dan als liefhebbende verlosser te zien. Ongemerkt veranderde hun band van aard. Op een bepaalde manier was er een ik voor twee, één onbewuste gedachte, één liefde, maar voor zichzelf.

Marilyn had net als een ander haar liefdesgeschiedenis gehad. Ieder de zijne. Bepaalde mensen hebben er meerdere. Sommi-gen ontelbare. Of altijd dezelfde? Ze worden niet allemaal be-schreven. Hoe beschrijf je dit soort liefde, waarin elk datgene onthulde waarvan hij niet wist dat hij het was? Daar kun je aan doodgaan. En verder, kon die liefde worden uitgesproken? Er zijn van die woorden die je alleen zegt als het niet meer waar is: 'Ik hou van je.' En van die andere woorden: 'Ik hou niet meer van je,' die je zegt om het waar te laten zijn. Je zegt nooit: 'Ik hou van je' zonder dat die zin niet ook – en soms alleen maar – 'Hou van mij!' betekent. Greensons genegenheid kreeg een verontrustend tintje. Er was een soort verliefde gekte voortgevloeid uit hun steeds intiemere omgang. Maar die liefde was een passie, met dieptepunten, oplevingen, impasses, bittere tranen en duistere genoegens. Een overdrachtspassie. Daar waar liefde altijd wederzijds is – elk heeft lief om te worden liefgehad – is passie asymmetrisch. Net als de verliefde houdt de gepassioneerde ervan lief te hebben. Maar heimelijker, ten prooi aan liefde voor de haat, houdt hij er ook van om niet lief te hebben en waarschijnlijk ook om niet te worden liefgehad.

Toen Marilyn had besloten terug te gaan naar Los Angeles, waarbij ze haar appartement in New York aanhield, was het niet meer de stad die ze in haar kindertijd en jeugd had gekend. Met bijna zes miljoen inwoners was het een soort kruiperig, vormeloos dier geworden dat zijn eindeloze autowegen in alle richtingen uitstrekte, als aderen vol geronnen bloed van verkeer, badend in de koperkleurige damp van de vervuilingsnevel. In elk blok knipperden de *diners* als een soort ruimteschip, en een stukje verderop werd de nacht verblind door de neonreclame van een supermarkt die vierentwintig uur open was. Op de heuvels van Hollywood werden op een betonnen achthoek woningen 'met zicht op de filmindustrie' aangeboden, in de wijk waar de villa's in mediterrane stijl van de sterren van de stomme film al dertig jaar tussen de reuzenpalmen en eucalyptusbomen verborgen lagen.

Sinds haar terugkeer naar Los Angeles van acht maanden eerder, woonde Marilyn in een woning op Doheny Drive 882, vlak bij Greystone Park, ten noorden van Beverly Hills. Een onaantrekkelijke eenkamerwoning met op de deur een naam, Stengel, die van haar secretaresse. De vele verhuizingen die ze achter de rug had waren ingewikkeld geweest door de noodzaak elke keer haar vleugel, de witte Baby Grand, te vervoeren. Ze had in ze wist niet hoeveel verschillende huizen, hotelkamers en appartementen gewoond: zowel in het YMCA-huis in Hollywood als in Château Marmont, in het hoerenhotel Biltmore en in het Beverly Hills Hotel, in een appartement aan de spoorweg in Van

Nuys of in een koninklijke suite in Manhattan. Ze had geslapen in opgelapte garages en in de presidentiële appartementen van het Carlyle, maar geen enkele keer in haar eigen huis. 'Een superstructuur zonder fundamenten,' zo had ze zichzelf een tijdje eerder aan een journalist omschreven.

In het begin van het jaar kocht Marilyn een huis in de wijk Brentwood, een deel van West Los Angeles met het voordeel dat er wind uit zee waaide en dat het binnen de aangevreten structuur van de *City of Nowhere* de vorm van een stad, en zelfs van een dorp had behouden. De wijk had vooral het voordeel dat hij halverwege de Fox-studio's op Pico Boulevard en het huis van haar analyticus in Santa Monica lag. Ze had besloten eigenares te worden na een sessie waarin Greenson had gezegd, toen hij haar naar het hek bracht: 'Houdt u goed. Wilt u dat iemand u thuisbrengt?' *Thuis*, dat klonk grappig, had Marilyn gedacht. Ze besefte dat ze geen 'thuis' had, dat ze dat nooit had gehad. Ze antwoordde: 'Weet u, onlangs vroegen ze me op een receptie het gastenboek te tekenen. Naast mijn naam, die ik nooit opschrijf zonder even te aarzelen, schreef ik in de adreskolom: *Nowhere.*'

Na twee psychiatrische opnamen en twee chirurgische ingrepen wilde ze nu een huis van haarzelf, maar een huis zoals het zijne, van hémzelf. Want dat was de enige aantrekkingskracht van het huis dat Marilyn met een door Micky Rudin opgesteld contract kocht: het was de replica, minder mooi en minder groot, van dat van haar psychoanalyticus. Een zogenaamde haciënda in een eenvoudige, rustige buurt, aan het eind van een doodlopende straat. Ze woonde er nauwelijks zes maanden.

Aan de achterkant bevonden zich een klein zwembad, een grasveldje en een paar bomen op een hellend terrein dat uitkeek op een diep ravijn. Binnen had ze weinig spullen. Tegels van plateel, maskers aan de muren, een klok die ze van Carl Sandburg had gekregen, aardewerk in verschillende kleuren en een Aztekenkalender sierden de kille kamers, alsof ze nog niet klaar waren. Het meubilair was spaarzaam, alsof Marilyn niet zeker was van het huis, noch van degene die het bewoonde. In gezelschap van Eunice Murray ging ze in februari naar Mexico om er meubels in Spaanse stijl te kopen en het huis van de dokter in het klein te kopiëren. 'Weet u,' had de gouvernante, die haar haar schoonzoon, haar broer en twee vrienden in dienst had laten nemen, tegen haar gezegd, 'ik ken zijn huis goed, ík heb het aan hem verkocht.'

Marilyn hield van dat huis op Fifth Helena Drive, van de donkere balken tegen het plafond, onbewerkt en zonder versiering. Op het terras voelde ze de kracht van de bomen, die haar deed denken aan de stevigheid van mannenarmen wanneer ze je omhelzen zonder je gevangen te houden. Ze hield van de wit gepleisterde muren, ruw als de huid van een moeder die met haar handen werkt. Je stappen zonken weg in het witte tapijt op de vloer als je de slaapkamer in ging. Greenson had tegen haar gezegd: 'Het zal voor u het kind zijn dat u heeft verloren, de echtgenoot van wie u bent gescheiden. Eunice zal een moederlijke aanwezigheid zijn, en ik ben niet ver weg en zal u beschermen als een vader. Het huis zal u rust geven.' Ze had haar huizen niet geteld, maar het waren er in vijfendertig jaar zevenenvijftig geweest. Dit keer was het het goede. Het laatste. Het huis waar ze zou blijven. Waar ze zou ophouden bang te zijn.

De laatste film voor het contract met Fox, het laatste huis om Greenson plezier te doen, het was een beetje een afgesloten hoofdstuk, maar het was goed zo. En alles welbeschouwd kon ze zich, zelfs bij Greenson, voor ogen houden dat ze ooit naar haar laatste sessie zou gaan.

'Ik heb gehoord dat je een huis hebt gekocht,' zei André de Dienes toen hij haar een tijdje later tegenkwam.

'Yep, en mijn psychoanalyticus heeft me gecomplimenteerd met die keuze. Een grote sprong, hè, in het verbreken van mijn

aanhankelijkheid in de overdracht. Maar niet heus! Ik ben weggegaan uit Beverly Hills, op drie straten van zijn praktijk, en ik
zit nu op twee stappen van zijn huis in Santa Monica. Ik kreeg
zelfs een grappig gevoel toen ik zag dat hij op Franklin Street
woonde. Toen ik twintig was heb ik ook een poosje zo gewoond,
op Franklin Avenue in Hollywood. Ik was weggegaan bij mijn
"adoptieouders", die me onderdak hadden gegeven toen ik zonder werk zat en honger leed. Maar ik had genoeg van hun seks-
feestjes, ik wilde thuis zijn.'

'Het gaat er nu om dat je je lekker thuis voelt in Brentwood.'

'Ja. Het is niet veel, niets eigenlijk. Maar wel niets met een
zwembad, en dat niets bevalt me. Weet je, wat ik in wezen leuk
vind aan deze stad is de afwezigheid, het niets ervan. Een verzameling verdwaalde hutten in een jungle van verwarde gevoelens, volkomen dood. Maar Los Angeles doet niet alsof ze een
stad is, alsof ze mooi is. Ze is zoals ik me voel als ik niet speel:
losgemaakt, zonder herinnering, alleen maar een uitgestrekt lichaam. Ze wil maar niet bestaan. Wil maar niet verdwijnen. Ja!
Op advies van de dokter heb ik een huis gekocht. Het is een begin: het vertegenwoordigt een mogelijke veiligheid. Ik voel me
er thuis. Maar toch, wat wil dat zeggen? Thuis wachten altijd
spoken.'

Kort voor haar dood moest Marilyn een officieel formulier in-
vullen, waarop onder meer stond: Naam van de vader. Woedend
schreef ze: 'Onbekend'.

Greenson begreep al snel dat Marilyn van plan was om naar New York terug te gaan, direct na het eind van haar laatste film bij Fox. Ze vond nog steeds dat Manhattan haar echte thuis was. Voordat ze naar Florida en Mexico vloog, bracht ze twaalf dagen in New York door, van 5 tot 17 februari. Elke dag ging ze naar de lessen van Strasberg. Elke avond belde Greenson haar op. Daarna bezocht ze, vlak voor haar vlucht naar Mexico, in Miami haar ex-schoonvader, Isadore Miller. Voor Greenson was die reis een korte adempauze. Marilyn deed inkopen, onder het wakend oog van Murray. Een romance met de linkse scenarist José Bolanos en een paar ontmoetingen in de Zona Rosa met de kring communistische ballingen rond Fred Vanderbilt Field: niets kon de psychoanalyticus, die haar had aangespoord vakantie te nemen, verontrusten. Vanderbilt was een vriend van lang geleden, wat zijn patiënte niet wist maar wat de FBI zeer interesseerde. Een document, gedateerd op 6 maart en met de kop: MARILYN MONROE − NATIONALE VEILIGHEID − C (van communist), werd door het kantoor in Mexico naar J. Edgar Hoover gestuurd, verontrust om de maîtresse van de president van de Verenigde Staten met rooien over onderwerpen betreffende de nationale veiligheid te zien praten.

Marilyns telefoon werd vanaf eind 1961 afgetapt. Verschillende opdrachtgevers beconcurreerden elkaar of werkten samen. DiMaggio bespioneerde haar uit jaloezie, maar kwam vaak de gangsterbedrijfsleider van het casino Cal-Neva Lodge aan Lake Tahoe tegen, Skinny D'Amato, die Marilyn op zijn beurt afluis-

terde voor Sam Giancana. De FBI had ook een lijn aan haar telefoon gekoppeld, en Edgar Hoover had president Kennedy gewaarschuwd voor de pogingen van de maffia om hem via zijn
verhouding met de actrice te destabiliseren. Marilyn belde heel
vaak uit openbare telefooncellen, zowel in New York als in Californië.

Als ze begin maart uit Mexico terugkomt, landt Marilyn in
belabberde toestand op de internationale luchthaven van Los
Angeles. Ze klemt een flacon alcohol tegen haar borst en kan
nauwelijks lopen. Drie dagen later komt ze dronken aan bij de
plechtigheden van de Golden Globe Awards, met haar Mexicaanse minnaar aan de arm, in een groene jurk met diep uitge-
sneden rug. Tijdens het gejuich om haar het gouden beeldje voor
beste actrice te overhandigen, kan ze maar nauwelijks het podium op klimmen. Haar dankwoord is hakkelig en onduidelijk.
De meeste getuigen denken dat het is afgelopen met Marilyn,
maar diezelfde middag gaat ze naar Fox en verzekert ze Peter G.
Levathes, waarnemend directeur die met de productie is belast,
dat ze graag met de opnamen wil beginnen.

'Weet u het zeker? U lijkt totaal gebroken. Wat is er aan de
hand?'

Ze geeft geen antwoord. Hij laat haar weten dat hij Nunnally
Johnson, de scenarist van twee van haar eerdere films, opdracht
heeft gegeven om *Something's Got to Give* te herschrijven.

De volgende dag ontmoet ze laatstgenoemde in het Beverly Hills
Hotel.

'Meneer Nunnally,' vraagt ze bij de receptie. 'Ik heb een afspraak.'

'Wie moet ik zeggen dat er is?'

'Een hoer.'

Ze drinken flessen champagne leeg. 'Ze was al twee jaar snelheid aan het verliezen,' legde Johnson enige tijd later uit, 'en ze was ervan overtuigd dat die film haar weer helemaal op de voorgrond zou zetten.'

'Praat niet zo hard,' zegt de actrice tegen hem. 'We worden afgeluisterd.'

'Ben je niet een beetje paranoia?'

'Zelfs paranoïde mensen hebben vijanden, volgens de mop die onder psychoanalytici wordt verteld. Maar laten we het over de rol hebben.'

'Je brengt me op een idee. Je herinnert je mijn film *The Three Faces of Eve*, van vier jaar geleden. Nu zie ik jou wel voor me in "de twee gezichten van Ellen" bij *Something's Got to Give*. Een liefhebbende, heel kinderlijke vrouw, en een sombere griet die terugkomt om wraak te nemen op de man die haar dood waande.'

'Nee. Geen tragische rol. Genoeg, het is genoeg! Vergeet niet dat jullie Marilyn Monroe hebben. Daar moeten jullie gebruik van maken. Ik wil dat er een scène in bikini in komt. Ook wat betreft de gespletenheid, genoeg is genoeg. Weet je, Cyd Charisse wil graag blond zijn in de film. Om mij gerust te stellen hebben ze me verteld dat het alleen maar lichtbruin wordt. Maar in haar onbewuste wil ze blond zijn,' besloot ze met een blik van verstandhouding.

Johnson bleef erover nadenken, maar later hoorde hij dat Fox geen enkel risico had willen nemen en het haar van haar rivale in een donkerdere kleur had laten verven. Ontmoedigd door de voortdurende veranderingen die Fox oplegde, begreep hij dat de film Marilyns carrière volledig op het spel zette en dat ze, of ze de film nu wel of niet deed, in beide gevallen de verliezer zou zijn, zoals bij sommige schaakzetten. Ofwel de film zou worden voltooid maar mislukken, ofwel er zou mee worden gestopt en dan zou zij daar verantwoordelijk voor worden gehouden.

Marilyn had voor de paar dagen dat haar huis werd verbouwd met Bolanos een kamer in het Beverly Hills genomen. De eerste zaterdag van maart kwam ze heel angstig op haar sessie: 'Nunnally Johnson gaat tegen Fox zeggen dat ze kunnen stikken, omdat ze niet weten wat voor scenario ze willen. Niemand weet welk eind er aan de film moet worden gegeven, hoe dat verhaal moet aflopen, als komedie of als tragedie.'

'Het gaat te slecht met u om vanavond nog terug te gaan. Blijft u maar bij ons totdat het beter gaat.'

Het was niet voor het eerst dat ze nachten bij de Greensons zou doorbrengen, en ze nam het aanbod aan om daar te blijven tot ze weer naar haar eigen huis terug kon.

De analyticus installeert zijn patiënte in een slaapkamer op de eerste verdieping. Hij houdt de Mexicaanse minnaar, de minnaars en echtgenoten op afstand. Een paar dagen later komt DiMaggio haar 's avonds ophalen om haar weer thuis te brengen. Greenson, in aanwezigheid van twee artsen, weigert Marilyn naar beneden te laten komen.

'Ze zit onder de kalmerende middelen. Ik wil haar rustig maken. Kom maar terug als ik het zeg.'

Ze hoort dat Joe op haar wacht en wil hem zien, maar de analyticus verbiedt het haar. Ze protesteert, schreeuwt. Joe dringt aan. Greenson draait zich om naar een van de psychiaters die onder zijn supervisie in de psychoanalyse worden opgeleid, en zegt: 'Daar heeft u nu een mooi voorbeeld van een narcistisch karakter. U ziet hoe veeleisend ze is. Alles moet gebeuren zoals zij het wil. Ze is niet meer dan een kind. Een arme ziel!'

De toekomstige analyticus had er geen lange klinische ervaring voor nodig om te doorzien dat Greenson volop aan het projecteren was, en dat hijzelf de arme ziel was die met zijn ongeanalyseerde afhankelijkheid worstelde en de gevangene van zijn gevangene was geworden.

DiMaggio deed wat hij in de Payne Whitney Clinic had gedaan: hij redde Marilyn van haar opsluiting bij Greenson, niet zonder melodramatisch gedrag van beide kanten. Op dat moment begonnen de collega's van de psychoanalyticus zich zorgen te maken omdat ze hem steeds meer zagen ingrijpen en steeds autoritairder zagen worden. Met Milton Wexler voorop vond heel psychoanalytisch Hollywood het een vreemde geschiedenis. Wat met technische motieven te rechtvaardigen viel, getuigde in hun ogen van zwakheid. In plaats van Marilyn toe te staan nieuwe bronnen in zichzelf aan te boren van haar onafhankelijkheid en zelfstandigheid in denken en doen, maakte haar analyticus haar afhankelijker door zijn eigen gezag over haar zeker te stellen. De strengsten spraken van een 'tweepersoonsgekte' binnen een kader dat dwingend en technisch aangepast moest zijn. De toegeeflijksten knepen een oogje dicht bij die praktijken, die weinig orthodox waren maar waar geen enkele strafrechtelijke, morele of ethische wet werd overschreden. Greensons persoonlijke autoriteit en zijn intellectuele invloed op het psychoanalytische instituut van Los Angeles en op de opleiding die daar werd gegeven, deden de critici zwijgen, en er werd besloten af te zien van alle vraagtekens bij een behandeling die hoongelach en roddels opriep.

Nadat hij zijn scenario had afgemaakt, verliet Nunnally Johnson Californië. Marilyn stond uitzonderlijk vroeg op om afscheid van hem te nemen. Ze wierp zich om zijn nek en vergezelde hem naar het vliegveld. Na zijn vertrek ging alles heel snel slechter. Op een avond belde ze vanuit haar nieuwe huis Henry Weinstein op.

'Weet je wat ik net heb meegemaakt? Ik had het adres van mijn vader gevonden, heb me vermomd, ben naar hem toegegaan en heb me aan hem gegeven.'

Weinstein maakte Greenson wakker en vertelde hem het verhaal.

'Dat is een fantasie die ze me vaak vertelt. Ze barst van de fantasieën. Een daarvan komt vaak voor bij jonge vrouwen: ze wil naar bed gaan met alles wat op een vader lijkt. Dat is haar fantasie van het moment. Stoor me niet voor dergelijke flauwekul! Goeienacht.'

Weinstein, die behoorlijk veel wist van psychoanalyse, dacht dat de fantasie best wel eens de projectie kon zijn van die van Greenson. Jaren later zei hij: 'Het doet me pijn als ik aan die twee terugdenk. Ik denk dat Ralph de afhankelijkste van de twee was.' Milton Rudin zei over zijn zwager: 'Hij is de hele tijd bang dat haar iets overkomt. Zijn mededogen zal hem ruïneren.'

☙

Een paar dagen daarna laat Greenson Marilyn weten dat hij binnenkort naar Europa vertrekt. Hij vertelt haar niet dat een van de redenen daarvan is dat hij in Londen Anna Freud weer zal kunnen ontmoeten. De volgende sessies praat ze niet. De analyticus is niet verbaasd over haar ontreddering en ziet in die crisis de doorbraak van enorme verlatingsangsten. Marilyns afhankelijkheid was toegenomen en dat vertrek verteerde haar. Hildi is er niet rouwig om een beetje afstand te scheppen tussen haar man en de patiënte die in haar eentje bijna zijn hele klantenkring vormt. 'Mijn vrouw is bang mij alleen thuis te laten,' zegt Greenson tegen een vriend. 'Ik zou Marilyn in een inrichting moeten laten opnemen. Dat zou zekerder zijn. Voor mij. Voor haar zou het haar dood zijn.'

De psychoanalyticus aarzelt tussen vertrekken en bij haar blijven. Dat vertelt hij haar. Aan het eind van de maand, op een zaterdagochtend heel vroeg, ziet hij Marilyn onverwacht bij hem binnenstappen, veel vroeger dan ze gewoonlijk opstaat.

'Ze hebben een boiler bij me geïnstalleerd en de loodgieter zei dat ik een halfuur zonder water zou zitten. Ik kom hier mijn haar wassen.'

'Als u dat graag wilt. Maar vanwaar die haast, zo vroeg in de ochtend?'

'Peter Lawford komt me straks halen en me meenemen naar Palm Springs, waar ik president Kennedy weer een weekend zal zien.'

Ze wast haar haar, gaat terug naar huis, laat haar kapsel doen en is een aantal uur bezig met zich aankleden en opmaken om zichzelf weer in Marilyn te veranderen. Lawford ijsbeert door de gang. Marilyn komt haar slaapkamer uit met een zwarte pruik over haar watergolf heen. Ze is met natte haren bij haar verlosser weggegaan, met meisjesachtig plezier, vergenoegd hem in verwarring achter te laten.

Als ze Greenson ervan wilde weerhouden haar te verlaten, had ze moeilijk een beter scenario kunnen vinden. Dat weekend was precies het soort situatie waardoor de psychoanalyticus gealarmeerd raakte. Hij zag haar neiging zich te laten gebruiken de kop opsteken, en was verontrust haar een bovenmatig groot belang aan haar verhouding met Kennedy te zien hechten. Greenson schrijft onmiddellijk aan Anna Freud dat hij helemaal niet meer zo zeker is van zijn vertrek naar Europa. Hij wil in de scheiding van zijn patiënte alleen maar een technisch probleem zien, maar wordt gedwongen toe te geven dat de beproeving ook voor hem pijnlijk lijkt te gaan worden. Marilyn kan net zo goed naar echte onafhankelijkheid omslaan als in een regressie storten die zijn vakantie zal verpesten. Hij weet niet of hij die kwelling aan zal kunnen. Hij hoopt dat het niet haar dood zal betekenen en wordt overmeesterd door schuldgevoelens en rancune. Weinstein drukt hem op het hart niet weg te gaan. De analyticus is een centrale factor in het bestaan van de actrice geworden, waar de film in productie van afhangt, en hij is verbaasd en verontrust hem in dergelijke omstandigheden te zien vertrekken.

Een paar jaar later schrijft Greenson in zijn *Leerboek*: 'Voor veel patiënten hebben weekends of de perioden tussen de sessies een bijbetekenis van verlies van iets waar men van houdt. De onderbreking van het weekend heeft dan de waarde van een scheiding, onthechting, breuk, verdeeldheid of beëindiging. De patiënt gedraagt zich alsof hij iets verliest waar hij van houdt.

Het weekend staat dan gelijk aan een afwijzing van de kant van de analyticus. Maar voor hen kan het eenvoudige feit de bezigheden van de analyticus te kennen ook als substituut voor hem dienen. Een extra complicatie is te weten wat het weekend voor de analyticus betekent. We raken daar het probleem van de tegenoverdracht, dat als zodanig in deel ii zal worden behandeld.'

Ralph Greenson heeft deel ii van zijn *Leerboek* nooit geschreven.

∾

De dichter en schrijver Norman Rosten en zijn vrouw, New Yorkse vrienden van Marilyn, waren in Hollywood gearriveerd, waar ze voor een film in dienst waren genomen. Marilyn belde hen direct.

'Het is zondag, laten we naar mijn psychoanalyticus gaan. Ik wil jullie aan hem voorstellen. Ik heb tegen zijn vrouw gezegd dat we komen.'

Rosten aarzelde.

'Kan dat wel?'

'Hij is fantastisch, en zijn gezin ook. Jullie zullen ze aardig vinden, en zij zullen jullie aardig vinden.'

'Wat gaan we dan doen? Over jou praten?'

'Prima, zolang ik niet luister. Ik bel jullie straks terug.'

Een paar minuten later liet ze hun weten dat ze niet alleen waren uitgenodigd, maar ook konden blijven om naar kamermuziek te luisteren: 'Kamermuziek. En niet in een kamer, maar in een mooie salon!'

Het voorstellen ging een beetje overdreven: 'Mijn vriend de dichter en zijn vrouw, een geweldig mens. Ze zijn een schitterend stel.'

Greenson en Hildi waren hartelijk, welbespraakt en ongedwongen. Marilyn ging op een afstandje zitten, ook heel ongedwongen. Het leek alsof ze thuis was. De andere musici arriveerden. Ze vormden een kwartet. Greenson speelde Mozart als toegewijd, hartstochtelijk amateur en verhulde zijn niet weinige valse noten met vurig enthousiasme.

Na het concert herinnerde Norman Marilyn aan die avond in New York, een jaar of vier eerder, waarop ze een recital van de Russische pianist Emil Guilels hadden gehoord. In haar opvallende jurk had ze zich naar haar begeleider overgebogen: 'Ontspan je, Norman,' had ze met haar beroemde lachje gefluisterd, 'niemand weet wie je bent.' Ze herinnerde het zich weer, en melancholiek en tegelijkertijd vrolijk mompelde ze: 'Ja, zo gaat het altijd. Als je naar muziek luistert, weet niemand wie je bent. Dan komen ze je niet halen.'

Rosten begreep die laatste zin niet. Hij nam de psychoanalyticus apart.

'Wordt ze beter? Gaat ze vooruit?'

'De methode die ik gebruik om haar te behandelen kan u vreemd lijken, maar het is mijn vaste overtuiging dat de behandeling aan de zieke moet worden aangepast, en niet andersom. Marilyn is geen patiënte voor een analyse. Ze heeft psychotherapie nodig die zowel analyseert als ondersteunt. Ik heb haar toestemming gegeven bij mijn gezin langs te komen en onze vriendin te worden, omdat ik voelde dat ze in haar huidige leven een ervaring nodig had die een compensatie biedt voor het affectieve tekort waaraan ze sinds haar kindertijd heeft geleden. Misschien denkt u dat ik bepaalde regels heb overschreden, maar als ik geluk heb kan Marilyn misschien over een paar jaar echt in analyse gaan. Ze is er nog niet klaar voor. Ik voel me gerechtigd u dat te vertellen, want zij beschouwt jullie, Hedda en u, als haar beste vrienden, en iemand moet mijn verantwoordelijkheden een beetje kunnen delen. Ik heb er met haar over gesproken en zij heeft me toestemming gegeven er met u over te praten.'

Enige tijd later kwam Hedda Rosten, die Los Angeles verliet, afscheid nemen van Marilyn.

'Ik zal je missen. Zorg goed voor jezelf. Beloof me dat je rust zult nemen voordat je aan het moeilijkste gedeelte van de film begint.'

Marilyn knikte: 'Ik ben goed in vorm. Dat wil zeggen fysiek, zo niet mentaal.' Ze lachte en klopte op haar voorhoofd. 'Alles zit daarbinnen. Tenminste, dat zeggen ze.'

∾

Ze hield niet van avonden. Naarmate het licht afnam werd ze labiel, somber en kwaad op zichzelf en anderen. Ze gaf zich over aan haar schemermanie. Verontrust door de komst van het donker als door een brandende pijn, dacht ze alleen nog maar aan telefoneren. Urenlang. Minder om te praten dan om stemmen te horen. Daarom had Greenson haar sessies aan het eind van de middag gezet.

Op een voorjaarsavond belde Marilyn Norman Rosten op.

'Kun je komen? Ik moet in de stad eten met iemand die ik aan je wil voorstellen.'

Toen hij arriveerde, fluisterde ze door de kier van de deur: 'Ik ben zo klaar. Ga maar naar de achterkamer, je zult hem wel herkennen. Ik heb het met hem over je gehad.'

Het was Frank Sinatra. De twee mannen gingen zitten, dronken, kletsten. Er ging een kwartier voorbij, twee, drie... Ten slotte verscheen Marilyn, gekleed in een jurk van bedrukt, lichtgroen katoen. Sinatra trok haar weg bij haar vriend. Ze mompelde: 'Hij is dichter. Als je een goeie schrijver voor een film nodig hebt: hij is uitstekend.'

De volgende ochtend vroeg belde ze Rosten op: 'Wat vind je van hem?'

Haar stem leek ongeduldig, maar hij wist niet of dat van blijdschap of paniek was. Een paar dagen later vertrok Rosten weer naar het oosten. Ze dronken een paar afscheidsborrels bij haar thuis, voor het zwembad.

'De volgende keer kom je erin zwemmen,' zei ze. 'Ik zal een zwembadparty geven.'

'Ik beloof je dat ik met jou in het water blijf totdat ze me eruit halen.'

'We hebben net een paar repetities voor *Something's Got to Give* gehad. Ik moet naakt in een zwembad zwemmen. Ik hoop dat ze me ook een paar uitgeklede woorden geven, voor erbij.'

Een laatste glas champagne, een laatste kus. Kort en stijf, van het soort dat je uitwisselt als je allebei verward denkt dat je elkaar misschien wel nooit meer zult zien.

'Geef iedereen een knuffel van me. Ik laat je alleen, ik ga naar mijn dokter.'

Ze zagen elkaar terug. Eén keer. Op een zondag in maart, de laatste. De avond ervoor was Marilyn op een party geweest om fondsen voor Kennedy te werven. Ze had met Bobby gedanst en was bij de twee broers gebleven. De president is alweer op weg naar Washington als Marilyn rond het middaguur wakker wordt. Angstig belt ze direct Norman op en ontbiedt hem op Fifth Helena Drive.

'Aan het eind van de doodlopende straat. Daar ben ik.'

Ze komt de salon uit en begroet Rosten. Wankelend slaat ze de panden van haar ochtendjas over elkaar; haar huid is flets, haar oogleden zijn gezwollen en ze heeft een opgeblazen gezicht. Versuft door de slaap loopt ze naar het raam, terwijl ze haar ogen beschermt.

'Man, dit wordt echt een rotzondag.'

Om haar op te monteren stelt Rosten voor naar Beverly Hills te gaan om galeries te bezichtigen. Op Rodeo Drive is een expositie van moderne schilderkunst. Ze begint zich te ontspannen en zich te vermaken. Ze koopt een klein olieverfschilderij, een abstracte studie in rood. Daarna valt haar oog op een sculptuur van Rodin – de gezichten van een man en een vrouw die elkaar kussen, in brons. Een lyrisch, krachtig beeld. Ze zegt 'hartstochtelijk', maar dat is niet het goede woord. De houding van de man lijkt haar woest, hebberig, bijna bruut, dat van de vrouw onschuldig, volgzaam, menselijk. Marilyn bekijkt het beeldhouwwerk een poosje en besluit het dan te kopen. De prijs is meer dan duizend dollar. Rosten stelt haar voor erover na te denken.

'Nee,' zegt ze, 'als je te lang over iets nadenkt, wil dat zeggen dat je er niet echt behoefte aan hebt.'

Ze schrijft een cheque uit. Tijdens de terugreis houdt Marilyn de sculptuur in evenwicht op haar knieën en kijkt er strak naar. Enthousiast zegt ze: 'Moet je die twee nou eens zien. Wat mooi, hij doet haar pijn, maar hij wil ook van haar houden.'

In haar ogen staan opwinding en angst te lezen. Rosten herinnert zich hun bezoek aan de Rodin-vleugel in het Metropolitan Museum in New York, jaren geleden. Ze waren een uur voor de handen van Rodin blijven staan.

Naarmate ze op de terugweg dichter bij Brentwood komt, wordt Marilyn humeuriger.

'We gaan stoppen bij mijn psychoanalyticus. Ik wil hem het beeld laten zien.'

'Nu?' vraagt haar vriend, ongerust over de wending die de zaken nemen.

'Natuurlijk! Waarom niet nu?'

'Je gaat niet onaangekondigd bij mensen langs.'

Marilyn stopt voor haar huis en gaat bellen, terwijl Rosten in de auto wacht. Als ze terugkomt zegt ze triomfantelijk dat ze toestemming hebben om bij haar arts langs te gaan. Ze springt in de auto en roept met een lachje: 'Op weg naar mijn dokters huis.'

Greenson ontvangt hen hoffelijk. Marilyn zet de sculptuur direct op het buffet bij de bar.

'Wat vindt u ervan?'

De analyticus antwoordt dat het een prachtig kunstvoorwerp is. Marilyn, die buitengewoon zenuwachtig is, blijft de bronzen gezichten maar aanraken. Haar stem wordt ruzieachtig.

'Nou, wat betekent het? Zoent hij haar of doet hij alsof? Dat wil ik wel weten.'

Woedend en met schelle stem herhaalt ze: 'Wat vindt u ervan, dokter? Wat betekent het? Wat is dat? Het lijkt wel een penis.'

Ze wijst op een soort bronzen, aan de gietvorm vastzittende pen, die het lichaam van de vrouw lijkt te doorboren. Na het te hebben bekeken concludeert Greenson dat het geen penis is. Marilyn blijft herhalen: 'Wat vindt u ervan, dokter? Wat betekent het?'

'Wat? Het cadeau zelf of het feit dat u het aan míj heeft gegeven? Die gift wil zeggen dat men de banden met degene van wie men afhankelijk is vaak gebruikt om diegene zelf te binden.'

'Het was geen cadeau! Ik houd het zelf!'

Rosten ging met de woedende Marilyn mee naar huis. Ze dronken een paar glazen champagne. Ze leek weer een beetje vrolijker te zijn. Ze zette de sculptuur voorzichtig op het tafeltje in de woonkamer en liep naar achteren om haar beter te bewonderen. Ze zei niets meer. 's Nachts lukte het haar niet te slapen. Romeo had haar kus niet gewild. Ze keek om zich heen. De meubels en voorwerpen die ze in Mexico had gekocht waren nog niet aangekomen. In de woonkamer stonden alleen een stoel en een laag tafeltje, en in de keuken waren de kasten en de wandlampen door de vorige bewoner weggehaald. Voor haar avondritueel stonden er in de logeerkamer, onder kussens, twee telefoons, een witte en een roze, allebei voorzien van een lang snoer. Op de grond van haar slaapkamer een berg tassen van verschillende winkels, een pick-up en grammofoonplaten.

Ze had een keer aan Greenson geschreven – ze had het hem wel honderd keer gezegd – dat ze niet wist waar de nacht goed voor was. Het antwoord was eenvoudig: om te wachten. Om tegen de ander, die op zich laat wachten, te zeggen: 'Kom terug!' Die nacht was de ander niemand. Hij heette Nembutal, librium,

Midtown, Demerol, chloraalhydraat. Toen de limousine van de studio haar 's ochtends kwam halen, leek het huis verlaten en kwam niemand de deur opendoen. Twee uur later vond Greenson Marilyn onder een dun, wit satijnen laken, in diepe coma door de medicijnen.

Voor *Something's Got to Give* zou Marilyn honderdduizend dollar krijgen, eenderde van het bedrag dat betaald werd aan Dean Martin, die de hertrouwde, vergeetachtige echtgenoot speelde. Dean had altijd veel genegenheid voor Marilyn gevoeld, maar nu leek ze hem radelozer dan ooit. Sinatra was bezig haar te verlaten en had zich in januari met Juliet Prowse verloofd. Toen Peter Lawford Marilyn aan Robert Kennedy had voorgesteld, had Sinatra zich verkneukeld dat de minister van Justitie, die tegen de maffia streed en de reputatie van zijn broer beschermde, op zijn beurt voor de charmes van een van zijn exen viel. En Marilyn was van haar kant als een blok voor de charmes van de Kennedy's gevallen. Nu was het de beurt aan de jongste, Bobby. Ze vreeën stiekem, onhandig, de Attorney General en de platinablonde godin. Hoewel Dean Martin een vriend en collega van Sinatra was, hield hij te veel van Marilyn om haar te laten worstelen met de broers en hun politieke of maffiose omgeving. Op een bepaalde manier had hij met haar te doen, en hij had het aan haar te danken dat hij deze film deed: Dean was op haar aandringen gekozen.

'Wat is het morgen voor dag?' vroeg Marilyn, nog in de deuropening bij Greenson.

'9 april,' antwoordde de analyticus.

Het was het begin van de opnamen. Zoals het begin van het schooljaar. Iets noodlottigs waaraan je alleen kon ontkomen door te doen alsof je dood was, of gek. Marilyn moest weer naar de studio's toe, en ook nog onder regie van Cukor, die een hekel aan haar had sinds *Let's Make Love* door haar problemen en absenties bijna op een fiasco was uitgelopen.

'Die man,' wond Marilyn zich tegenover Greenson op, 'het gaat er niet om dat hij niet van vrouwen houdt, je gaat naar bed met wie je wilt. Maar hij haat ze. Zo erg dat hij zijn camera niet op ze kan richten. Hij kan niet eens proberen te begrijpen wat ze denken, wat ze willen. Nee, hij wacht tot ze vallen, tot de mascara, de make-up en de tranen zich vermengen tot een weerzinwekkende brij. Weet u, hij stond erop dat de set voor de opnamen van *Something's Got to Give* in zijn eigen huis werd opgebouwd; dat zegt genoeg. Hij heeft het te druk met naar zichzelf kijken, naar zijn mooie spulletjes, zijn zwembad, zijn chique huis. Weet u wat hij 's avonds met zijn vriendjes rondom het zwembad doet? Ik weet het omdat ik een homovriend heb die bij zijn kringetje hoort. Hij doet een wedstrijd wie Marilyn het best nadoet. Ze verkleden zich, imiteren mijn manier van lopen en mijn stem van onbenullig, geil grietje. Weest u maar gerust, hij mag u ook niet, geachte dokter. Wanneer ze hem vragen of ik in staat ben om te spelen, antwoordt hij: "Daar weet ik niks van, vraag maar aan haar psychiater."'

Greenson luisterde en vroeg zich af of ze echt die film en die regisseur afkraakte, of meer het personage van blond onnozel halsje dat ze nu weer moest spelen, na de tragische rol in haar laatste film, *The Misfits*.

'Ik heb Cukor ontmoet. Ik kreeg niet de indruk dat hij me niet aardig vond. Hij heeft me zelfs gevraagd of ik hem wilde helpen u behoorlijk te laten spelen. Hij heeft geen hekel aan u.'

'Schei toch uit! Een journalist vroeg hem wat hij van mij vond. Hij antwoordde dat ik zo zenuwachtig was dat ik niet voor continuïteit kon zorgen tussen de ene en de andere take, en dat ze aan mijn psychiater moesten vragen waarom. Nou nee, meneer Cukor, ik weet niet waaraan, aan wíé ik continuïteit moet geven, van de ene naar de andere opname. Nee, ik ben niet dezelfde van de ene naar de andere take, omdat ik me niet in continuïteit met mezelf voel, maar altijd gespleten. En ik ben me altijd aan het afvragen hoe ze willen dat ik op dat precieze moment ben.'

Na een poosje ging ze verder.

'Toch vind ik dat scenario best leuk. Na een schipbreuk komt een vrouw met een mooie man op een tropisch eiland terecht, ze wordt doodverklaard, haar echtgenoot hertrouwt. De vrouw, als door een wonder gered, komt terug om haar man op te eisen. Haar kinderen herkennen haar niet. Ze doet alsof ze een kinderoppas is. Haar echtgenoot is in de war, maar zijn tweede vrouw houdt hem onder de duim...'

Greenson onderbrak haar: 'Ik weet het; ik heb het scenario gelezen en ik ken de film waarvan het de *remake* is, *My Favourite Wife*. Waarom kunt u Ellen niet spelen? Vindt u het vervelend dat u niet wordt herkend als persoon, dat u wordt tegengehouden, dat uw beeld wordt afgenomen?'

'U begrijpt niets. U heeft zelf een keer benadrukt dat de mannen die de meeste indruk op me hadden gemaakt fotografen waren: André de Dienes, Milton Greene en nu George Barris, die ik net heb teruggevonden. Mannen die kijken. Maar zien is juist niet kennen. Ik wil worden gezien, voortdurend worden gezien, onder alle hoeken, door alle ogen, door alle blikken, van mannen en van vrouwen; maar dat is om niet gekend te worden.'

'En waarom bent u zo bang om te worden gefilmd en wilt u zo graag worden gefotografeerd?'

Marilyn zweeg. Als ze voelde dat ze de diepte in ging, als ze de dood zag komen en wist dat er geen enkele hand zou zijn om haar de straat te laten oversteken en haar op de eerste dag van het schooljaar naar school te brengen, kende ze maar één toevlucht: zich op de foto laten zetten, zichzelf vinden in het beeld. Het beeld is magie, en praten is ellende. 'Ik heb moeite met filmscènes, niet met fotosessies,' zei ze tegen Milton Greene in de tijd dat ze samenleefden in Weston, Connecticut.

'Ik heb u een vraag gesteld,' zei de analyticus.

Marilyn ging met luide stem verder: 'Ik ben bang wanneer ik moet praten, scènes moet spelen, geschreven woorden moet opzeggen voor het doodse oog van de camera. Bij foto's word ik genomen, geschoten – dat is toch het woord: *to shoot*. Je zegt: een plaatje schieten, zoals je met een wapen schiet. Maar zonder woorden; niet zoals in gesproken films. Ik geef de voorkeur aan mannen die hun zaakjes en die van mij regelen zonder te praten, en zonder me bovendien om commentaar te vragen. Trouwens, weet u wat me bij de opnamen op de been houdt en het me mogelijk maakt te spelen? Dat heet ook een *shot*. Sinds *The Seven Year Itch* word ik daarmee geïnjecteerd door Lee Seigel, de dokter van Fox met de magische injectienaald. *Play it again, Lee. A good youth shot.* Geef me een goeie verjongingsshot.'

En Marilyn ging ervandoor.

Het begin van *Something's Got to Give* was een nachtmerrie. De eerste opnamen moesten worden uitgesteld tot 23 april en Marilyn maakte daarvan gebruik om weer naar New York te gaan, waar ze aanwezig was bij een diner ter ere van JFK in een penthouse boven Park Avenue. Ze kwam ruim na tienen op die avond aan, volmaakt bleek, een wit geworden kooltje dat bijna uitdooft, een asprinses. Ze liep achteloos op de president af en zei: '*Hi, Prez!*' Hij draaide zich om, glimlachte naar haar en antwoordde: '*Hi!* Kom, dan stel ik u aan een paar mensen voor.' Daarna verdwenen ze. Voordat ze weer naar Hollywood vertrok, ging Marilyn bij Lee Strasberg langs. Ze bespraken de film in voorbereiding, scène na scène, verschillende dagen achtereen. Bij haar terugkeer in Los Angeles wachtte haar een verrassing. Het scenario van Nunnally Johnson, dat ze had geleerd en geoefend, was integraal herschreven door George Cukor en scenarist Walter Bernstein.

Op de avond van de 22ste april, een zondag, liet Marilyn zich na haar sessie bij Greenson in een toestand van intense paniek naar Hermosa Beach rijden, in het zuiden van Los Angeles. Daar belde ze haar oude kapster Pearl Porterfield uit bed om haar haren door haar te laten verven en kappen, zodat ze de volgende ochtend in alle vroegte de camera's kon trotseren. Pearl had de haren gedaan van sterren van de stomme film, en vooral het licht golvende, witte haar van Mae West. Zoals ze altijd deed, liet Marilyn ook haar schaamhaar bleken. De opnamen begonnen zonder haar. Ze kon een week lang niet opstaan en haar enige contacten waren de dagelijkse bezoekjes van haar analyticus. In de film was het Cyd Charisse, die de tweede vrouw van Dean Martin speelde, die haar psychoanalyticus raadpleegde om te begrijpen wat er met haar aan de hand was. Op 30 april ging Marilyn tegen het advies van haar arts in naar de studio en speelde ze ongeveer negentig minuten, voordat ze in haar kleedkamer instortte en zich naar huis liet brengen. Ze werd gedwongen om van 5 tot 11 mei opnieuw bed te houden.

Terwijl zij haar best deed te herstellen en Cukor zich erbij neerlegde de scènes op te nemen waarin zij niet voorkwam, werd de directie van Fox bang. De studio nam op hetzelfde moment in Europa *Cleopatra* op, onder regie van Mankiewicz, een monsterproductie die miljoenen dollars opslokte. Door de problemen die ze bij de twee producties tegenkwamen, lag een faillissement op de loer. Greenson had de garantie gegeven dat Marilyn elke dag op de set zou verschijnen en dat de film op de vastgestelde datum af zou zijn. Hij had niet voorzien dat ze lichamelijk ziek zou worden. De directie van Fox belde de psychiater regelmatig op om hem aan zijn beloften te herinneren en om te proberen te begrijpen waarom de ster de ondergang van de studio zou kunnen willen. Was ze echt ziek? Saboteerde ze de boel omdat ze werd onderbetaald? Had ze een depressie? Nam ze drugs? Greenson antwoordde met geruststellende briefjes.

Die dag kwam Marilyn ontdaan op haar sessie.

'Blijkbaar is het zover, dat u echt weggaat en me alleen laat. Dat vertelde Joannie eergisteren.'

'Inderdaad, zoals ik u al heb gezegd...'

'Ja, maar ik geloofde het niet. Is het nu zover?'

'Ik neem vakantie en ga met Hildi een reis maken naar het Middellandse-Zeegebied. Zij moet eerst haar moeder in Zwitserland opzoeken: die heeft onlangs een hartaanval gehad. En ik moet op de terugweg mijn uitgever in New York ontmoeten, om over mijn boek over de techniek van psychoanalyse te praten. Ik heb toch recht op vakantie? En bovendien laat ik u niet los; ik moet in Jeruzalem een lezing houden over overdracht.'

'Ja... Nee... Verdomme! Gisteren heb ik mijn best gedaan, ik was twintig minuten te vroeg in de studio, om zes uur 's ochtends, voor een eenvoudige make-uptest. Ik heb tot vier uur 's middags gewerkt, daarna ben ik naar mijn sessie gekomen. Maar vandaag, toen ik wist dat Hildi weggaat, en u ook, echt weg, ben ik een halfuur nadat ik op de set was gekomen flauwgevallen en hebben ze me weer naar huis moeten brengen. U beseft het niet. Ik ben gebroken uit bed gekomen. Ik heb mijn lichaam naar de badkamer gesleept, alsof het van iemand anders was. *Something's Got to Give?* Ja. Ik!'

'Ik zat ergens aan te denken,' antwoordde de analyticus. 'Als ik u iets geef wat van mij is, gewoon, in onderpand, en u geeft het me terug als ik er weer ben, dan is dat een soort materiële band, een soort talisman tussen ons. Hier, bijvoorbeeld een stuk van dit glazen schaakspel. Wat vindt u daarvan?'

Nadat hij Marilyn 's avonds tot op de drempel van zijn villa had vergezeld, ging Greenson achter zijn bureau zitten en schreef hij op wat er die avond was gezegd. Hij begon direct aan een artikel om aan te tonen hoe hij met dit type patiënt had moeten handelen, en niet alleen had moeten praten. Dat hij had moeten geven, en niet afwachten en ontvangen. Het artikel, waarin hij de plaats en de rol aansneed van het transitionele object, ten deel gevallen aan het schaakspel als substituut voor de analyticus, bleef in een kladversie, en pas twaalf jaar na de dood van zijn patiënte kon hij het ten slotte weer oppakken en afmaken. Schrijven om te vergeten. Schrijven om van zich af te zetten dat hij de laatste schaakpartij had verloren. Hij aarzelde nog: hoe moest hij over haar vertellen zonder haar te noemen? In geval van publicatie zou iedereen zijn niet-genoemde patiënte herkennen, zelfs onder de neutrale titel die hij zijn artikel had gegeven om de hartstochtelijke toon te vermijden: 'Transitionele objecten en overdracht'. Het is de enige door Greenson gepubliceerde tekst waarin hij melding maakt van zijn beroemdste patiënte, zonder haar te noemen.

Ik had aan een jonge, emotioneel onvolwassen patiënte laten weten dat ik over drie maanden naar een internationaal congres in Europa zou gaan. Ze had een uiterst afhankelijke overdrachtsrelatie ten opzichte van mij ontwikkeld. We hadden intensief aan de vele bepalende factoren van haar vastklampende gedrag en afhankelijkheid gewerkt, maar hadden maar weinig vooruitgang geboekt. En toen op een dag veranderde de situatie plotseling, toen ze me liet weten dat ze iets had gevonden wat haar zou kunnen helpen om mijn afwezigheid te doorstaan. Het was geen nieuw inzicht in zichzelf, het was geen nieuwe relatie die ze had aangeknoopt, het was een schaakstuk. De jonge vrouw had kort daarvoor een uit ivoor gesneden schaakspel cadeau gekregen. De avond voor haar sessie had ze door het fonkelende licht van een glas champagne naar het spel zitten kijken. Plotseling was ze getroffen door de gelijkenis van het witte paard uit het schaakspel met mij. Onmiddellijk gaf dat haar een behaaglijk en zelfs triomfantelijk gevoel. Het witte paard was haar beschermer. Het was van haar, ze kon het overal waar ze naartoe ging meenemen. Het zou voor haar zorgen en ik kon een fijne reis naar Europa maken zonder me zorgen te hoeven maken. Ik moet toegeven dat ik het ondanks mijn bezorgdheid als een opluchting ervoer. Het voornaamste probleem dat mijn patiënte tijdens mijn afwezigheid het hoofd moest bieden, was een zeer belangrijk optreden in het openbaar, waaraan ze moest meedoen op een podium. En aangezien ze van plan was haar witte paard in een zakdoek of sjaal te verbergen, wist ze nu zeker dat het zou lukken en dat het haar zou beschermen tegen zenuwachtigheid, angst of pech. Toen ik daarna in Europa was, was ik opgelucht en opgetogen te horen dat het optreden een enorm succes was geweest. Toch belde ze me kort daarna een aantal keer in paniek op. Mijn patiënte was het witte paard verloren en was buiten zichzelf, doodsbenauwd en dieptreurig als een kind dat zijn vertrouwde dekentje is kwijtgeraakt. Een van mijn collega's die haar in die periode volgde, zei vervolgens dat al zijn bemoeienissen geen enkel effect hadden op haar ontreddering. Hij opperde zelfs dat ik mijn reis moest afbreken en zou terugkomen. Ik vond het een verschrikkelijk idee om mijn vakantie te onderbreken en betwijfelde of mijn terugkeer zin zou hebben. Verbazingwekkend genoeg was dat wel het geval.

Zodra ik haar terugzag, zag ik dat haar angst en depressiviteit afnamen. Het werd toen mogelijk verschillende maanden te werken aan de manier waarop ze mij als een soort talisman, als geluksbrenger had gebruikt, meer dan als analyticus. De talisman, het schaakstuk, had haar gediend als magisch middel om pech en ongeluk af te wenden. Het had haar beschermd tegen het verlies van iets kostbaars.

∾

Opnieuw kwam Marilyn bij alle sessies te laat. De psychoanalyticus vroeg haar of dat te maken had met zijn naderende vertrek.

'Als ik me aankleed om te komen, doe ik dat zo langzaam mogelijk. Het maakt me blij te bedenken dat ik te laat ben. Ze wachten op me, ze willen me. Ze houden het niet meer om me te zien. Ik herinner me jaren waarin niemand me wilde, me zag, op me wachtte. Ik was het kleintje, degene die diensten verleent, zelfs voor mijn moeder.'

'Vooral voor haar? In feite heeft u altijd gewacht op een vader die terugkwam!'

'Het geeft me een vreemde bevrediging om nu degenen die op mij wachten te straffen. Maar ik heb niets tegen hén. Het gaat om de mensen van vroeger. Niet Marilyn Monroe laat op zich wachten, maar Norma Jeane. Weet u, ik heb lang gedacht dat bemind worden betekende dat je begeerd wordt. Nu denk ik dat bemind worden betekent dat je de ander ten val brengt, aan jouw willekeur overlevert. Ter zake. Ik heb nu twee paarden op mijn schaakbord. Twee broers. Ik hou van de ene, geloof ik. De andere begeert me als een kind dat niet aan een taart mag komen. Zo, dat is het voor vandaag, zoals dokter Greenson altijd zegt.'

Als ze thuiskomt van haar laatste sessie voordat haar analyticus naar Europa vertrekt, drukt Marilyn het schaakstuk in haar handpalm. Ze schenkt zichzelf iets te drinken in en kijkt door het glas naar het paard, misvormd door een goudkleurige vertekening. Ze huilt. Waarom is er altijd zo'n glazen wand tussen mij en mijn moeder, tussen mij en mijn beeld? Ze herinnert zich de opnamen van *The Misfits*. Miller en Huston wilden haar een Roslyn laten spelen die vrijwel onzichtbaar achter een raam stond terwijl een man haar met zijn blik zocht. En in de volgende scène moest ze ongerust naar haar eigen beeld in een spiegel kijken, terwijl ze zich opmaakte. 'Naar de hel met die ramen en spiegels. Laat me zien. Rechtstreeks. Stop me niet onder glas,' had ze tegen de regisseur geroepen.

Ze krabbelt een paar regels op haar blocnote:

Dinsdag 8. Hij heeft me een cadeau gegeven. Een schaakbord. Een spel van koningen en dwazen. De stukken kunnen allemaal doden, wegnemen. De sterkste is de koningin. De koning is dood vanaf het begin. Ik weet niet voor wie ik speel. Ik zet mijn stukken naar voren zonder het te begrijpen.

Ik hou niet van schrijven. Ik zou iets anders moeten vinden. Misschien hou ik te veel van lezen. Bij boeken, boeken die ik echt mooi vind, heb ik de eerste keer dat ik ze lees de indruk dat het net is alsof ik ze herlees, alsof ik ze al heb gelezen. Een beetje zoals bij sommige mensen, die je tegenkomt met de zekerheid dat je ze eigenlijk terugziet. Vandaag ben ik op deze zin van Kafka gestuit: 'Kapitalisme is niet alleen een gesteldheid van de samenleving, het is ook een geestesgesteldheid.' Ik lees boeken niet uit. Ik hou niet van laatste bladzijden. Laatste woorden. Laatste opnamen. Laatste sessies.

Heel laat diezelfde dag klopte Greenson op Wexlers deur.

'Kan ik met je praten?'

'Over haar?'

'Natuurlijk, over wie anders! Ik ga mijn krankzinnige aan jou toevertrouwen. Kijk wel uit. Ze is onvoorstelbaar aantrekkelijk. Je weet dat ze als kind verschrikkelijke dingen heeft mee-gemaakt, echt verschrikkelijk, verkrachtingen en verleidingen door haar adoptievaders. In het begin dacht ik dat dat seksuele misbruik fantasie was. Ik geloof nu dat het echt is gebeurd. Ik heb het gevoel dat het me boven het hoofd is gegroeid. Het gaat me niet lukken. Sinds de eerste sessie waren er twee dingen dui-delijk voor me. Ten eerste: we gaan geen klassieke analyse doen, met een duidelijk afgebakend kader en als decor de divan waar-op je met de rug naar de fauteuil toe ligt. Ten tweede: we gaan alleen uit elkaar door de dood, de hare of de mijne.'

'Veelomvattend programma! Wat verwacht je van mij, dat ik ga babysitten?'

'Ik vertrek voor zes weken naar Europa. Ik kan haar niet al-leen laten en ik weet niet zeker of ze het, zelfs met jou, zal kun-nen overleven wanneer jij de sessies overneemt.'

'Neem haar met jullie mee, zolang je daar bent.'

'Freud deed dat wel met zijn lievelingspatiënten.'

'Hij deed ook gratis analyses en nodigde zijn patiënten uit om bij hem thuis of in zijn praktijk te komen lunchen. Hij was heel spraakzaam tijdens sessies en hij heeft zijn eigen dochter geana-lyseerd... Wat bewijst dat? Dat Freud soms niet freudiaans was en de regels overtrad die hij zelf had ingesteld. Dat is alles!'

'Je begrijpt me niet. Ik probeer Marilyn al twee jaar te laten af-kicken van de barbituraten. In werkelijkheid ben ik doorgegaan met ze haar te geven. Zelfs vorig najaar, toen ze klaar was met de opnamen van haar film en zeven keer per week bij me kwam. En Hyman geeft haar achter mijn rug om de wonderinjecties van Lee Seigel. Maar de psychoanalyse zelf is voor haar een drug geworden. Er is verbazingwekkend snel een wederzijdse afhan-kelijkheid tussen haar en mij ontstaan. Ik ben afhankelijk van haar afhankelijkheid ten opzichte van mij. Je moet weten dat ik haar toestemming heb gegeven om tijdens mijn afwezigheid mijn kinderen te bellen, als ze wat dan ook nodig heeft.'

'Handel je niet een beetje te veel naar eigen inzicht?' vroeg Wexler. 'Wacht even, ik zal je iets voorlezen.'

Hij stond op, pakte van een stapel op de boekenplank een verzameling aan elkaar geniete bladzijden en las: '"Psychoanalyse is niet de meest geschikte behandeling voor noodgevallen of eerste psychiatrische zorg. Wanneer zich tijdens de analyse een dergelijke situatie voordoet, moet er doorgaans met een niet-analytische psychotherapie worden begonnen. De wens om de ellende van de patiënt te verlichten is fundamenteel tegengesteld aan analyse en begrip voor zijn problemen." Is getekend: Ralph R. Greenson, M.D.'

'Hou op! Hoe kun je behandelen zonder in te grijpen, desnoods met kracht? De kracht van de liefde is de enige waarover we beschikken. Ik ben haar analyticus, ik wil de belichaming zijn van een positief vaderbeeld, een vader die haar niet teleurstelt, die haar bewustzijn wekt of haar op z'n minst overstelpt met goedheid.'

'Maar waar houdt dat op, die therapie uit liefde? Je weet dat liefde bij onze schizofrene patiënten niet altijd ontbreekt of beperkt is. Liefde zorgt voor gekte bij de ander, net zo zeker als gebrek aan liefde dat doet.'

'Dat denk ik niet. Niet in mijn geval. Alles is een kwestie van gradaties. Maar ik zou mijn relatie met Marilyn niet omschrijven als in de greep van liefde.'

'Romeo, wie is jouw Julia? Lees het stuk nog maar eens: het loopt slecht af!' besloot zijn collega, terwijl Greenson zonder iets te zeggen en met afwezige blik de praktijk verliet.

Zeven jaar na de dood van de actrice werd Ralph Greenson uitgenodigd om een lezing te geven over de techniek van psychoanalyse. Hij hield niet meer zoals vroeger van die stuntmanoeuvres waarbij hij zichzelf te kijk zette, maar hij had erin toegestemd uit vriendschap voor een oud-collega die Californië had verlaten om aan deze universiteit te gaan doceren. Ook uit trouw aan Marilyns nagedachtenis, zei hij bij zichzelf. Met onzekere stem begon hij aan zijn verhaal.

'Vergissingen bij aanvang van psychoanalytische en psychotherapeutische behandelingen. Dat is het thema waarover ik u wil onderhouden voor uw klinische opleiding aan deze mooie Ann Arbor-universiteit. Misschien omdat Michigan ver van Californië ligt, misschien omdat Marilyn Monroe net zo uit mijn geheugen verdwijnt als uit dat van jullie, jonge studenten, zou ik graag over haar willen spreken zoals ik dat tot nu toe niet in het openbaar heb gekund.

In 1960 was ik niet bepaald een beginneling, en toch had ik, toen de actrice naar me toe werd gestuurd, direct het gevoel dat ik moest vergeten wat ik wist en bij nul moest beginnen. Na haar dood was het afschuwelijk. Ik had het gevoel dat ik moest doorgaan. Ik ben doorgegaan. Ik was ondersteboven en mijn patiënten waren ondersteboven. Sommigen vonden dat ik niet reageerde. Ze waren woedend op me, om me zo kil en onpersoonlijk te zien. Ze vroegen me hoe ik de dag erna weer had kunnen gaan werken, of hoe ik zo'n patiënte had kunnen nemen. Ze waren kwaad op mij dat ik, om haar elke dag te kunnen zien, had besloten hun eigen sessies te verminderen of stop te zetten. Andere patiënten betuigden me hun deelneming. Alsof ze het rituele condoleancezinnetje tegen me zeiden: "Mijn deelneming met uw verlies." En ik hoorde de dubbelzinnigheid: "het verlies dat u heeft getroffen", maar ook: "ik ben u verloren, u bent uzelf niet meer". Ze kwamen vol medeleven binnen en huilden. Bij sommigen van hen begon ik ook te huilen en kon ik dat niet verbergen, en zij zagen me huilen. Bij weer anderen had ik tranen in mijn ogen en zagen ze het niet.

Zeven jaren zijn verstreken en ik ben er nog altijd stuk van. Ik weet niet of ik het ooit volledig te boven zal komen. Natuurlijk had Marilyn verschillende therapeuten vóór mij gehad, maar ik vraag me af wat ík had moeten doen om haar te redden. Misschien was het een soort grootheidswaanzin om te denken dat ik kon slagen waar anderen hadden gefaald. In een oude studie, gewijd aan pathologische gokkers, heb ik een verband gezien tussen de behoefte van de gokker om zich aan het lot over te leveren en zijn verlangen naar volledige macht. Misschien was mijn beslissing om de zorg voor Marilyn Monroe op me te nemen niet meer dan een te ambitieus spel, een te gewaagde inzet. Misschien wilde ik in de herinnering voortleven als "dé analyticus van Marilyn Monroe". Misschien had de gokker aan het eind verloren. Ik geloof dat ik poker heb gespeeld toen ik schaak had moeten spelen. Of helemaal niet had moeten spelen. Ze was een arm schepsel dat ik heb geprobeerd te helpen en dat ik uiteindelijk schade heb toegebracht. Misschien was mijn beoordelingsvermogen vertroebeld door mijn behoefte aan volledige macht. Natuurlijk wist ik dat het een moeilijk geval was, maar wat had ik dan moeten doen? Haar naar een beginneling sturen? Ik weet dat haar liefde narcistisch was, en dat ze me vast en zeker een haat toedroeg die evenredig was aan haar afhankelijkheid. Maar ik was mijn oude motto vergeten: "Dagelijks een welbewuste, aanvaarde doodswens en je hebt geen psychoanalyticus nodig".'

De naam van haar psychoanalyticus verscheen in geen enkel verslag van de dood van actrice Inger Stevens. De dag voor haar dood droeg ze een grijs-beige broekpak en een zwarte blouse, en door haar kapsel, zoals altijd hoog opgestoken in een suikerspin van blonde krullen, leek ze nog langer dan ze was. Haar gezicht stond niet bedroefder dan anders, en in haar fletsblauwe ogen was een onderkoeld wanhopige blik te zien. In de nacht van 30 april 1970 werd ze door een vriendin, Lola McNally, bewusteloos aangetroffen in haar huis op Woodrow Wilson Drive, vlak bij de hoek van Mulholland Drive. Ze opende haar ogen en zei iets onverstaanbaars. Ze werd per ambulance naar het ziekenhuis vervoerd en daar 'dood bij opname' verklaard.

Het onderzoek werd geleid door dezelfde patholoog-anatoom als bij Marilyn, dokter Noguchi, die een overdosis barbituraten vaststelde. Er werden drie hypothesen gesteld: moord die op zelfmoord moest lijken, een hartaanval ten gevolge van overmatige inname van alcohol en drugs, of een geslaagde zelfmoordpoging. De omstandigheden van haar dood zijn verdacht gebleven: ze had net een contract getekend voor een televisieserie waarvan de titel, *The Most Deadly Game,* een vreemde bijklank had als je haar ineengedoken lichaam zag, haar gezicht naar de keukenvloer gedraaid. In haar slaapkamer was het tapijt weggehaald. Ze had met het oog op de opnamen een nieuwe garderobe gekocht en leek heel opgewonden dat ze weer ging spelen. De telefoon stond niet in de woonkamer, zoals gewoonlijk, maar in

de slaapkamer, waar geen contactdoos was. Haar arm was ge-
kneusd, ze had een snee in haar kin en uit haar bloed bleek de
aanwezigheid van een medicijn tegen astma, een ziekte waar ze
niet aan leed. Ze had voor een diner bij haar thuis acteur Burt
Reynolds uitgenodigd, die bij het onderzoek nooit ter verantwoording is geroepen en die twaalf jaar later *The Man Who Loved
Women* zou worden, onder regie van Blake Edwards en naar een
scenario van Milton Wexler. Wexler was niet het enige verband
tussen de dode actrice en de psychoanalyse van Hollywood.
Ralph Greenson was langdurig haar analyticus geweest.

Inger Stevens had in de jaren zestig een korte filmcarrière
gehad. Ze was twee jaar vóór Marilyn geboren, was net als zij
begonnen als model en *chorus girl* en had daarna in New York
dezelfde theateropleiding in de Actors Studio gevolgd. Ze wilde
een 'echte actrice' worden, zei ze. Het is onbekend of zij en Marilyn elkaar toen, of eerder, in Hollywood kenden. Ze had haar
vader in Kansas verlaten en was alleen en zonder bagage op
Union Station uit de Greyhoundbus gestapt. Niemand wachtte
haar op. Net als Marilyn, maar aan de zijlijn, kon ze komische,
dramatische of romantische rollen spelen, en wanneer ze het
voorstel kreeg er sexy uit te zien, antwoordde ze eenvoudigweg:
'Ik hoop dat ik daar niet op word vastgepind.' Haar opmerke-
lijkste rol was die in een aflevering van *The Twilight Zone* in 1960,
The Hitch-Hiker, waarin een hallucinerende vrouw denkt dat ze
bij een oversteek van west naar oost haar eigen dood als lifter
meeneemt.

Toen Greenson in de *Los Angeles Times* las dat Inger Stevens dood
was, werkte hij aan een boek dat over de mislukkingen van psychoanalyse zou gaan, een soort vervolg op *The Technique and Practice of Psychoanalysis*, dat drie jaar eerder was verschenen. Hij dacht
terug aan de laatste uren van die andere blondine. Daarna zei hij
bij zichzelf dat de enige manier om niet meer aan zowel de een

als de ander te denken, zou zijn om een artikel te schrijven over die *Swinging Chicks of the Sixties*, actrices zonder rol, verloren in hun droom van een glansrijk zelfbeeld, waarin hij hún mislukkingen zou behandelen, en niet zijn eigen mislukking om hen met liefde te genezen. Hij vond een brief terug die Inger hem een paar jaar daarvoor had geschreven: 'Ik leef met een voortdurend gevoel van onzekerheid en een verlammende verlegenheid, die ik verberg door koel te doen. Mensen denken dat ik afstandelijk ben, maar ik ben gewoon bang. Ik ben zo vaak gedeprimeerd. Ik kom uit een gebroken gezin, mijn huwelijk is een ramp geweest en ik voel me voortdurend alleen.'

Greenson deed het dossier, waarin hij de aantekeningen over Ingers analyse had geordend, weer dicht. Hij liet zich achterover in zijn fauteuil vallen, sloot zijn ogen en zag haar mooie, droevige gezicht en haar kinderogen weer voor zich. Hij hoorde weer haar zogenaamd zelfverzekerde stem met de matte klank.

'Een carrière? Een carrière neemt je niet in z'n armen, nietwaar, dokter? Wat ik het meest mis is iemand met wie ik de dingen kan delen. Ik heb me altijd in vriendschappen en liefdes gestort en verloren waarin ik de enige was die gaf. Zo kun je niet leven. Anders eindig je in Union Station met zevenduizend mensen om je heen die komen en gaan zonder je te zien.'

'U heeft uw werk als actrice. De mensen zien u graag op het doek.'

'Dat ben ík niet, die ze zien. Ik ben er heel trots op dat ik goed ben in wat ik doe. Ik wil mijn leven laten slagen. Ik wil niet doodgaan met de gedachte dat ik de weg heb afgelegd, tot het gaatje ben gekropen en verder niets. Ik zou graag iets achter willen laten, hebben bijgedragen aan wat mijn generatie heeft voortgebracht. En dat zal door mijn werk als actrice zijn.'

De analyticus kon zich niet aan de gedachte onttrekken dat ze eigenlijk een slechte actrice was geweest, en zonder precies te weten waarom besloot hij de crematie van zijn patiënte, aangekondigd voor twee dagen later, niet bij te wonen. Zijn boek over de mislukkingen van analyses schreef hij nooit, net zomin als het artikel dat hij van plan was over de zelfmoord van patiënten, of dat over sterretjes van de jaren zestig in Hollywood. Te veel opgerakelde tranen. Ingers as ging naar de Grote Oceaan, uitgestrooid door een bevriende hand vanaf de Pier van Santa Monica.

Toen hij Marilyn voor de eerste keer op zijn middagspreekuur ontving, was Wexler verbaasd over haar pafferige bleekheid. Hij dacht aan een oude pop of een kinderballon, vergeten in de hoek van een kamer uit het verleden. Nu was het zijn beurt om de patiënte te behandelen die door Greenson aan haar lot was overgelaten. Hij wist dat ze leed, maar had haar niet willen vastleggen op een 'identiteitscrisis'. Dat zei iedereen: Marilyn weet niet wie ze is. Een tijdje daarvoor had ze aan haar deur in Brentwood een huishoudster ontvangen die haar diensten was komen aanbieden. Marilyn had haar hartelijk de hand geschud.

'Ik kan niet geloven dat u Marilyn Monroe bent,' had de vrouw gezegd.

'Tja, ik weet het zelf ook niet zeker. Ik neem aan van wel, want iedereen zegt het.'

Maar was dat een teken van gekte? Door zijn ervaring met acteurs en vooraanstaande mensen had Wexler eerder de neiging om te denken dat gekken degenen zijn die zichzelf nemen voor de persoon wiens naam ze dragen, wiens sociale rol ze spelen; en het feit dat zij in de derde persoon over zichzelf sprak en vaak luidkeels zei: 'Wil je dat ik haar ben?' leek hem juist van grote wijsheid te getuigen.

Wexler was Greensons collega en vriend gebleven van na de oorlog tot aan de dood van laatstgenoemde, in 1979. Hij had hem zoveel mogelijk gesteund in wat wel zijn depressieve fase of zijn neerslachtige rouwperiode moest worden genoemd.

Maar hij vond dat zijn collega niet de juiste weg had bewandeld. Om schizofrene patiënten te behandelen moest je niet op hun desintegratie reageren, maar eerst naar hun destructiviteit kijken en die tegenhouden, desnoods met geweld of haat. In de jaren zestig werd Wexler door het ethische college van de Los Angeles Psychoanalytic Association ter verantwoording geroepen over de behandeling van een schizofrene patiënte op wie hij zijn methoden had toegepast. Hij werd er door de patiënte van beschuldigd dat hij haar lichamelijk had aangevallen. Greenson, die in het aangrenzende kantoor zat, was binnengestormd toen hij geschreeuw had gehoord. Hij had zijn collega bij zijn middel gegrepen en hem tegen de grond geduwd om hem van zijn krijsende patiënte te scheiden. De voorzitter van de vereniging, Leo Rangell, besloot een proces tegen hem te beginnen. Ze bogen zich over het vreemde gedrag van Wexler, die volhield dat een grote lichamelijke en geestelijke nabijheid – maar ook bewust geweld – noodzakelijk waren in de behandeling van schizofrene patiënten. Zijn klinische praktijken waren al eerder aan de kaak gesteld. Wexler, die alvorens psychoanalyticus te worden in zijn eerste loopbaan District Attorney in New York was geweest, verdedigde zich tegen die beschuldigingen. Hij deed verslag van een omstreden situatie die zich had voorgedaan toen hij zijn eerste schizofrene patiënten behandelde. 'Het was een heel grote, zeer gespierde patiënte. Op een dag kwam ze naar me toe en gaf ze me een trap in mijn ballen. Als reflex gaf ik haar een stomp in haar gezicht. Ze zei: "Waarom deed u dat?" Dat was de eerste zinnige zin die ze in jaren had gezegd. Ik heb een heel actieve rol aangenomen en daarbij elke seksuele of agressieve provocatie van de kant van de patiënte verboden, want dat was een bedreiging voor de therapeutische relatie. Wanneer ze geweld tegen mij wilde gebruiken, maakte ik haar helder duidelijk dat ik vergelijkbaar geweld tegen haar zou gebruiken. Wanneer ik daarna, met een regelmaat die trouwens snel afnam, opnieuw door haar werd aangevallen, deed ik wat ik moest doen om haar te laten ophouden, en wanneer de lichamelijke provocatie te ver ging, wat bij mij een sterke wrok opriep en het verlangen om snel een einde aan haar agressieve gedrag te maken, deed ik een beetje meer dan haar bewegingen afremmen en reageerde ik met geweld op haar geweld, zoals ik had aangekondigd. Op één uitzondering na is er nooit een verbale of fysieke confrontatie geweest die niet met wederzijdse geruststelling en uitwisseling van genegenheid afliep. Mijn patiënte vergat zelden me ervoor te bedanken dat ik een eind had gemaakt aan haar dreigementen en aan de krachten die haar hadden overspoeld. Elk gevecht bracht een klinische verbetering met zich mee en ik kon haar eisen en gewelddadigheden in bedwang houden met een steeds grotere mengvorm van geweld, genegenheid, interpretatie en opvoeding. De behandeling van schizofrene patiënten komt erop neer dat je hun steeds grotere doses liefde geeft, en fysieke confrontatie is daar een middel voor.'

Wexler werd uiteindelijk niet door zijn vakgenoten veroordeeld, en toen hij twintig jaar later aan die discussies terugdacht moest hij glimlachen. 'Arme Romi! In "de casus Marilyn" is het hem niet gelukt de agressie onder de depressie te zien en met terugslaan en terugvechten te reageren op de destructiviteit van zijn niet zo zachtaardige patiënte. Dat was zijn zaak. Wat mijn gewaardeerde collega's van de LAPSI betreft, ik houd niet van opportunisten of hypocrieten. Ik heb nog liever cynici die de macht grijpen en die op het spel zetten, dan degenen die bang zijn hem te verliezen.'

Wexler had ervan gedroomd schrijver te worden. Op latere leeftijd wilde hij een roman schrijven die *Romeo en Marilyn* zou hebben geheten, maar hij deed het niet. Niet uit eerbied voor de nagedachtenis aan zijn overleden vriend, maar uit creatief onvermogen om zo laat aan zo'n lange klus te beginnen.

Op 10 mei waren Greenson en zijn vrouw eindelijk voor vier weken naar Europa gevlogen. Die verdwijning op een voor Marilyn bijzonder kritiek moment blijft een mysterie. Aan verscheidene vakbroeders had hij verteld dat hij vertrok om toespraken in het openbaar te houden, tegen Fox had hij verklaard dat zijn vrouw ziek was en zich in een Zwitserse kliniek moest laten behandelen, en tegen Marilyn dat het om de gezondheid van zijn schoonmoeder ging.

Vier dagen later, na drie opnameweken waarin ze bijna niet had gewerkt, stond Marilyn vroeg op, drie uur voordat ze in de limousine stapte die haar door de verlaten straten van Los Angeles in de richting van Pico Boulevard bracht. De zwarte Lincoln Continental reed de lage heuvels van Brentwood af en wierp daarbij een enorme stofwolk op die vanuit Century City te zien was. Om bij de nieuwe bungalow te komen die haar als onderdak zou dienen, moest ze voor de administratiegebouwen langs die boven het studioterrein uitstaken. Boven in een gebouw met veel staal bezetten de directiekantoren een strategische positie en konden ze gemakkelijk het komen en gaan van hun sterren in de gaten houden.

Tussen de korte, beknopte aantekeningen uit de laatste twee jaar van haar leven heeft Marilyn in een rood zakboekje geschreven:

Dit is geen dagboek, waartegen ik dag in dag uit steeds weer 'Lief dagboek' zeg. Een zakboekje en de toestanden waarin ik verkeer, even onsamenhangend en smerig als mijn kleren die hier overal liggen opgestapeld...

Ik heb gehoord dat de leden van de veiligheidsdienst van Fox, van wie er verschillende oude vrienden waren, in vertrouwelijke rapporten noteerden hoe laat ik aankwam en vertrok. Woede. Sindsdien stap ik op sommige ochtenden voor een kleine dienstingang uit de auto en stuur ik de limousine door het hek van de hoofdingang. Zonder mij! Zelfs op de dagen dat ik werkelijk op het appèl ontbreek, arriveert mijn auto met getinte ramen en stopt hij heel zichtbaar voor mijn bungalow. Er zijn of niet, wat is het verschil? En voor wie? Waarom? Als ik kijk hoe kort mijn leven duurt, de eeuwigheid ervoor en erna, die kleine ruimte die ik inneem, word ik bang en verbaast het me dat ik hier ben en niet daar. Geen reden dat ik hier ben en niet daar, nu en niet een andere dag. Met hen, de vossen van Fox, ga ik schaken. Schaakmat staan, daar weet ik alles van...

Marilyn, die na de eerste draaidag van *Something's Got to Give* opnieuw was verdwenen, kwam begin mei weer te voorschijn om drieënhalve dag te spelen. Daarna, de 17de, verliet ze midden in de opnamen de studio. Ze moest twee dagen later in Madison Square Garden zingen, ter ere van de president van de Verenigde Staten, die zijn vijfenveertigste en laatste verjaardag vierde. Het uitvoerend comité van Fox had de actrice verzocht de set niet te verlaten om naar New York te gaan. Omdat ze zich kantten tegen de belachelijke publiciteit die de film door dit optreden van een van de grootste sterren ervan zou krijgen, stuurde de studio een brief van twee kantjes naar haar advocaat, Mickey Rudin, waarin ze met ontslag dreigden. 'Ingeval juffrouw Monroe wegblijft, houdt die daad een bewuste verzaking van haar plichten in. Ingeval juffrouw Monroe terugkomt en de opnamen van de film hervat worden, zal een dergelijke hervatting niet worden beschouwd als zijnde een afzien van Fox van het recht juffrouw

Monroe te ontslaan, zoals naar behoren vastgelegd in haar contract.'

Henry Weinstein besefte wel dat Marilyn vastbesloten was om naar New York te gaan, wat er ook gebeurde. 'Luister, we hebben te maken met een meisje dat echt van de straat komt, dat in de steek is gelaten door haar moeder en van wie de vader is verdwenen. Een meisje dat in afschuwelijke ellende heeft geleefd. En nu gaat ze *Happy Birthday* zingen voor de president van de Verenigde Staten. Daar kan ze onmogelijk weerstand aan bieden.' Er werd niet naar hem geluisterd.

In diezelfde tijd stuurde Norman Rosten Marilyn een geluidsband van een halfuur waarop hij poëzie las voor een lokale radiozender. Hij wist dat ze van die gedichten hield, maar hoopte vooral dat ze zou begrijpen dat hij aan haar dacht. Ze was erg alleen en stond voor een crisis. Ze zei dat het was zoals bij schaken, wat *Zeitnot* wordt genoemd: de angst te denken dat je geen tijd meer zult hebben om te denken. Geen tijd meer om te denken aan je angst. Hij dacht dat die gedichten haar zouden helpen, dat ze een vervanging waren voor zijn aanwezigheid bij haar. Toen hij kort daarna in Hollywood aankwam, vertelde haar secretaresse dat ze zijn band overal met zich meenam in haar tas, als een soort geluksbrenger. Ze had net een nieuwe bandrecorder gekocht.

Op een avond wilde ze dat Norman met haar naar zijn gedichten kwam luisteren. Ze zou alles voorbereiden. Hij zou vroeg komen, Eunice zou koffie zetten, en ze zouden samen luisteren. Liggend op bed kon ze de band vooruit spoelen, of achteruit door zoveel REWINDS als gewenst, en op die manier zou ze in slaap vallen terwijl het apparaat automatisch stopte. Dat wil zeggen, natuurlijk, voegde ze eraan toe, als hij voor het eind weg zou gaan. Toen hij kwam was ze in pyjama. De koffie stond klaar. Ze dronken en praatten over zijn werk, zijn projecten, die van haar. Over zijn vrouw en zijn dochter. Over zijn werk in Hollywood, en wanneer hij Hollywood zou verlaten. Ze hoopte dat zijn film goed zou opschieten. Ze voelde zich bang maar beslist. Ze ging in bed liggen, Norman ging op de vloer zitten, naast de bandrecorder. Ze zei: 'Ik heb vlak voordat je kwam een slaapmiddel ingenomen. Misschien val ik straks in slaap terwijl ik naar je stem luister. Oké? En misschien knijp ik er voor het eind tussenuit.'

ᘐ

Een oorverdovend geloei kondigde de komst aan van een enorme helikopter, die op de landingsbaan van de Fox-studio landde,
vlak bij set 14. Peter Lawford sprong uit het van Howard Hughes
geleende gevaarte en haastte zich naar Marilyns kleedkamer om
haar naar het vorstelijke, blauwe toestel te begeleiden, dat haar
naar de luchthaven van Inglewood zou brengen. Twee uur later
vertrok Marilyn uit Los Angeles naar de luchthaven van New
York, die nog niet JFK heette. Het gala ter ere van de president
zou sinds haar legendarische verschijning voor duizenden soldaten in Korea voor het eerst zijn dat ze voor een groot publiek
het podium zou betreden. In het vliegtuig zong ze *Happy Birthday*. Net als de zeventienduizend toeschouwers van het gala had
ze duizend dollar betaald om erbij te zijn, en ze had tegen Joan
Greenson gezegd: 'Logisch. Bij je vader betaal ik al jaren om te
praten. Nu moet ik betalen om te zingen.' Geholpen door Joannie had ze dagenlang haar eerbetoon geoefend.

Ze zou John Kennedy terugzien, die met tussenpozen haar
minnaar was. Zes dagen eerder had haar ex-man, Arthur Miller, aan de rechterzijde van Jackie Kennedy gedineerd, tijdens
een banket ter ere van André Malraux. Aan de eretafel zaten de
schrijvers Saul Bellow, Edmund Wilson en Robert Penn Warren,
de schilders Andrew Wyeth en Mark Rothko, musicus Leonard
Bernstein en ter vertegenwoordiging van de theater- en filmwereld George Balanchine, Tennessee Williams, Elia Kazan en Lee
Strasberg. Marilyn was er niet bij. De echtelieden Kennedy leken
de tweeslachtigheid te bevestigen waardoor het lot van de ac-

trice werd getekend, en die ze had proberen te doorbreken door in New York te gaan wonen en met Miller te trouwen: aan de ene kant woorden en cultuur, aan de andere kant het lichaam en beelden.

Terug in New York was Marilyn Monroe zo blij als een kind dat met de grote mensen mee mag doen. Ze doorkruiste per taxi de stad. Ze vroeg niet om *Downtown* of *Uptown* te rijden, maar 'die kant op, hierheen, daarheen'. De stad was een feest waarvan zij het middelpunt was, een schaakbord waarop zij heerste door de schoonheid en kracht van haar bewegingen. Ze deed denkbeeldige zetten op het ruitpatroon van de woonblokken, zonder precies te weten tegen wie. De witte koning, afwezig, om wie het hele spel draait. De andere figuren. De moeder, zwarte koningin. Marilyn, witte koningin. Greenson, wit paard. Of zwart? De Kennedy's, twee zwarte lopers. Manhattan nam wraak voor haar vanwege Hollywood. Manhattan was meer dan een herinnering: een vertelling, een verhaal dat haar over haar vertelde.

Steden zijn net als talen. Sommige kun je mooi vinden maar zul je nooit spreken. In Los Angeles betekenden de namen niets meer. Ze las SUNSET STRIP, ANAHEIM of EL PUEBLO en dat verwees alleen maar naar een onbestemde kleur, een etnisch kenmerk of een eindeloos tracé. Die namen waren zoals namen in dromen: ze zag ze, vreemd en vertrouwd, mooi of ontstellend, maar begreep ze niet. In Manhattan daarentegen werd Marilyn door de onderbrekingen gedwongen zelf de verbinding te zijn tussen de tijd die achter haar lag en de dingen die ze zag. Zonder tegen iemand te praten voelde ze zich er verbonden. New York was de stad van de verbindingen en deed haar de stad van de scheidingen, van de eindeloze afstanden tussen mensen en van de minieme grenzen tussen werkelijkheid en fictie vergeten.

Ze kwam laat in de avond aan in haar appartement op East 57th Street, en ontving de volgende ochtend een brief van Fox waarin haar contract werd beëindigd. Even dacht ze dat het niet zo zou zijn gelopen als Greenson er was geweest. Maar ze werd besprongen door twijfel. Was de psychoanalyticus, die zo met Weinstein en Rudin was verbonden dat de studio hen de 'Marilyn-ploeg' noemde, integendeel niet juist vertrokken om Fox duidelijk te maken dat hij niet in haar lot was geïnteresseerd, net zomin als in dat van de film? Verontrust zegde ze met moeite de repetities toe voor haar optreden dat de volgende dag moest plaatsvinden. Toen de namiddag daar was, kostte het musicus Richard Adler tijdens de repetitie bij haar thuis moeite om haar voor de dertigste keer *Happy Birthday to You* te laten zeggen. Hij was bang voor die smartelijke stem die hij uit haar omhoog hoorde komen, voor dat toonloze gefluister, die ingehouden articulatie. Haar woord werd een streling van lucht en lust die haar mond liet ontsnappen. In de loop der uren was haar interpretatie steeds meer beladen geraakt met seks en toen Marilyn Monroe ten slotte na Ella Fitzgerald, Peggy Lee en Maria Callas voor de menigte zong, liet ze een parodie van zichzelf zien en horen.

Bobby Kennedy is met zijn echtgenote aanwezig op het feest dat door de democratische partij is georganiseerd, maar JFK is alleen. Jackie is er niet. Peter Lawford, de zwager van de president, kondigt de ster als volgt aan: 'Ze is niet alleen punctueel, maar ook pietluttig.' Na lang wachten in de coulissen, waarbij hij wat tekst moet improviseren, komt ze uit het donker te voorschijn, wankelend, een blauwachtige vlam, uiterlijk een en al vlees. Als gegoten in haar jurk komt ze met geishapasjes het toneel op, alsof het haar benauwt dat duizenden toeschouwers haar vormen zien. Lawford kondigt aan: '*The late Marilyn Monroe.*' *Late* betekent laat, maar ook *wijlen*. Wat een woordgrapje of een verspreking is, zou vertaald kunnen worden met: 'Hier verdwijnt Marilyn Monroe eindelijk.' De menigte lacht in het donker. Marilyn heeft de wens die ze met Truman Capote heeft gedaan, waargemaakt: te laat zijn op je eigen begrafenis. Gehinderd door haar strakke witte jurk wankelt ze een beetje op haar naaldhakken, ze licht een stola van wit bont van haar schouders, beroert met haar vingertoppen de microfoon, wijst naar de president ergens in het donker, sluit haar ogen, haalt haar tong langs haar lippen en begint te zingen. Zwakjes, aarzelend en hees lijkt haar gezang te zeggen: ze hebben me allemaal laten vallen, Joe, Frank, Arthur en Romeo, omdat ik een slecht meisje was. Ze zullen zien, zij en veertig miljoen Amerikanen, hoe slecht ik werkelijk ben.

Na de voorstelling, op de party in het huis van Arthur Krim, een New Yorkse theatermagnaat, loopt Robert Kennedy onrustig rond, als een nachtvlinder om een vlam. Later op de avond nemen de president en Bobby Marilyn mee naar een rustig hoekje, waar ze een kwartier lang een geanimeerd gesprek voeren. Daarna wordt Marilyn in de loop van de avond vijf keer dansend met Bobby gezien, onder de ontstelde blik van diens vrouw Ethel. Vroeg in de ochtend, zondag, verlaten de president en Marilyn Monroe het feest en nemen ze de privélift naar de kelder van Krims huis. Daarvandaan lopen ze door de tunnel die naar het Carlyle Hotel voert en gaan ze rechtstreeks naar boven, naar Kennedy's suite.

Ze zag John Kennedy nooit meer terug. Na die nacht besloot de president met haar te breken en de geruchten die over hun verhouding de ronde begonnen te doen te ontkennen. Hoewel er verschillende foto's van Marilyn met de twee broers waren genomen, bestaat er nog maar één van. Agenten van de geheime diensten kwamen 's ochtends vroeg in het fotolab van het tijdschrift *Time* de negatieven in beslag nemen.

Toen ze Marilyn vlak voor haar vertrek had gezien, had Joannie Greenson een soort slappe, futloze pop aangetroffen, onder de kalmerende middelen. Ze had haar voor onderweg – voor de beproeving, zoals ze haar in het oor fluisterde – een kinderboekje gegeven, *The Little Engine that Could*, om in New York bij zich te dragen. Maar toen de witte ster het podium van Madison Square Garden had betreden, was haar jurk zo strak dat ze het boekje of het paard van het schaakspel onmogelijk tegen haar huid had kunnen houden. Opgepept door de tranquillizers en de champagne was ze kil het reusachtige zwarte gat ingestapt, verblind door de spots, met achter zich aan de schaduw van haar angst. Bij haar terugkeer in Los Angeles vertelde ze Joannie over dat afschuwelijke moment: 'Iedereen had het over mijn jurk van zesduizend dollar, van doorzichtige stof, zo strak dat Jean-Louis hem op mijn lijf had moeten naaien. Ze hebben het niet begrepen. Niet mijn jurk was een huid, maar mijn huid was en blijft een kledingstuk van vlees, mijn huid helpt me niet naakt te zijn.'

ᘯ

Tussen de postume papieren van Ralph Greenson, gearchiveerd in de UCLA, bevindt zich een ruwe versie van een boek waar hij plannen voor had: *Medicine and Drugs in the Psychoanalytic Situation*. In hoofdstuk 12 lezen we: 'Toen ik vijf weken op vakantie ging, dacht ik er goed aan te doen deze patiënte niet achter te laten zonder de medicijnen die ze moest nemen wanneer ze gedeprimeerd of onrustig was. Anders liep ze het risico zich afgewezen te voelen en tot de daad over te gaan. Ik schreef een snelwerkend antidepressivum voor, in combinatie met een kalmerend middel, Dexamyl. Ik hoopte dat ze zich beter zou voelen als ze iets van mij had waarvan ze afhankelijk zou zijn. Ik kan de situatie samenvatten door te zeggen dat ik dacht dat ze tijdens die vakantie haar depressieve angsten en eenzaamheid niet de baas zou kunnen. Haar pillen geven was haar iets van mij geven om te slikken, iets wat ze zou innemen, zodat ze het gevoel van verschrikkelijke leegte, dat haar deprimeerde en gek maakte, te boven kon komen.'

Haar psychoanalyticus was vertrokken. Zij was vertrokken. Hij kwam niet terug. Zij was wel teruggekomen. Op de been gehouden door amfetaminen verscheen Marilyn op de ochtend van maandag 21 mei om kwart over zes op haar werk, drieëndertig uur na het gala in New York. Ze had Cukor laten weten dat ze er klaar voor was om de scènes te spelen die voor die dag waren gepland, maar dat close-ups waren uitgesloten. Ze was zichtbaar ziek en Whitey Snyder begreep dat geen enkele make-up de uitputtingssporen van haar weekend zou maskeren. Hij smeerde haar hele lichaam in met een speciaal bereid middel, met als basis een liter *sun tan* van Max Factor, een half kopje ivoorwit en een drupje 'clownswit'.

Woensdag speelde ze ten slotte de zwembadscène. Marilyn trok Dean Martin bij Cyd Charisse uit bed. Normaal gesproken droeg de actrice of haar stand-in voor dit soort scènes een vleeskleurig badpak. Niemand verwachtte dat ze de scène naakt zou spelen. Toen ze haar te voorschijn zagen komen, nadat ze haar badpak onder water had uitgetrokken, was de reactie ongelooflijk. Iedereen wilde op de set zijn. Weinstein belde de bewakers van de beveiliging om de ingang van de studio te bewaken. Marilyn, die haar koorts had onderdrukt met amfetaminen en haar hoofdpijn had verlicht met Demerol, bracht vier uur in het water door terwijl de sluiters klikten en Cukor de camera's liet draaien. Net als Pat Newcomb, haar persattaché, had hij begrepen dat het voor de publiciteit van de film een niet te missen kans was.

De rest van de draaidag ging grotendeels verloren. Maar daarvoor in de plaats was er een naaktfotosessie. Cukor had drie fotografen uitgenodigd: William Woodfield, Lawrence Schiller en Jimmy Mitchell. Tweeënvijftig foto's, verkocht voor een totaalbedrag van honderdvijftigduizend dollar, werden direct gepubliceerd door zeventig tijdschriften in tweeëndertig landen. Marilyn had al films gemaakt waarin ze naakt verscheen toen ze een sterretje was. En daarna was ze ermee doorgegaan, bijna naakt, binnen de grenzen van de regels van de censuur: in *Niagara*, *Bus Stop* en vijftien maanden eerder *The Misfits*. Ook dit keer had de scène haar niet afgeschrikt. Integendeel, in het zwembad had ze het gevoel gehad herboren te worden. Niet alleen omdat ze in een paar weken tijd zes kilo was kwijtgeraakt en haar oude maten weer terughad. Het was altijd hetzelfde vreemde geval. Niet haar lichaam maakte haar beschaamd, maar woorden. Ze had niet begrepen dat Natasha Lytess na hun breuk in 1956 een venijnig artikel had laten verschijnen, waarin ze haar naaktheid opvoerde als teken van psychische onevenwichtigheid. 'Altijd naakt als ze van haar bed naar haar bad loopt, altijd naakt als ze van de keuken naar de tuin loopt, zonder zich ook maar ergens iets van aan te trekken, voor het oog van kleedsters, grimeurs en kappers,' schreef de vrouw die een poos haar appartement en haar bed had gedeeld en invloed had gehad op haar spel als actrice in tweeëntwintig films, van 1948 tot 1955, totdat Paula Strasberg bij *The Seven Year Itch* haar plaats had ingenomen. 'Het leek wel,' ging Natasha verder, 'alsof naakt zijn haar kalmeerde en haar onder een soort hypnose bracht. Ze bestudeerde eindeloos haar beeld in de passpiegel, zittend of staand, met een pruillip en zware, half geloken ogen, verdiept in haar eigen spiegelbeeld.'

Haar obsessie voor spiegels had Marilyn van jongs af aan gehad. Ze werd vaak stilstaand voor haar eigen beeld aangetroffen. Haar vrienden en collega's zagen haar als volwassene steeds weer zichzelf uitvoerig in een spiegel met drie vlakken bekijken en de val van haar jurk of de boog van een wenkbrauw fatsoeneren. Het was voor haar vrijwel onmogelijk om langs een spiegel te lopen zonder zichzelf erin te bekijken. Truman Capote vertelt dat hij haar ooit urenlang voor haar spiegelbeeld had zien zitten. Hij had haar gevraagd wat ze deed, en ze had geantwoord: 'Ik kijk naar haar.'

Begin jaren vijftig, een avond in een nachtclub in Los Angeles. Billie Holiday zong. Marilyn werd vergezeld door haar kostuumontwerper, Bill Travilla. Hij vertelde haar dat er een exemplaar van haar kalender met naaktfoto's hing in het kantoor dat de zwarte zangeres als kleedkamer diende. Marilyn haastte zich erheen, en zonder een woord, zonder een blik, ging ze voor haar eigen foto's staan en keek ze er in een soort extase naar. Billie gooide de kalender naar haar hoofd, schold haar uit voor trut en joeg haar naar buiten. Voordat ze in 1957 naar het appartement verhuisde waar ze met Arthur Miller woonde en dat ze tot haar dood als New Yorks pied-à-terre aanhield, had ze er verschillende muren van plint tot plafond met spiegels laten bedekken.

Maar foto's hadden een belangrijk voordeel boven spiegels: er stond iemand achter, een blik, een persoon. En iemand anders ervóór, om ze te bekijken; iemand anders dan jezelf. Ze kaatsen geen omgekeerde weerspiegeling terug, maar een beeld zoals anderen je zien. Zoals een ander je ziet, want het woord *objectief* duidt heel slecht die enkelvoudigheid van de blik aan, dat *subjectieve* dat achter het toestel staat. Foto's verbinden wat spiegels versnipperen. Een paar weken voordat ze Ralph Greenson ontmoette, zei Marilyn tegen W. J. Weatherby: 'Ik denk vaak dat het beter is om niet beroemd te zijn. Maar wij, acteurs, kwellen onszelf met ons beeld, wij zijn – hoe noem je dat? – narcistisch. Ik blijf uren voor mijn spiegel zitten om naar tekenen van ouderdom te speuren. Ik wil oud worden zonder facelift. Een uitzakkend gezicht strak trekken is gemakzucht. Dat haalt het leven, je persoonlijkheid uit je gezicht. Ik wil trouw zijn aan mijn trekken, aan het gezicht dat ik heb gekregen, die moed wil ik hebben. Maar soms denk ik dat het makkelijker zou zijn om ouderdom te vermijden, om jong te sterven, maar wie zal je leven dan afmaken? Wie zal weten wie je bent?'

Marilyn heeft geen tijd gehad om afgetakeld te raken door de tijd. Alleen getekend, beschadigd door eigen toedoen. Ze maakte de laatste maanden gebruik van crèmes op basis van hormonen en van injecties met verjongingsproducten. Ze verstopte zelfs haar handen in handschoenen zodat anderen de levervlekjes niet zagen. Het laatste jaar werd de manier waarop ze haar lichaam voor een lens gebruikte gekleurd door iets vaag tragisch en wanhopigs. Volgens Eve Arnold, die haar in 1960 en in 1961 naakt fotografeerde, 'was ze haar lichaamsvormen van jonge vrouw verloren en accepteerde ze niet dat haar lichaam veranderde omdat het rijper werd. Haar blindheid voor lichamelijke veranderingen werd gênant...' Enige tijd later ontdekte Arnold dat de negatieven van Marilyns naaktfoto's uit haar archieven waren verdwenen.

ॐ

Marilyn verdween gedurende drie dagen. 'Misschien is het wel het meest mysterieuze weekend van haar leven,' verklaarde Henry Weinstein later. 'Nog onthutsender dan dat van haar dood. Iets verschrikkelijks had haar psyche van streek gemaakt. Ik had het in de gaten en neem het mezelf kwalijk dat ik niet onmiddellijk dokter Greenson heb gebeld om te vragen of hij thuiskwam.'

Maar ze kwam weer terug. Ze kwam weer bij, zoals je zegt als iemand is flauwgevallen. Op maandag 28 mei had Cukor een scène van acht minuten gepland met Marilyn, Dean Martin, Cyd Charisse en Tom Tryon. Toen ze de set op kwam lopen, leek ze wel een voorwerp van kristal dat op het punt stond te breken. Al haar bewegingen waren onzeker en aarzelend. Voor de eerste opname hoefde ze maar twee woorden te zeggen: 'Nick, darling.' Hoe vaak ze ook opnieuw begonnen, het lukte haar niet ze goed te zeggen. Bij de volgende opnamen ging ze ten slotte stotteren en Cukor behandelde haar steeds ongeduldiger. Ze rende de set af, dook haar kleedkamer in, greep een knalrode lippenstift en schreef in hanenpoten op de spiegel: 'Frank, help me! Frank, *please*, help me!' Daarna stortte ze in. De hele dag had ze tussen de opnamen door geprobeerd Frank Sinatra te bereiken. Maar vanaf de volgende dag verbaasde ze iedereen door de geplande scènes met vaart te spelen. Met uitzondering van die rampzalige maandag werkte ze negen volle dagen, van 21 mei tot 1 juni.

De laatste beelden van Marilyn Monroe die op 31 mei 1962 op film zijn vastgelegd, zijn zonder geluid. Er bestaan maar vijfendertig minuten van *Something's Got to Give*. Die beelden laten een gezicht van een onuitsprekelijk smartelijke schoonheid zien, een verbaasde en enigszins bezorgde blik met wijde pupillen, een vrouw in heftige nood die als een schreeuw om hulp een spetterend witte jurk met bloemen draagt. Een vrouw die terug naar huis komt nadat ze dood was gewaand. Ze heeft de treurige heftigheid van verworpenen in een wereld die hard en diep is als een spiegel. Ze speelt haar leven, live op set 14 van Fox. Maar ze speelt als een geest. Haar haar lijkt een breekbare, vol lak gespoten pruik, spierwit. Ze is haar eigen dubbelgangster. Marilyn die Marilyn parodieert, alsof ze alleen nog maar haar eigen beeld wilde zijn, of nog minder, alleen nog maar haar weerspiegeling in de ogen die naar haar kijken, alleen nog maar het technicolor-blauwe water van het zwembad en het dampige licht dat door de spots regenboogkleuren krijgt. De opname eindigt door een woord dat van buiten beeld komt, gezegd door de regisseur: '*Cut!*' De actrice, die tot op dat moment zweeg, herhaalt prevelend: '*Cut!*' Ze heeft het bedroefde maar niet kwade uiterlijk van een kind dat in zijn spel wordt gestoord. Ze had een hekel aan dat woord dat regisseurs roepen om de camera's te laten stoppen en dat het tegenovergestelde is van *action*. Dat woord dat de hele tijd terugkomt in het vocabulaire van de studio's en in dat van liefdesbanden: *To be cut off* wordt gezegd wanneer de telefoonverbinding wordt verbroken, of wanneer je in de liefde wordt afgedankt.

De volgende dag zou ze zesendertig jaar worden. Het was de laatste opnamesessie, de laatste dag waarop een camera Marilyn in haar beeld veranderde. Twee maanden later zou de regisseur van haar lotsbestemming nogmaals '*Cut!*' zeggen. De lijn, de film van haar leven zou voor altijd worden doorgesneden. En er zou geen enkele setassistent zijn om te roepen: 'Nog één! Laatste take!'

Marilyn stierf op een paar honderd meter van Wilshire Boulevard 5454, waar haar moeder woonde toen zij geboren werd. In die tijd werkte Gladys in de Hollywood-studio's: ze was monteuse voor Consolidated Film Industries. Consolidated was een van de vele laboratoria die de proeven van de dag, de *rushes* of filmtesten, ontwikkelden en afdrukten. Het betrof banden met ruw beeldmateriaal van scènes, die bestemd waren om op de ochtend na de draaidag te worden vertoond aan de producenten, de regisseur en stafmedewerkers van de maatschappij. Gladys werkte zes dagen per week, met witte handschoenen aan om de negatieven tegen vingerafdrukken te beschermen. Monteuse heet in het Engels *film cutter*. Gladys versneed stukken film waar de studiodirecteuren aantekeningen bij hadden gemaakt, en zorgde er daarna voor dat de stukken naar de vrouwen toe gingen die de verschillende delen aan elkaar zouden plakken, in de volgorde die het uiteindelijke negatief moest krijgen.

Zesentwintig jaar later werden op een mooie augustusavond vijf oorspronkelijke beeldbanden, met daarop de scènes van Marilyn Monroes laatste film waarvan werd gedacht dat ze kwijt waren, in het geheim uit de Fox-archieven in Century City gehaald. Verstopt in de auto van een studiomedewerker werden ze onmiddellijk naar een pand in Burbank vervoerd. Daar werden ze voor een select gezelschap van honderdzeventig mensen op een reusachtig beeldscherm vertoond. Die ongemonteerde scènes zonder muziek werden voorafgegaan door een klapbord in close-up met het volgende opschrift: SPOEL 17 *Something's Got to Give*, 14 mei 1962. Op een paar heel korte opnamen in een Fox-documentaire na waren alle beelden van die laatste, onvoltooide film sindsdien beschut tegen opdringerige blikken bewaard gebleven. Er viel een absolute stilte in de zaal toen Marilyn op het scherm verscheen. Die duurde de volle vijfenveertig minuten van de vertoning.

De film was onscherp en sommige plekken waren verkleurd, maar de inhoud ervan was aangrijpend: Marilyn zag er stralend uit en de monteur had de scènes met een meesterhand aan elkaar gezet, met fragmenten en flarden dialoog tussen een paar komische scènes door. Aan het eind van de vertoning was er de elf minuten durende scène waarin Marilyn 's nachts in een zwembad zwom. Met wijdopen ogen en haar borsten net onder het wateroppervlak zwom ze opgewekt onhandig naar de kant. Daarna keek ze recht in de camera, hees zich uit het water en glipte in haar blauwgrijze badjas. Het blauw van het water was onwerkelijk. Het blauw van de nacht zacht. Het blauw van het kledingstuk teer. Het blauw van haar ogen verloren.

Direct nadat de laatste band was afgelopen en het scherm met spikkeltjes werd gevuld, barstte het applaus los, wat de studiomedewerker de gelegenheid gaf de banden te verzamelen, zonder de tijd te nemen ze terug te spoelen, en ze in het donker terug te brengen naar de Fox-archieven. Ze verdwenen. Ondanks de dringende verzoeken van Marilyn-bewonderaars bleef de studio het bestaan van die film ontkennen, en ze antwoordden dat er maar tien minuten waren opgenomen en dat die al waren vertoond in een documentaire met de titel *Marilyn*, geproduceerd door Twentieth Century-Fox in 1963.

In het voorjaar van 1990 kwamen de banden onder vreemde omstandigheden weer boven water. Henry Schipper, een jonge producent van Fox-actualiteiten in Los Angeles, was met het oog op een eerbetoon aan Marilyn in de archieven aan het snuffelen, toen bepaalde aanwijzingen hem op het spoor van *Something's Got to Give* brachten. Hij had meer geluk of zocht systematischer dan mensen die eerder naar beelden hadden gezocht. Achter zijn computer bij Fox Entertainment News doorzocht hij op zijn manier een van de grootste filmbegraafplaatsen ter wereld en ontdekte hij dat de Fox-camera's hun favoriete ster overal hadden gevolgd, van haar eerste filmtest tot haar begrafenis op Westwood Cemetery. Maar geen spoor van de laatste opnamesessies. Hij wist nog niet dat hij zijn geluk diep in een zoutmijn midden in Kansas zou vinden, achter in een mijngang, een meter of honderd onder de grond. Daar ontdekte hij alle spoelen van *Something's Got to Give*. De celluloidprinses werd zonder liefde uit haar slaap gewekt. Schipper, die besefte dat hij de hand had gelegd op een heel belangrijk stukje van de puzzel die Marilyn Monroes leven was geweest, nam de spoelen mee naar de projectiekamer en sloot zich daar twee dagen lang op, gefascineerd door die film die bestond uit rushes en stomverbaasd bij de ontdekking dat vrijwel alle beelden intact waren, waaronder ook een paar opnamen van de regisseur in actie. Er waren vooral de achtereenvolgende takes te zien van Marilyn die tot wel twintig keer achter elkaar dezelfde scène herhaalde, met uiterst vreemde vergissingen en zonder ooit een antwoord te missen.

De verantwoordelijken van Fox hadden gelogen toen ze verklaarden dat de film onvindbaar was en toen ze hem zelfs uit het overzicht van de maatschappij hadden geschrapt. De studio had ook beweerd dat ze scènes in trance had gespeeld, volgestopt met medicijnen, en iedereen geloofde dat haar werk bij die laatste opnamen niet meer dan de droevige afsluiting van een briljante carrière was geweest. Deze film levert het bewijs van het tegenovergestelde. Marilyn verschijnt er op haar best in. Haar optreden is op het niveau van de rest van haar loopbaan: grappig en ontroerend. Ze verlicht het doek.

∾

Destijds, toen de producenten de rushes van *Something's Got to Give* hadden bekeken, vonden ze Marilyns spel 'doortrokken van een soort traagheid, in hypnotische staat'. Ze hadden het erover haar te vervangen. Marilyn, die worstelde met een vage verwarring waarin ze niet meer wist of de gevaren van buitenaf of van binnenuit kwamen, ging 's avonds heel opgewonden naar Wexler. Met name George Cukor was onuitstaanbaar geweest. Dertig takes voor dezelfde scène, en niets in het blik. Marilyn schreeuwde. Ze was woedend.

'*Cut!* Die woorden hoor ik al vijftien jaar lang: *Cut! Action! Take! Nog een laatste take!* Beseffen die filmmensen wel dat ze óns, acteurs, opnemen, tot actie manen, onderbreken, monteren... Film is zoiets als de geslachtsdaad: de ander neemt jouw lichaam om vorm te geven aan fantasieën waarin jij niet voorkomt. Tederheid, die je soms het gevoel geeft dat jijzelf, als persoon, een beetje bestaat, ontbreekt. Wreedheid begint bij de ander.'

'Sluit compromissen,' zei de analyticus. 'Cukor is homoseksueel, hij heeft een hekel aan vrouwen, dat is zeker. Maar hij is een groot cineast. Laat u sturen!'

'Nee, ik wil dat niet meer ondergaan. Ik wil niet meer tiranniek worden behandeld. Ik heb mijn eerste contract met Fox in 1946 getekend. Ik was twintig jaar. In het begin van de vorige winter stuurden ze me een telegram: als u de laatste overeengekomen film niet speelt, slepen we u voor de rechter, voor tien jaar. In december ben ik gezwicht. Ik heb alleen nog maar minachting voor die studio, voor alles waar ze voor staan. Alleen al de naam Fox op een bord maakt me misselijk.'

'Probeer het af te maken. Ik begrijp Cukor. Hij is ten einde raad. Dat zou ik ook zijn. U moet u vermannen.'

'Onmogelijk. Uw collega is nu bijna een maand weg. Sindsdien gaat niets meer. Ik ben vandaag zesendertig geworden. En Cukor werd woedend toen hij hoorde dat ze van plan waren om aan het eind van de dag mijn verjaardag te vieren. "Niet op de set. Niet nu!" zei hij. Maar na het werk hebben ze me een verjaardagstaart gegeven, met brandende sterretjes van Independence Day erop, en bovenop twee figuurtjes, van mij bloot en van mij in bikini, en dat allemaal met veel vertoon op een karretje. Fox, die tijdens de opnamen van *Cleopatra* in Rome voor Elizabeth Taylors verjaardag meer dan vijfduizend dollar over de balk heeft gesmeten! De ploeg heeft geld ingezameld voor de taart. Dean Martin heeft voor de champagne gezorgd. Iedereen zong *Happy Birthday*. Weer het liefdesrefreintje dat de dood met vriendelijkheid en kusjes wil verjagen. Maar toen was het mijn beurt. Ik geloofde dat ik de taart was. Het karretje een brancard. Ik ben weggevlucht.' Na een stilte: 'Gelooft u in de betekenis van getallen? Het is nu 1962 en ik ben geboren in 1926. Tweeënzestig is zesentwintig als je het achterstevoren leest. Zesentwintig is het aantal jaren dat Jean Harlow heeft geleefd. Zesendertig is mijn aantal jaren, en ook het aantal films waarin zij heeft gespeeld. Dus óf het is mijn laatste jaar, óf ik ga Norma Jeane eindelijk weer terugvinden, die op 01 06 1926 om halftien 's ochtends in het Los Angeles General Hospital is geboren. Het jaar dat Harlow is gestorven. Er zijn dagen dat ik mijn leven in omgekeerde richting zou willen herhalen, zoals je een opname terugspoelt. Zegt u eens, dokter Wexler, is het de dood of het leven die de film achterstevoren laat terugkomen? Ik ben bang dat het mijn laatste opnamesessies zijn. En mijn laatste analysesessies... U geeft geen antwoord. Het kan u geen donder schelen. U wacht op het eind van het uur en op mijn dollars!'

Ze zweeg langdurig en ging toen verder: 'Ik heb zes maanden lang gedanst voor *Let's Make Love*. Ik heb geen rust gehad. Ik ben uitgeput. Waar zal ik heen gaan?'

Ze stond abrupt op en vertrok zonder een woord. Wexler keek niet op en dacht: Naar de verdoemenis!

❦

Ralph Greenson verliet de bijeenkomst die hij sinds die ochtend met collega-psychoanalytici uit Rome had. Hij verveelde zich en ging liever een beetje in Trastevere rondwandelen. Voor een cadeauwinkel op de Piazza Santa Maria bleef hij staan, en op de speelgoedafdeling zocht hij iets om aan Marilyn te geven. Een klein teken dat hij haar zou sturen om haar te laten wachten. Gekocht op haar verjaardag. Blijkbaar was het schaakstuk niet voldoende geweest om haar verlatingsangsten weg te nemen, volgens het verslag dat Wexler hem had gedaan.

Toen de verkoopster vroeg wat hij wenste, antwoordde hij dat hij het niet zo goed wist.

'Voor welke leeftijd is het?'

'Zesendertig. Pardon. Zes en drie, tussen de drie en de zes jaar.'

'Dan kunt u het best een knuffeltje nemen,' besloot de verkoopster.

Greenson zocht in een berg knuffelbeesten naar een paard, iets wat in de buurt kwam van een paard uit een schaakspel. Hij koos het dier dat er het meest op leek, een tijgertje. Hij liet het inpakken.

'Is het lastig voor u om ervoor te zorgen dat het naar de Verenigde Staten gaat? Ik heb geen tijd en u bent meer gewend aan douaneformaliteiten en zo. Uiteraard betaal ik de portokosten.'

'Helemaal niet. Wat is het adres?'

Greenson schreef op het notitieblokje dat ze hem gaf:

MM
Huidige bewoonster van
12305 FIFTH HELENA DRIVE
BRENTWOOD
90049 3930 CA
VS
AARDE

Hij gaf niet aan wie de afzender was. Hij deed er geen briefje bij.
Ze zou het begrijpen. Uiteindelijk, dacht Greenson, zijn zij en ik
van een verschillend ras. We waren ervoor gemaakt om elkaar
niet te ontmoeten, zoals de tijger en de walvis. Ik zou niet kunnen zeggen wie van ons tweeën de tijger was en wie de walvis.

Op de ochtend van haar laatste verjaardag belde Marilyn heel
vroeg de kinderen van haar psychoanalyticus op en nodigde ze
hen uit iets te komen vieren. Joannie en Danny brachten de hele
avond bij haar door. Ze dronken champagne uit plastic beker-
tjes, gezeten op ongeopende verhuisdozen. Ze gaven haar een
glas waarin ze haar naam hadden laten graveren. 'Voortaan,'
zei ze, 'kan ik me bij het drinken herinneren wie ik ben.' Het
schaakbord stond op de grond, de stukken lagen door elkaar.
Het witte paard ontbrak.

Twee dagen later belt Marilyn hen opnieuw. In tranen smeekt
ze hen naar haar toe te komen. Ze ligt in bed, lelijk, poedelnaakt
tussen een stapel medicijnen, met een laken over haar lichaam
getrokken. Binnen handbereik, vlak bij het bed, het beeld van
Rodin. Op haar ogen een zwart vilten masker. Het minst erotische tafereel dat je je kunt voorstellen. Ze is in opperste wanhoop. Het lukt haar niet te slapen – het is halverwege de middag – en ze blijft maar geringschattend over zichzelf praten. Ze
zegt dat ze alleen maar een wrak is, ze zegt dat ze lelijk is, dat
mensen alleen maar aardig tegen haar doen uit eigenbelang, ze

herhaalt dat ze niemand heeft. Dat ze niemand is. Ze praat ook over het feit dat ze geen kinderen heeft. Het is één lange litanie van sombere ideeën, ze blijft zeggen dat ze geen zin meer heeft om te leven. Joan en Daniel bellen dokter Engelberg, die haar pillenflesjes in zijn zwartleren tas stopt. Wexler, met wie telefonisch contact is gezocht, veronderstelt een overdosis Dexamyl en blijft waar hij is.

De volgende avond gaat Marilyn uit met haar zwarte pruik op.

Na twintig jaar in Parijs te hebben doorgebracht, besloot fotograaf George Barris in 1982 weer in Los Angeles te gaan wonen.
Vergezeld van zijn vrouw en hun dochters bezocht hij Marilyns
crypte in de *Corridor of Memories* op de Westwood-begraafplaats.
Kort daarna begon hij een boek te schrijven met herinneringen
aan en foto's van de vrouw over wie hij zei: 'Ze zat vol leven en
ik zal nooit geloven dat ze zelfmoord heeft gepleegd.'

Ze hadden elkaar in september 1954 in New York leren kennen. Hij maakte foto's van *The Seven Year Itch*. Toen hij bij de opnamen kwam, was haar rug het eerste wat Barris zag. De onderkant van haar rug. Voor een filmopname stond ze gebogen
bij een raam van een *brownstone* op East 61st Street, een chique
straat in Manhattan. Hij kwam van achteren aanlopen en drukte af, waardoor zij opsprong en zich glimlachend omdraaide.
Hij nam een tiental foto's. Geklik en gelach, knipoogjes en blikken, het ijs was gebroken. De fotograaf was niet zozeer door de
actrice bekoord als wel door de vrolijke, gewone adolescente die
deze schoonheid van achtentwintig jaren nog was.

'Wat is uw sterrenbeeld?' vroeg hij.

'Tweelingen. En dat van u?'

'Van mij ook. Waarschijnlijk houden we van dezelfde dingen.
Zou u het leuk vinden om een boek met mij te maken?'

'Waarom niet, ooit. Maar maakt u op dit moment maar foto's
van me...'

Barris maakte met flitslicht en in de studio de beroemde foto
waarop Marilyn lachend te zien is terwijl ze haar witte jurk, die

door de luchtstroom uit een ontluchtingsrooster van de metro als een bloemkroon omhoog wordt geblazen, op haar dijbenen probeert te duwen. De scène waar de foto naar verwijst werd ook niet op straat gefilmd, maar in de studio in Hollywood, een paar weken later. Die opname, die onze verbeelding prikkelt, laat trouwens alleen maar de dijen van de actrice zien, en het komt door een verkeerde combinatie van herinnering en verlangen dat men denkt haar onderbuik te zien, naakt of bedekt met een wit slipje. Het beeld vertelt ons niet wat we zien, het vertelt ons iets over onszelf.

Blij om de fotograaf terug te zien, probeerde Marilyn die magie van de foto als verbeelding van de droom weer op te vatten. Ze speelde graag met die gemeenschappelijke klanken van de woorden *magic* en *image*. Het boek werd niet tijdens Marilyns leven gemaakt. Acht jaar lang had ze film op film laten volgen, en ze was een internationale ster geworden. Ze was hun plannetje vergeten, totdat ze Barris in 1962 op de set van *Something's Got to Give* bij toeval weer terugzag. De fotograaf kwam uit Rome, waar de rampzalige opnamen van *Cleopatra* waren vastgelopen, en had het tijdschrift *Cosmopolitan* voorgesteld een vervangende reportage over een andere film van Twentieth Century-Fox te maken. De gedachte achter de reportage – de cover en acht à tien pagina's interview en foto's – was: kon zij op haar zesendertigste nog sexy meisjes spelen?

De fotograaf legde zijn hand op haar schouder.

'Hallo! Ik kom expres van achteren. Net als de eerste keer. Ik was bang dat je me niet zou herkennen.'

'Ben je gek? Het is veel te lang geleden. Waar heb ik dat aan te danken?' mompelde ze terwijl ze zich om zijn nek wierp. 'Ben je gekomen om foto's van Miss Golden Dreams te maken? En het boek? Als we een boek maken, wil ik dat het niet alleen maar met foto's is.'

'Natuurlijk, er komen ook woorden in, jouw woorden.'

'Goed idee. Het gaat wat mij betreft nu beter met woorden. Ze zijn m'n vrienden geworden. Wat ik eerst fijn vond aan Los Angeles was dat het de stad zonder namen was, de stad van de naamlozen. In een adres zijn de cijfers hier belangrijker dan de naam, en om er op Wilshire niet tientallen kilometers naast te zitten, kun je je maar beter niet vergissen in de nummers. Zo was het in mijn leven ook: het aantal minnaars, adoptiegezinnen, woningen, het aantal pillen om in te nemen om de aantallen te vergeten. Alleen dat telde. Tegenwoordig voel ik dat woorden me grenzen geven en dat het zo goed is. Ik ben gewend aan het idee dat je wel moet praten. Nou ja, het hangt ervanaf met wie.'

'Wat cijfers en data betreft, het is nu 1 juni. Ik meende me te herinneren dat het je verjaardag is. Dus heb ik een vlucht New York-Los Angeles genomen om te zien hoe de tijd mijn oude vriendin ontziet. Sorry voor dat "oude".'

Ze schaterde terwijl hij haar opnieuw in zijn armen nam.

'Gefeliciteerd, van harte gefeliciteerd. Ik hoop dat er nog vele, net zulke mooie verjaardagen volgen.'

Het zou de laatste zijn. Barris legde haar zijn *Cosmopolitan*-plan voor. Op dat ogenblik riep de regisseur haar om op de verlichte set te komen. Ze vroeg de fotograaf in de buurt te blijven. Ze zouden later verder praten over het boek en de rest. Die vrijdag was ze om vijf uur 's middags klaar met haar scène toen iemand op de set begon te zingen: 'Lang zal Marilyn leven.' De sterretjes spetterden hun vonken en de Dom Pérignon werd uitgeschonken. Ze vergoot een paar tranen. Barris dacht dat het licht van de sterretjes, de bubbeltjes en de tranen een soort magisch aura aan haar gezicht zouden hebben gegeven, maar hij maakte geen foto.

Bekomen van haar tranen nam ze de fotograaf wat later mee om de haciënda in Brentwood te laten zien.

'Er is een muur van een meter of drie om me te beschermen. Op mijn brievenbus staat geen naam. De postbode weet wie hier woont. Ik weet niet of je hebt gezien dat het pad van veertien vierkante, rode tegels dat naar mijn deur leidt, eindigt met een aardewerken tegel met de inscriptie: *Cursum Perficio*, wat betekent: *Eind van de reis*. Ik hoop dat het waar is... Het is klein, maar het is knusser zo. Rust en kalmte, dat is precies wat ik tegenwoordig nodig heb.'

Vrolijk zei ze: 'Kun je schaken? Ik heb het kortgeleden geleerd en het is een passie geworden. Het spel zit vol namen en beelden die me over mezelf vertellen, weet je dat?'

'Nee, ik heb het nog nooit gespeeld, het spijt me.'

'Dat geeft niks, ik zal het je leren.'

Bijna vijftien jaar na Marilyns dood hoorde Greenson op een winterdag dat Capote in Hollywood was om in *Murder by Death* de rol te spelen van een excentrieke miljardair in wiens huis een moord was gepleegd. De psychoanalyticus vroeg aan Joanne Carson, een gemeenschappelijke vriendin, of hij de schrijver kon ontmoeten. Hij vertelde haar niet dat hij over Marilyns dood wilde praten.

'U heeft haar gekend toen ze nog niet de mythe was die ze is geworden. Alleen actrice,' begon Greenson. 'Weet u, ik had Marilyn lief. En u bent intelligent genoeg om te weten wat liefhebben betekent, zowel in de psychoanalyse als daarbuiten, in wat u het echte leven noemt.'

'Ik weet niet zeker of we het over hetzelfde hebben. Voor jullie psychoanalytici is liefde een remedie. Voor mij is het de ziekte zelf. Liefde? Iets wat een beetje dom is, een kinderspelletje, zo u wilt, waarin je allebei speelt dat je de moeder van de ander bent...'

'Liefde is een band, twee personen nemen elkaar als object,' onderbrak Greenson hem. 'Ze geven en ontvangen.'

'Niet twee personen. Twee eenzaamheden. Twee slecht afgewerkte wezens die datgene in de ander zoeken waarvan ze weten dat ze het nooit kunnen vinden. Weet u waaraan je kunt zien dat een seksuele relatie een liefdesrelatie is geworden? Aan twee verschijnselen. Ze hebben allebei te maken met wat laag is, wat klein is. Het eerste verschijnsel is een directe psychische intimiteit, een terugkeer naar de kindertijd – in de oorspronkelijke betekenis van het Latijnse *infans*, wat duidt op iemand die niet praat, het eenzame wezen dat ontdaan is van taal. Dat zou ik een psychoanalyticus niet hoeven te vertellen... Dat vertaalt zich in idiolect, babytaal, gebruik van verkleinwoordjes, een kinderstemmetje. Een taaltje tussen liefjes. En het tweede verschijnsel van liefde is de toegang tot het anale, meneer de analyticus: tegen de ander praten over je spijsvertering, je ontlasting, je stront.'

'Hoe is de liefde die wij in de psychoanalyse "overdrachtelijk" noemen te onderscheiden van de andere?' zei Greenson alsof hij het niet had gehoord.

'Jullie psychoanalytici zijn onverbeterlijk,' antwoordde Capote met zijn stem van geslachtsloos kind. 'Jullie willen dus niet zien dat liefde niets rechtvaardigt, nergens gelijk over geeft, niemand ongelijk geeft. Dat het alleen maar een kwestie is van taal. U zit zich daar te rechtvaardigen: ik had haar lief. Nou en? Uw liefde was een dodelijke liefde. Dat is alles!'

Toen de psychoanalyticus het huis in Bel Air verliet, fluisterde Capote hem in het oor: 'Zo zit het met haar dood. Het is net als de titel van de film waarin ik op dit moment speel: *Murder by Death*. De dood heeft haar vermoord. Niemand anders, zijzelf niet en wie dan ook niet.'

Een tijdje voor Marilyns dood had Truman haar opgezocht in haar huis in Brentwood.

'Ben je afgevallen?'

'Een paar kilo. Zes, acht. Ik weet niet.'

'Als je zo doorgaat zien we straks je ziel door je tere huidje schijnen.'

'Neem me niet in de maling. Van wie is die zin?'

'Van mij, je wordt nooit zo goed geciteerd als door jezelf. En jouw ziel?'

'Die reist. Romi, mijn verlosser, is teruggekeerd naar de hemel, aan Freuds rechterzijde. Hij is op conferentie in Europa.'

'Je psychoanalyticus maakt je kapot! Hou ermee op!'

In feite hield Capote niet van psychoanalyse en had hij een hekel aan Hollywood. Wat de psychoanalyse in Hollywood betreft, dat was voor hem erger dan een modeverschijnsel: een ziekte. 'In Californië is iedereen in psychoanalyse, of psychoanalyticus, of psychoanalyticus die in analyse is,' zei hij tegen degenen die hem wilden overreden om op een van de divans op Couch Canyon te gaan liggen. Wat hij uiteindelijk toch deed, en omdat hij overal dubbel in was, nam hij twee analyses tegelijkertijd, bij een vrouw en bij een man.

Capote vergist zich, dacht Greenson toen hij terugreed naar Santa Monica. Het is niet zo dat in Hollywood alles psychoanalyse is, zelfs de film, maar dat alles film is, zelfs de psychoanalyse. De mensen leven, praten, bewegen, raken of ontlopen elkaar zoals op een set. Ze spelen hun rol. Het hele verhaal van Marilyns behandeling is misschien alleen maar een scenario geweest, afgeraffeld door een klusjesman in de studio's. De psychoanalyticus had net een boek gelezen dat als de autobiografie van zijn patiënte was gepresenteerd, *My Story*, dat vijf jaar eerder onder haar naam was verschenen maar twintig jaar eerder door Ben Hecht was geschreven, op basis van gesprekken met haar. Het hele verhaal van Marilyns analyse was misschien niet meer dan haar interpretatie van de rol van Cecily, die wij haar belet hebben te spelen, dacht Greenson. De rol van de perfecte hysterica, ten prooi aan het klassieke vrouwelijke Oedipuscomplex. Haar behandeling was een psychoanalyse zoals die waar Hollywood in de jaren zestig voor stond, met het oproepen van trauma's, opgehaalde herinneringen en liefde voor een bebaarde, minzame therapeut. Haar dood zelf, aan welk scenario ontleende ze die? Toen Greenson in *My Story* had gelezen: 'Ik was het soort meisje dat je dood vindt in een armoedige kamer, met een flesje slaapmiddelen in de hand,' had hij de indruk gehad dat Marilyn haar rol op de avond van 4 augustus 1962 goed had gespeeld.

Ze had trouwens haar bekentenis niet 'Mijn leven' genoemd, of 'Herinneringen van een actrice', maar 'Mijn *verhaal*', alsof ze op het hoogtepunt van haar roem wist dat ze alleen maar met een lichaam de blanco gedeelten invulde van een scenario dat zij niet had geschreven. Zoals die dag waarop hij, op de set van *Something's Got to Give*, had gezien dat Cukor buiten beeld zinnen voor haar souffleerde, toen ze om de vier woorden struikelde omdat ze haar tekst vergat.

Maar wat had hij zelf anders gedaan? Hij had als haar tegenspeler gefungeerd. Hij had met vakmanschap en overtuiging de rol van te welwillende, absoluut niet neutrale psychoanalyticus gespeeld. In Hollywoods gedachtewereld was Marilyn Monroes dood een *film noir* geworden: *The Death of Miss Golden Dreams, a motion picture, starring Marilyn Monroe and Romi Greenson*. Samenvatting van de film: Hollywood, januari 1960-augustus 1962. De dood van een ster. Monroe speelt de rol van Marilyn. Een somber, innemend en hard personage is haar tegenspeler en dicteert haar zijn laatste regels: Romeo, de man van wie ze dodelijk veel houdt. Hij wordt op het doek vertolkt door Ralph Greenson, haar psychoanalyticus. Overdrachtelijke liefde? Dodelijke overdracht? Ze heeft lief, maar weet niet wie. Ze sterft, maar we weten niet waardoor. Ervan beschuldigd dat hij haar heeft gedood, vraagt hij zich niet eens af of dat is omdat hij haar te zeer heeft liefgehad.

Greenson had al een bezoek gebracht aan Griekenland, Israël en Italië. Hij maakte zich op om naar Zwitserland te gaan. Marilyn, niet in staat te praten, stelde een lijst vragen op en vroeg Eunice Murray die aan haar psychoanalyticus door te bellen. Hij begreep dat de vragen minder belangrijk waren dan wat ze niét zeiden: 'Wanneer komt u eindelijk weer terug?', maar wilde haar niet spreken. Marilyn hing aan de telefoon en belde verschillende keren per dag naar Lee Strasberg, Norman Rosten en zijn vrouw, Ralph Roberts, Whitey Snyder en Pat Newcomb. Ze vonden haar allemaal in de war, op zoek naar zichzelf.

Op de maandag die op haar zesendertigste verjaardag volgde, verscheen Marilyn niet op de set. Peter G. Levathes, die Fox sinds twee jaar leidde, was in Europa om het debacle van *Cleopatra* aan te pakken. Hij liet weten dat hij het probleem Monroe zou regelen. Vooruitlopend op zijn terugkeer verklaarde Marilyn dat ze 'klaar was en ernaar verlangde weer te gaan werken'. Ze had aan maar twaalf van de vierendertig opnamedagen meegedaan. Toen de actrice de volgende dag nog niet op de set was verschenen besloot Cukor, nadat hij iedereen naar huis had gestuurd, dat hij met de film zou stoppen als ze de volgende dag niet kwam opdagen. Fox dreigde haar contract te verbreken. Cukor peinsde al over haar vervanging: hij dacht aan Kim Novak, Shirley MacLaine, Doris Day of Lee Remick. Greenson, met wie Rudin op verzoek van Marilyn contact had opgenomen, beloofde dat hij zo snel mogelijk zou terugkomen en zijn vrouw bij haar familie zou achterlaten.

Toen hij twee dagen later op de internationale luchthaven van Los Angeles nog maar nauwelijks uit het vliegtuig was gestapt, ging hij ondanks zeventien uur vliegen rechtstreeks naar Marilyns huis en trof haar daar in comateuze toestand aan. In ieder geval was ze in leven. Het is onbekend wat zich tussen hen heeft afgespeeld, maar de volgende dag ontving een plastisch chirurg uit Beverly Hills, Michael Gurdin, Marilyn, die door haar psychoanalyticus bij hem was gebracht. Gurdin had haar dertien jaar eerder al geopereerd. Hij had haar neus en jukbeenderen verfraaid. Haar stem was nu diep en schor, haar haar smerig en in de war en ze had zwarte en blauwe kringen onder haar ogen, slecht weggewerkt met make-up. De psychoanalyticus zei dat ze was uitgegleden in haar douche. De arts begreep dat ze onder invloed van drugs verkeerde, maar Marilyn maakte zich vooral ongerust over een geplande fotosessie en vroeg of haar neus was gebroken. 'Als mijn neus gebroken is, hoeveel tijd is er dan nodig om hem in orde te krijgen?' Dankzij röntgenfoto's kon worden vastgesteld dat het bot en het kraakbeen ongeschonden waren. Ze nam dokter Greenson in haar armen. De psychoanalyticus beantwoordde de vragen van de chirurg. Gurdin sloot een fractuur uit. Het was mogelijk dat ze was gevallen, maar ook dat ze was geslagen, want de bloeduitstorting van een neusblessure breidt zich gemakkelijk uit naar de oogleden.

Greenson belde direct Mickey Rudin op om hem de studio te laten waarschuwen dat hij de zaken vanaf dat moment weer in de hand had: 'Het gaat goed met haar, zowel fysiek als emotioneel. Ik ben ervan overtuigd dat ze de film op tijd kan afmaken.'

Hij vroeg Eunice Murray niets over het incident te vertellen, niet aan Engelberg, haar behandelend arts, en niet aan de pers. En niet aan de vertegenwoordigers van Fox, aan wie hij liet weten dat hij voortaan degene was die de artistieke keuzes voor de rest van de opnamen zou bespreken: wat er opgenomen werd, scenarioaanpassingen, kleding... De volgende dag zei Phil Feldman, het waarnemend hoofd dat met operationele kwesties was belast, tijdens een lunch bij Fox tegen de psychoanalyticus dat de studio negenduizend dollar per dag verloor wanneer Marilyn niet speelde, en hij vroeg hem haar zelf naar Century City te rijden.

'Als ze zo afhankelijk van u is, wat komt er dan van de film terecht als ze u niet meer wil?' voegde Feldman eraan toe.

Op die vraag gaf Greenson geen antwoord, maar hij wees erop dat hij erin was geslaagd haar na een week ziekenhuis weer naar de opnamen van *The Misfits* te brengen, en dat ze in staat was geweest Hustons film af te maken. Hij dacht dat hij hetzelfde opnieuw zou kunnen doen.

Maar 's middags, vlak voor sluitingstijd van het kantongerecht, eiste Fox vijfhonderdduizend dollar schadevergoeding voor contractbreuk en werd er aan de pers bekendgemaakt dat Marilyn geen deel meer uitmaakte van de bezetting. Greenson hoorde het nieuws op zijn autoradio, op de terugweg van de lunch. Hij haastte zich naar haar toe en gaf haar een intraveneuze injectie met kalmerende middelen.

Wat later die avond werd bekendgemaakt dat Marilyn zou worden vervangen door Lee Remick. De volgende ochtend liet Dean Martin weten dat hij stopte met de film. 'Ik heb het grootste respect voor Miss Lee Remick en haar talent, en voor alle andere actrices die voor de rol zijn gepolst, maar ik heb getekend om deze film met Marilyn Monroe te doen en ik doe hem met niemand anders.' In het begin had hij zelfs helemaal geen zin gehad om deze film te doen, bekende hij aan sommigen, en hij had er alleen in toegestemd omdat Marilyn hém wilde. Levathes' pogingen om hem op zijn beslissing te laten terugkomen mislukten. Henry Weinstein zei later over die episode: 'Alle acteurs maken angst, tegenspoed en hartenpijn door, maar bij haar was het iets anders: zuivere ontzetting.'

Toen Greenson 's avonds weer thuis was in Santa Monica, kon hij de slaap niet vatten, ondanks de vermoeidheid die sinds zijn terugkeer alleen maar was toegenomen. Hij stond weer op. Twee uur later vond Hildi hem zittend in zijn fauteuil, terwijl hij de röntgenfoto's van Marilyns schedel omhooghield om ze tegen het oranjekleurige licht van zijn bureaulamp te ontcijferen. Betrapt als een kind dat iets stouts doet, maar onverstoorbaar als een man in gebed, ging hij verder met het bestuderen van de foto's. Hij zocht geen verwondingen, maar bekeek nauwkeurig de onbestemde witte en bodemloze zwarte vlakken en las door de onregelmatige verdichtingen en gradaties van ondoorzichtigheid heen de geheime lijnen van de schoonheid. Het donker van de mond opende zich als om te praten.

∾

Bij zijn thuiskomst had Greenson tussen zijn post een overvloed aan briefjes gevonden die Marilyn had neergelegd, alleen gevouwen, zonder envelop, gevlekt. Een ervan raakte hem. 'Steeds weer het schaakspel. Ik kijk ernaar en ik weet niet waarom, ik denk dat de laatste zetten gespeeld gaan worden. Alle bewegingen van het spel dat mijn leven is geweest, komen samen in de laatste verplaatsingen van de stukken. Mijn lichamelijke gesteldheid en die van mijn ziel, de kwaliteit van mijn spel als actrice, de autoriteit van een cineast die ik nog maar kort geleden bewonderde, de seksuele betrekkingen waarin ik ben veroverd zoals in die nagejaagde veroveringen van ons spel: ik zie al mijn bewegingen als verplaatsingen van stukken op de vierenzestig velden... Tot ik schaakmat sta.'

Het briefje eindigde op die manier en de psychoanalyticus droomde weg. Onder de indruk van Marilyns fascinatie voor glas, spiegels en de zwarte en witte velden van het spel van de dood, bedacht Greenson dat ze nooit samen hadden geschaakt.

'Ik ben dol op u. Ik wil uw lijden graag verlichten. Maar u moet die film absoluut afmaken. Dat heb ik beloofd,' schreeuwde Greenson bijna toen Marilyn nog maar nauwelijks was gaan zitten voor de eerste sessie. Hij had erop aangedrongen die in zijn praktijk te houden, en niet bij hem thuis.

'De studio heeft erin toegestemd opnieuw over uw contract te onderhandelen, voor een miljoen dollar: de helft voor het spelen in de film, plus een bonus als die klaar is op de nieuwe geplande datum, en ook nog vijfhonderdduizend dollar of meer voor een nieuwe muzikale komedie. Ongelooflijk: Fox gaat ermee akkoord het scenario van Nunnally Johnson terug te nemen, waar u de voorkeur aan gaf, en als premie George Cukor te vervangen door een regisseur die u op prijs stelt. We hebben gewonnen.'

'Het gaat me niet lukken. En uw psychoanalyse zal me niet helpen. Mijn beroep van actrice is niet het probleem dat ik moet oplossen. Het is de enige oplossing die ik heb gevonden om een ander probleem op te lossen. Voor actrice spelen is niet de oorzaak van mijn paniek. Het is de enige remedie. Geen psychoanalyticus ter wereld zal daar ooit iets aan kunnen veranderen. Ik sta aan het eind van een doodlopende weg, net als in dat huis dat u me heeft laten kopen.'

'In wezen is het probleem van uw hele leven een probleem geweest van afgewezen worden. Maar nu houdt de studio ermee op u in uw fantasie te bevestigen, en ik wil graag een einde maken aan uw verlatingsangst, of die op z'n minst onderdrukken.'

'Er is iets wat weinig mensen begrijpen. Dat is de eeuwige strijd die elke acteur tegen zijn eigen schroom moet leveren. Er is een stemmetje in ons dat zegt tot waar we ons kunnen laten gaan, precies zoals een kind dat aan het spelen is en uit zichzelf stopt wanneer het te ver gaat. Mensen denken dat je alleen maar op de set hoeft te verschijnen en hoeft te doen wat er gedaan moet worden. Maar het is een echte strijd tegen onszelf. Ik heb altijd een ziekelijke schroom gehad. Ik moet echt knokken. Een menselijk wezen voelt, lijdt, is vrolijk of juist ziek. Net als alle mensen die scheppen zou ik wat meer controle over mezelf willen hebben. Ik wou dat het gemakkelijk voor me was om een regisseur te gehoorzamen. Wanneer hij tegen me zegt: nu direct een traan, zou ik willen dat die traan opwelt en dat het klaar is. Angst is noodzakelijk. Maar dáár is het te groot, een zwarte sluier die me bedekt. Ik kan er niet doorheen breken.' Haar stem stierf weg. Ze ging verder: 'Dat doet me denken aan twee films die ik tien jaar geleden heb gemaakt. Ik ben nooit zo slecht in een rol geweest, ervoor niet en erna niet. Michael Tsjechov had in de tijd dat hij mijn coach was, tegen me gezegd: "Er genoegen mee nemen je het personage in te denken en het in gedachten te analyseren stelt je nog niet in staat het te spelen, je in een ander te veranderen. Door je rationele geest zul je passief en afwezig blijven. Maar als je je denkbeeldige lichaam ontwikkelt, als je jezelf loslaat en je door de ander laat bezitten, zullen je verlangens en gevoelens je die ander laten belichamen." Dat is precies waar ik bang voor was: de ander worden.' Nu wond ze zich op: 'Het is niet van gisteren. *Clash by Night* was mijn eerste echte film. Ik ging dood van angst om Barbara Stanwyck, de ster, en vooral Fritz Lang, de regisseur, te trotseren. Hij had Natasha Lytess van de set gejaagd en ik kon niet spelen zonder haar naast me. Daarna een andere film, *Don't Bother to Knock*. Net als nu met Cukor moest ik voor elke scène overgeven. Net als nu in *Something's Got to Give* deed ik alsof ik een kinderoppas was. Maar mijn angst kwam niet doordat ik mijn eigen personage weer bleek te spelen. In feite was de rol die van mijn moeder, mijn onmogelijke moeder. In die tijd hield ik haar bestaan verborgen, ik zei dat ze dood was om niet te hoeven zeggen dat ze gek was. Pas na die film heb ik haar plaatsing in een psychiatrische inrichting kunnen regelen.

Mijn films, sommige in elk geval, hebben me geholpen te overleven. En doordat ik die vrouw had gespeeld die niet in staat was om voor een klein meisje te zorgen, kon ik een beetje voor mijn moeder zorgen. Tijdens die opnamen was ik er ziek van dat ik die verhalen weer moest meemaken. Plankenkoorts, heet dat. Bij mij was het geen koorts, het was ontzetting. Bovendien heette de regisseur Baker. Net als mijn moeder. Maar zegt u dat maar niet tegen dokter Freud,' zei ze met een besmuikt lachje. 'Hij zou me nog erger minachten dan Fritz Lang. Ik was vijfentwintig jaar en het was mijn eerste belangrijke rol in een dramatische film. Toen ik het scenario had gelezen, rende ik midden in de nacht naar Natasha, verscheurd door angst. We hebben samen twee dagen en nachten tussen hoop en paniek gewerkt. Ik herinner me nog wat Nell – mijn personage – tegen de man, Richard Widmark, zei: "Ik zal zijn wie je wilt. Ik zal aan jou toebehoren. Heb je nooit gevoeld dat je, als je iemand weg liet gaan, zélf verloren was, niet wist waar je naartoe moest en niemand meer had om op die plaats te zetten?"'

Marilyn zweeg.

'Aan wie behoort u toe?' vroeg Greenson.

'Ik behoor toe aan degenen die me willen nemen. Aan mannen, producenten, het publiek. Weet u, iedereen heeft een stukje van me genomen om het te veranderen: Grace McKee mijn haar, Fred Karger mijn tanden, Johnny Hyde mijn neus en mijn wangen, Ben Lyon mijn naam... En ik vond dat heerlijk. Dat kunt u zich niet voorstellen! Mijn grootste genot is in de winter van 1954 geweest. Mijn optreden in Korea.'

'Dat weet ik. Ik ken die beelden, ik heb ze een paar maanden geleden op NBC gezien. Aan wie behoort u toe?'

Marilyn gaf geen antwoord. Marilyn herinnerde zich Marilyn. Ze zag haar weer voor zich, zingend voor zeventienduizend mannen die zich de longen uit het lijf floten. Ze was niet bang meer. Ze was de tournee begonnen voor gewonden, daarna in de 45ste Divisie. Tien optredens in de sneeuw en bij temperaturen onder nul, gekleed in een strak paars mini-jurkje met lovertjes, zonder iets eronder. Soldaten, die door een maandenlang gebrek aan vrouwen compleet gek werden, verslonden haar op afstand, stukje voor stukje. Om een rel te voorkomen had ze zelfs Gershwins woorden moeten veranderen. Van 'Do It Again!' in 'Kiss Me Again!' Ze had 'Diamonds Are a Girl's Best Friend' voor hen gezongen. Voor de mannen die zich in Korea voor niets kapot lieten schieten. Om zichzelf weer in de hand te krijgen had ze daarna een sexy dansje voor hen gemaakt. Ze wist dat ze dat leuk zouden vinden. De concerten gingen verder. Op een dag moesten ze haar per helikopter via de lucht ontzetten. Door twee soldaten vastgehouden op de vloer hing ze langdurig uit de deur om kushandjes te werpen naar de mannen die haar naam brulden.

'Aan wie behoort u toe?' vroeg de analyticus weer.

'Aan de angst.'

'Angst waarvoor? Om alleen te zijn?'

'Het is afschuwelijk, die dagen waarop ik ingeklemd zit met veertig mensen om me heen, ingeklemd tussen twee woorden die honderd keer worden herhaald: "*Take*", "*Cut*". "Take één, take dertien, take vijfentwintig." In feite maakt dat woord me doodsbang én stelt het me gerust, dat is vreemd. Het geeft me de illusie dat er iemand in mij bestaat die ze steeds weer opnemen, dat ik iets heb. Ik ben degene die ze opnemen. Daarna kappen ze het af, maar ik ben er een ogenblik geweest, in het oog van de zoeker. Ik heb bestaan. Ik weet dat ik aan het publiek en aan de hele wereld toebehoor, niet vanwege mijn talent en zelfs niet vanwege mijn schoonheid, maar omdat ik nooit aan iets of iemand heb toebehoord. Als je aan niets of niemand toebehoort, waarom zeg je dan niet tegen jezelf: ik behoor toe aan al degenen die me willen!'

'Is er een plaats waar u aan toebehoort?'

'Tijdens de opnamen van *Don't Bother to Knock* was ik een beetje verloren. Ik had in die maanden drie adressen gehad, twee in West-Hollywood, op Hilldale Avenue en op Doheny Drive, en daarna een suite in het Bel Air Hotel, in Stone Canyon. Geen plaats die me het gevoel had kunnen geven er thuis te horen. Ik probeerde een goede actrice en een goed mens te worden. Maar ik had u niet... Soms voelde ik me sterk, maar ik moest die kracht in de verborgenheid gaan zoeken en hem met moeite naar buiten laten komen. Niets is ooit makkelijk geweest. Niets is ooit makkelijk, maar toen was het minder makkelijk dan nu. Ik kon niet over mijn verleden praten. Dat was een te pijnlijke ervaring en ik wilde vergeten.'

'Om te vergeten moet je er opnieuw over praten.'

'Nee, je moet het opnieuw beleven!'

'Wat probeerde u opnieuw te beleven op dat feest van Kennedy?'

'U begrijpt niets! Toen ze me vroegen om voor het verjaarsfeestje van de president in Madison Square Garden op te treden, voelde ik me echt trots. Toen ik het podium opkwam om *Happy Birthday* te zingen viel er een enorme stilte in het stadion, een beetje alsof ik in mijn onderjurk was opgekomen. Op dat moment dacht ik: Mijn god, wat gebeurt er als het me niet lukt om te zingen? Een dergelijke stilte van zo'n publiek doet me goed. Het lijkt op een soort kus. Op dat moment denk je: Goeie genade! Ik zal dat liedje zingen, ook al is het het laatste wat ik op de wereld kan doen. En ik zal het voor iedereen zingen. En ik herinner me dat ik, toen ik me naar de microfoons draaide, het stadion in alle richtingen aankeek terwijl ik dacht: Daar had ik kunnen zitten, ergens boven, helemaal boven, achter de balken, bij het plafond. Maar ik sta hier, middenin.'

'Nu moet u vergeten en opnieuw beginnen. Ga weer verder met de opnamen!'

'Ze hebben van me gezegd dat het met me gedaan was, dat het afgelopen was met Marilyn: in wezen moet het een opluchting zijn om afgelopen te zijn. Je voelt je vast als een hardloper van de honderd meter die het finishlint heeft gebroken en met een diepe zucht denkt: Dat is dat, klaar is Kees. In feite is er nooit iets klaar. Je moet altijd opnieuw beginnen, altijd. *Cut!* Ze nemen een ander! Laat Cukor de tering krijgen!'

Fox had twee miljoen dollar geïnvesteerd. Cukor vertrouwde een verslaggeefster toe: 'Die arme schat is compleet gek geworden. Wat jammer is, is dat het beetje dat ze gedaan heeft niet goed is... Volgens mij is het afgelopen met haar.' Maar hij had een idee om uit de impasse te komen: een film maken over de mislukking van de opnamen. Een film over de coulissen van een film. Met haar ongerechtvaardigde eisen en schaamteloze manipulaties zou Marilyn de gestoorde actrice belichamen. Een tragikomedie, een Hollywood-verhaal, met uitgerangeerde producenten, intuïtieve psychoanalytici en een alomtegenwoordige vrouwelijke uitzuigster die het spel van de gevallen ster leidde. De ontknoping zou heel dramatisch zijn: de dood en de gekte die Marilyn had gevreesd – of geveinsd – haalden haar op de laatste spoel in.

Cukor maakte die film over en met haar niet, maar twee jaar na Marilyns dood richtte hij zich opnieuw op portretten van vrouwen, zoals danseres Isadora Duncan of de actrice van de stomme film Tallulah Blankhead. Terugdenkend aan de pijnlijke weken van *Something's Got to Give* wilde hij het portret maken van een actrice als gebroken vrouw, na *Sunset Boulevard* van Billy Wilder en *All About Eve* van Mankiewicz. Net als hij hadden de twee cineasten Marilyn laten spelen, en het zou een goed idee zijn, en een mooie revanche op die gehate rivalen, om een sombere kleurenfilm over de laatste dagen van de ster te maken. Het zou de laatste en de mooiste film van George Cukor kunnen zijn. Nu Marilyn een mythe was geworden, kon het idee andere studio's dan Fox verleiden. Cukor had zelfs een titel: *Lost in the City of Angels*. Hij had ook gedacht aan *A Star Has Died*, dat zou voor symmetrie hebben gezorgd met *A Star Is Born*, zijn film uit 1954 waarin Judy Garland al een gestoorde actrice speelde die meer belang hechtte aan haar slapeloze nachten dan aan de dagen die ze doorbracht in het donker van een set waar je zweette in de spotlights. Het zou een film worden over de onmogelijke film, een film achter het doek. De verborgen kanten van Hollywood zouden de domme, wrede machinerie van de studio's aan het licht brengen, en de verborgen kanten van een gezicht zouden de gekte laten zien van een actrice die op zoek was naar een verloren beeld dat ze zelf zou zijn.

Op haar zou hij ook wraak nemen, want de moeizame confrontatie met Marilyn was een slechte ervaring geweest. Gedurende de zeven opnameweken had ze voortdurend haar scènes en teksten veranderd. Gecontroleerd en gestuurd door Greenson hadden de scenaristen takes moeten inlassen en de volgorde en inhoud van oorspronkelijk geplande scènes moeten veranderen. Met name de aanwezigheid van Paula Strasberg bij elke opname van elke scène had Cukor buiten zichzelf gebracht. De methode van de Actors Studio was in zijn ogen pretentieus geklets en hij bleef zich vasthouden aan de privileges van de regisseur. Na elke opname, wanneer hij 'Cut!' zei, wendde Marilyn zich niet tot hem maar tot Paula, om haar te vragen of het deze keer goed was. Ze gingen achteraf staan en wisselden ongelooflijk serieus opmerkingen uit die eindigden met een oordeel: 'Ja!' Of vaker: 'Nee, dat is niet goed! Laten we nog een take doen!' Dean Martin, haar tegenspeler, ging zijn zenuwen op zijn golfclubs uitleven en mepte een paar ballen in een hoek van de studio. Paula, Greenson en Henry Weinstein, *staff producer* en vriend van de psychoanalyticus, dat waren een beetje veel mensen die met hem over de *final cut* ruzieden.

Maar Cukor was hoffelijk gebleven. Wanneer Marilyn een beetje te vaak: 'We doen er nog een' herhaalde, antwoordde hij eenvoudigweg: 'Natuurlijk, liefje,' en dan riep hij daarna elke keer: 'Marilyn, laatste' en maakte hij vier of vijf extra opnamen zonder filmrol in de camera. Na elke viewing van de rushes trokken Cukor en zijn assistent, Gene Allen, zich terug en wanneer ze weer te voorschijn kwamen vonden ze Marilyn angstig voor de deur van de projectiezaal: 'Hoe was het?' Cukor draaide zich om naar Allen en fluisterde hem in het oor: 'Ze bedoelt: hoe was ik!' Daarna verzekerde hij haar, met een charmante glimlach: 'Schitterend, Marilyn, schitterend.' Na de laatste opnamesessie verklaarde de regisseur publiekelijk: 'De studio heeft haar alles toegestaan. Ze was moeilijk. Heel moeilijk. Over alles. Ze deed zogenaamd aardig tegen mij. Het spijt me haar zo te zien, vechtend tegen hersenschimmen. Zelfs haar advocaat, Mickey Rudin, kan niet meer en zij wil niet meer. Ik geloof dat dit het eind van haar carrière is.'

Nu wist hij dat wat hij voorvoeld had het eind van Marilyn was, zonder meer. En wat hij met die film over de dode actrice wilde, was die ongelooflijke geconcentreerdheid laten zien die ze ondanks zichzelf aan haar verschijningen had gegeven, die haast ondraaglijke aanwezigheid op het doek in de scènes die bij de montage van *Something's Got to Give* uiteindelijk bewaard waren gebleven, terwijl ze zo afwezig was geweest bij de opnamen. Zo afwezig, zelfs als ze er was. Op het doek leek ze zich vertraagd te bewegen, en dat was werkelijk hypnotiserend, dacht de cineast. Ze had bijna geen blik meer en dat was mooi. Cukor zou zichzelf ten tonele brengen en de rol spelen van de geduldige, geniale regisseur die hij in werkelijkheid zo moeilijk had kunnen zijn. De film zou een komedie worden, maar ook een tragische film. Hij veranderde nog een keer van titel en koos: *It's What's On the Screen That Counts*. Hij bleef zijn project maar aanpassen, en zag er ten slotte vanaf toen de artikelen verschenen die Greenson ervan beschuldigden dat hij had meegedaan aan een complot om de actrice te vermoorden. 'Dat komt allemaal te dichtbij! Te veel macht in het spel. Te veel liefde,' zei hij tegen Hedda Hopper, de journaliste van de coulissen van Hollywood.

De laatste dag van zijn leven, 24 januari 1983, zei George Cukor tegen een vriend: 'Het was een smerige zaak. De ergste afwijzing die ze te incasseren had gekregen. Uiteindelijk was ze te onschuldig.'

ᑍᐤ

Nadat ze was weggestuurd bij de opnamen, liet Marilyn fotografen bij zich komen om lange sessies voor *Life, Vogue* en *Cosmopolitan* te doen. Ze probeerde een tegenaanval en streed met
het enige dat ze altijd te gelde had weten te maken: haar beeld.
Onder meer liet ze op 22 juni op de cover van *Life* een foto verschijnen waarop ze naakt in het zwembad lag. Degenen die
haar in haar laatste dagen fotografeerden of vastlegden, geven
twee tegenovergestelde beelden van haar: een schitterende ster
en een verlepte modepop. Barris ziet haar sterk en vrij. Ze heeft
de macht; ze is de wind, ze zweeft in het kometenaura dat William Blake rond gewijde figuren laat waaien. Ze is het licht, de
godin, de maan. De ruimte en de droom, het mysterie en het
gevaar. Maar ook de hele rest, waaronder Hollywood. De hele
rest, waaronder het meisje van het schellinkje. De journalist van
Life, Richard Meryman, is daarentegen getroffen door de vaal-
heid van haar lusteloze gezicht. Haar huid niet wit en niet grijs;
het leek wel of ze zich al heel erg lang niet had afgeschminkt.
Van een afstand was ze prachtig, maar zodra je haar gezicht van
dichtbij bekeek, zag je dat het eruitzag als karton. Haar haar was
glansloos, duizenden keren gekruld en gedroogd. Niet eens onecht, maar dood. Permanent heet dat. Het enige stukje van haar
dat niet dood zou gaan, omdat het al dood was.

Volledig ontmoedigd door de wending die de zaken sinds zijn
terugkeer hebben genomen, schrijft Greenson aan een vriendin, Lucille Ostrow, dat hij zijn mislukking als een persoonlijke

smaad ervaart. Om haar te hulp te komen, vertelt hij klaaglijk, heeft hij niet alleen zijn vakantie opgeofferd, maar ook een verblijf in New York, waar hij Leo Rosten zou ontmoeten. 'Ik heb alles waar ik naar streefde en wat belangrijk voor me was opgegeven, en zij is opgetogen dat ze zich heeft bevrijd van de film waar ze zich aan ergerde. Het gaat heel goed met haar. Nu ben ik degene die in de put zit, die zich alleen en verlaten voelt.'

Greenson wijdde al zijn tijd aan de vrouw die hij 'zijn lievelingsschizofreen' noemde. De mensen die met de film te maken hadden, vielen over hem heen: scenarist Walter Bernstein vertelde aan wie het maar wilde horen dat Greenson Marilyn in een cocon had gestopt. 'Ze is een investering voor hem geworden, en niet alleen financieel. Hij zorgt niet voor haar: hij exploiteert haar ziekte. Het is voor hem en voor anderen van levensbelang geworden dat ze als ziek, afhankelijk en in de war wordt beschouwd. Er zit iets onheilspellends aan die psychoanalyticus, die een krankzinnige invloed op haar uitoefent.'

In de loop der tijd was de ruimte die Greenson en Marilyn scheidde niet opgevuld, maar op een bepaalde manier omgekeerd. Ze hadden hun idealen uitgewisseld en elk had het symptoom van de ander overgenomen. De analyticus had zich overgegeven aan een groeiende fascinatie voor films en voor zijn eigen beeld. Hij ontliep patiënten en conferenties en bracht zijn tijd door in de gangen van Twentieth Century-Fox. Marilyn praatte meer, en wanneer ze een gesprekspartner had die ze vertrouwde, vond ze haar woorden. Beelden maakten haar bang.

In het begin van de week na haar ontslag vertrok Marilyn naar New York. Ze zag er niemand, behalve W. J. Weatherby, met wie ze sinds twee jaar zo nu en dan een gesprek voerde. Ze waren bevriend geraakt. Zoals gewoonlijk kwam ze vermomd aan, met een hoofddoek om, in een wijde blouse en een vormeloze lange broek en zonder make-up. De journalist was niet zo gevoelig voor de narcistische schoonheid van Marilyn Monroe en zocht naar wat er achter haar masker in haar verborgen zat. Wat vooral indruk op hem had gemaakt was iets ondefinieerbaars wat hij probeerde te grijpen door zich op het woord 'schild' te richten. Het beeld dat zij uitstraalde was een schild, een extatische breking van het licht die een diepe verwarring versluierde.

Ze zagen elkaar terug in de bar op 8th Avenue waar ze altijd kwamen. Een plaats gevuld met stille drinkers die waren gekomen om in te nemen, zoveel mogelijk in zo groot mogelijke glazen. Een plaats waar je niet zou verwachten een Hollywood-ster tegen te komen. Ze zaten altijd in een hoekje achterin, in het donker. Er werd niet aan tafel bediend. Na een halfuur wachten dacht hij dat ze niet zou komen, toen hij achter zich een vrouwenstem hoorde: 'Een dollar voor je gedachten.'

'Die zou je kwijt zijn.'

Ze had in beide handen een glas. Een nieuwe bleekheid voegde zich bij de oude en maakte haar nog ondoorgrondelijker.

'Gin tonic!'

'Heel goed! Maar weet je zeker dat je deze plek leuk vindt?'

'Ik ben er dol op! Ik ben niet gewend aan échte kroegen. Het doet me denken aan die in Reno waar we bezopen weggingen. Maar weet je, je verandert als je van plaats verandert. We hebben allemaal een stel personen in ons, verschillende manieren om op verschillende plaatsen jezelf te zijn. Ik ben in New York en in Hollywood niet dezelfde. In deze bar anders dan op een set. Bij Strasberg anders dan bij jou. Ik zie dat als ik geïnterviewd word. De vragen dicteren je de antwoorden en dan lijk je zus of zo als persoon te zijn. De vragen vertellen me vaak meer over degene die ze stelt dan wat mijn antwoorden hem over mij vertellen. De meeste mensen vergissen zich als ze denken dat ze hun hele leven maar één ik zijn, heel volledig, constant, gesloten. Wat zouden ze toleranter naar anderen toe zijn als ze inzagen dat ze zelf ook uit stukken bestaan, met gaten, veranderend.'

'Jij verleidt interviewers,' zei Weatherby met een ontwapenende glimlach, 'omdat je niet wilt dat ze bij je echte ik in de buurt komen. Je wilt dat ze van je houden en je liefdesverhalen vertellen.'

'Denk je?'

'Zeker weten! Jij verleidt alle mannen die langskomen,' grapte hij. 'Geef maar toe dat je het leuk vindt je macht over hen te voelen!'

'Niet echt. Soms heb ik een hekel aan het effect dat ik op mannen heb. Die stomme blikken. Die vuisten die in de leegte worden gebald. Dat is niet menselijk. Maar met jou werkt dat niet, en des te beter. Ik heb geen respect voor mensen die van je houden omdat je iemand bent. Maar je moet ons gesprek niet in je zakboekje opschrijven.'

Ze gaf hem het beeld van een kind dat fluit of lacht in het donker. Hoe meer ze haar best deed vrolijk te zijn, des te meer ze het donker op voelde trekken.

'Wil je iets anders drinken, Marilyn?'

'Ja, best. En wat lees je op het ogenblik?'

'*The Deer Park* van Norman Mailer. Het is een roman over Hollywood. Ik zal hem je geven.'

'Heb jij wel eens het gevoel dat boeken ver van je af staan, buiten je bereik zijn? Ik bedoel: dat je niet weet hoe je ze moet opvatten? Alsof ze in een vreemde taal zijn geschreven, zelfs als de woorden Engels zijn. Ik voel me soms zo dom met een boek.'

'Maak je maar geen zorgen, jij hebt een scherpere intuïtie dan veel intellectuelen. Bederf je gevoeligheid niet met kennis uit de tweede hand. Ik zou liever mooi zijn dan slim.'

Ze wendde haar hoofd af en hij wist direct dat hij een vergissing had gemaakt.

Ze liepen tegen de stroom in van de avondmenigte die zich naar de metro van de Port Authority Terminal haastte. Hij zette haar in een taxi en keerde toen terug naar hun bar op 8th Avenue, ging dit keer in het met neon verlichte gedeelte zitten, opende zijn zakboekje en schreef hun gesprek uit. Hij vroeg zich af of ze hem niet gebruikte, of ze gewoon vriendelijk deed of dat er een bedoeling achter zat. Hoe hij ook bij zichzelf zei dat hij niets voor haar of haar carrière kon betekenen en dat hij niet over haar zou schrijven, de argwaan bleef.

Twee dagen later zagen ze elkaar weer, zoals afgesproken. Hij vond haar veranderd. Haar lichaam was zijn jeugdige vormen verloren. Haar gezicht was ingevallen, haar huid liet haar beenderen doorschemeren en haar vlees omhulde niet meer zo subtiel haar trekken. Ze had zich slordig opgemaakt. Haar vermoeidheid of haar rimpels verdwenen er niet door, en dat wist ze. Ze was eerder gekomen dan hij en was weer opgestaan om hem een vrolijke, lichte kus te geven. Weatherby had liever niet haar geur geroken. Ze rook naar ellende, angst, tranen.

'Ik was bijna niet gekomen,' begon ze.

'Ik ben blij dat je er bent. Wat doe je met je dagen hier?'

'Ik weet niet. Op de bodem van het zwembad. Schop om weer boven te komen. Ik weet niet. Ik zou binnen willen blijven, ver weg.'

'Ben je verdrietig?'

'Als men wil. En zelfs als men niet wil...'

Ze bleef hakkelig en toonloos praten. Ze bestelden hun drankjes. Ze wilde een *White Angel*, maar de ober wist niet wat dat was. Ze klonken met hun gin tonic en wensten elkaar 'succes'.

'Dat doen ze míj niet aan,' ging ze verder. 'Dat heb ik meegemaakt, de paniek als je een verliezer bent. Ik heb het gezien in de ogen van Betty Grable, een ster in haar tijd. Ze hebben me een keer aan haar voorgesteld, in haar kleedkamer. Ik begreep dat de studio mij gebruikte om haar duidelijk te maken dat haar heerschappij voorbij was en dat ik haar ging opvolgen. Ze hoopten dat ik haar zou vernederen. Ik ben 'm gesmeerd. De studiomensen hebben me een hele tijd misbruikt. Ik liep erin, ik was naïef. Ze hoefden maar geïnteresseerd in me te doen en ik dook de koffer in. Ik zou het nog doen, zeker weten, maar niet met degenen die te overduidelijk smeerlappen zijn. De tijd is voorbij dat ik getrouwd was en 's avonds naar party's bij een van die types ging. Ze legden hun poten op me als een tijger op een... hoe zeg je dat? een antidinges, een antilope. Met een blik alsof ze zeiden: dit ding is van mij. Ik heb het, ik heb het gehad, ik zal het hebben. Dat is kenmerkend voor een ex-hoer, ook al ben ik nooit in de ware zin een hoer geweest. Ik heb mezelf nooit verkocht. Ik liet me kopen. Maar er is een periode geweest dat een vraag genoeg was om me links en rechts te laten neuken. Dat vergemakkelijkte mijn carrière, dacht ik, en over het algemeen vond ik ze best aardig, mijn mannen. Ze waren zo zeker van zichzelf, en ik zo weinig.'

'Heb je plannen, na de film?'

'Ik wil al heel lang Blanche DuBois spelen in *A Streetcar Named Desire*. Dit is niet het moment, ik ben te veel in mezelf gekeerd. Ik ga het op Broadway doen, over een paar jaar. Ik ben zo dol op de laatste zinnen van Blanche – weet je nog, Vivien Leigh in de film van Kazan?'

Hij wist het nog. Die vrouw, heel bleek, heel gek, dodelijk gek, gek van liefde voor niemand.

'Ik zie mezelf op dit moment niet op een podium zeggen: *"Whoever you are, I have always depended on the kindness of strangers."* Minnaars, vrienden, ouders, familieleden, op een dag laten ze je allemaal vallen. Dus vreemden zijn minder gevaarlijk. Maar je moet niet te afhankelijk van ze zijn. Toen ik klein was, zijn er vreemden geweest die me pijn hebben gedaan.'

'Ik heb een keer gelezen dat je als kind seksueel bent misbruikt?'

'Laten we het daar niet over hebben. Ik heb er genoeg van daarover te praten. Het spijt me dat ik erover ben begonnen.'

Ze veegde de tafel schoon met een papieren servetje. Daarna glimlachte ze in zichzelf.

'Huisvrouw. M'n huishouden doen? Ik ben dol op schoonmaken. Dan hoef ik niet te denken.'

Na lange stiltes, onderbroken door korte, nogal onbegrijpelijke zinnen, ging Weatherby naar de wc. Toen hij terugkwam trof hij een man aan die bij hun tafeltje stond en opdringerig een nummertje voorstelde aan die slonzige blondine, van wie hij niet wilde geloven dat ze niet tippelde op de 8th. Ze ontdeden zich van de beteuterde man.

Ze zei: 'Maskers laten ons zien, rollen maken ons dood.'

Ze zei: 'Ik sleep Marilyn Monroe overal naartoe, als een albatros.'

Ze zei ook: 'Ik denk dat ik een testament ga maken. Weet niet waarom. Dat heb ik in m'n hoofd. Onheilspellend, toch?'

Hij zei: 'Ik zou het leuk vinden als je op de bar gaat dansen.'

'Dan gooien ze ons eruit! In dit soort bars moeten vrouwen zich aan hun plaats houden, aan de voeten van de mannen. Niet andersom.'

Daarna dronk ze veel en praatte ze weinig, met toespelingen.

'Je gaat toch niets schrijven over wat ik tegen je zeg? Ik ga misschien ook weer trouwen. Het probleem is dat hij op het ogenblik getrouwd is. En hij is beroemd; we kunnen elkaar alleen in het allerdiepste geheim zien.'

Ze voegde eraan toe dat haar minnaar in de politiek zat. In Washington.

De volgende dag stuurde ze een vreemd telegram aan Bobby Kennedy om een uitnodiging voor een diner in Los Angeles af te slaan: 'Geachte minister van Justitie en mevrouw Robert Kennedy, ik zou dolgraag gehoor hebben gegeven aan uw uitnodiging ter ere van Pat en Peter Lawford. Helaas ben ik betrokken bij een manifestatie voor de verdediging van de rechten van minderheden en hoor ik bij de laatste sterren die nog met beide benen op de grond staan. Want uiteindelijk was al wat we eisten ons recht om te schitteren. Marilyn Monroe.'

Volgens Peter Lawford gebruikte Marilyn op zaterdag 4 augustus, haar laatste dag, aan de telefoon een verschrikkelijke uitdrukking voor haar weigering om naar de party te komen die hij in zijn villa op het strand van Santa Monica organiseerde: 'Om me als een stuk vlees van de een aan de ander te laten doorgeven, nee dank je! Ik heb m'n portie gehad. Ik wil niet meer gebruikt worden. Frank, Bobby, je zwager de president – hem kan ik niet eens meer ontmoeten. Iedereen gebruikt me.'

'Kom toch maar. Dat zal je op andere gedachten brengen.'

'Nee; ik ben kapot. Er is niets meer waar ik nog op wil reageren. Niemand meer. Bewijs me alleen een dienst: zeg tegen de president dat ik heb geprobeerd hem te bereiken. Doe hem maar de groeten van me. Zeg hem maar dat ik mijn taak heb volbracht.'

Het begin van haar telefoontje was alleen maar ongearticuleerd gemompel en Lawford moest verschillende keren haar naam roepen, alsof ze hem niet hoorde. Na een lange, uitgeputte zucht had ze duidelijk gezegd: 'Tot ziens aan Pat, tot ziens aan de president en tot ziens aan jou zelf, want jij bent een goeie vent.'

Lawford hoorde dat die stem geen grap was en niet: 'Pas op!' riep. Hij voelde dat die stem wegzakte in de dood. Hij vermoedde dat 'tot ziens' niet per definitie wil zeggen dat je ervandoor gaat, maar gewoonweg dat je de ander roept en wilt terugzien.

Marilyn en Ralph, onverenigbaar en onafscheidelijk, zouden elkaar spoedig verliezen. Niet elkaar loslaten, maar zich in elkaar
verliezen. Zoals bij die afbeeldingen op kaarten of postzegels,
waarop twee personages in keerdruk in het midden tegen elkaar
aan staan. Hun lichamen raken elkaar, maar ze kijken allebei
een andere kant op. Op het kruispunt van inzicht en herinnering, onbeholpen woorden en opnieuw bezochte dromen, stilte
en tranen, hadden een man op leeftijd en een kindvrouwtje elkaar toch ontmoet. Liefde is altijd een herinnering aan liefde.
Verlangen het vergeten van verlangen. De ontmoeting van twee
parallelle verhalen is altijd toeval. Een dubbel schaakmat.

Het beeld was steeds weer haar zekerheid en haar bescherming geweest. Gefotografeerd worden betekende voor Marilyn gestreeld worden zonder risico, en verlangen oproepen als
schild tegen de verwoesting van de liefde. Ze verlangde ernaar
verlangd te worden om niet te hoeven weten of er van haar gehouden werd. Nu had de hartstocht de liefde en zelfs het verlangen in haar verteerd. De hartstocht liet de taal zijn eigen gang
gaan, in het luchtledige, zonder verankering in haar lichaam.
Van iemand houden betekent van zijn woorden houden. Steeds
maar zijn aanwezigheid zoeken. Marilyn hield van Greenson.
Hartstochtelijk. Dat wil zeggen: ze hield niet van hem. Ze verlangde niet naar hem. Ze wachtte op hem. Bevangen door de
ander, door zijn woorden en zijn beelden, was ze niet meer zichzelf. Lijdend aan identiteitsverlies, aan aanvallen van de ander,
zoals je ook weleens aanvallen van krankzinnigheid zegt, hield

ze van de waanzin, met een intensiteit waarbij het toppunt van liefde geen liefde meer is. En degene die het onderwerp van die liefde was, was ook niemand meer. Die man werd niet meer herkend in de bijzondere, concrete realiteit van zijn aanwezigheid, maar was een geheel van tekens geworden, een mateloze abstractie. Toch was dat irreële wezen in haar ogen de enige die bestond. Hartstochtelijke liefde schurkt tegen waanzin aan. In beide betekenissen. Dicht ertegenaan: ze grenst eraan, en het is niet voor niets dat het 'dolverliefd' heet. Maar ze vermijdt hem ook: de psychose is een mislukking van de liefde, een voorbije liefde. Ook hun scheiding, die het eind van de liefde en de gedachte aan de dood liet samenvallen, kon niet anders dan hartstochtelijk zijn.

Na Marilyns dood schreef Greenson een artikel voor een conferentie op de UCLA: 'Seks zonder hartstocht'. Tussen de regels door stelt hij de tegenovergestelde vraag: wat is hartstocht zonder seks? Hij was uitgegaan van een bespiegeling over vrouwen en verlangen, en verlies van verlangen. Marilyns seksuele leven had hem ervan overtuigd dat verlangen en liefde voor haar van elkaar los waren geraakt. 'Een vrouw die tegen de veertig loopt,' schrijft hij, 'heeft seks en seksuele relaties nodig om zichzelf gerust te stellen dat ze nog begeerlijk is. Maar vooral om zichzelf te bewijzen dat er nog steeds van haar gehouden kan worden. Laten we niet vergeten dat een vrouw een enorm voordeel heeft bij de seksuele daad: zij kan hem uitvoeren of hem in zich laten uitvoeren zonder wat dan ook te doen, en ze hoeft niets speciaals te doen om haar partner te bevredigen. Vrouwen beschikken over de mogelijkheid seks te gebruiken voor doeleinden of in richtingen die niet seksueel zijn. Velen van hen begeven zich dus in seksuele relaties zonder liefde en zonder hartstocht. Ze maken er om verschillende redenen gebruik van: verovering, geruststelling, wraak. Sommigen kunnen zichzelf niet toestaan hun emoties en fantasieën rechtstreeks te ervaren wanneer ze zich met een man verbinden in wat de intimiteit bij uitstek is: seksuele intimiteit. Intiem met iemand verbonden zijn wil zeggen dat hij je kan kwetsen, je onrecht kan aandoen, je kan verlaten. Dus die vrouwen nemen afstand ten opzichte van de man en blokkeren hun fantasieën.'

Dit artikel kan ook gelezen worden als een soort zelfanalyse, als een soort poging om over het mannelijke verlangen na te denken. 'Mannen van vijftig (Greenson is vijfenvijftig) hebben minder seksuele verlangens. Ze kunnen allerlei rationaliseringen gebruiken om seks te vermijden, of allerlei hulpmiddelen om erin te slagen. Ik kan het gebruik van stimulerende middelen om de geslachtsdaad te volbrengen niet inschatten, maar ik denk niet dat het zich beperkt tot een paar personen in Beverly Hills of Hollywood. Mannen zijn bang voor geslachtsverkeer, deels uit angst voor impotentie, deels om te vermijden zichzelf de potentievraag te stellen. Ze zijn hun vrouw niet trouw uit moreel gezichtspunt, maar onderwerpen zich aan de moraal uit angst voor hun mislukking als minnaar. Ze zijn trouw of vluchten in aseksualiteit of non-seksualiteit omdat ze bang zijn niet met andere mannen om een vrouw te kunnen wedijveren.'

Greensons reis en afwezigheid hadden Marilyn net zo uit haar evenwicht gebracht als zijn buitensporige aanwezigheid haar al twee jaar weerloos had gemaakt. Vervoering, verrukking, scheiding, verplaatsing, reis, die woorden vertelden haar steeds weer dat ze, door als een gek van Greenson te houden, een ontheemde werd, zoals de vrouw op het schilderij in de salon van de haciënda in Santa Monica. Zoals het kleine meisje dat Grace McKee op een dag in haar zwarte American Bantam uit 1940, model Hollywood, door de stad had gereden. De hele rit lang had ze niet gezegd waar ze haar heen bracht. Plotseling kreeg ze op El Centro Boulevard een gebouw van drie verdiepingen in het oog. Op de gevel van rode baksteen las ze LOS ANGELES ORPHANS HOME.

'Afgedankt worden' zeg je in de gewone taal om over breuken te praten. Afgedankt worden in de liefde betekent afgedankt worden als een ding, een stuk afval dat je genoeg hebt gebruikt. Liefde kwijtraken is jezelf en de taal kwijtraken. Zoals in de verdwazing van de liefde iets heel dieps naar de ander trekt, verlangt een andere verdwazing naar wat buiten de tijd is achtergelaten: je kinderjaren, het kind in jezelf. Marilyn vond het eenzame kind terug, het kind dat wil sterven.

Wanneer was het? Laat op een nacht belde Marilyn André de Dienes op, haar minnaar van vroeger, haar vriend voor het leven, om tegen hem te zeggen dat ze niet kon slapen. Ze stelde voor ergens in een slecht verlicht straatje in Beverly Hills foto's te gaan maken. Ze wilde treurig en eenzaam poseren. Hij sprong uit bed, greep zijn apparatuur bij elkaar en ze vertrokken om de hele verdere nacht foto's te maken. De fotograaf was zijn flitslamp vergeten, maar hij verlichtte haar met de koplampen van zijn auto. De foto's die er het resultaat van waren, waren heel melodramatisch. Speelde ze komedie? Was ze zich ervan bewust dat er iets niet ging in haar leven, of voelde ze dat op het keerpunt de tragedie haar wachtte? Ze kon er niets aan doen. Ze greep het leven met beide handen, omarmde het, verzwolg het, maar op zo'n zieke en verwarde manier dat ze er de dood in greep. Hartstocht is een dodelijke liefde. Greenson en Marilyn waren verbonden door de liefde en de dood, maar ze hadden de liefde niet bedreven. Restte hun de dood te bedrijven. Samen of ieder voor zich.

De volgende avond, toen de roze nevel donker begon te worden en purperen randen kreeg, belde Marilyn Joan op.

'Hello, Joannie. Ik heb zin om een ritje te maken, ga je mee?'

Joan vond het goed en liet de actrice, gekleed in een bruine coltrui en een beige linnen broek, in haar cabrio stappen. Joan reed en Marilyn, met haar haren in de wind, zei welke kant ze op moesten. Een vrachtwagenchauffeur kwam naast hen rijden en stelde haar een afspraakje voor. Omdat ze geen antwoord gaf, riep hij haar toe: 'Wie denk je wel dat je bent, goeie god, Marilyn Monroe zeker!'

Na Santa Monica Boulevard reden ze noordwaarts over La Brea Avenue. Boven de reusachtige stad daalden vliegtuigen naar LAX Airport, met hun landingslampen aan, te zware vogels, vermoeid en betekenisloos. Het rauwe gebrul van de naderende straalmotoren vermengde zich met de continue brom van het avondverkeer. Ze staken op één blok van het Chinese Theatre Sunset Boulevard over en reden daarna terug via Cahuenga, langs de stuwdam van het Hollywood Reservoir, het kunstmatige meer dat in een kom aan de rand van de Hollywood Hills ligt. Toen ze uit de doolhof van kleine bochtige straatjes kwamen die helemaal naar Griffith Park lopen, begreep Joan dat Marilyn naar het Hollywood Sign toe wilde.

Op een paar honderd meter afstand rees de naam op, als een reusachtige ondertitel die op het beeld van de steile, beboste helling was geplakt. HOLLYWOOD. Negen letters van vijftien meter hoog en tien meter breed. Achter hun rug tekende het Sign, opgericht tegen de hoge heuvels van Mount Lee, zich matblauw af tegen het donker, en aan hun voeten flikkerden tot aan de zee miljoenen lichtjes, als in een omgekeerde hemel.

'Net als in films,' zei Marilyn toen ze naar de stad beneden keek. 'Het klopt in de nacht. Zielen in nood die in de stad der engelen dwalen, tussen hel en vagevuur.'

Voor hen opende zich een ravijn van enkele tientallen meters diep. Borden waarschuwden voor het gevaar en zo nu en dan passeerde er een auto die voorzichtig over het weggetje van rood, droog zand manoeuvreerde. Joan voelde zich onveilig.

'Maak je niet druk, er lopen hier bizarre types en zelfs coyotes rond; maar ik kom hier vaak en er is me nog nooit iets overkomen, behalve het idee om me in een van die donkere dieptes te storten. Romantisch, hè? MARILYN MONROE MET VERBRIJ-

308

ZELDE SCHEDEL TERUGGEVONDEN AAN DE VOET VAN DE LETTERS VAN DE NAAM. De kranten zouden verduidelijken: *Het Hollywood Sign is een reclame die vijftig jaar geleden door makelaarskantoor Hollywoodland haastig is neergezet. Na het omvallen van de laatste vier letters,* land, *is de naam in de heuvels een icoon voor de filmindustrie en voor de drie miljoen inwoners van Los Angeles geworden.* Maar je ziet, je kunt er niet bij komen. Het was een favoriete plaats van zelfmoordenaars, maar nu zou je over een hoog hek moeten klimmen voordat je je van boven van de Naam in de leegte stort.'

In 1950 had Joseph Mankiewicz Marilyn een van haar eerste
echte rollen gegeven, in *All About Eve*. Hij werd in Hollywood
beschouwd als de cineast van de psychoanalytici en de psychoanalyticus van de cineasten. Net als Greenson was hij een man
uit het oosten en zoon van Europese emigranten, eerstgenoem-
de van Russische en laatstgenoemde van Duitse. Beiden waren
van oorsprong joods en opgegroeid in dezelfde geletterde cultuur van New York, en voelden zich min of meer in ballingschap
in Californië, een 'culturele woestijn', zei de cineast. Ze gingen
hoofdzakelijk om met Duits-joodse kunstenaars en intellectuelen die voor het nazisme waren gevlucht en zich in Los Angeles
hadden gevestigd. Maar Hollywood was in de ogen van de cineast een stad gebleven van ivoor en rijkdom, zand en domheid.
Hij was nooit gewend geraakt aan de nacht die in één klap op
de dag volgt, aan de afwezigheid van een trage overgang, avond,
schemering, aan de *cut*-montage van de tijd, waarin daden en
dingen de plaats innamen van gedachten en fantasieën. Wat die
nader tot elkaar bracht was Freud. In bijna alle twintig films die
Mankiewicz regisseerde kom je ergens op de achtergrond een
portret of een standbeeld tegen, waarvan het stille verwijt de
lotsbestemming en de verworvenheden van de hoofdpersoon
ondermijnt. In zijn leven en in zijn werk was Freuds portret die
getuige van de onherstelbare onvolkomenheid. Als jonge student was hij scenarist en daarna regisseur geworden nadat hij
met zijn studie psychiatrie was gestopt.

Hij beschouwde film als een kunst van woorden, meer dan

van beelden. *Pictures will talk*, was zijn lijfspreuk. Hij hield niet van buitenkanten, niet van acteursfilms en niet van regisseurs die acteurs de belangrijkste plaats gaven. Hij onderscheidde twee soorten cineasten: beeldenvertoners en betekenisvertoners, en schaarde zich onder de tweede, die beeld gebruiken maar hun films in de eerste plaats bedenken in termen van dialogen, van het zoeken naar de waarheid in woorden, en niet onder de huid van acteurs. Van film tot film zocht hij het woord in zijn intieme interactie met het beeld. Hij hield niet van spektakel. Net als in een mens valt er in een film niets te zien, zei hij bij zichzelf.

Zijn manier van regisseren was rechtstreeks geïnspireerd op de lessen uit de psychoanalyse. Om zijn acteurs voor te bereiden, spoorde hij hen aan hem vóór de opnamen maandenlang in vertrouwen te nemen, over hun kindertijd te vertellen en hun herinneringen te herbeleven, om zo hun remmingen te doorbreken. Vlak na de oorlog had hij op hetzelfde moment dezelfde analyticus als Ralph Greenson gehad, Otto Fenichel, een freudiaan van het eerste uur die in 1946 voortijdig op achtenveertigjarige leeftijd was overleden.

Jaren na de zomer van 1962 vroeg Mankiewicz of hij Greenson nog eens kon ontmoeten. Ze waren elkaar twee of drie keer op party's tegengekomen, maar waren niet bevriend en waren dat daarna ook niet geworden. Aan de telefoon zei de cineast dat hij er na de dood van de vrouw die hij 'de treurige blondine' noemde, behoefte aan had gehad om de man te ontmoeten die haar had behandeld, om 'alles over Marilyn' te weten. Hij had niet durven bellen, maar nu er wat tijd was verstreken zou hij graag met haar psychoanalyticus willen spreken. Ze ontmoetten elkaar in een anonieme *diner* op Sunset Boulevard.

'Het is eenvoudig, die Eve Harrington was bijna een Margot Channing geworden,' begon Greenson, met een verwijzing naar de vrouwen uit *All About Eve*.

'U vergist zich,' antwoordde de cineast. 'Ze was niet de ambi-

tieuze vrouw die alles slikt om er te komen, en ook niet de ego-
centrische ster die niet opgeeft. Ze was Miss Caswell gebleven,
de naïeve debutante die de regels van het spel begrijpt maar niet
probeert te winnen door de ander schaakmat te zetten. Toen ik
Marilyn aannam om de rol van het sterretje te spelen, was ze de
eenzaamste persoon die ik ooit had ontmoet. We maakten buitenopnamen in San Francisco, en gedurende een week of drie
zagen we haar alleen eten of alleen drinken in het ene of andere
restaurant. We boden haar altijd aan om met ons mee te gaan,
wat ze met plezier deed, maar ze accepteerde nooit – of begreep
niet – dat wij haar als een van ons beschouwden. Ze was niet
eenzelvig. Ze was gewoon ontzettend alleen.'

'Acteurs zijn altijd alleen. Ik ken ze goed, ik heb er hopen in
analyse gehad. Ze hebben rollen, personages, hersenschimmen
in zich, maar ze zijn alleen. Ze hebben scenario's en regieaan-
wijzingen nodig om hun disharmonische innerlijke wereld betekenis en vorm te geven.'

'Ja, maar op dat punt was Monroe heel anders dan andere acteurs, die hun tekst willen denken, zich ermee willen uitdruk-
ken, terwijl ze alleen maar de woorden moeten laten horen die
wij hun in de mond hebben gelegd. Ik heb nooit het vreemde
mechanisme begrepen waardoor een lichaam en een stem zich
plotseling verbeelden een geest te zijn! Het zou tijd worden dat
vleugels begrijpen dat zij het concert niet hebben geschreven.
Waarom besluit een actrice dat het haar eigen woorden zijn die
ze aan het zeggen is, haar eigen gedachten die ze uitdrukt? Maar
Monroe niet. Ze wist dat instinctmatig en alle jaren van haar religieuze bekering tot de *Method* van Strasberg hebben haar niet
kunnen verpesten.'

Mankiewicz' toon werd bitterder, bijna kwaad. Feitelijk was
híj degene die behoefte had om over de dode te praten, niet
Greenson, die afwezig, bijna verveeld zijn mond hield.

'Ik zal u vertellen,' ging de cineast verder, 'haar beeld, als ze dat tentoonspreidde, was om je in te verliezen, om je samen met haar te verliezen, om stil te worden in haar, zoals je een kledingstuk prijsgeeft aan de achtervolger die je vastgrijpt in de slechte griezelfilms van toen ik met filmen begon. Haar hele leven heeft ze zichzelf tentoongespreid: aan het publiek, aan u, aan mij. Ze heeft zichzélf tentoongespreid, en niet alleen haar lichaam, ze heeft zichzelf tentoongespreid in een verschrikkelijk noodlottig spel. Wat mij altijd treft als ik haar beeld op het doek zie, is dat ze niet alleen belicht wordt, maar óverbelicht, zoals je dat van een foto zegt, alsof er te veel licht van haar gezicht af straalde waardoor je de trekken ervan niet kon zien. Wij begrepen niet dat het gezicht van Medusa dat ze ons liet zien een schild was waar onze verlangens op werden geprojecteerd, maar waar ze niet doorheen braken.'

'Weet u, de laatste tijd was ze niet meer alleen maar het seksuele icoon dat een ster van haar had gemaakt. Ik kan wel zeggen dat ze dankzij mij *sprekend* was geworden, als je dat zo kunt noemen.'

'En u heeft er ik weet niet hoeveel sessies voor nodig gehad om die Marilyn te ontdekken? Ik zal u iets vertellen. Toen we *All About Eve* opnamen, liep ik haar een keer tegen het lijf bij Pickwick, de boekhandel in Beverly Hills. Ze ging daar vaak heen, bladerde in boeken, kocht er weinig en las geen enkel boek helemaal – ze las met de ongecontroleerde gretigheid van mensen die zijn opgegroeid in een huis zonder boeken, ook met schaamte over de onmetelijke hoeveelheid van wat ze nooit zullen weten. De volgende dag zag ik op de set dat ze Rilke las. Ik zei dat het een goeie keus was, maar dat ik het verband met haar niet begreep. "Het verschrikkelijke," antwoordde ze. "Rilke zegt dat schoonheid alleen maar het begin van het verschrikkelijke is. Ik weet niet zeker of ik het goed begrijp, maar dat idee bevalt me." Een paar dagen later gaf ze me een boek van Rilke – ze was dol op cadeautjes geven, zoals alle mensen die er niet veel hebben gekregen. Sindsdien denk ik terug aan haar vreemde, glanzende uitstraling als een weerkaatsing die het verlangen tegenhoudt. Een weerkaatsing van het verschrikkelijke.'

Greenson dacht: wat een kletskop, en die uitweidingen! Dat is net als in zijn films, uitweidingen binnen andere uitweidingen.

'Ik ben niet gekomen om over Marilyn te praten, dat denkt u zeker,' ging de cineast verder. 'Wat me in uw verhaal interesseert zijn de macht, het geld, de sociale erkenning. Wat zijn de menselijke verhoudingen, zo niet de manipulatieve verhoudingen? Per slot van rekening manipuleren we anderen, en daarna onszelf. Het is zoals de verstokte gokker die speelt om te verliezen: wat hij wil is uitgeschakeld worden. Dat fascineert me bij vrouwen, en ik betreur het dat er zo weinig scenario's voor actrices worden geschreven. U bent een vrouwenspeler, dokter Greenson, zoals er backgammonspelers of pokerspelers bestaan, maar u denkt dat u een schaakspeler bent.'

De psychoanalyticus gaf geen antwoord.

Mankiewicz verliet de *diner* plotseling, zoals je breekt met iemand die beslist niets begrijpt. Hij besloot een beetje te gaan wandelen voordat hij weer naar huis ging. Nooit had hij zoals op die avond Los Angeles gezien als wat ze is: een filmdecor. Geen stad. Een serie bouwsels: Mexicaanse boerderijen, Polynesische hutten, Côte d'Azur-villa's, Egyptische of Japanse tempels, Zwitserse chalets, buitenhuisjes uit de tijd van Elisabeth I en alle mogelijke combinaties van die verschillende stijlen, die hele architecturale ratjetoe stond langs de hellingen van wat je geen straat of laan kunt noemen. Wat dan ook of bijna niets, in die winkel van Sinkel is alles te koop, tekens van een stad, zogenaamde straten, maquettes van huizen van het soort dat je in een studio in het volle licht van onder een stapel praktikabels vandaan trekt, terwijl de vermoeide stem van een regisseur *Action* roept. De mensen die je op openbare plaatsen tegenkomt zijn alleen maar figuranten die wachten op de volgende opname. Het was niet eens onecht, het zocht geen gelijkenis met de werkelijkheid, het was alleen maar een geloofwaardige achtergrond voor de opname van een film die zich in Hollywood zou afspelen. *Scene of crime*. Knipperende koplampen van auto's met het opschrift LAPD – Los Angeles Police Department. Inzoomen op een laag gebouw halverwege de heuvels. Er ontbreekt een letter aan MOTEL, geschreven in helderrood neon tegen de blauwe nacht.

Mankiewicz dacht terug aan een zin uit zijn dialoog in *Suddenly Last Summer*: 'Het moment waarop de dood zich meester maakt van de film.' In augustus 1962 had hij dat gezien: de dood die zich meester maakte van de film die Marilyn speelde. Toen hij aan het eind van Vine Street de heuvel van Pinyon Canyon begon op te lopen, staken de palmbomen donker af tegen het bleke licht, en hun weinige, hoge takken gingen in gradaties over van zachtpaars naar zwart. Dezelfde rand omzoomde de lage heuvels met een haast vulgaire schoonheid. Zelfs de natuur imiteerde de gloeidraden van de lichtgevende buizen die de schreeuwerige gevels van de *diners* omlijstten. Deze stad is niet meer dan het masker van de woestijn, dacht Mankiewicz. Ik houd niet van buitenkanten. Ik ga geen films meer maken.

Toen hij voor *Vogue* werkte, was Bert Stern naar het Bel Air Hotel geroepen door Marilyn, die een serie opnamen wilde. De fotograaf was de enigszins achteraf staande roze bungalow, nummer 96, binnengedrongen. De vloer lag bezaaid met lege flessen en dozen. Schoenen slingerden rond. Een vrouw naakt op bed, schokkerig door stroboscopische verlichting, en op de achtergrond muziek van de Everly Brothers. Het was na middernacht. Marilyn had urenlang geposeerd, op haar bed, dronken van de Dom Pérignon en daarna heel sterke wodka. Als ze haar borsten ontbloot, vraagt ze aan Stern: 'Hoe is dat, voor zesendertig jaar?'

Hij fotografeert haar op die manier, uit bed hangend op zoek naar de champagne die op de grond staat. Het was niet werkelijk, het was een droom die werkelijkheid was geworden, zoals wat je op je dertiende denkt wanneer je dat woord 'vrouw' hoort. Marilyn leek de vrouw te zijn. Als ze opnieuw onbeweeglijk onder het laken blijft liggen, vreemd passief en kwetsbaar, ontbloot hij haar. Hij buigt zich over het slordige bed. Marilyn houdt haar ogen gesloten. Het geluid van haar ademhaling stelt hem gerust: ze leeft nog. Hij kust haar mond en hoort een vaag 'Nee!' dat uit de diepte omhoog komt, uit een soort onbeweeglijke trance. Hij laat zijn hand onder het laken glijden en raakt haar lichaam aan. Ze verzet zich niet, schuift zelfs naar hem toe. Hij denkt dat ze wil vrijen, dat ze bereid is. Maar op het allerlaatste moment trekt hij zijn hand terug en besluit hij niet verder te gaan. Haar ogen gaan een beetje open: 'Waar was je zo lang gebleven?' vraagt ze, als in een droom, om daarna weer in slaap te vallen. Stern weet zeker dat ze het niet tegen hem heeft.

De verzameling foto's van Bert Stern is gepubliceerd onder de titel *De laatste sessie*. De fotograaf had allerlei accessoires klaargelegd: linten, halskettingen, sluiers, sjaals, champagneglazen, dingen die hij had uitgekozen om hun vermogen tot glans of weerkaatsing, niet om hun kleur. Marilyn was veel actiever dan hij had gehoopt, meer een partner dan een onderwerp om te fotograferen. De eerste twee uur had hij nog een idee van wat hij zocht. Hij had allerlei beelden in zijn hoofd en legde die aan haar voor. Zij maakte een keuze en speelde de scènes zonder een woord te zeggen. Ze praatten niet met elkaar. Ze namen gezamenlijk foto's van haar. Stern had heel veel vrouwen gefotografeerd. Zij was uitzonderlijk. De beste. Ze verplaatste zich in het idee, hij hoefde haar alleen vast te leggen met zijn toestel.

Gedurende verschillende dagen maakte hij vijfentwintighonderdeenenzeventig foto's. Voornamelijk naaktfoto's. Sommige, de mooiste, in zwart-wit. Allemaal dragen ze een geheim in zich, iets verborgens wat we niet zullen leren kennen. De waarheid is nooit naakt. Die komt niet aan de oppervlakte. We zien Marilyn met felgekleurde sjaals om zich heen, soms tussen haar tanden geklemd, gehuld in zwarte tricot, met prullerige halskettingen om, in avondjurk met haar haar in een knot opgestoken, aan het oog onttrokken door chinchillabont, bijna onherkenbaar met zwarte pruik, met slap neerhangende armen als een weerloos kind dat wacht, en steeds met een zijdelingse, terughoudende blik, die van diep lijkt te komen, of van ver. Ik ben er, ik ben het, eindelijk. Verdraagt u het wel? Op de aangrijpendste staat ze met een handdoek tegen haar linkerborst gedrukt, die ze met haar hoofd schuin tegen haar wang wrijft, zoals een kind zijn knuffellapje. Haar ontblote buik laat iets boven de heup een breed horizontaal litteken zien. Hij is in zwart-wit. Het lijkt alsof ze in haar hoofd het liedje uit *Bus Stop* herhaalt: *That Old Black Magic of Love*.

In een zakboekje had ze een zin van Freud uit *Het onbehagen in de cultuur* overgeschreven: 'We zijn nooit weerlozer tegenover het lijden dan wanneer we liefhebben, we zijn nooit ongelukkiger dan wanneer we het beminde object of de liefde ervan hebben verloren.' In de kantlijn had ze toegevoegd: 'Liefhebben is iemand de macht geven je te doden.'

'Soms,' vertelde Stern heel wat jaren later in vertrouwen, 'als iets tot in detail perfect is, is het niet mooi meer. Dan is het overweldigend, dan maakt het bang. En om die angst te overwinnen zeggen we tegen onszelf dat niemand zo'n perfectie kan bezitten, maar Marilyn wekte door haar imperfecties, haar zwaktes en de plotselinge veranderingen van haar lichaam en haar gezicht, al naar gelang het moment en het licht, het verlangen die perfectie wél te bezitten. Zijn haar lippen niet perfect? Dát wekt het verlangen ze te kussen.'

De foto's die Barris voor *Cosmopolitan* had genomen laten geen blauwe plekken op haar huid zien, net zomin als de foto's die een week eerder door Bert Stern voor *Vogue* waren gemaakt. Aan Barris had ze toevertrouwd: 'Leeftijd kan me niks schelen, ik hou van het uitzicht dat je hiervandaan hebt. Ik zie de toekomst voor me openliggen en die is net zo van mij als van welke andere vrouw dan ook.' Maar wanneer ze in Sterns rode Thunderbird voor Schwab's Drugstore zit te wachten en de foto's ontdekt die in het Bel Air Hotel zijn genomen, haalt ze een haarspeld uit haar handtas en steekt ze die één voor één door de negatieven van de foto's die haar 'te Marilyn' lijken. 'Ik was dronken en naakt,' zegt ze daarna tegen Greenson. 'Maar dat is niet wat me stoort. Wat me stoort is de zoete muziek die ik weer hoor als ik ze zie.'

Marilyn heeft nog een maand te leven. Greenson blijft zijn vertwijfeling aan Anna Freud toevertrouwen. Ze antwoordt op 2 juli.

'Geachte collega en vriend, ik heb begrepen dat uw patiënte zich slecht heeft gedragen, met haar te laat komen en de dagen van afwezigheid bij de opnamen. Het verbaast me wat haar overkomt, en wat u met haar overkomt. Er moet iets heel goeds in haar zitten, naar wat ik van Marianne Kris heb begrepen. En toch is ze natuurlijk een patiënte die analytisch gezien verre van ideaal is.'

In de dagen die volgden leek Marilyn er aan de telefoon met Joan niet met haar gedachten bij te zijn. Joan was eenentwintig, maar Marilyn praatte altijd tegen haar als tegen een klein zusje. Ze wilde niet dat ze naaktfoto's van haar zag en vertelde nooit over de mannen met wie ze naar bed ging. 'Ze deed zich altijd aan mij voor als een maagdelijk schepsel.' Al praatten ze samen vaak over de liefde, de meeste tijd ging dat over Joannies liefdesleven. Maar sinds begin 1962 leek Marilyn heel opgewonden te zijn en had ze het over een nieuwe man in haar leven. Ze vertelde liever niet zijn naam en noemde hem 'de generaal'. Daar moesten ze erg om lachen. Joannie vermoedde dat John Kennedy achter die naam verborgen zat. Maar toen het tijdschrift *Life* een reportage publiceerde over Attorney General Robert Kennedy, die door zijn medewerkers op het ministerie van Justitie gewoonlijk 'de generaal' werd genoemd, begreep ze het.

Op de avond van 19 juli nodigde Marilyn Daniel en Joan bij zich thuis uit, om de verjaardag van laatstgenoemde te vieren en om hen te bedanken dat ze haar tijdens de afwezigheid van hun vader terzijde hadden gestaan. Heel vrolijk zei ze tegen Joannie: 'Weet je, ik zou mijn leven kunnen beschrijven met niets anders dan de titels van de liedjes uit mijn films. *Every baby needs a da da daddy, Kiss, When love goes wrong, Diamonds are a girl's best friend, Bye bye, baby, After you get what you want, you don't want it, Heat wave, Lazy, River of no return, I'm gonna file my claim, One silver dollar, That old black magic of love, I'm through with love, I wanna be loved by you, Running wild, My heart belongs to daddy, Incurably romantic...* Ik stop! Maar nu zing ik niet meer. Niet in mijn films en niet in mijn leven. Waarom?' Joan bedacht dat ze aan haar opsomming *Happy Birthday to you, Marilyn* had kunnen toevoegen, maar ze zei niets.

De volgende dag werd Marilyn in het Cedars of Lebanon Hospital opgenomen om er een gynaecologische ingreep te ondergaan. Sommigen hadden het over een abortus, anderen over een miskraam. Ze schreef zich bij opname in onder de naam Zelda Zonk.

Op de dag waarop Darryl Zanuck de baas van Fox werd, had Greenson twee sessies met Marilyn, een in zijn praktijk en de andere bij haar thuis. Engelberg had haar een injectie met kalmerende middelen gegeven. Daarbovenop schreef Greenson Nembutal voor. Sinds zijn terugkeer uit Europa had de psychoanalyticus Marilyn elke dag ontvangen. Ze belde hem onophoudelijk op, soms om twee, drie of vier uur in de ochtend. Ze belde ook Bobby Kennedy op, die ze een maand eerder weer had ontmoet op een party bij de Lawfords.

Sinds de hervatting van haar behandeling had Greenson de indruk dat het beter ging met Marilyn, ook al had ze het voortdurend over scheiding, afwezigheid en eenzaamheid. Misschien was dat het effect van zijn schuldgevoel, want hij dacht dat hij er verantwoordelijk voor was dat ze tijdens zijn afwezigheid door Fox was ontslagen. Misschien probeerde hij zichzelf ook wel gerust te stellen door tegen zichzelf te zeggen dat er een eind aan zou komen, dat ze zou genezen, dat ze hem vrij zou laten, dat hij niet meer zeven dagen per week, vierentwintig uur per dag aan haar overgeleverd zou zijn, een voorwaardelijk in vrijheid gestelde, zoals hij zei, tot in het oneindige een gevangene van de behandelingsmethode die hij noodzakelijk voor haar had geacht, en die langzamerhand onmogelijk voor hem bleek te zijn. Hij besefte dat die wanhoop, die wezenlijke verwachting van de ander, die grenzeloze verwachting, niet de verwachting was van een werkelijk iemand, van hem, Ralph. Het was zelfs niet de verwachting van een ander, onbenoemd, onbekend. Ze verwachtte dat niemand aan haar verwachting beantwoordde.

Misschien deed ze wel alsof het beter ging omdat ze zijn verlangen dat ze vooruitging vermoedde. Per slot van rekening was ze actrice: ze kon gelukkige meisjes spelen, zelfs voor haar dokter. Het was vooral belangrijk nooit verloren te zijn. Bij een sessie had ze gezegd: 'Het kan me niet schelen om dood te gaan, ik weet dat u me daarna zult bellen.'

Greenson overwoog de volgende maand weer naar New York te vertrekken. Zijn boek schoot te langzaam op sinds zijn tijd en emoties hoofdzakelijk aan Marilyn waren gewijd. Wanhoop was voor haar de enige manier om zich van de aanwezigheid van de ander te verzekeren, en ze was een nachtmerrieachtige entiteit geworden die hem ondanks alle liefde, alle kwetsbaarheid of pracht, onverbiddelijk te gronde richtte. En als hij nou eens geen zin had om te gronde te worden gericht?

∾

In de loop van haar laatste vijfendertig dagen zag Marilyn Greenson zevenentwintig keer en Engelberg vierentwintig keer. Van allebei kreeg ze een aantal kalmerende prikken of 'jeugdigheidsinjecties', waarover ze tijdens het onderzoek geen details wilden geven. De *Life*-journalist die haar begin juli voor het laatst interviewde zag haar het gesprek onderbreken om naar de keuken te gaan, waar Engelberg haar een injectie gaf die ervoor zorgde dat ze tot laat in de avond heel opgewonden bleef.

Ze ging niet naar New York, maar verliet Los Angeles verscheidene keren, met name twee weekends naar de Cal-Neva Lodge, het casino dat van Frank Sinatra en Sam Giancana was en waar Paul 'Skinny' D'Amato de scepter zwaaide. De eerste keer organiseerde Sinatra het feest. Officieel nodigde hij Marilyn uit om haar nieuwe contract bij Fox te vieren. Ze hoopte dat ze de opnamen van *Something's Got to Give* in de laatste week van augustus weer zou kunnen oppakken. Sinatra stelde haar ook voor om te praten over een toekomstige film waarin zij met hem de ster zou zijn. Volgens Ralph Roberts had Marilyn niet zo veel zin om erheen te gaan, maar hakte ze de knoop door toen ze hoorde dat Dean Martin dat weekend een show zou geven in de Celebrity Room. Sinatra nam Marilyn mee in zijn privévliegtuig, de Christina, luxueus uitgerust met hoogpolig tapijt, lambriseringen met houtsnijwerk, een salon-bar, een piano en een chique badkamer – met onder meer een verwarmde toiletbril. Ze kreeg bungalow 52 toegewezen, die deel uitmaakte van een groepje bungalows dat voor prominente genodigden was gereserveerd. Vermomd met zwarte hoofddoek en zonnebril bleef ze het grootste gedeelte van de tijd in haar kamer, slapend met de op de telefooncentrale aangesloten telefoon bij haar oor.

De tweede keer dat ze naar de grens van Californië en Nevada vloog, was het laatste weekend voor haar dood. Ze zagen haar ronddwalen in een soort droomtoestand, als een geest. Ze vertelde D'Amato dingen waarover mensen niet zouden moeten praten. Het was geen bijeenkomst van vrienden die haar overwinning op Fox met haar waren komen vieren, maar van vreemde mensen die wilden dat ze zich niet meer met de gebroeders Kennedy zou bezighouden en zich ervan wilden vergewissen dat ze haar mond zou houden. Op een avond, toen de mist op de oever van Lake Tahoe daalde, zagen ze Marilyn aan de rand van het zwembad staan, op blote voeten maar met al haar kleren aan, naar voren en achteren wiegend, haar ogen strak op de top van de heuvel gericht. Toen haar gastheren haar een paar uur later in coma aantroffen, veroorzaakt door een combinatie van medicijnen en alcohol, reden ze haar, verwilderd en met slingerende armen als een trekpop, naar de luchthaven van Reno, waar ze haar aan boord van het privévliegtuig brachten. Ze herbeleefde *The Misfits*. Ze wilde tot elke prijs dat het tweemotorige vliegtuigje in Santa Monica landde, maar de luchthaven was 's nachts gesloten en ze landden op die van Los Angeles. Ze brulde dat ze haar thuis moesten brengen. Toen ze was overgedragen aan haar artsen en Murray, beefde ze van angst en begon ze te begrijpen waarom ze haar hadden laten komen. 'Er zijn dingen gebeurd waar niemand iets over heeft verteld,' zei D'Amato later laconiek.

Een paar dagen later zou Sinatra fotograaf Billy Woodfield een filmpje hebben gegeven om te ontwikkelen. In de donkere kamer ontdekte hij foto's van Marilyn, bewusteloos en gedrogeerd, verkracht in aanwezigheid van Sam Giancana en Frank Sinatra. Alleen Dean Martin had begrepen wat Marilyns probleem was, buiten de medicijnen, buiten de alcohol, buiten dat eindeloze nummer van klein verloren meisje. Veel later zei hij tegen een journalist dat ze in feite niet in staat was te accepteren hoe afschuwelijk de dingen waren die ze zonder het te willen had ontdekt, het duistere woud van Sam Giancana, Johnny Rosselli en 'die smeerlappen van haar geliefde Kennedy's', die duistere wereld die zich uitstrekte achter het dromenland dat ze had gedeeld met de mensen die betaalden om haar op het doek te zien. Ze wilde terug naar dat sprookje, maar dat kon niet. Ze wist dingen die de mensen zouden weigeren te geloven. Dean zag het goed: ze zou het in deze wereld niet lang meer maken. 'Als ze haar mond niet hield, zou ze niet eens medicijnen nodig hebben om haar naar haar plaats van bestemming te leiden.' Marilyn had door haar ontspoorde onschuld heen een glimp van al die dingen opgevangen, en die dingen hadden haar doodsbenauwd gemaakt. Dean zei niets. Wat hij wist, wisten anderen ook: over Monroe, over de Kennedy's, over Sam Giancana, over dat spoor trieste waarheid, verloren geraakt te midden van de leugens en de schone schijn van de stad der engelen.

Veel later liet Dean Martin zich op een avond waarop hij volkomen dronken was ontvallen: 'Marilyn is gestorven toen ze zesendertig was. Des te beter, dat heeft haar ervoor behoed te eindigen als June Allyson, een actrice uit onze jeugd, die tegenwoordig alleen nog maar een stem op de radio is die voor Kimberly-Clark reclame maakt voor incontinentieluiers voor oude mensen. Zij leeft nog wel steeds. Als je dat zo kunt noemen.'

❧

Marilyn begon haar sessie met de volgende woorden: 'Dokter, ik moet u iets vertellen. Ik heb bij Joseph Conrad een zin gevonden die me bevalt en die beter samenvat wat ik in mezelf zie dan lange sessies dat kunnen. "It was written I should be loyal to the nightmare of my choice." Het is treurig, maar niet zo erg. Schoonheid is nooit treurig. Maar ze doet pijn. Ik weet niet zo goed waarom, maar ik associeer schoonheid met wreedheid.'

Daarna ging ze plotseling over op haar verhoudingen met vrouwen.

'Seksuele verhoudingen, dokter, die heb ik gehad. Dat was het: iets donkers, iets wreeds. Kou, afstand.'

Ze zweeg, omdat ze liever naar haar herinneringen keek dan erover praatte.

De vrouwen met wie ze bevriend was geweest, waren allemaal een beetje zoals de eerste, Natasha Lytess, de dramadocente die in 1950 haar carrière beheerste. Intelligent, beschaafd, manipulatief. Ze vroeg hun wat ze moest doen, wie ze moest zijn. Ze gaven geen antwoord, ze hadden invloed als de onzichtbare hand bij een marionet. Er schoot haar een ruzie te binnen. Het was eind 1950 bij André de Dienes thuis, in zijn huis in de heuvels. Hij liet haar, liggend op het dikke wollen tapijt, luisteren naar *La Bohème*, schonk een fles Franse wijn over haar voeten en likte haar tenen alsof hij er nooit meer mee wilde ophouden. De telefoon rinkelde. 'Het is een woedende vrouw die erop staat je te spreken,' zei André. 'Natasha, geloof ik. Ik heb geantwoord dat ik niet wist waar je was. Ze maakte me uit voor leugenaar en schreeuwde dat ze wist dat je bij mij was.' Ze zou die scène nooit vergeten. André en zij languit naast elkaar op het tapijt van de salon, allebei van gedaante verwisseld, betoverd door de mooie stem die *Mi chiamano Mimi* zong. Ze was ontroerd door de muziek en in tranen toen het gerinkel van de telefoon en de nijdige stem van Natasha hen hadden gestoord. Toen André weer had opgehangen, schreeuwde hij tegen haar dat ze stom was geweest om aan die vrouw te vertellen dat ze de middag bij hem zou doorbrengen. Ze kleedde zich haastig aan en vertrok vol angst.

'Aan wie doet ze u denken, die Natasha?' vroeg Greenson.

'Dat weet ik niet. Jawel, ik weet het: aan u. Niet schreeuwen! Aan u, omdat ze van oorsprong Russisch is, net als u. Joods, net als u. Intellectueel, net als u. Bijna vijftien jaar ouder dan ik, net als u. En niet geslaagd aan het toneel, net als u... Toen ik haar ontmoette, was ze net ontslagen door Columbia, waar ze onder contract stond. Dat is grappig, ze leerde mij een beroep waarin ze zelf was mislukt. Een beetje zoals jullie, psychoanalytici, jullie proberen bij anderen een kwaal te behandelen waar jullie zelf door zijn getroffen.'

'Met welke andere vrouwen heeft u geslapen?'

'Gevreeën, dokter, gevreeën. Ook vaak geslapen, zonder iets te doen. Ja, op mijn twintigste, toen ik mijn moeder opving die net uit haar inrichting in San Francisco kwam, hebben wij, zij en ik, zelfs een paar weken lang bij mijn tante Ana thuis in hetzelfde bed geslapen. Maar met Natasha heb ik gevreeën, ja. Met Natasha was dat het: iets scherps in onze strelingen, ik voelde bij haar meer haat dan verlangen. Bij mezelf ook, als ik eraan terugdenk. Er werd gezegd dat ik lesbisch was. Mensen zijn dol op etiketten. Daar moet ik om lachen. Geen enkele vorm van seksualiteit is ongeoorloofd als er liefde in het spel is. Maar mensen denken te vaak dat het gymnastiek is, een mechanisch klusje. Als dat zo was kon je apparaten bij de drogist neerzetten en het zonder menselijke wezens stellen om de liefde te bedrijven. Soms denk ik dat ze proberen om van mij een seksmachine te maken.'

'Die andere vrouwen? Actrices? En Joan Crawford?'

'Ach, ja, Crawford! Eén keer. Eén maar. Dat was bij een cocktailparty bij haar thuis, we voelden ons goed. In haar slaapkamer hebben we ons op elkaar gestort. Crawford kreeg een ongelooflijk orgasme. Ze schreeuwde als een gek. De keer erna, toen we elkaar weer tegenkwamen, wilde ze de tegenwedstrijd spelen. Ik zei tegen haar dat ik het niet zo fijn had gevonden. Om het met een vrouw te doen. Daarna heeft ze me dat dodelijk kwalijk genomen, omdat ze zich afgewezen voelde. Een jaar later was ik uitgekozen om tijdens de plechtigheid van de Academy Awards een Oscar uit te reiken. Ik was doodsbang dat ik zou struikelen en vallen of me uit de voeten zou maken als ik mijn twee zinnetjes moest zeggen. Ik sloeg me er zonder blunders doorheen, maar de volgende ochtend stonden er in de kranten vuile praatjes die Crawford had opgehangen: "Het vulgaire optreden van Marilyn Monroe was een schande voor heel Hollywood. Haar jurk was te strak en ze bewoog overdreven met haar heupen om de Oscar te gaan pakken." Vuile pot! In je bed was m'n achterwerk niet vulgair!'

'Laten we teruggaan naar Natasha. U heeft me een keer verteld dat ze van begin af aan verliefd op u was. Denkt u, aangezien u ons met elkaar associeert, dat ik ook verliefd ben geworden op mijn patiënte, zoals zij op haar leerlinge?'

'U weet wat ze kort na onze ontmoeting tegen me heeft gezegd: "Ik wil van je houden." Ik antwoordde: "Je hoeft niet van me te houden, Natasha. Neem er maar genoegen mee om me te laten werken." Ze heeft me verleid, met haar hartstocht zonder hoop, een rol à la Tsjechov, met stilzwijgend leed en ingehouden tranen. Liefde is toch geen verplichting, dokter?'

'In welke omstandigheden hebben jullie liefde voor elkaar opgevat?'

'Ik had een voorbeeld nodig, geen minnares. En zij heeft geprobeerd mij haar liefde op te dringen toen mijn tante Ana was gestorven, kort nadat wij waren begonnen samen te werken. Maar je kunt altijd je voordeel doen met de aanhankelijkheid die iemand voor je heeft, vooral als je die niet deelt. We woonden samen in het Sherry Netherlands Hotel. In de hitte van de zomer van 1949 leerde Natasha me Proust, Wolfe en Dostojevski kennen... En Freud, *De droomduiding*. Nou ja, niet alles, gedeelten. Daarna is wat ik de lijn Tsjechov-Freud noem verzekerd door – precies – Michael Tsjechov. De leraar aan wie ik alles te danken heb. Hij zei dat hij de neef was van de Russische schrijver. Iedereen in Hollywood herinnerde zich dat hij voor Hitchcock de rol van de oude psychoanalyticus had gespeeld, degene die Ingrid Bergman de behandeling van Cary Grant in manoeuvreert... Toen ik met mijn lessen bij hem begon, in het najaar van 1951 geloof ik, zei hij een zin tegen me die ik nooit zal vergeten: "Je moet proberen je lichaam te beschouwen als een muziekinstrument dat jouw ideeën en jouw gevoelens uitdrukt; je moet streven naar een vol akkoord tussen je lichaam en je psyche." Wat vindt u daarvan, Romi? Is dat niet wat u en ik vandaag proberen te doen? Hij heeft daarna een boek geschreven: *To the Actor: On the Technique of Acting*. Mijn bijbel sinds die tijd. Met Freud samen. U zou ook een boek moeten schrijven: *Voor psychoanalytici, over de techniek van de kuur*.'

'Laten we teruggaan naar uw verhoudingen met vrouwen. Waarom altijd brunettes?'

'Geen idee! Omdat ik bij hen kijk naar degene die ik niet ben, degene die ik ben geweest of die ik had kunnen zijn. Weet u, als ik mijn haar en de rest om de dag bleek, is dat om op mijn blondines van het doek te lijken, maar ook om niet een vrouw met roodbruin haar te zijn.'

'Ik denk dat u in werkelijkheid een verschrikkelijke angst voor homoseksualiteit heeft en dat u zich tegelijkertijd in situaties begeeft waar die aanwezig is.'

'Geen idee! Toen ik boeken over psychoanalyse en seksualiteit begon te lezen, stuitte ik op woorden als *frigide, afgewezen, lesbienne*, en toen dacht ik direct dat ik dat alle drie was. Er zijn dagen waarop ik me niemand voel, en andere waarop ik dood zou willen zijn. En wat ook zo onheilspellend is: een welgevormde vrouw.'

Natasha Lytess stierf kort na Marilyn. Vlak voor haar dood zei ze: 'Marilyn was geen kind. Echt allesbehalve een kind. Kinderen zijn open, naïef en vol vertrouwen. Marilyn was verwrongen. Ik had graag eentiende van haar intelligentie en haar handigheid in zaken gehad. Wat afhankelijkheid betreft, mijn leven en mijn gevoelens lagen in haar handen. Ik was de oudste, de docente, maar zij kende de diepte van mijn genegenheid en heeft daarvan geprofiteerd zoals alleen een jong, mooi iemand dat kan doen. Ze zei dat zíj degene was die de ander het meest nodig had. In werkelijkheid was het andersom.'

∿

Op een avond om een uur of acht, toen Greenson zijn identiteitsloze blondine na hun dagelijkse sessie uitliet, hield ze een grote envelop voor hem op, met de woorden: 'Dit is voor u, zegt u me maar wat u ervan vindt.' Ze legde hem op de tafel bij de divan, met een licht, sierlijk gebaar, zoals je je laatste kledingstuk neerlegt voordat je je naakte lichaam aan de lakens toevertrouwt. In de envelop zaten twee magneetbanden die bij haar thuis waren ingesproken. Bij het geven ervan verduidelijkte ze: 'In uw aanwezigheid, geachte dokter, kan ik me niet laten gaan. Om tegen u te praten heb ik een meer verborgen ruimte nodig. Alleen met mezelf. Maar ik richt me tot u, zelfs als u er niet bent. Vooral als u er niet bent. Dit zijn de persoonlijkste, geheimste gedachten van Marilyn Monroe.' Wij kennen er alleen de transcriptie van die John Miner er een week later van zegt te hebben gemaakt en die hij in augustus 2005 door de *Los Angeles Times* liet publiceren.

REWIND. Ralph Greenson draait de opname af die Marilyn bij haar laatste sessie heeft achtergelaten. 'Ik heb mijn ziel in u gelegd. Maakt dat u bang?' zegt de mompelende stem. 'Wat kan ik u geven? Niet mijn geld, ik weet dat dat niet veel voor u betekent. Niet mijn lichaam, ik weet dat uw beroepsethiek en uw trouw aan uw fantastische vrouw dat onmogelijk maken. Weet u wat Nunnally Johnson zei? Hij zei: "Voor Marilyn is de coïtus de simpelste manier om te bedanken." Hoe kan ik u bedanken, aangezien mijn geld niet bij u in omloop is? U heeft me alles gegeven. Dankzij u ben ik een ander, voor mezelf en voor anderen. Ik voel wat ik nooit heb gekend. Ik ben nu een volledige vrouw (inclusief woordspeling, zoals in Shakespeare). Ik heb nu controle over mezelf, controle over mijn leven. Wat ik u kan geven? Een idee van me dat de psychoanalyse op haar kop zal zetten. Luister! Marilyn Monroe legt verbanden. Ik? Compleet zonder verband... Door uw begrip en interpretatie van wat er in mijn hoofd gebeurt, komt u, mijn dokter, bij mijn onbewuste en kunt u mijn neurosen behandelen. En ik kan ze misschien te boven komen. Maar als u tegen me zegt dat ik me moet ontspannen en aan u moet vertellen wat ik denk, krijg ik een black-out. Ik heb niets te vertellen. Dat is wat u en dokter Freud weerstand noemen. Dus praten we over iets anders en antwoord ik zo goed mogelijk op uw vragen. U bent de enige persoon ter wereld aan wie ik nooit leugens heb verteld en dat nooit zal doen. O ja, dromen. Ik weet dat ze belangrijk zijn. Maar als u wilt dat ik vrijuit over mijn dromen associeer, krijg ik dezelfde black-out. Nog meer weerstand dan u en dokter Freud kunnen hopen.

Zijn *Inleiding tot de psychoanalyse*. Wat een genie! Hij maakt alles zo begrijpelijk. En hij heeft zo gelijk. Hij zegt zelf dat Shakespeare of Dostojevski psychologie beter begreep dan alle wetenschappers samen. Natuurlijk. Zo is het. Wilder, Billy Wilder. Hij liet me een tekst zeggen in *Some Like It Hot*: "Ik ben professor Freud niet!" U weet nog wel, de scène waarin Tony Curtis deed alsof hij aseksueel of impotent was, alsof hij niets voelde wanneer ik hem omhelsde. Hij zei: "Ik heb alles geprobeerd. Ik heb een halfjaar in Wenen doorgebracht, op m'n rug bij professor Freud. Niets aan te doen." Ik omhelsde hem, één keer, twee keer. De derde keer met de woorden: "Ik ben professor Freud niet, maar ik ga nog een poging wagen." Psychoanalyse is heel mooi; maar de liefde, de echte, die we met onze mond, onze handen, ons geslachtsdeel bedrijven, is ook niet verkeerd om je aan de verstarring, aan de dood te onttrekken. Billy had dat begrepen.

U zei dat ik de innerlijke monoloog van Molly Bloom moest lezen. Tijdens het lezen was er iets wat me stoorde. Joyce schrijft wat een vrouw over zichzelf denkt. Kon hij dat? Kon hij echt haar intiemste gedachten kennen? Maar nadat ik het hele boek had gelezen, kon ik het beter begrijpen. Joyce was een kunstenaar die in de ziel van mensen kon doordringen, mannen of vrouwen. Het maakt echt niet uit dat Joyce al dan niet borsten of andere vrouwelijke kenmerken had, of menstruatiekrampen voelde. Wacht! Zoals u vast al heeft geraden, ben ik vrij aan het associëren. U gaat een heleboel grove woorden horen. Vanwege mijn respect voor u ben ik tijdens een sessie nooit in staat de woorden te zeggen die ik echt denk. Maar nu u op afstand bent, ga ik alles zeggen wat ik denk. Maakt niet uit met welke woorden. Ik kan dat doen, en als u geduldig bent zal ik u alles vertellen. Dat is grappig, ik vraag ú geduldig te zijn maar ík ben uw patiënte. *To be patient* of *to be a patient* is alweer een woordspeling, nietwaar?

Terug naar Joyce. Leopold Bloom was een Ierse jood. Hoe herken je joden aan hun uiterlijk? Ik had niet kunnen zeggen of u joods was door naar u te kijken. Ziet u, dokter, dat is hetzelfde met vrouwen, je kunt ze niet van buiten herkennen. En zit er zelfs wel een vrouw in een vrouwenlichaam?

Wilt u nu mijn grote idee horen? Je hebt een dokter en zijn patiënt. Ik hou niet van het woord analyseren. Het lijkt te suggereren dat een zieke geest anders is dan een ziek lichaam. Maar u en dokter Freud zeggen dat de geest deel uitmaakt van het lichaam... Analyse bevalt me niet meer zo. Je bent in zijn kantoor en de dokter zegt: "Zeg wat u denkt, zeg wat er in u opkomt." En het lukt je niet om ook maar iets te zeggen. Hoe vaak ben ik niet na een sessie naar huis gegaan en heb ik gehuild omdat ik dacht dat het mijn schuld was?

Toen ik over Molly las kreeg ik het idee. Neem een bandrecorder, leg er een band op. Zet hem aan en zeg alles wat je denkt, zoals ik nu doe. Dat is echt gemakkelijk. Ik lig op bed, met alleen een beha aan. En als ik wil, kan ik naar de koelkast of naar de badkamer lopen. Dan druk ik op de stoptoets en begin ik weer als ik terugkom. Zo ben ik gewoon vrij aan het associëren. Geen probleem. Uw patiënte kan dat niet in het kantoor van de dokter. Thuis neemt ze zichzelf op. Daarna stuurt ze hem de band. De dokter luistert ernaar. Als de patiënte voor haar sessie komt, stelt hij vragen en interpreteert hij haar antwoorden. Soms denk ik dat de analyticus zijn patiënte niet behandelt met wat hij weet, en ook niet met wat hij van zijn eigen ziekte heeft kunnen oplossen, maar met zijn slecht genezen verwondingen. Je kunt ook dromen op de band zetten. Meteen erna, als je wakker wordt. U weet dat ik mijn dromen altijd vergeet, ik vergeet zelfs dat ik heb gedroomd. Dokter Freud zegt dat dromen de *via regia* naar het onbewuste zijn. Hij verbiedt niet ze op te nemen en er later naar te luisteren. Ik ga u voortaan mijn dromen op band vertellen. Oké, dokter Greenson? U bent de beste psychiater ter wereld. Zegt u eens, heeft Marilyn Monroe een nieuw, belangrijk middel uitgevonden om de psychoanalyse beter te laten werken? Nadat u de banden heeft beluisterd en ze heeft gebruikt om me te behandelen, kunt u een artikel over deze werkwijze publiceren in een wetenschappelijk tijdschrift. Zou dat niet sensationeel zijn? Ik hoef geen bedankje. Ik wil niet genoemd worden in het artikel. Het is een cadeautje voor u. Ik zal er nooit iemand over vertellen, en u zult de eerste zijn die weerstanden achter u laat. Misschien kunt u uw voordeel doen met dit idee en aan Mickey Rudin vragen om u uit te leggen hoe u er patent op kunt krijgen...

Vooruit. Alles wat ik u ga vertellen is waar. Toen ik uw patiënte werd had ik nog nooit een orgasme gehad. Ik herinner me dat u een keer zei dat een orgasme in je hoofd optreedt, en niet in je geslachtsdeel. Ik zeg liever het woord geslachtsdeel dan geslachtsorgaan. Het probleem zit niet in woorden, maar in de manier waarop mensen ze gebruiken.

Ik heb er geen last van, maar u weet dat die verdomde vrije associaties je gek kunnen maken. O, o, als ik gek zeg, doet dat me aan mijn moeder denken en ik ga nu niet vrij associëren over mijn moeder. Laat me mijn gedachten over orgasmen afmaken. U heeft ook gezegd dat iemand in coma of met verlamde benen geen orgasme kon krijgen omdat de genitale stimulering de hersenen niet bereikte, en dat er omgekeerd een orgasme in de hersenen kon optreden zonder stimulering van de genitale delen. U zei ook dat er een belemmering in mijn hoofd was waardoor ik geen orgasme kon krijgen, dat het iets was wat heel vroeg in mijn leven was gebeurd, waarover ik me zo schuldig voelde dat ik het niet verdiende om op dat plekje plezier te beleven. Het had te maken met iets seksueels dat vroeger slecht was verlopen. Iets wat het plezier heeft bedolven onder het schuldgevoel. Een onrecht, zei u. Een schending. Maar u heeft ook gezegd dat ik, als ik deed wat u me zei te doen, een orgasme zou krijgen, alleen en daarna met minnaars. Wat een verschil maakt één woord uit. U zei niet dat ik orgasmen kón krijgen, maar dat ik ze zóú krijgen. Gezegend zij u, dokter, wat u zegt klinkt me als muziek in de oren. Zo veel verloren jaren. Tussen haakjes, als mannen niet zo stom waren, en als er een Oscar zou bestaan voor de beste simulante, had ik die elk jaar in de wacht gesleept!

Maar misschien kan ik voor u, een man, beschrijven wat een vrouw bij een orgasme voelt. Ik zal het proberen. Denk aan een lamp met een dimmer. Als je langzaam aan het knopje draait, begint de lamp licht te geven, nog meer licht te geven en ten slotte komt hij met een verblindende flits op zijn volle sterkte. Als je daarna de andere kant opdraait, wordt het licht minder en verdwijnt het ten slotte.

Ter zake. Het heeft er niets mee te maken, maar ik heb u nog minstens een jaar nodig om de stukken bij elkaar te houden. Ik zal u betalen om uw enige patiënte te zijn. En verder heb ik u vandaag iets anders cadeau gedaan: ik heb mijn laatste flesje

Nembutal in de wc-pot geleegd. Al mijn pillen. Welterusten, dokter.'

Vijf jaar later publiceert Greenson *The Technique and Practice of Psychoanalysis*. In het hoofdstuk met de titel 'Wat psychoanalyse van de psychoanalyticus verlangt' staat te lezen: 'Het is vaak noodzakelijk te graven naar de intieme details van het seksleven of de toiletgewoonten van de patiënt, en veel patiënten ervaren dat als zeer beschamend. Dan benoem ik ondubbelzinnig de seksuele of vijandige gevoelens die de patiënt tegenover mij heeft; maar als hij door mijn opmerking uitzonderlijk in verlegenheid lijkt te worden gebracht, probeer ik door de toon van mijn stem – of later door het onder woorden te brengen – aan te geven dat ik me bewust ben van zijn hachelijke situatie en daarin met hem meevoel. Ik doe niet bevoogdend tegen de patiënt, maar probeer erachter te komen hoeveel pijn hij kan verdragen terwijl hij toch productief blijft doorwerken.'

❧

Kostuumontwerper Billy Travilla had Marilyn vaak gekleed en aan hem had ze de kostuums voor haar mooiste rollen te danken. Ze hadden een kortstondige verhouding gehad, en hij bezat een kalender met naaktfoto's die ze aan hem had opgedragen: 'Lieve Billy, kleed me alsjeblieft altijd. Ik hou van je, Marilyn.' Die avond was hij verbaasd haar te zien, in restaurant La Scala op Sunset Boulevard, aan het tafeltje naast hem, in gezelschap van Pat Newcomb, Peter Lawford en Robert Kennedy. Hij groette haar, maar ze wendde zich af zonder te reageren. Ze was dronken en haar wazige ogen zakten weer weg in de leegte. Hij hield vol: 'Hé! Marilyn, gaat het?'

'Wie bent u?' antwoordde ze.

Gekwetst ging hij ervandoor, met de gedachte dat het niet kwam omdat ze zich schaamde dat ze in zulk gezelschap werd gezien, maar dat ze haar vraag in werkelijkheid tot zichzelf had gericht, met slepende stem terwijl haar haren voor haar ogen dansten. Hij besloot haar een briefje te sturen. Het was de moeite niet. Ze stierf in de nacht van de volgende dag.

In dat begin van augustus werd Marilyns laatste partij met haar psychoanalyticus gespeeld. De andere spelers hadden verstek laten gaan en al haar redders hadden het opgegeven: Strasberg was haar eisen zat, Miller was hertrouwd en ging vader worden, DiMaggio werd verteerd door jaloezie en wilde tot elke prijs met haar hertrouwen. Bleef alleen haar Greenson over, die ze nu soms Romi noemde. 's Ochtends was ze bij hem op de divan gaan liggen voor een sessie van anderhalf uur. Ze was in de war door het samenvallen van data en huilde zachtjes. Ze herinnerde zich dat ze precies vijf jaar eerder in het Doctor's Hospital op East End Avenue in New York een kind had verloren, bij een late abortus na een buitenbaarmoederlijke zwangerschap. Ze dacht voortdurend terug aan New York. De vochtige warmte van die hete vrijdag omhulde haar met angst. Ze wilde iets kapot scheuren. Een doek, een huid, een geschiedenis die haar scheidde van zichzelf.

Sinds een tijdje zei ze tegen Whitey Snyder of tegen W. Weatherby dat ze zin had om Romi te verlaten. Het moest. Anders zou ze zichzelf nooit vinden, zou ze zonder man blijven, zonder vrienden, afhankelijk van een man die ze niet meer als haar verlosser kon zien. 's Middags liet ze zich door Engelberg een injectie geven en Nembutal voorschrijven. Dat recept verdubbelde het recept dat diezelfde dag door Lee Seigel was uitgeschreven. Ze stuurde Murray naar de drugstore vlakbij, op San Vicente Boulevard, om de medicijnen te kopen. Ze bevoorraadde zich in verschillende apotheken, zoals ze zich haar verdovende middelen door verschillende artsen liet voorschrijven, zonder dat die het van elkaar wisten. 's Avonds nam de angst van uur tot uur toe, ondanks een tweede sessie met Greenson bij haar thuis en een tweede injectie die hij haar vlak voor zijn vertrek toediende. Marilyn belde haar oude vriend Norman Rosten op. Ze bleven een halfuur praten, door afstand en tijd heen, alsof ze de stemmen uit het verleden in zich wilde opnemen, de leegte wilde verzachten of ten minste wilde maskeren. Zodra hij haar stem hoorde, duidelijk verhard en gespannen door het effect van de drugs, dacht hij terug aan wat ze op een avond tegen hem had gezegd, op een receptie bij haar thuis in het appartementje in Manhattan. Haar jurk leek op haar lijf geplakt te zitten, zoals later op de avond van Kennedy's verjaardag. Het leek wel een vloeibaar kledingstuk. De glans van een huid na de liefdesdaad. Rosten had haar die avond gadegeslagen: zittend op de vensterbank dronk ze met kleine slokjes uit haar glas en keek ze somber naar de straat beneden. Die blik nam ze vaak aan. Of liever gezegd, hij nam háár aan, maakte zich van haar meester. Ze was verloren in haar droom, onbereikbaar, ten prooi aan harde, duistere gedachten. Rosten stond op en ging naar haar toe.

'Hé! Kom weer bij ons!'

Ze draaide zich om.

'Ik ga vannacht weer moeite krijgen met slapen. Dat overkomt me zo af en toe.'

Het was de eerste keer dat ze er met hem over sprak.

'Denk je dat het een snelle manier zou zijn om er een eind aan te maken, door je hier naar beneden te storten?'

'Wie zou het merken als ik verdween?'

Zonder te weten waarom herinnerde Rosten zich een versregel van Rilke: 'Wie, zou ik roepen, vernam, uit der engelen koren, mijn stem?' Na een stilte antwoordde hij: 'Ik, en alle mensen in deze kamer. Ze zouden het horen als jij beneden te pletter viel.'

Ze lachte.

Op dat moment hadden ze hun pact gesloten. Op dat moment, en op die plaats, als giechelende kinderen. Als een van hen de grote sprong ging maken, of het gas ging opendraaien, of zich ging verhangen, of slaappillen ging slikken, zou hij – of zij – de ander bellen om zich te laten overhalen om dat idee op te geven. Ze maakten grapjes zoals je dat alleen doet over dingen waar je in gelooft. Rosten voorvoelde dat hij dat telefoontje ooit zou krijgen. Ze zou zeggen: 'Ik ben het, ik zit op de vensterbank.'

❧

Nadat Ralph Greenson Marilyn 's avonds naar La Scala had laten gaan, luisterde hij naar de tweede band. Hij sloot zich op zonder te eten en zette de bandrecorder, stopgezet op PAUZE, weer in beweging.

'Ik moet toch nog eens over Grace praten,' mompelde Marilyns stem onder de ruis van de band. 'Grace McKee, zoals ze heette in de tijd dat mijn moeder en zij elkaar leerden kennen. Dat moet twee of drie jaar voor mijn geboorte zijn geweest. Ze werkten in een filmstudio en deelden in West-Hollywood een kleine tweekamerwoning op Hyperion Avenue, in de arme wijk die nu het Silver Lake District is, niet ver van de studio's. Grace had mijn moeder – afschuwelijk, die dichte keel die het woord *moeder* er niet door wil laten –, mijn moeder dus, gedwongen om haar donkere haren rood te verven. Zij archiveerde en mijn moeder monteerde negatieven. Ze waren wat in het interbellum *good time girls* werd genoemd. Uitgaan en drinken waren de twee dingen die ze het belangrijkst vonden. Toen ik werd geboren woonden ze al een tijdje niet meer samen, maar ze gingen wel samen op de versiertoer. Misschien sliepen ze samen, daar weet ik niets van. Ik woonde niet bij mijn moeder, die me al heel jong bij de Bollenders had ondergebracht. Ik heb u het hele verhaal al verteld: het arme weesmeisje dat uit het raam naar de lichtreclame van de RKO-studio's kijkt, waar ze zich haar moeder voorstelt die haar ogen zit te verknoeien met het kijken naar gezichten van sterren... Op zondag namen ze me, hand in hand als meisjes, mee uit wandelen langs de paleizen van Hollywood. Ik bedoel de paleizen van de verbeelding: het enorme, luxueuze Pantages Theatre op de hoek van Vine Street en Hollywood Boulevard, en het Grauman's Egyptian Theatre, ook op Hollywood Boulevard. Daar is de première van *Asphalt Jungle* geweest, mijn eerste echte film. Ik kon er niet bij zijn. Echt jammer! Echt! Iets meer naar het westen het Chinese Theatre. Als ze door de week niet wisten wat ze met me moesten, stuurden ze me met precies genoeg geld voor een kaartje naar die donkere zalen, om te kijken naar dezelfde stralende gezichten als die zij de hele dag op hun montagetafels zaten te bewerken. Ik vond het heerlijk om het kleine meisje op de eerste rang te zijn, helemaal alleen tegenover het grote doek.

Toen ik negen was – mijn moeder had me sinds ongeveer een jaar weer bij zich genomen – hebben ze ruzie gekregen en gevochten. Mijn moeder heeft Grace met een mes aangevallen. De politie is gebeld en Grace kreeg het voor elkaar dat mijn moeder in een psychiatrische inrichting werd opgenomen. Grace werd mijn wettelijke voogdes. Ze heeft me niet direct bij zich in huis genomen, ik heb nog twee opvanghuizen meegemaakt. Maar ze kwam me halen voor uitstapjes en nam me mee naar de studio's en de bioscoop. Ze zei steeds dat ik een ster zou zijn als ik groot was.

Op een dag bracht ze me naar het weeshuis. Ik was bijna tien. Ze was getrouwd en kon me niet in huis nemen, in Van Nuys. Ze betaalde mijn verblijf en op zaterdag ging ze met me lunchen en naar de film. Zo nu en dan deed ze alsof ik een pop was en nam ze me mee naar een *beauty parlour* op Odessa Avenue. Ik weet veel op het gebied van cosmetica. Voor Grace was Jean Harlow het toonbeeld van de ster. Ze wilde mij ervan overtuigen dat ze mij mijn tweede voornaam uit bewondering voor haar hadden gegeven. Zelf wist ik dat mijn naam Jeane was, niet Jean. Niettemin was Harlow mijn idool. Grace kleedde me aan als zij, helemaal in het wit, maakte me op, poederde me wit, verfde mijn lippen rood. Wat mijn haar betreft ontkwam ik maar net aan de platinablond-peroxide. Ik was nog maar tien jaar, het zou bizar zijn geweest, een *femme fatale* die nog kind was. Ik heb gewacht tot ik twintig was om mijn kleur en mijn naam te veranderen. Een week na mijn elfde verjaardag haalde Grace me uit het weeshuis. Maar een paar maanden later, toen ze begreep dat haar echtgenoot – sorry, maar zijn bijnaam was "Doc" – me seksueel had misbruikt, bracht ze me bij een andere "moeder", Anna Lower. Die was hartpatiënte en liet me nogal aan mijn lot over, maar ik vond haar wel aardig. Vijf jaar lang ging ik van de een naar de ander, verward en altijd aarzelend voordat ik op school antwoord gaf als ze me vroegen wie mijn moeder was en waar ik woonde. Met Kerstmis – ik geloof dat ik dertien was – gaf Grace me mijn eerste draagbare Victrola-grammofoon. De veer van het handmechanisme was zo slap dat het eind van de 78-toerenplaten wegzakte in onterend gejank, maar ik hield ervan om in het donker naar mijn lievelingsstemmen te luisteren.

Op een gegeven moment verlieten Grace en haar echtgenoot Californië en liet ze me trouwen met de zoon van de buren, James Dougherty. Ik was zestien jaar en wilde niet meer terug naar het weeshuis. U heeft me al lang geleden gevraagd wat dat huwelijk voor me betekende. Dit is wat ik u zou kunnen antwoorden: een soort droevige, gekke vriendschap, met seksuele privileges. Zo, ik heb u over mijn leven verteld. Nou ja, als je het zo kunt noemen. Dat is alles voor vandaag, zoals dokter Greenson in het begin altijd zei. Welterusten, doc!'

Greenson drukte de PAUZE-toets in. Hij zou nooit te weten komen hoe haar verhaal met Grace was afgelopen. Want toen hij, na een paar baantjes in zijn zwembad te hebben getrokken, terugkwam om naar het eind van de band te luisteren, was Marilyn op iets anders overgestapt. 'Ik heb u verteld over mijn crisis, tien jaar geleden, toen ik in *Don't Bother to Knock* speelde. Er zat iets in het scenario wat ik maar niet kon spelen. Pas met u heb ik begrepen wat er op dat moment gebeurde. Ik weet niet of ze het expres hadden gedaan, Baker of zijn scenarist, maar toen Nell zei: "Op het lyceum droeg ik nooit leuke jurken van mezelf," toen ze zei dat ze opgenomen was geweest in een inrichting in Oregon, confronteerde dat me weer met wat er tijdens mijn laatste bezoek aan mijn moeder was gebeurd. Dat moet ik u vertellen, ook al doet het pijn. Als u hier zou zijn, zou u zoals gewoonlijk zeggen: "Juist als het pijn doet. Wat geen moeite kost om te zeggen is het niet waard gezegd te worden."

Ze woonde in Portland, Oregon, precies, in een sjofel hotel in de benedenstad. Ik zou dat beeld willen vergeten. Ik had mijn moeder al zes jaar niet gezien. Ze was sinds een paar maanden weg uit de inrichting in San Francisco. Ze at niets. Zag niemand. Het was januari. Die middag regende het. Ik was haar komen opzoeken, samen met André de Dienes, ik heb u al over hem verteld, mijn eerste minnaar, mijn grote liefde toen ik twintig was. Hij had een Buick Roadmaster, ingericht met een soort kooi achterop. Hij had de bank vervangen door een schuimrubber matras, bedekt met dekens en kussens, zodat ik tijdens de lange uren onderweg kon slapen. Ik was zijn gevangene. Ik was gelukkig. Ik had genoeg te eten, genoeg te drinken.

Mijn moeder zat in het donker, in een kamertje op de bovenste verdieping, slecht verlicht en triest. Ik had cadeautjes voor haar meegenomen, parfum, een sjaal, bonbons en foto's van mij die André had gemaakt. Ze bleef zonder een spier te vertrekken in haar rieten stoel zitten. Geen bedankje, geen plezier. Niets op haar mond, geen spoor van een glimlach. Alleen maar slordig opgebrachte lipstick. Ze raakte me niet aan. Op een gegeven moment boog ze naar voren en begroef ze haar gezicht in haar handen. Ik wierp me aan haar voeten.' Op de band hoorde je een soort zenuwachtige snik, of een lach. Daarna ging Marilyns stem verder, ernstiger.

'Ik herinner me een ander bezoek, eerder, in San Francisco.

343

Grace had me meegenomen om haar te zien. Ik was een jaar of dertien, zoiets. Ze bewoog zich niet. Helemaal aan het eind zei ze: "Ik weet het weer. Je had zulke lieve kleine voetjes."

Als u hier was, zou u me vast en zeker vragen waarom ik even mijn mond hield. Omdat er iets is wat ik niet direct kon zeggen. Toen mijn moeder haar hoofd weer omhoog deed – ik had haar woorden zo graag willen vergeten – zei ze een zinnetje, één maar: "Ik zou graag bij jou willen komen wonen, Norma Jeane." Iets in me brak. Ik ben opgesprongen en ik heb gezegd: "Mama, we moeten weg, ik zie je gauw weer." Ik heb mijn adres en mijn telefoonnummer bij de ongeopende cadeautjes op tafel achtergelaten en we zijn weer naar het zuiden gereden. Ik heb haar nooit meer kunnen terugzien.

Later, toen het avond werd, zijn we weggegaan uit Portland,' ging de stem verder na een nieuwe, lange stilte waarin Greenson alleen het ruisen van de band hoorde, alsof Marilyn het apparaat van zich af had geschoven. 'We zijn teruggegaan naar het Timberline Lodge Hotel, aan de voet van Mount Hood. Het was vol. Via een smalle, bochtige weg zijn we in een ander hotel beland. Government Lodge heette het. Er stonden heel veel gokautomaten, overal, tot in de smerige wc's. Het was zoals in die nachtmerries waarin je nooit op je bestemming komt. De regen veranderde in sneeuw. 's Avonds deed ik heel uitdagend tegen André. Ik bedoel seksueel. Hij was treurig, ongelooflijk treurig. Hij zei alleen maar: "Ik heb geen seconde overwogen om foto's van jou en je moeder te maken. Ik heb dit nog nooit aan iemand verteld, maar weet je, ik was elf toen mijn moeder is overleden. Ze heeft zich in een put gestort. Maar dat is allemaal lang geleden, ik weet niet eens bij welk land Transsylvanië tegenwoordig hoort."

Die nacht, in de bergen van Oregon, bleef het sneeuwen. Het sneeuwde de dag erna en ook nog de hele nacht. We verlieten de kamer niet. Toen ik bezig was met de nagels van mijn handen en voeten, strekte ik mijn handpalmen naar André uit en liet ik hem zien dat de lijnen in mijn hand een grote M vormden. Als twee kinderen vergeleken we de lijnen in onze handen. Hij vertelde me dat een oude beiaardier in Transsylvanië hem als kind had voorspeld dat de letters *MM* in zijn latere leven erg belangrijk zouden worden. "Weet je, Norma Jeane, op dat moment las ik een vreemd, oud boek en de oude man was verontrust dat een van de bladzijden begon met *memento mori* (gedenk te sterven)." Dat hele verhaal fascineerde me en we hebben lang over die twee M's in onze respectievelijke handpalmen zitten praten. André zei lachend tegen me dat ze geen enkel verband met de dood hielden. "Integendeel, ze betekenen *Marry Me!*" André vertelde ook over zijn boswandelingen toen hij klein was en hij zei dat hij vaak de dubbele M in de schors van bomen kraste. Vreemd hè, dokter? Het was maar een paar maanden later dat mijn initialen *MM* werden... We drukten onze handpalmen tegen elkaar. André heeft een foto van een van de mijne genomen.

Die nacht heeft André met me gevreeën. Wanhopig verkende hij mijn lichaam, zoekend naar iets wat hij nooit zou vinden. Ik was in tranen. Hij vroeg me waarom ik hem zo stevig tegen me aandrukte, alsof hij mijn kind was. Ik wist niets te antwoorden. We waren al twee weken op reis om foto's te maken, maar het was de eerste keer dat we vreeën. Seks dient ervoor om bemind te worden. Om te geloven dat je dat wordt, in ieder geval. Om te geloven dat je bestaat, zonder meer. Om je te verliezen zonder aan iemand toe te behoren. Om te verdwijnen zonder gedood te worden. Nu denk ik vaak dat ik vrij met de camera. Dat is natuurlijk minder fijn dan met een man; maar het veroorzaakt ook minder pijn. Je denkt: het is niet meer dan je lichaam, en het is niet meer dan een blik die je opneemt in het voorbijgaan.'

Toen Arthur Miller de *Life*, die hij net bij zijn kiosk op 57th Street had gekocht, opensloeg en de naaktfoto's ontdekte van Marilyn die uit het zwembad kwam, kon hij zich niet aan de gedachte onttrekken dat haar uitdagende, onafhankelijke blik geforceerd was en een kwetsuur, iets schandelijks verborg. Hij zag haar weer voor zich, drie jaar eerder, in hun slaapkamer in Brooklyn, zonder kleren, versuft, niet wetende waar ze was, als een vogel die per ongeluk een open raam is binnengevlogen, fladderend, weerloos en bang. Ze gooit haar haar naar achteren en gaat op de wc-pot zitten, met haar ogen dicht, haar hoofd gebogen, haar benen wijd. Door de kier van de deur ziet hij haar weer terugkomen, bij zichzelf en bij hem. Ze glimlacht teder. Ze zou het niet nodig moeten hebben om dat te doen, had hij gedacht. Er bestaan andere manieren om met anderen te communiceren.

Het interview dat Marilyn na haar ontslag bij *Something's Got to Give* had gegeven, verscheen de dag voor haar dood in *Life*. Ze komt er gelukkig, kalm en vol vertrouwen in over. 'Als klein meisje ging ik vaak kijken op de plaats waar de grote, échte sterren hun blote voeten in het natte cement komen drukken. Ik zette mijn voet in de afdrukken en dacht: "O! O! Te groot. Arme meid, jouw beurt zal nooit komen." Het gaf een gek gevoel, de dag dat ik hem werkelijk heb gezet. Die dag begreep ik dat niets onmogelijk was.'

Op de Hollywood Walk of Fame loop je in de filmhemel. De aarde en de tijd zijn omgekeerd. De ster met Marilyns naam en de camera, met brons ingelegd in het roodbruine beton, bevinden zich precies tegenover de McDonald's, Hollywood Boulevard 6774, niet ver van Grauman's Chinese Theatre waar ze, alleen of met Grace McKee, hele middagen naartoe ging om zichzelf tussen de sterren in de donkere zaal te verliezen en te zoeken.

Precies ertegenover, op nummer 7000, in het in 1927 geopende Hollywood Roosevelt Hotel, vond twee jaar later het eerste banket van de Academy Awards plaats. Marilyn poseerde er ontkleed voor het zwembad toen ze vijfentwintig was, en daarna verbleef ze halverwege de jaren vijftig vaak in suite 1200. In die tijd verbaasde ze zich nog over de miskenning van haar roem: 'Mensen hebben de gewoonte naar me te kijken alsof ik een soort spiegel ben, en niet een persoon. Ze zien mij niet. Ze zien hun eigen obsceniteit in mij. Daarna zetten ze hun masker op en maken ze mij uit voor obscene vrouw.'

In december 1985, na de renovatie die het dertigerjarenhotel de slechte smaak van die tijd gaf, maakte een werkneemster van het Hollywood Roosevelt, Susan Leonard genaamd, in de directiekamer een spiegel schoon. Achter in de spiegel zag ze duidelijk een blonde vrouw dichterbij komen. Ze draaide zich snel om, maar er stond niemand achter haar. Het duurde even voordat de weerspiegeling verdween. Later werd bekend dat die spiegel vroeger aan de muur van suite 1200 had gehangen. Naast andere relikwieën uit de gouden jaren van Hollywood, die door de themakamers van het hotel worden opgeroepen, kun je vragen de 'spookspiegel' te zien. Hij hangt nu in de gang beneden bij de liften.

Op zaterdag 4 augustus 1962 kreeg Marilyn aan het eind van de ochtend bezoek van Agnes Flanagan, een van haar kapsters en sinds lang een vriendin. Kort na haar komst, vertelt ze, kwam een loopjongen een pakket brengen. De verpakking was gescheurd en weer vastgeplakt. Het leek van hot naar her te hebben gereisd. Een half weggevaagde postzegel gaf een Italiaans dagstempel aan. De enige leesbare letters waren ROM. ROMA? ROMI? meende Marilyn te lezen. Een teken uit het verleden, of om iets aan te kondigen. Liefde is een anachronisme. Het signaal bereikt je wanneer het al is uitgedoofd. Was het pakje een bericht in zichzelf? Marilyn maakte het open en liep daarna met de inhoud ervan – een pluchen tijgertje – naar de rand van het zwembad. Ze ging bij het water zitten en drukte het zonder iets te zeggen tegen zich aan. Agnes dacht dat ze waarschijnlijk verschrikkelijk terneergeslagen was, hoewel ze haar niet had uitgelegd waarom. Van streek gebracht stond ze op en ze vertrok. Foto's die de volgende dag van Marilyns tuin zijn genomen, laten twee pluchen dieren zien die aan de rand van het zwembad liggen. Een van de twee zou best op een tijger kunnen lijken.

Ze praatte niet over het vreemde voorwerp toen ze daarna bijna de hele middag op consult bij haar psychoanalyticus doorbracht. Nadat hij Pat Newcomb had gevraagd te vertrekken, bracht Greenson twee uur pratend met zijn patiënte door, en hij raadde haar daarna aan om met Eunice een stukje langs zee te gaan lopen. Ze wandelden een beetje, maar Marilyn hield zich niet staande in het zand. Ze gingen terug en het onderhoud ging verder tot zeven uur 's avonds. De telefoon rinkelde vaak, maar de analyticus liet Marilyn niet opnemen. Tegen een verbaasde Ralph Roberts zei hij kortaf: 'Niet thuis,' en hij hing daarna op. 's Avonds hadden de Greensons een diner, dus hij moest naar huis om zich om te kleden. Toen hij nog maar net thuis was, belde Marilyn hem opgewekt op om goed nieuws over Joe DiMaggio's zoon te vertellen. Terloops vroeg ze of hij haar flesje Nembutal had meegenomen. Hij antwoordde van niet, bevreemd door haar vraag, want hij dacht dat ze de laatste tijd minder barbituraten slikte. Maar omdat ze geen slaapmiddelen in huis had, zag hij geen enkele reden om zich zorgen te maken. In werkelijkheid had Marilyn zich de dag tevoren, buiten medeweten van haar analyticus, door Engelberg vijfentwintig capsules ervan laten voorschrijven. Een dosis om zich van kant te maken.

Alleen gelaten begint ze aan een reeks telefoongesprekken. Om halfacht krijgt Peter Lawford een gebroken Marilyn aan de telefoon. Drugs of alcohol, of allebei, denkt hij, en hij probeert haar analyticus te waarschuwen door zijn zwager, Rudin, te bellen. Greenson is niet bereikbaar. Daarna lopen de verhalen uiteen. Volgens één versie komt de analyticus in gezelschap van Rudin 's avonds na zijn diner terug, rond middernacht, verontrust door de staat waarin hij zijn patiënte heeft achtergelaten en zenuwachtig omdat hij aan het stoppen is met roken. Hij treft een grote chaos in haar slaapkamer aan. Op het houten nachtkastje een stapel plastic flesjes – maar niet één waar Nembutal in zit – en de roman die Leo Rosten aan haar had opgedragen, *Captain Newman, M.D.* Marilyn maakt onsamenhangende opmerkingen en hij besluit haar te laten slapen. Hij denkt niet dat de vermelding van Nembutal in haar laatste telefoontje betekende: ik heb van alles in huis om dood te gaan en ik zou het kunnen gebruiken. Rudin zegt later dat hij tegen middernacht door Greenson was gebeld. De psychoanalyticus ontving hem op Fifth Helena Drive en vertelde hem onmiddellijk dat Marilyn dood was. Volgens een ander verhaal had hij Marilyn na haar laatste telefoontje niet meer in leven gehoord en gezien.

In het boek, omgekeerd neergelegd om de bladzijde niet kwijt te raken, staat te lezen: 'Vol mededogen hoorde de psychiater dat de jongeman die hij van zijn trauma had genezen in de strijd was gesneuveld. "Ons werk," zei de arts, "is om hen weer in orde te brengen, om ervoor te zorgen dat het goed met hen gaat, precies goed genoeg om bij ons weg te gaan en de dood tegemoet te lopen.'"

Op tafel het begin van een brief aan DiMaggio: 'Lieve Joe, als ik jou nou maar gelukkig kan maken, zal het grootste en moeilijkste me zijn gelukt: *iemand helemaal gelukkig maken*. Jouw geluk betekent mijn geluk, en...'

De nacht valt op de Grote-Oceaankust. De Santa Anna, een warme, droge wind, waait door Los Angeles tot aan de oceaan en voert in de lucht de echo's mee van liedjes van Sinatra, waar Marilyn, opgesloten in haar huis in Brentwood, naar luistert. *Dancing in the Dark*. De wanden zijn blokken beton van zeventig centimeter dik en roosters van siersmeedijzer beschermen de ramen. De dikke, handgesneden deuren en poorten geven een indruk van stabiliteit en veiligheid. Buiten garanderen de hoge, gepleisterde muren haar eenzaamheid en vormen de reusachtige eucalyptusbomen een gordijn van bescherming. Toen de ster erheen was verhuisd, had ze de plaats beschreven als een vesting waar ze zich beschut tegen de wereld kon voelen. Die avond ervaart ze het als een gevangenis. Ze denkt terug aan Fitzgeralds zin over Hollywood: 'Een wereld van minieme scheidslijnen en geschilderde decors.'

Ze luistert nogmaals naar Sinatra die *Dancing in the Dark* zingt. Ze ziet weer een scène voor zich, een paar maanden eerder. Ze had met hem gevreeën zoals je voor de laatste keer vrijt, ontwricht en onafscheidelijk. Waarbij je elkaar pijn doet omdat het de enige manier is om elkaar nog te raken. Wanhopigen die zich in elkaars armen storten om te sterven, om niet te sterven. Tot het eind van het lied. Als roerloze schipbreukelingen die vechten tegen de golven en de dood hadden ze elkaar in de volslagen duisternis genomen. Het was de eerste keer dat ze dat deden zonder elkaar te zien, om elkaar heen draaiend, verbaasd daar te zijn. Gewoonlijk vond hij het fijn om naar haar te kijken wanneer hij haar nam en vond zij het fijn dat hij die hongerige, tedere blik op haar wierp. Hij kon alleen genieten als hij diep in haar wijdopen ogen een zweem van verlangen zag en hij ging altijd op het laatste moment van haar af om haar onneembare schoonheid in zich op te nemen. Dansers in het donker waren ze, en hun droevige wals haalde hen uit elkaar en er was alleen nog maar donker. *Time hurries by, we're here and we're gone*. Ze hadden geen tijd meer. Er was alleen nog maar tijd, donker en huid. Zweet, vlees onder hun grijpende handen. Geen enkel beeld van elkaar. Geen woorden. Muziek van lichamen.

Ze dacht terug aan Romeo. Aan die woorden: *Looking for the light of a new love to brighten up the night*. Ook met hem had ze gedanst in het donker, hun lichamen op oneindige afstand van elkaar, maar elk binnenkomend in het hart van de ander zoals je thuiskomt. *And we can face the music together, dancing in the dark*.

Aan de andere kant van Amerika schoot Norman Rosten overeind toen hij in zijn appartement in New York, verlicht door de ochtendschemering, door het gerinkel van de telefoon uit zijn slaap werd gerukt. Hij was de koude rand van het stenen balkon op 57th Street vergeten. Maar toen het signaal klonk, wist hij dat dit het telefoontje was waarop hij was voorbereid. Op het eerste gehoor een vrolijk, opgewonden gesprek.

'Heb je m'n nieuwe interview in *Life* gezien?'

'Natuurlijk. Heel goed. Heel vrij. Je praat als mensen die niets te verliezen hebben.'

'We hebben altijd iets te verliezen. Maar we moeten toch wel beginnen te leven?'

Ze vertelde over haar huis, dat bijna klaar was. Het tegelwerk was af, de meubels zouden eindelijk komen. Ze grinnikte: 'Mexicaans, natuurlijk. Nep, natuurlijk. En je moet mijn tuin zien, hoe mooi die wordt, met nieuwe struiken.' Ze sprong van de hak op de tak. 'Trouwens, de film gaat misschien weer beginnen. Aan de andere kant, ik heb aanbiedingen uit de hele wereld gekregen. Schitterende aanbiedingen, maar ik heb nog geen tijd gehad om erover na te denken.'

Ze praatte zonder ophouden. Er zat achter die zinnen een gecodeerd bericht dat hij probeerde te ontcijferen.

'Laten we leven voordat we oud beginnen te worden,' ging ze verder. 'Hoe gaat het met jou, echt? En met Hedda? Weten jullie zeker dat alles goed gaat? Luister, ik moet ophangen, ik krijg een langeafstandsgesprek. Ik bel je maandag terug. Tot ziens.'

Achteraf vond hij dat ze hem voor de gek had gehouden. Ze had niet gezegd dat ze zich opmaakte om zelfmoord te plegen, of wist ze het misschien nog niet? Norman en zijn vrouw bevonden zich onder de eenendertig personen die bij Marilyns begrafenis waren. De actrice had vijfduizend dollar aan hun dochter Patricia nagelaten, om haar studie te betalen. Rosten vond daarna een gedicht terug dat Marilyn voor hem had geschreven.

Niet huilen mijn pop
Niet huilen
Ik hou je vast en wieg je in slaap
Stil stil ik doe nu alsof
Ik niet je dode moeder ben...
Op het voetpad
Klik klak klik klak
Zoals mijn pop in haar wagentje
Over de scheuren reed
Gaan we heel ver weg.

Als het een griezelfilm was, zou het openingsbeeld de wind laten zien. Verder niets. De wind die de kruinen van de eucalyptusbomen doet buigen. Afkomstig uit de Mojave-woestijn is hij de opgedroogde zoutmeren overgestoken, waar de bliksem het zand al sinds mensenheugenis in zuilen van glas heeft gekristalliseerd. Zacht en warm waait hij vanaf Ventura Boulevard. Hij heeft Beverly Hills, Sunset Boulevard en Santa Monica gestreeld en strijkt nu langs Brentwood, voordat hij wat verderop naar zee verdwijnt. De nacht van zaterdag op zondag is net zo rustig als alle andere.

Tegen drie uur 's ochtends hoort Joannie Greenson de telefoon rinkelen in de slaapkamer van haar ouders. Omdat ze een beetje honger heeft, gaat ze naar de keuken om de koelkast te plunderen. 'Ik heb mama gevraagd wat er aan de hand was,' vertelt ze. 'Ze antwoordde dat er een probleem was bij Marilyn. Ik zei alleen maar: "O!" en ben daarna terug naar bed gegaan.'

Kort voor het ochtendgloren. Sergeant Jack Clemmons heeft dienst op het politiebureau in Purdue Street. De telefoon rinkelt. Aan de andere kant van de lijn stelt een man zich voor: 'Dokter Hyman Engelberg. Marilyn Monroe is dood. Ze heeft zelfmoord gepleegd.'

Clemmons denkt dat het een grap is en vraagt: 'Wie zei u dat u bent?'

'Ik ben dokter Hyman Engelberg, Marilyn Monroes arts. Ik ben bij haar thuis. Ze heeft net zelfmoord gepleegd.'

'Ik kom eraan.'

Als het een film was, zou een herziening van dit scenario de scène uiteindelijk op Ralph Greenson hebben toegespitst.

Telefoongerinkel bij een kort donker beeld.

'LAPD, politiebureau West Los Angeles, sergeant Clemmons, zegt u het maar.'

'Marilyn Monroe is dood door een overdosis.'

'Wat zegt u?'

'Marilyn Monroe is dood. Ze heeft zelfmoord gepleegd.'

'Wie bent u?'

'Haar psychiater, dokter Greenson, het is geen grap.'

Als Clemmons San Vicente Boulevard afrijdt, vraagt hij per radio een patrouillewagen om ook naar Fifth Helena Drive 12305 te komen. Hij rijdt door de verlaten straten tot aan Carmelina Avenue en draait het doodlopende straatje in. Het nummer komt overeen met het eind van de straat. Hij gaat het huis binnen, loopt een slaapkamer in en ziet een lichaam dwars over het bed, met een laken over het hoofd geslagen, waaronder alleen een lok platinablond haar te zien is. Plat op haar buik, 'in soldatenhouding, het hoofd op een kussen en de benen recht uitgestrekt,' zegt Clemmons later. Hij denkt onmiddellijk dat ze haar op die manier moeten hebben neergelegd, de telefoon vlak bij haar hand, plat op haar buik op het snoer van de hoorn, dwars over het matras.

Marilyn, een paar weken eerder, in New York, voor een bandrecorder. Tegenover haar journalist W.J. Weatherby. 'Weet je waar ik altijd het meest afhankelijk van ben geweest? Niet van onbekenden, en niet van mijn vrienden. Maar van de telefoon! Die is mijn beste bondgenoot. Ik ben er dol op mijn vrienden te bellen, vooral 's avonds laat, als ik niet kan slapen. Ik heb er vaak van gedroomd dat je op die manier met elkaar afsprak, in een drugstore, midden in de nacht.'

Een man met een gedistingeerd uiterlijk zit terneergeslagen bij het bed, met gebogen hoofd, zijn kin in zijn handen. Hij heeft gebeld, zegt hij. Een andere man, die bij het nachtkastje staat, stelt zich voor als dokter Ralph Greenson, Marilyn Monroes psychiater. Hij voegt eraan toe: 'Ze heeft zelfmoord gepleegd.' Daarna laat hij het nachtkastje zien, dat bezaaid is met pillendoosjes, wijst op een leeg flesje Nembutal en zegt: 'Ze heeft de hele inhoud ervan ingenomen. Toen ik aankwam zag ik van verre dat Marilyn niet meer leefde. Ze lag daar, plat op haar buik op bed, haar schouders ontbloot. Toen ik dichterbij kwam, zag ik dat ze de telefoon in haar rechterhand geklemd hield. Ik neem aan dat ze probeerde te bellen toen de dood haar heeft overvallen. Het was eenvoudigweg ongelooflijk, zo gewoontjes. Voor altijd afgelopen.'

Sergeant Clemmons vindt die hypothese van dokter Greenson vreemd, in de wetenschap dat Mrs Murray in huis was. Politiebeambte Robert E. Byron, die later ter plaatse is aangekomen, schrijft in zijn rapport dat Greenson de telefoon, die al vastzat door de rigor mortis, uit Marilyns hand had getrokken. Als hij de twee artsen observeert, merkt de sergeant op dat dokter Engelberg blijft zwijgen en dat de psychiater, die voor twee praat, zich vreemd op zijn hoede toont. Hij lijkt hem uit te dagen hem ergens van te beschuldigen. Clemmons vraagt zich af wat er mis is met deze vent, die niet de houding heeft die je in een dergelijke situatie verwacht. Hij ziet iets slechts in zijn ogen.

'Heeft u geprobeerd haar te reanimeren?' vraagt hij.

'Nee, het was te laat. We zijn te laat gekomen,' antwoordt Greenson.

'Weet u hoe laat ze die tabletten heeft ingenomen?'

'Nee.'

Clemmons ondervraagt vervolgens Eunice Murray.

'Ik heb geklopt, maar Marilyn antwoordde niet, en toen heb ik haar psychiater gebeld, dokter Greenson, die hier niet zo ver vandaan woont. Toen hij kwam gaf ze hem ook geen antwoord. Toen is hij naar buiten gegaan en heeft hij door het slaapkamerraam gekeken. Met een pook moest hij een ruit breken om in de kamer te kunnen komen. Hij zag Marilyn roerloos op bed liggen en vond dat ze er heel vreemd uitzag. Hij zei tegen mij: "We zijn haar kwijt," en daarna heeft hij dokter Engelberg gebeld.'

Als hij in de slaapkamer terugkomt, vraagt sergeant Clemmons aan de artsen waarom ze bijna vier uur hebben gewacht om de politie te bellen. Greenson antwoordt: 'We moesten toestemming krijgen van de persafdeling van de studio voordat we wie dan ook belden.'

'De publiciteitsafdeling?'

'Ja, de publiciteitsafdeling van Twentieth Century-Fox. Miss Monroe was met een film bezig.'

Clemmons praat met diverse journalisten: 'Het is de duidelijkste moord die ik ooit heb gezien.'

Als het een film was, zou een opname van de ambulance die Marilyns met wit plastic bedekte lichaam vervoerde, worden gevolgd door een overvloeier. Een zwart doek, waarop in witte letters DRIE MAANDEN EERDER zou verschijnen. De montage zou niet afgemaakt zijn en we zouden op het doek het klapbord van de assistent zien: SOMETHING'S GOT TO GIVE, en als ondertitel: MARILYN, LAATSTE. De film die zou volgen zou de vermoeiende aanwezigheid van droombeelden hebben, beladen met een teveel aan werkelijkheid. De belichting en de korrel ervan zouden een vreemde glans hebben, sterker dan wat een camera kan overbrengen... Eerder leek Marilyn op een koorddanseres die zich niet bewust was van de leegte onder haar voeten; nu weet ze dat ze kan vallen. Ze verschijnt als een geest. De geest van de hoofdrolspeelster van *Sunset Boulevard*, een blonde Norma Desmond.

୬

Over de laatste sessie die hij met Marilyn had gehad, gaf Greenson verschillende verklaringen. In een telefoongesprek dat hij op
de avond na de begrafenis met journalist Billy Woodfield voerde,
zei hij: 'Luister, ik kan me niet nader verklaren zonder dingen
te onthullen die ik niet wil onthullen. Je kunt geen rechte lijn
trekken en zeggen: dit zal ik u vertellen, maar dat niet... Ik kan
er niet over praten, omdat ik u niet het hele verhaal kan vertellen... Ondervraag Bobby Kennedy maar...' Eén punt benadrukt
hij: ze lag in een slaapkamer in de vleugel die voor vrienden was
bestemd, en niet in die van haarzelf, alsof ze thuis niet thuis was.
Maar de psychoanalyticus haast zich daaraan toe te voegen dat
ze dat vaker deed. Wanneer Woodfield hem ondervraagt over de
herhaalde recepten voor chloraalhydraat en de 'verjongingsin-
jecties', antwoordt hij: 'Iedereen maakt fouten. Ik ook.'

Tegen Norman Rosten verklaart hij: 'Ik kreeg omstreeks halfvijf een telefoontje van Marilyn. Ze leek nogal gedeprimeerd en
nogal gedrogeerd. Ik ben naar haar toe gegaan. Ze was kwaad
op een vriendin, die die nacht vijftien uur had geslapen, en woedend omdat ze zelf zo slecht geslapen had. Nadat ik ongeveer
tweeënhalf uur bij haar heb doorgebracht, leek ze gekalmeerd.'
Milton Rudin herinnert zich dat hij de psychoanalyticus op de
avond van Marilyns dood had horen roepen: 'Goeie god! Hy
heeft haar een recept gegeven zonder mij op de hoogte te stellen!' Hij beschrijft hem als uitgeput. 'Hij had er genoeg van, hij
was de hele dag bij haar geweest. Hij wilde op z'n minst een rustige zaterdagavond en nacht hebben.' Later legt Greenson ook

aan een onderzoeker uit dat ze zich in haar telefoontje uiterst verbolgen had getoond dat ze die avond geen amoureus afspraakje had, zij, de mooiste vrouw ter wereld! Volgens hem was Marilyn gestorven omdat ze zich afgewezen voelde door sommige van degenen die haar beste vrienden waren geweest.

Over de doodsoorzaken van zijn patiënte weten we niets rechtstreeks uit Greensons mond, die dat geheim met zich mee het graf in heeft genomen. Alleen opmerkingen die in brieven aan Marilyns andere analytici staan, of verklaringen die twintig of dertig jaar later boven tafel zijn gekomen, beschrijven zijn reacties. Twee weken erna beschrijft hij hun scheiding in een brief aan Marianne Kris: 'Vrijdagavond had ze tegen haar arts gezegd dat ik haar toestond Nembutal te gebruiken, en hij had het haar toegediend zonder zich tot mij te wenden, een nalatigheid die volgens mij te wijten is aan het feit dat Engelberg volop in scheiding lag met zijn vrouw. Maar zaterdag merkte ik in de loop van mijn eerste bezoek dat mijn patiënte een beetje versuft was, en vermoedde ik welk medicijn ze had genomen om in die toestand te geraken.' Hij maakt melding van Marilyns beslissing om een eind te maken aan haar therapie. 'Ze wilde die vervangen door opnamen die ze voor mij zou maken. Ik besefte dat ik haar begon te irriteren. Ze was vaak geïrriteerd als ik het niet absoluut en volledig met haar eens was... Ze was kwaad op mij. Ik zei tegen haar dat we er later op terug zouden komen, dat ze me zondagochtend moest bellen, en daarna ben ik weggegaan. De zondag in kwestie was ze dood.'

De psychoanalyticus werd langdurig verhoord door de politie, die hem twee dagen later opriep om in de Hall of Justice een verklaring af te leggen, daarna door de District Attorney, die een 'psychologische autopsie' had bevolen, en ten slotte door een college van twaalf deskundigen, dat het *Suicide Investigation Team* werd genoemd. Robert Litman, een van de twee psychiaters uit dat 'suïcideteam', was zijn leerling geweest. Toen hij Greenson ondervroeg vond hij hem verschrikkelijk ontdaan en had hij de indruk dat hij zelf meer de rol van raadsman in noodsituaties op zich nam dan die van onderzoeker.

Volgens wat hij aan John Miner zou hebben verklaard, had Greenson vóór zijn vertrek maatregelen getroffen om zijn patiënte een kalmerend klysma te laten toedienen, aangezien ze een lichamelijke weerstand tegen de effecten van medicatie langs orale weg vertoonde. Dankzij de chloraalhydraat zou ze kunnen slapen, en bij gebrek aan de gebruikelijke injectie van Engelberg, die hij tevergeefs probeerde te bereiken, leek een klysma – een behandeling die Marilyn vaak voor andere doeleinden gebruikte – hem de meest doeltreffende methode. Greenson wist dat ze al jarenlang gebruikmaakte van klysma's. Ze had hem erover verteld. Hij had vaak geconstateerd, zoals hij later in zijn technische verhandeling schreef, dat ook de bemoeienissen van de analyticus ervaren kunnen worden als ware het klysma's, als moeizame penetraties of betastingen die genot verschaffen.

Wie bracht dat klysma toe? Greenson had de gewoonte de zorg voor het toedienen van medicijnen aan anderen over te laten en heeft waarschijnlijk Eunice Murray ermee opgezadeld. Maar de mogelijkheid bestaat dat hij in werkelijkheid die avond Fifth Avenue nooit heeft verlaten en heeft geholpen bij die laatste behandeling. Jarenlang heeft hij gezegd dat hij met vrienden in een restaurant aan het eten was, maar hij heeft hen nooit bij name genoemd, en niemand is daar een getuigenis over komen afleggen. Na de dood van de psychoanalyticus, in 1979, is zijn familie nooit in staat geweest achter hun identiteit te komen.

Volgens zijn eigen verhaal heeft Greenson zich in Marilyns laatste dagen en laatste uren meer als arts dan als psychoanalyticus opgesteld. Hij wist als geen ander dat je niet luistert naar degenen die je aanraakt. Hij heeft de vrije loop gelaten aan de almacht over het lichaam, die hij vervolgens is blijven bestrijden, en aan de fantasie over een diepteanalyse, waarin hij een 'analyse op leven en dood' voorvoelde. Een paar maanden later schreef hij in *The Technique and Practice of Psychoanalysis*:

Wat is een psychoanalyticus? Antwoord: een joodse dokter die er niet tegen kan bloed te zien! Dat grapje benadrukt een aantal belangrijke overwegingen. Freud hield zich bezig met de vraag wat iemand ertoe beweegt zich aan het beroep van psychoanalyticus te wijden, en liet de therapeutische houding voortkomen uit een aangeboren sadistische aard en een dwingende behoefte zieken te redden, al ontkende hij die bij zichzelf.

De behoefte om iemands lichaam of geest binnen te dringen kan zowel voortvloeien uit het verlangen naar versmelting en intiem lichamelijk contact, als uit destructieve bedoelingen. De arts kan de sadistische vader zijn die de moeder als slachtoffer (de patiënt) seksueel kwelt, hij kan de redder worden, of zich vereenzelvigen met het slachtoffer. Hij kan de fantasie in praktijk brengen om voor zijn patiënt te doen wat hij gewild zou hebben dat zijn vader (of moeder) in zijn kindertijd voor hem had gedaan; soms is dat een variant op homoseksualiteit en incest. Zieken behandelen kan ook voortvloeien uit bemoedering – de moeder die troost biedt door de borst te geven. De psychoanalyticus onderscheidt zich van alle andere therapeuten in het feit dat hij geen lichamelijk contact met zijn patiënt heeft, ondanks de hoge mate van verbale intimiteit. In die zin lijkt hij meer op de moeder van lichamelijke scheiding dan op de moeder van lichamelijke intimiteit.

In de jaren die op Marilyns dood volgden, verveelvoudigde Ralph Greenson de interviews met onderzoekers, in de hoop de kritiek en de beschuldigingen waarvan hij het onderwerp was te kunnen ontkrachten. In de talloze verslagen van twijfelachtige getuigen werd hij soms naar voren gebracht als degene die Marilyn had gedood, hetzij onopzettelijk door een verkeerd recept dat een fatale wisselwerking tussen twee medicijnen had veroorzaakt, hetzij opzettelijk door mee te werken aan een complot om haar uit de weg te ruimen. Greenson, de linkse, joodse psychiater, zag zich ervan beschuldigd een 'psychoanalytische moordenaar' te zijn geweest, een 'zionistische samenzweerder' die zijn patiënte afperste, en een 'Komintern-agent' die de maîtresse van de president van de Verenigde Staten moest bespioneren. Omdat hij een man met macht en charme was, werd hij gezien als een omkoopbare arts die met de injectiespuit in de hand voor de maffia werkte, of als een aanbidder ten prooi aan buitensporige jaloezie. De psychoanalyticus werd gepsychoanalyseerd. Men meende te ontdekken dat hij met zijn tweelingzus Juliet, de geliefde, beschermde, bewonderde en toegejuichte kunstenares, een intense liefdesrelatie had, versterkt door een wilde haat, en dat dat alles door een zware tegenoverdracht op Marilyn was geprojecteerd.

Een getuige bezwoer dat Greenson vaak aan zijn patiënten vroeg om buiten de sessies een dagboek bij te houden, en dat hij voor de komst van de politie het rode zakboekje dat Marilyn bijhield had laten verdwijnen. Norman Jeffries, de man die door Eunice Murray voor klusjes was aangenomen, verklaarde dat hij met eigen ogen had gezien dat Greenson de actrice probeerde te reanimeren door haar een intracardiale injectie met adrenaline te geven. Een ander relaas ensceneerde Marilyns dood met een vijftien centimeter lange naald in haar hart, aangebracht door een moordenaar met latex handschoenen, zo dun als die van een chirurg. De naald zou op het borstbeen gebroken zijn. Twintig jaar nadien verklaarde een zekere James Hall dat hij, opgeroepen als ambulancebroeder, gezien had dat Greenson een injectie met gif in de buik van zijn patiënte gaf. Volgens een andere versie had een van de moordenaars die Marilyn doodden om Robert Kennedy te compromitteren, gestuurd door Sam Giancana en bekend bij de maffia en bij de CIA, de bijnaam *Needle*.

De versies die Greenson voorstellen als een krankzinnige psychiater die van dodelijke injecties hield, zijn filmisch gezien te mooi om waar te zijn. Ze herhalen nogal opvallend elementen van de dood van Robert Walker, elf jaar eerder verslagen door de *Los Angeles Times*. Op de armen van de acteur zaten bloedsporen ten gevolge van een gevecht tijdens de fatale injectie die zijn psychoanalyticus hem had gegeven, en nadat het ambulancepersoneel had vastgesteld dat Walker niet kon worden gereanimeerd, was dokter Hacker in hemdsmouwen waargenomen terwijl hij volledig verdwaasd in de stromende regen door de straten van Brentwood liep.

❧

Op zondag 5 augustus had Marilyn een afspraak met Sidney Skolsky, een invloedrijke journalist in Hollywood. Hij hield kantoor op de bel-etage van Schwab's Drugstore. Hij noemde haar 'Miss Caswell', ter herinnering aan haar eerste rol in *All About Eve*. Als ze naar hem toeging vermomde ze zich als *femme fatale*: zwarte pruik, lange handschoenen, karmijnrode lippen. Omdat ze wist dat hij Jean Harlow had gekend, wilde ze met hem praten over het plan haar rol te spelen in een film die gewijd zou zijn aan de vrouw voor wie de uitdrukking 'platinablond' was uitgevonden. Marilyn had al in 1954 de rechten van haar biografie gekocht, en nog maar pas geleden hadden ze samen Jean Harlows moeder opgezocht, om haar toestemming te krijgen en om haar te ondervragen.

Meer dan ooit vereenzelvigde ze zich met de dode actrice. Harlow was haar spiegel, haar lotsbestemming, haar liefde. Toen ze in 1949 naakt voor fotograaf Tom Kelley had geposeerd, wist Marilyn dat Harlow twintig jaar eerder hetzelfde had gedaan voor een fotoserie van Edwin Hesser in Griffith Park. Ook wist ze op de avond van Madison Square Garden dat Harlow in 1937, een paar maanden voor haar dood, door president Roosevelt uitgenodigd was geweest om zijn verjaardag te vieren, wat haar een verstoting uit Hollywood had opgeleverd omdat ze de opnamen van haar laatste, onvoltooide film, *Personal Property*, had onderbroken. Net als haar voorbeeld was Marilyn haar carrière begonnen onder de naam van haar moeder, met wie ze een heel slechte verhouding had gehad, en had ze hem daarna veranderd.

Net als bij haar waren haar relaties met mannen de ene ramp na de andere geweest. Marilyn hield van Jean Harlows instelling, die haar op het toppunt van haar roem liet zeggen: 'Ik zou actrice willen *worden*.' Ze had zelfs haar manier overgenomen om in alle omstandigheden een 'Mmmmmmm' te mompelen dat alles kon betekenen. In een film uit 1932, *Red-Headed Woman*, had Harlow de beroemde tekst: 'Mannen houden van blondjes.' Ze keek naar zichzelf in een spiegel, en herhaalde de zin daarna frontaal, haar ogen op de camera gericht. In diezelfde film liet ze haar bijna naakte lichaam zien: 'Kun je door mijn jurk heen kijken?' vroeg ze. Een vrouw antwoordde: 'Ik ben bang van wel, liefje.' Triomfantelijk verblufte Jean haar: 'Dan trek ik hem aan!' Toen ze in *The Misfits* speelde, dacht Marilyn in Clark Gables armen maar aan één ding: hij had vroeger vijf films met Harlow gedaan. Hij had haar verteld dat hij in de loop van de laatste het gevoel had gehad een geest te omhelzen. Toen ze op 26 juni 1953 haar handen in het natte cement van Hollywood Boulevard drukte, had Marilyn Monroe het gevoel ze in het verleden te duwen. Jean Harlows afdrukken, achtergelaten op 29 september 1935, waren vlak naast de hare. Marilyn was negen jaar en haar moeder, vergezeld door Grace, had haar de plek laten zien, voor het Chinese Theatre. Ze zei vaak, met een vreemde schittering in haar ogen: 'Ik weet dat ik jong zal sterven, net als Jean Harlow.'

Skolsky, zelf vertrouwd met depressies en verslaafd aan medicijnen – kwade tongen beweerden dat hij zijn dagen boven de drugstore sleet om zich er gemakkelijk van te voorzien –, begreep dat de afspraak en de film nooit zouden plaatsvinden, toen hij zondagochtend samen met de hele wereld hoorde dat de ster dood was. *The Jean Harlow Story* zou nooit worden opgenomen. Maar het verhaal van de actrice was herschreven door de vrouw die, na haar leven te hebben gedroomd, haar droom had beleefd.

∾

Op 5 augustus 1962 zat Billy Wilder in een vliegtuig tussen New York en Parijs toen het nieuws van Marilyn Monroes dood bekend werd. Toen het vliegtuig was geland werd hij omringd door journalisten.

'Wat vindt u van haar?'

'Wat zijn de verklaringen?'

'U heeft gezegd dat ze een verbazingwekkende, lijfelijke impact had, dat ze van de camera hield en er bang voor was?'

'Is ze een goed actrice?'

'Denkt u dat ze is ingestort omdat ze haar rol in haar nieuwe film niet kon spelen?'

De regisseur vroeg wat ze nu weer had gedaan.

'Ze heeft niets gedaan,' antwoordden ze, zonder hem te vertellen dat ze dood was.

Wat doen ze hier op het vliegveld? Waarom is het zo dringend? vroeg Wilder zich af, en hij liet zich heel harde opmerkingen over Marilyn ontvallen: 'Ze is zo af en toe de erbarmelijkste vrouw van Hollywood. Het is een vrouw van plastic, een echt product van Du Pont de Nemours, met een borstkas van graniet en hersenen van gatenkaas.'

Toen Wilder bij zijn hotel aankwam en de avondkranten zag: SPECIALE EDITIE! MARILYN MONROE IS DOOD! dacht hij: die smeerlappen hebben niet eens het fatsoen gehad om het me te vertellen voordat ik spuide wat ik op mijn hart had, en nu heb ik bepaalde dingen gezegd die ik niet gezegd zou hebben als ik had geweten dat ze dood was. Dat heeft Marilyn niet verdiend.

Er zijn in deze wereld mensen die knettergek zijn, zoals Monroe. En vervolgens gaan die op de divan van psychoanalytici liggen en komen ze er somber en verkrampt vandaan. Ze had beter geschift kunnen blijven en niet moeten proberen recht te lopen. Ze had twee linkervoeten, dat was haar charme.

Jaren later, op een klamme zomermiddag in 1998, stort El Niño stromen regen over Californië uit. Billy Wilder, eenennegentig jaar oud, staat een interview toe in zijn sobere kantoor, achteraf in een klein straatje in Beverly Hills. De interviewer vraagt hem wat hij destijds van die dood dacht. 'Het is merkwaardig dat ze is gestorven op het moment van het grootste schandaal in haar leven. Die geschiedenis met Kennedy, namelijk. Natuurlijk ging ze naar bed met Kennedy: ze ging naar bed met iedereen. En hij ook. Ik heb me zelfs een hele tijd een scène voor een film met hem voorgesteld: hij komt naar hotel Century City – hij heeft daar een suite – en een helikopter van Air Force One komt aanvliegen en landt op het dak. Als de meisjes zien dat hij gaat landen, gaat iedereen op het bidet zitten en laat het water stromen. Begrijpt u wat ik wil zeggen: ze bereiden zich allemaal voor, in de hoop gekozen te worden. Een paar weken voor haar dood was Marilyn naar New York gegaan om voor de president haar interpretatie van *Happy Birthday* te zingen (versie Strasberg, freudiaans, als u dat begrijpt), en daarna heeft ze zich van kant gemaakt. Ik heb altijd gezien dat ze onzeker van zichzelf was, met een soort bestaansangst, tot in haar manier van lopen. Tot mijn eigen verbazing wenste ik niet haar minnaar te zijn, maar haar psychoanalyticus. Het is goed mogelijk dat ik haar ook niet had kunnen helpen, maar ze zou zo mooi zijn geweest, languit op de divan.'

Billy Wilder, die Marilyn graag verfoeide, dacht lange tijd na haar dood dat zij de moderne belichaming was van de actrice die niet oud wil worden. Hij dacht er zelfs over er een kleuren-film van te maken, waarin hij dat thema van zijn meesterwerk in zwart-wit, *Sunset Boulevard*, zou hernemen: een actrice die zich aan haar beeld vastklampt om niet gek te worden of te sterven. Hij maakte die film niet. Vanwege de beelden in *Something's Got to Give*, zei hij, nadat hij die had gezien. Maar aan het eind van zijn filmcarrière, in 1978, maakte Wilder toch iets wat er op lijkt: een ontroerende film over een oude actrice die teruggetrokken op een Grieks eiland leeft. Hij noemde hem *Fedora*.

In de straten van een stadje in Florida loopt een oude vrouw op een zonovergoten trottoir. Gladys Baker herinnert zich niets. Niets van de tijd waarin ze in de filmindustrie werkte, en niets van de dochter die ze heeft gehad. Toen een psychiater van het Rockhaven Sanitarium, waar ze was opgenomen, haar had meegedeeld dat haar dochter was overleden, had ze geen enkele reactie vertoond. Ze herinnerde zich het meisje dat de naam Norma Jeane had gehad niet meer, en wist niet wie Marilyn Monroe was. Maar een jaar later ontsnapte ze in een donkere nacht uit het sanatorium, door van haar beddenlakens een koord met knopen te maken. Met een bijbel en een handboek van de Christian Science onder haar arm kwam ze in een buitenwijk van Los Angeles terecht. Een doopsgezinde predikant vond haar in zijn kerk en praatte met haar voordat ze naar de inrichting werd teruggebracht. 'Marilyn (volgens de predikant zei ze niet Norma Jeane) is er niet meer. Ze hebben het me verteld nadat het is gebeurd. De mensen moeten weten dat ik nooit heb gewild dat ze actrice werd. Haar carrière heeft haar alleen maar kwaad gedaan.'

Norma Jeane was bij de burgerlijke stand ingeschreven onder de naam van de voormalige echtgenoot van haar moeder. Op de geboorteakte staat *Mortensen* of *Mortenson* te lezen. Toen ze twintig was, nam ze de artiestennaam aan waaronder ze is gestorven en onsterfelijk is geworden, maar tot zeven jaar voor haar dood heeft ze haar officiële naam gehouden. De namen echoën in de kamers van het noodlot. Waar waren, van Mortenson naar

Greenson, de dood en het leven? Van Kathryn, Greensons moeder, naar Marilyn loopt een liefdesgeschiedenis door de klanken en lettergrepen van een zich repeterende band.

Norma Jeanes vader had elke willekeurige minnaar kunnen zijn die haar moeder in 1925 had gehad, nadat ze van haar tweede echtgenoot was gescheiden. De meest waarschijnlijke in die rol is Raymond Guthrie, die een paar maanden verliefd op haar was geweest. Hij ontwikkelde films bij de RKO. Gladys had haar dochter haar eerste voornaam gegeven als eerbetoon aan een prachtige actrice uit die tijd, Norma Talmadge. Toen ze twintig was hield Norma Jeane Baker ermee op de naam van haar moeder te dragen en werd ze Marilyn Monroe.

In de loop van de zomer van 1946 belde Norma Jeane André de Dienes op om hem te vragen of hij naar haar appartement kwam. Ze had hem een belangrijk nieuwtje te vertellen. Zodra hij er was, viel ze met de deur in huis: 'Raad eens? Ik heb een nieuwe naam!' Ze schreef hem met potlood op een velletje papier, langzaam en toegewijd: MARILYN MONROE. De twee hoofdletters zette ze op een haast kalligrafische manier aan. Heel wat jaren later was De Dienes nog altijd niet vergeten hoe verbluft hij was geweest toen hij daar stond, achter haar, terwijl hij keek hoe ze haar naam schreef. Er zat een haast bovennatuurlijke schoonheid in de manier waarop ze die twee grote hoofdletters M tekende. Die naam werd pas op haar negenentwintigste haar wettelijke naam.

∾

In haar laatste voltooide film, *The Misfits*, had Marilyn het personage Marilyn Monroe gespeeld. Het was, letterlijk, de rol van haar leven. Op het doek vertolkte ze haar eigen ontwrichte levensloop. In haar laatste dagen gaat ze haar leven als in een film beleven en wordt ze de rol die ze in *All About Eve* speelde, een of andere Miss Caswell met een diploma van de theaterschool in Copacabana en somber geworden door de leeftijd, of de onbekende die in het scenario van een griezelfilm zou zijn omschreven als *Blonde Woman, Dead On Arrival*.

Beverly Hills, zondag 5 augustus 1962, vijf over twaalf 's nachts. Sergeant Franklin rijdt in zijn dienstauto op Roxbury Drive. Net als hij Olympic Boulevard wil oprijden, wordt hij gepasseerd door een Mercedes die op volle snelheid in de richting van de San Bernardino Freeway rijdt. Franklin schat de snelheid van het voertuig op rond de honderdtwintig per uur en ziet dat de koplampen zijn gedoofd. Hij zet zijn zwaailicht aan en gaat achter de auto aan. Die versnelt en wisselt voortdurend van rijbaan. Hij heeft de indruk dat de bestuurder aan iets probeert te ontsnappen, alsof hij de plaats van een misdaad ontvlucht. Franklin zet zijn sirene aan en uiteindelijk, niet ver van de Pico Country Club, stopt de auto. Wanneer hij ter hoogte van het naar beneden gedraaide vooraampje is, ontwaart hij het bekende gezicht van Peter Lawford. Die lijkt dronken, geschrokken en ontdaan.

'Sorry,' stamelt Lawford. 'Ik moet iemand naar het vliegveld brengen.'

'Dan rijdt u de verkeerde kant op, u moet naar het westen, niet naar het oosten.'

Franklin richt zijn zaklamp op de andere aanwezigen in de auto. De passagier op de voorbank is een man van middelbare leeftijd, gekleed in een tweedjasje en een wit overhemd.

'Hij is arts,' zegt Lawford, 'hij rijdt met ons mee naar het vliegveld.'

Later zal Franklin in die man dokter Ralph Greenson herkennen. 'Toen ik de reportage over de begrafenis zag, wist ik dat Greenson de passagier in de auto was.' Maar op het moment zelf zegt hij geen woord. Franklin richt de lichtbundel van zijn lamp op de derde man, die achterin zit. Hij heeft de Attorney General van de Verenigde Staten voor zich, Robert Kennedy, met zijn ogen half gesloten en in een gescheurd overhemd.

Zondagochtend. De politie ondervraagt de buren. Getuigen maken melding van nachtelijke geluiden: een helikopter, brekend glas, geschreeuw, een vrouw die 'Moordenaars!' zei. In *The Misfits*, een jaar eerder, was het Marilyns stem die dat in het stof van Arizona schreeuwde. 'Moordenaars, leugenaars! Ik haat jullie!' Die woorden riep ze tegen degenen die wilde paarden vastbonden om ze te doden en geld te verdienen met hun vlees.

Vanaf het terras, door een ruit met een ster erin, is het interieur van een alledaags huis in Mexicaanse stijl te zien, een slaapkamer met lege muren. Een naakte vrouw, te wit. Om haar heen vormen de lakens hoekige schaduwen, als de schuimranden van een omgeslagen golf. Een staande man, verstard. Hij huilt niet en loopt met besliste pas naar voren. Hij maakt de verkrampte hand van de telefoon los en legt de hoorn terug op het toestel bij het bed. Haar mond staat half open. Haar mond was altijd open. Hij had hem nooit, op geen enkele foto, gesloten gezien. Haar ogen. Haar ogen ziet hij niet. Hij weet dat ze gesloten zijn. Hij wil dat ze gesloten zijn. Dat het blauw van die onzekere blik, die hij nooit had kunnen doorgronden, vooral niet als hij een wanhopige behoefte voelde hem te ontcijferen, dat het blauw zwijgt. De vrouw heet Marilyn Monroe, de man Ralph Greenson. Hij is haar psychoanalyticus. Hij kan niet eens naar haar kijken. Het licht, het wit heeft alles in haar opgeslokt. Haar lichaam is alleen nog maar een verblindende plas, een ster van vlees, niet meer bestaand door het vele stralen. Greenson denkt dat de eerste zijn die een vrouw dood heeft gezien een even bittere overwinning is als bij jezelf zeggen dat je de eerste bent die haar naakt heeft gezien.

Als hij het huis verlaat, als het lichaam eenmaal op een brancard is meegenomen en door een stille ambulance naar het mortuarium is gebracht, ziet Greenson in de bestrating bij de ingang van Marilyns huis tegels waar hij nooit aandacht aan heeft besteed. In het Latijn: *Cursum perficio*. Jaren later vindt hij de bron ervan. In het Nieuwe Testament zegt Paulus tegen Timoteüs: 'Ik heb de wedloop volbracht.' Die ochtend glimlacht hij als hij denkt dat zij haar wedloop niet had volbracht toen ze haar voor de autopsie hadden meegenomen, maar dat de zijne wel voorbij was.

De autopsie vindt plaats in het Los Angeles County Coroner's Mortuary, op 5 augustus om halfelf 's ochtends. Het stoffelijk overschot is overgebracht vanuit het mortuarium, waar de werknemers alle voorstellen om het beroemdste lichaam ter wereld te fotograferen hebben afgeslagen. Sommige aanbiedingen haalden de tienduizend dollar, en ze hebben het uit de koeling moeten halen om het in een bezemkast te verstoppen. De diensten van de lijkschouwer zijn minder onverzettelijk. Zondagavond, als de autopsie klaar is, laat Leigh Wiener, fotograaf van *Life*, kast 33 voor zich openmaken en neemt hij foto's van Marilyn, wier ingewanden voor het onderzoek verwijderd zijn.

Dat is ook doodgaan: een ding worden, handelswaar, een stuk vlees, niet levend maar dood, zoals de wilde paarden in *The Misfits*. Voor de laatste keer wordt Marilyn teruggebracht tot wat ze wanhopig niet meer wilde zijn: een beeld. Later schrijft Arthur Miller: 'De ontmoeting van een individuele pathologie en de onverzadigbare honger van een kapitalistische consumptiecultuur. Hoe valt dat mysterie, die obsceniteit te begrijpen?'

Greenson nam niet de tijd om te gaan zitten in de fauteuil tegenover de bank waarop Wexler zonder zich te verroeren bleef zitten. Hij stak meteen van wal.

'Wil je haar banden horen, haar opnamen, haar laatste solo-
optreden, haar laatste sessie?'

Wexler gromde. Greenson vertrouwde hem Marilyns stem
toe zoals je een geheim aan een onbekende in een bar vertelt,
om het kwijt te zijn.

'Toen ze ze bij me achterliet, om ze te beluisteren als zij er niet
bij was, zei ze tegen me: "Ik heb er een absoluut vertrouwen in
dat u nooit aan een levende ziel zult doorvertellen wat ik aan
u heb verteld." Daarna vroeg ze, toen ze mijn kantoor verliet,
of ik ze wilde wissen nadat ik ze had beluisterd. Ik heb ze niet
kunnen wissen. Die banden hebben me van mijn stuk gebracht,'
ging Greenson verder, 'ik weet niet wat ik ermee ga doen, maar
ik heb ze uitgeschreven.'

Greenson wiste ze niet. Niet meteen. Meer vanwege haar stem
dan om wat ze zei. Die stem had van hem, die zo graag bete-
kenisgever wilde zijn, ondanks zichzelf een luisteraar gemaakt.
Hij gaf ze aan zijn collega zodat hij ze kon horen. Alleen. Als hij
wilde konden ze er samen over napraten.

Bij de eerste band schoot Wexler overeind bij deze woorden:
'Ik ging bij Joan Crawford langs. Ze vroeg me of ik wilde wachten tot ze haar dochtertje een klysma had gegeven. Het kleintje
schreeuwde dat ze geen klysma wilde. Geen klysma dat door

haar moeder werd gegeven. Crawford was zo kwaad dat ze haar wilde slaan. Ik stelde voor dat ik het zou doen. Ik heb dat dotje zo voorzichtig het klysma gegeven dat ze proestte van het lachen. Joan keek me zuur aan en zei: "Ik vind niet dat je kinderen moet verwennen." Ik had de indruk dat ze geneigd was te laten zien dat ze wreed tegen haar dochter kan zijn... Dokter, ik wil dat u me helpt om van Murray af te komen. Toen ze me gisteravond een klysma gaf, dacht ik bij mezelf: dame, ook al bent u hier heel goed in, u moet toch weg. Dokter, zij en ik vinden elkaar gewoon niet aardig. Ik kan niet tegen het laatdunkende en het respectloze waar ze elke keer blijk van geeft als ik haar vraag om iets te doen... Tijdens het inspreken van dit verhaal herinnerde ik me een beetje de klysma's die ze me gaven toen ik klein was. Ze horen bij de categorie verdrongen herinneringen, zoals u en dokter Freud ze noemen. Ik ga eraan werken en u een andere band geven.'

Op de tweede band praatte Marilyn daar niet meer over. Ze zei: 'Gisteren heb ik een hele tijd in de grote passpiegel in mijn badkamer naar mezelf gekeken. Ik had mijn haar gedaan en me opgemaakt, maar was naakt. Wat zag ik? Mijn borsten beginnen een beetje te hangen. Mijn taille is niet slecht. Mijn kont is zoals hij moet zijn. De mooiste van de mooiste. Benen, knieën en heupen, niets op aan te merken. En mijn voeten zijn niet te groot. Oké, Marilyn, je hebt alles wat nodig is.'

∾

's Nachts kwam bij Greenson een herinnering boven, vermengd met angst. Het was lang geleden. Op een avond waarop hij een paar volgelingen had verzameld, had de meester de kwestie van het eind van de overdracht aangesneden. Hij gebruikte een vreemd woord: *onthechting*, en legde uit dat je je alleen van een patiënt losmaakt, zoals je je in het gewone leven alleen van een persoon losmaakt, door je elders te hechten, aan een andere mens of aan een gedeelte van dezelfde mens. 'Zolang we leven en verlangen,' zei Freud, 'doen we niets anders dan de ene greep voor de andere te verwisselen en van grip te veranderen.' En om de verzamelde volgelingen hun laatste illusies te ontnemen, had hij eraan toegevoegd: 'Tegen jezelf zeggen dat het om misgrepen gaat, dient er alleen toe om nieuwe te begaan.'

Om ervoor te zorgen dat hij begrepen werd, nam Freud vervolgens, zoals hij vaak deed, een beeld uit de literatuur. Een verhaal: *Gelukkige Hans*. Hij stond op, verliet een ogenblik de kamer en liep door zijn spreekkamer om een boek van een plank te pakken. Zonder lang naar de bladzijde te hoeven zoeken, las hij die met zijn hese stem voor. Het gedempte licht in de wachtkamer en Freuds vermoeide stem en smartelijke voordracht gaven het verhaal een tragische dimensie die het misschien niet had, dacht Greenson, die het sindsdien nooit meer had gelezen.

Het verhaal was heel eenvoudig, een korte boog, een voorspelbaar eind. Als beloning voor zijn werk ontvangt Hans een klomp goud. Omdat het ding zwaar is, ruilt hij het voor een paard. Het paard voor een koe, de koe voor een varken, het varken voor een gans, de gans voor de slijpsteen van een scharenslijp, om ten slotte achter te blijven met twee kiezelstenen. Omdat hij ze zwaar vindt, legt hij ze op de rand van een put en geeft hij ze een duw. De kiezelstenen vallen in de diepte. Hans dankt God en keert bevrijd van alle last terug naar zijn moeder.

'Dat wilde ik jullie laten begrijpen,' zei Freud terwijl hij het boek dichtklapte. 'Wat de invloed van seksuele driften betreft, lijkt het me dat we op niets anders kunnen uitkomen dan op verwisselingen en verschuivingen, en nooit op het ervan afzien, ontwenning of het verdwijnen van een complex (het absoluutste geheim!). Dat is seksualiteit, een uitwisseling waarbij de driften en gebaren bedoeld zijn om in ruil daarvoor andere driften op te wekken en andere gebaren te verwerven.' Waarschijnlijk is dat niet woord voor woord wat Freud op zijn levensavond zei, maar dat had Greenson van zijn apoloog onthouden: zowel in de overdracht als in de liefde is niets voor niets.

Die avond in Wenen had hij moed gevat om het woord te nemen en had hij aan Freud gevraagd waarop de overdrachtsruil berustte. 'Seksualiteit, altijd seksualiteit. Voor mij zijn na veertig jaar praktijk de scènes waarin onze patiënten ons bij zich laten komen nog altijd seksueel, net als in het begin. De trauma's die ze met ons of onder onze ogen opnieuw uitspelen ook. Als iemand ons de complexen uit zijn kindertijd prijsgeeft, moeten we niet geloven dat hij er afstand van heeft gedaan. Hij heeft er een stukje van bewaard – het affect – in een actuele opstelling – de overdracht. Hij is van kledingstuk veranderd. Of van huid. Hij is verveld, en laat zijn oude vel bij de analyticus achter. Daarom is het moeilijk het eind van de overdracht te willen: dat zou niet anders zijn dan het eind van de persoon die tegen ons praat. Moge God verhoeden dat hij nu naakt gaat, zonder huid! Onze therapeutische winst is een opbrengst van het ruilen, zoals voor Gelukkige Hans. Pas met de dood valt het laatste stukje in de put.'

Daarna zweeg Freud en ijzig hoffelijk verzocht hij de analytici in opleiding hem alleen te laten.

Ralph Greenson was nu van mening dat Freud ongelijk had. Wat je in een leven ruilt is niet alleen een verlangen tegen een ander verlangen, een voorwerp tegen het volgende: het zijn gelijktijdige of achtereenvolgende identiteiten. En die identiteiten zijn niet alleen seksueel, maar ook familiaal en sociaal.

Greenson zocht in die vertelling elementen die hem zouden helpen te begrijpen wat er tussen Marilyn en hem was gebeurd. Was de kern van analyse en overdracht, meer dan de seksuele kwestie, die ruil om je steeds meer te ontlasten van de dingen hier op aarde en terug te keren naar het verleden? Een detail van het verhaal trof hem: Hans gaat terug naar zijn moeder. Hij gaat terug om te sterven waar hij is geboren.

Hij zag zichzelf weer voor zich met zijn patiënte, tegenover elkaar, pratend als onhandige acteurs, dansers in het donker, zoals in het liedje van Sinatra dat Marilyn vaak zachtjes zong bij sessies waar ze moeite had met praten. Het waren allemaal maar bedrijven geweest, in de theaterbetekenis. En zij figuranten in een komedie van vergissingen. Geënsceneerd, de overdracht; geënsceneerd, de herinneringen, verhalen en dromen; geënsceneerd, de kostuums, aangeschoten om ze opnieuw te spelen, en de kostuums die ze hem op haar persoonlijke toneel had laten aantrekken; geënsceneerd, zijn eigen teksten in de tragedie waarvan zij de auteur was; een enscenering die hem had gereduceerd tot de rol van eenvoudige drager, waaraan zij op het moment van de decorwisseling de oude kostuums van de voorgaande scènes ophing.

De komedie was uit, het doek was gevallen. Het raadsel van dat schepsel bleef volledig. Haar identiteit, de voortdurend afgelegde kleren waarin Marilyn zich vermomde, zich blootgaf, zich weer vermomde. Haar theatrale overdracht, dat teveel aan liefde dat ze hem liet blijken. Haar voorliefde om naakt te zijn. Haar uit scheiding en angst bestaande beeld, als in verstoord evenwicht aan de rand van het doek. Die manier, die ze zowel in haar leven als in haar films had, om over de onzichtbare draad te lopen die de ruwe realiteit van de absolute fictie scheidt. Greenson zag dat allemaal weer voor zich, en het had geen enkele betekenis. Hij had haar niet willen ontdoen van haar identiteiten, haar niet willen afwenden van de personages die ze met zich meebracht. Het was een keuze. Hij zei tegen zichzelf dat hij geen ongelijk had gehad. Dat liefde een huid is. Dat liefhebben ons beschermt tegen de kou van de wereld. Dat identiteit een ui is. We moeten ervoor zorgen die niet te pellen. Wanneer we de laatste huid hebben weggehaald, is er geen ui meer.

૭૭

Wexler had steeds meer genoeg van de angst die zijn collega ertoe dreef om de film van Marilyns laatste weken nog eens voor
hem te komen afdraaien. Greenson kuchte en zijn manier van
praten was onzeker, geremd en geforceerd, alsof hij zelf een acteur was die een tekst zei die hij nog niet genoeg kende. De tekst
van haar dood. De tekst van haar leven.

'Haar laatste jaar. Ik zou over haar laatste jaar moeten vertellen. Ze was me komen opzoeken omdat ze niet meer kon. Ik
heb haar met veel moeite, met veel woorden gesteund. Ik zag
wel een teken van het lot in die titel: *Something's Got to Give*. Ik
heb het niet willen zien.'

'Ja,' antwoordde Wexler, 'ze raakte gespleten toen jij naar Europa vertrok. Je hebt het schizofrenieaspect onderschat. In de
korte tijd dat ik haar heb gezien, was ik getroffen door het feit
dat ze vaak in de derde persoon over zichzelf sprak: "Marilyn
zou dit doen... Ze zou dat niet zeggen... Ze zou die scène zo spelen..." Ik heb haar op dat trekje gewezen. Ik vroeg of ze niet in
zichzelf een stem hoorde die "zij" zei. Verbaasd keek ze me aan:
"En u, hoort u geen stemmen? Bij mij is het niet één stem die ik
hoor. Eerder een massa."'

Toen hij Greenson de opnamen teruggaf, aarzelde Wexler of hij
dingen tegen hem zou zeggen die zonneklaar waren, maar die
hij zelf niet had gezien in de gekte voor twee die hem met Marilyn had verbonden. Ten slotte besloot hij er duidelijk over te
zijn, ook al kon het hem hun vriendschap kosten.

'Je wist best dat zware overdracht tot de moeder wordt gericht en dat de divan regressie bespoedigt. Door te sterven is Marilyn op haar manier ook naar haar moeder teruggegaan. Ze heeft het laatste omhulsel in de put geworpen. *Ongelukkige Hanna.* Maar dat weet je allemaal...'

'Ja, en om die regressie te vermijden heb ik haar bijna haar hele kuur lang niet laten liggen. Aan het eind was ze er klaar voor: die banden waren wel onze methode, praten zonder te zien tegen wie. Maar ik geloof niet dat ik voor moedertje heb gespeeld.'

'En daarom heb je op een gegeven moment je baard laten staan: om jullie allebei gerust te stellen over het feit dat je een vader was, en geen moeder.'

'Nee! Dat was meer om op Freud te lijken.'

'Je ontkent alleen maar. Je blijft zeggen: nee, ik was haar moeder niet, ik heb niet gedaan alsof ik haar moeder was. Toch heb je van Freud geleerd dat je, als je zegt: "Dat is mijn moeder niet," juist tegenover de moeder staat. Wil je dat ik het je zeg? Jullie waren doodmoe van elkaar. Je hebt haar verlaten en kon haar niet verlaten. Zij wilde jou verlaten en je kon haar niet laten gaan. Punt uit. Jouw wanhoop was die van een in de steek gelaten kind.'

Greenson keek zijn collega vol haat aan, maar zei niets. Wexler besloot niet verder te gaan.

Tot het eind aan toe beschouwde Greenson zichzelf als een vader voor Marilyn. Op 20 augustus 1962 schrijft hij aan Marianne Kris: 'Ik was haar therapeut, de vriendelijke vader die haar niet teleur zou stellen en haar begrip voor zichzelf zou bijbrengen, of op z'n minst gewoon vriendelijkheid. Ik was de belangrijkste persoon in haar leven geworden, en ik voel me schuldig dat ik mijn familie daarmee heb opgezadeld. Maar er zat in haar iemand van wie je alleen maar kon houden en ze wist zich heel charmant voor te doen.' Waarschijnlijk heeft hij nooit begrepen dat die behandeling zich op psychische terreinen bevond die ver van de freudiaanse theorie af stonden, en dat de thema's ervan eerder *moeder, homoseksualiteit, uitwerpsel* en *dood* waren dan *vader, leven, liefde* en *verlangen*. Gedragen door een stem die er doodmoe van was te doen alsof ze het lieve kleine, op haar papa verliefde meisje was, waren er ten slotte op afstand van de overdracht ondenkbare dingen op de banden komen te staan, met verslagenheid uitgesproken. Naakte dingen. Duistere dingen. Duister als de moeder, als de dood; duister als beschermster Strasberg of actrice Crawford in *Johnny Guitar*; duister als Eunice Murray; duister als stront, als het besmeurde kind. Smerigheid is seksloos, net als liefde. Die twee vloeiden voor Marilyn samen in de zuivere passiviteit van het klysma.

En als Marilyn zich alleen van hem had kunnen losmaken door te sterven? En als Greenson haar alleen had kunnen bezitten door haar te doden? Bij het beluisteren van de banden had Wexler gemeend te doorgronden wat er tussen hen was gebeurd en wat hij niet voor zijn collega onder woorden had kunnen brengen: je kunt iemand doden door te veel zorg. De partituur die hij had willen spelen, die van een 'overdracht in vader majeur', zoals hij zei, was ongemerkt omgeslagen naar primitieve wanhoop en hij had de muziek van mededogen in 'moeder mineur' gespeeld. Hij had besloten af te zien van elke injectie, een handeling die in zijn ogen te duidelijk fallisch was, maar was vervolgens op die onthouding teruggekomen en had haar de laatste maanden regelmatig spuitjes met kalmerende middelen gegeven. Door aan Engelberg de recepten voor pillen toe te vertrouwen en van Eunice Murray zijn hulpje bij klysma's te maken, had hij geleidelijk aan in Marilyns liefde, en ook in zijn liefde voor Marilyn, de plaats van de moeder ingenomen.

Toen *The Technique and Practice of Psychoanalysis* verscheen, waren de verhoudingen tussen de twee collega's bekoeld. Wexler glimlachte toegeeflijk toen hij in de woorden van Ralph Greenson, M.D. las: 'De arts heeft het recht het naakte lichaam te onderzoeken en is niet bang of afkerig van bloed, slijm, braaksel, urine of fecaliën. Hij brengt verlossing bij pijn en paniek, hij brengt orde in de chaos en voorziet iemand van de noodzakelijkste zorgen, die de moeder in de eerste jaren van diens leven uitvoerde. Maar de arts doet iemand ook pijn, hij snijdt, doorboort het vlees en penetreert alle lichaamsopeningen. Hij herinnert aan de lichamelijke intimiteit met de moeder, maar vertegenwoordigt ook de sadomasochistische fantasieën met betrekking tot beide ouders.'

Een begraafplaats zonder aanzien. Een lommerrijke laan die uit-
loopt op een vervallen mausoleum dat roze is geweest. Een piano speelt discreet en gladjes melodieën uit *House of Flowers*, een
musical van Harold Arlen waar Truman Capote het verhaal voor
had geschreven. Capote, die op een ochtend in augustus 1984
wordt begraven. Of liever gezegd, wordt bijgezet, in een urn die
niet ver van die met Marilyns resten zal worden geplaatst. Camera's staan te draaien bij de ingang van de kapel. Er heerst een
zeker enthousiasme, zoals bij een reünie waar oude kennissen
elkaar terugzien. Omhelzingen, aanrakingen, geruis van stof,
gefluister. Trillende lippen geven kusjes in de lucht naast een ge-
rimpelde of met siliconen gladgetrokken wang. Voeten zoeken
hun evenwicht. Ogen, knipperend achter brillen met dubbele
focus, herinneren zich gespierde dijen, volle boezems, eindeloze
erecties.

De verbleekte sterren uit de jaren vijftig en zestig, verweerd
door tientallen jaren Californische zon, verzwakt door liefdes-
avonturen, alcohol en drugs en verzuurd door de verloren tijd,
omhelzen elkaar met stijve glimlachjes. Smalle vingers onder
broze polsen wuiven om groeten over te brengen van de ene
naar de andere kant van het park met slecht onderhouden ga-
zons, voortdurend in de schaduw gedompeld door de wolkenkrabbers eromheen.

Op dezelfde begraafplaats brengt eerwaarde A.J. Soldan op 8
augustus 1962 om één uur 's middags de stoffelijke resten van

Marilyn Monroe naar de uitvaartkapel. 'Wat had de Schepper haar mooi gemaakt!' predikt hij. Marilyn heeft gevraagd of *Somewhere Over the Rainbow*, Judy Garlands lied uit *The Wizard of Oz*, kan worden gedraaid, en gedurende de hele scène is er in de verte een onduidelijke, ordinaire geluidsband te horen. De dienst wordt geopend met de op het orgel mishandelde *Zesde symfonie* van Tsjaikovski, daarna worden er psalmen gereciteerd. Lee Strasberg leest de grafrede, als vervanger van Carl Sandburg, die door DiMaggio was benaderd maar ziek is. Het klikken van de sluiters en het ronken van de camera's van alle nieuwsprogramma's ter wereld overstemmen de gesprekken. Het is een schamel schouwspel. Alleen de naaste vrienden zijn toegelaten. Hoewel het de aangrenzende wijk is in West Los Angeles, is Westwood geen Hollywood. Bij het verloop van de door Joe DiMaggio georganiseerde plechtigheid is ervoor gezorgd dat er niemand uit de filmwereld bij aanwezig kan zijn, geen enkele producent, studiobaas, acteur of cineast, en geen enkele journalist. Hij speelt zijn rol tot het einde: die van lijfwacht, door Marilyn eens en voor altijd aan hem toegekend toen ze elkaar tien jaar eerder hadden ontmoet. Ze had hem de bewaking over haar lichaam gegeven, om ervoor te zorgen dat ze er niet in ten onder ging.

Marilyn zou blij zijn geweest Romi te zien, met verkrampte trekken maar droge ogen, vergezeld van Hildi en Joannie. Met hun zwarte voiles en glinsterende tranen geven vrouwen die dingen altijd een zeker pathetisch tintje. 'Er waren honderden verslaggevers en fotografen,' zegt Joan Greenson later. 'In het begin mochten we de kapel niet in, omdat, zei de werknemer van de begrafenisonderneming, de "familie" bij de overledene was. Welke familie? Als ze echt familie had gehad, was het waarschijnlijk niet nodig geweest daar te zijn.'

Daniel Greenson huilt. Hij heeft altijd gedacht dat Marilyn Monroe maar een verschijning was. Hij herinnert zich dat hij drie maanden eerder, in de villa in Santa Monica, met haar over politiek praatte, in de hoop haar voor zijn extreem-linkse ideeën te winnen. De dag waarop hij had besloten zijn ouderlijk huis te verlaten, had Marilyn hem vergezeld bij zijn zoektocht naar een appartement, vermomd met een zwarte pruik. Een andere keer had hij haar in dezelfde outfit helemaal achter in de stampvolle zaal van het auditorium van de Beverly Hills High School ontdekt, terwijl ze hartstochtelijk naar een van de colleges van zijn vader luisterde. Hij herinnert zich de laatste keer dat hij degene die ze nu gingen begraven had gezien. Op een avond in juni. Hij verliet de villa van zijn ouders en liet Marilyn aardappelschillend achter, nadat hij haar een kus op de wang had gegeven.

Die dag besloot Daniel Greenson, die nog medicijnenstudent was, psychoanalyticus te worden. Niet om hetzelfde beroep als zijn vader uit te oefenen, maar om te begrijpen wat hij had gezien: de actrice en haar psychoanalyticus, verwikkeld in een spelletje blindemannetje, waarbij de ander, zonder hem te zien, met woorden werd gezocht, en niet met handen. Een lichamelijk treffen zonder lichaam, als je dat zo kunt zeggen, of een geestelijk treffen zonder mededogen. Door het leven en zijn beroep leerde hij mettertijd dat je nooit de waarheid over een menselijk wezen kent, of je nu zijn zoon bent of zijn psychoanalyticus. Maar van die dag leerde hij dat ze verborgen ligt in woorden, woordjes, uitgesproken op de drempel van een deur of gefluisterd in een afwezig oor in de bocht van een laan op de begraafplaats, woorden die alleen echte sporen nalaten wanneer ze niet worden opgeschreven, zoals lichamen sterven wanneer ze niet worden aangeraakt.

Voor de *last take*, de laatste opname van de laatste scène, wordt Marilyn in de bronskleurige, met champagnekleurig satijn beklede open grafkist, gekleed in een groene jurk van Pucci en een sjaal van eveneens groene stof, in gereedheid gebracht om haar laatste rol te spelen: het stoffelijk overschot van Marilyn Monroe. Tussen haar armen een handvol roze rozen. De rekwisiteurs van oudsher zijn druk in de weer geweest: kleedster Marjorie Pelcher heeft haar kleding bijgewerkt, kapster Agnes Flanagan heeft haar kapsel gefatsoeneerd, grimeur Whitey Snyder heeft zijn make-up te voorschijn gehaald. Zelfs de oude pruiken-maakster, Pearl Porterfield, is aanwezig en werpt een deskun-dige blik op het resultaat. Tijdens de balseming hebben ze onder haar jurk plastic zakjes met dons uit een kussen moeten stop-pen, om haar door de autopsie verwoeste borsten te vervangen. Haar haar was te erg toegetakeld en Agnes Flanagan had ten slotte een pruik op haar schedel gezet die op haar kapsel in de film leek. Speciale vermelding op de aftiteling voor de make-up van de hand van de trouwe Whitey. Zijn bijnaam komt van de kunstigheid waarmee hij de verschillende soorten wit mengde en daarbij gips en sneeuw vermeed. Jaren eerder had hij Marilyn voor de grap beloofd dat hij haar voor de laatste keer zou opma-ken en niemand anders auteur van haar laatste gezicht zou la-ten zijn. Ze had hem onlangs aan zijn belofte herinnerd, toen ze hem een bij Tiffany gekocht sieraad gaf: een clip, gemonteerd op een gouden munt met een inscriptie die hij later nooit wilde ont-hullen. Toen ze hem de munt gaf, had ze gezegd: 'Voor jou, lieve Whitey, zolang ik nog warm ben.' Snyder had haar opgemaakt sinds de eerste keer, op 19 juli 1946, voor een proefopname in een film die *Mother Wore Tights* heette. Hij was hoofdgrimeur bij Fox en had getekend voor de make-up van de sterren uit die tijd, Betty Grable, Gene Tierney en Linda Darnell. Nadat hij, opnieuw voor Fox – kringloop van het lot van make-up en sterren –, voor *Something's Got to Give* voor die van Marilyn had gezorgd, moest hij in de uren voor de begrafenis een hele heupfles gin innemen om haar laatste make-up bij haar op te brengen.

Een korte stoet mannen en vrouwen in het zwart, een bijna witte hemel. De doodskist gaat langzaam voor Ana Lowers crypte langs, en voor die van Grace McKee Goddard, twee van haar pleegmoeders, op een paar meter afstand van de crypte die voor Marilyn is voorzien. Ze wordt er vastgezet. Als ze de film van haar eigen begrafenis had kunnen bekijken, zou ze een laatste verrassing hebben gehad: van haar minnaars en haar drie echtgenoten heeft er maar één de reis gemaakt en bloemen mee-gebracht: Joe DiMaggio. Twintig jaar lang zorgt hij daarna drie keer per week voor bloemen bij de gedenkplaat. Dat had hij haar beloofd. Ze wilde dat hij William Powells belofte en gebaar bij Jean Harlows dood herhaalde.

Een onoprechte, armzalige plechtigheid, als een speeltje dat uit een kinderwagen is gevallen. Een passant raapt het op en zet het voorzichtig op een muur, waar niemand het zal komen zoeken. Iets waaraan de aanwezigen tevergeefs weer beteke-nis probeerden te geven. Een beeld dat niet beschreven en niet uitgewist zal kunnen worden met woorden. 'Weet u waar ons arme idool begraven ligt?' zegt George Cukor later. 'Om naar die begraafplaats te gaan, moet je voor een autodealer en een bankgebouw langs; daar rust ze, tussen Wilshire Boulevard en Westwood Boulevard, met al het verkeer dat eromheen rijdt.'

Tweeëntwintig jaar later wordt op dezelfde begraafplaats, op een paar stappen afstand, Capote begraven. Een vriend van Marilyn mompelt in het oor van iemand die niet luistert: 'Hij heeft haar twintig jaar overleefd. Hij hield van haar, zoveel als een homo-seksueel van een vrouw kan houden. Rond 1954 zagen ze elkaar vaak in New York. Ze dansten in een tent die nu is verdwenen, de El Morocco op East 54th Street.' Twee lichamen komen naar voren op de smalle dansvloer, die boven de tafels uitsteekt. De vloer is in het donker gehuld, omringd door een verblindende slinger van rijen spots. Ze komen er aan, allebei verzadigd van alcohol en drugs. Zij gooit haar schoenen ver van zich af, om niet een kop boven hem uit te steken, en ze dansen samen tot ze erbij neervallen. Een heel kleine man in gestreept kostuum, met een donkere stropdas en een schilpaddenbril, klampt zich wanhopig vast aan een stralende blondine, alsof hij een pendule verplaatst die groter is dan hijzelf. Zij kijkt haar danspartner niet aan, maar wendt haar gezicht af naar de rokerige zaal. Hij kijkt nergens naar, stom van schaamte en droefenis. Of misschien van vreugde.

Musicus Artie Shaw neemt het woord om Capote eer te betonen. Mompelend zegt hij: 'Truman is gestorven. Gestorven aan alles. Hij is gestorven aan het leven. Aan een te veel geleefd leven. En toch leek het de afgelopen jaren alsof hij bereid was om alles los te laten. En wat uiteindelijk zal blijven is niet zijn beroemdheid, en niet zijn omgang met beroemdheden, maar zijn oeuvre. Daarvan wilde hij dat we het ons herinneren. Truman, jouw melodieën zullen in onze oren blijven hangen wanneer we de namen die ze geïnspireerd hebben zijn vergeten. Doe toch maar de groeten aan je vriendin Marilyn, die je nooit in je armen hebt genomen en die meer van jou hield dan van veel mannen met wie ze naar bed was geweest. Jullie gedenkplaten worden nu gescheiden door drie muren, met daarop de woorden TEDERHEID, TOEWIJDING en RUST. Dat is wat jullie elkaar een beetje gaven, wat het leven jullie had afgepingeld. Zeg haar maar dat je vrienden zijn gekomen om even als buren tussen de uitgedoofde sterren te vertoeven. En dat we ons haar herinneren, Marilyn, de blanke koningin zonder koninkrijk, en dat wij ons haar nooit zo goed herinneren als door de woorden van haar vriend, van jou. In jullie dubbele duisternis herlezen wij in onze herinnering jouw schitterende bladzijde over Marilyn Monroe. Truman, als geen ander kon jij, de meest waarachtige schrijver, uit de scènes van je romans weghalen wat er aan werkelijkheid nodig was, om er meer waarheid in binnen te laten. Vaarwel, Truman, rust lang. Zacht, vooral.'

De laatst aangekomen gasten verspreiden zich. De meesten

keren de grafstenen van Natalie Wood en Darryl F. Zanuck de rug toe en lopen terug naar hun auto, met een omweg langs de noordoostvleugel van Westwood Memorial Park, om met een gebaar of gedachte de gedenksteen MARILYN MONROE te groeten. Graven, namen. Heel wat jaren later voegen Dean Martin, Jack Lemmon en daarna Billy Wilder zich ten slotte bij Marilyn, op Westwood Memorial waar zij was begraven – als je het wegzetten van een bronzen kist in de nis van een muur van steenblokken zo kunt noemen.

In de verte zie je de uit het lood hangende heuvels waar de witte letters van de naam HOLLYWOOD al in de smog oplossen.

ﮑ

Mickey Rudin had de onderhandelingen gevoerd voor Marilyns laatste contract voor *Something's Got to Give*. Nadat hij op haar sterfplaats was aangekomen, begeleidde de advocaat het stoffelijk overschot naar het nabijgelegen mortuarium, en daarna nam hij contact op met Joe DiMaggio om de begrafenis te regelen.

Tussen de rekeningen die hij in naam van de nalatenschap moest vereffenen, zat een laatste factuur van 1450 dollar van Ralph Greenson, betreffende de sessies van de maand juli en de eerste vier dagen van augustus, en een andere van Twentieth Century-Fox om de betaling van een grote kan koffie terug te vorderen die de studio op de dag van haar laatste verjaardag had uitgeschonken.

Marilyn Monroes bezittingen werden geschat op 92.781 dollar. In haar laatste testament werden behalve geld, dat tussen haar moeder, haar halfzus en vrienden werd verdeeld, verschillende voorwerpen met een waarde van 3200 dollar aan Lee Strasberg nagelaten. Voor rechten en royalty's was de belangrijkste erfgenaam het Anna Freud Centre in Londen, 'Instituut voor de bestudering van de effecten op lange termijn van psychoanalyse en psychotherapie bij kinderen met emotionele stoornissen'. Marilyn had een groot legaat vermaakt aan haar vroegere analytica in New York, Marianne Kris, 'opdat zij haar werk in de psychiatrische instellingen of groepen van haar keuze kan voortzetten'. Zij had vervolgens de Hampstead Clinic in Londen uitgekozen, een beslissing die Anna Freuds biografe, Elisabeth Young-Bruehl, als volgt rechtvaardigt: 'Marilyn Monroes gift kwam juist op het moment dat Anna was begonnen met werk dat later van grote invloed was – werk gericht op het leed van kinderen die net als Marilyn Monroe tussen verschillende pleeggezinnen heen en weer zijn geslingerd.' Ook Jackie Kennedy vermaakte 10.000 dollar aan de door Anna Freud opgerichte instelling, waarschijnlijk aangespoord door Marianne Kris, van wie zij ook patiënte was.

De lijnen van het nagelaten geld, de overdracht op de geliefde psychoanalyticus en de veelvuldige seksuele relaties vormen een vreemde knoop rond Marilyns dood en testament. Toch waren de verhoudingen tussen haar en haar achtereenvolgende analytici zo bekoeld dat we er vraagtekens bij kunnen zetten. Is haar legaat naar de mensen gegaan die ze zou hebben aangewezen als ze de tijd had gehad om haar laatste wil aan te passen? De laatste tijd had Marilyn laten blijken dat ze van plan was haar testament opnieuw op te stellen. Ze had een afspraak daarvoor met Mickey Rudin op dinsdag 7 augustus. Ze is gestorven in de nacht van 4 op 5. Sindsdien komen bij elke vertoning op het doek van deze vrouw, die men geen patiënte van Sigmund Freud wilde zien spelen, de uitzendrechten de instelling verrijken die tegenwoordig de naam van diens dochter Anna draagt.

Sinds de dood van de actrice hebben de contracten om haar films en liedjes uit te zenden jaarlijks ongeveer anderhalf miljoen dollar opgebracht, meer dan Marilyn in haar hele leven heeft verdiend. Honderden merken hebben het recht verworven haar beeld te gebruiken voor reclame of de verkoop van spullen. Behalve op posters en T-shirts vind je Marilyns gezicht en lichaam terug op schoolschriften, jaloezieën, kousen, biljartkeus en taartvormen.

Vanaf de dag na haar dood werd alles wat van haar restte onderwerp van aanbidding. Hyman Engelberg vertelt dat hij honderden telefoontjes kreeg van vrouwen die zeiden dat ze geprobeerd zouden hebben haar te helpen als ze hadden geweten dat ze zo wanhopig was. Hij begreep dat ze niet alleen fascinerend voor mannen was geweest, maar dat ook veel vrouwen een klein verloren meisje in haar hadden gezien.

In december 1999 werden de aan Strasberg nagelaten voorwerpen bij Christie's in New York verkocht voor een waarde van 13,4 miljoen dollar. Alles wat ze had aangeraakt, alles wat haar lichaam had geraakt werd een fetisj. De wollen trui van Saks, eind juni 1962 gedragen op de foto's die Barris op het strand van Santa Monica had genomen, haalde 167.500 dollar. De jurk met de blote rug uit *Let's Make Love* overschreed de 52.900 dollar. Stylist Tommy Hilfiger stopte een fortuin in de twee spijkerbroeken uit *The Misfits*. De nauwsluitende jurk van Jean-Louis, van mousseline versierd met minuscule glittertjes, die ze zeven minuten in Madison Square Garden had gedragen, haalde bijna een miljoen dollar. Haar boeken werden gegund voor totaal 600.000 dollar. Vele waren bezaaid met handgeschreven aantekeningen in de kantlijn. Die dag werd er ook een velletje papier verkocht met in haar handschrift erop gekrabbeld: 'Hij houdt niet van me.' Een verklaring die tijdens haar leven op veel mannen betrekking had kunnen hebben, en tegenwoordig op heel weinig. Twee andere briefjes werden verkocht. Op het ene stond: 'Als ik me van kant moet maken, moet ik het doen.' Het andere was een gedicht, gevouwen in een boek:

Ze zeggen dat ik geluk heb dat ik leef.
Moeilijk te geloven.
Alles doet me zo'n pijn.

Twee jaar na Marilyns dood begonnen twee cineasten, David L. Wolper en Terry Sanders, met een onderzoek om een film over haar te maken, *The Legend of Marilyn Monroe*. Ze zochten contact met Doc Goddard, de weduwnaar van Grace McKee. Hij wilde niet worden gefilmd, maar vertelde hun wel dat de witte vleugel die Gladys Baker ooit voor haar dochter had gekocht – en die weer voor 235 dollar was verkocht om haar verpleegkosten te betalen, toen Marilyn negen jaar was, en daarna weer was teruggekocht – niet bij al het doorverkopen was verdwenen. Hij bevond zich in de opslag in J. Santini & Bros Fireproof Warehouse, ergens in New Jersey. Ze filmden hem in kikvorsperspectief, zoals de slee Rosebud in *Citizen Kane*, met dit commentaar: 'Deze witte vleugel was het kind dat ze niet heeft gekregen.' Van dichtbij kon je niet om de feiten heen: de vleugel was oorspronkelijk niet wit, maar overgeschilderd, waarschijnlijk omdat dat nodig was geweest voor een muzikale komedie in de jaren dertig. De witte vleugel was net zo onecht als Marilyns blonde haar. Net zo onecht als de scheiding die er in Hollywood bestond tussen het leven en de filmwereld, psychoanalyse en gekte. Bij Christie's vond de witte vleugel een gegadigde voor 662.500 dollar: hij werd gekocht door zangeres Mariah Carey.

Tegenwoordig worden er in cadeauwinkels op Sunset Boulevard nog altijd plattegronden verkocht waarop Marilyns adres tussen die van levende sterren staat. Beelden die buiten bij de haciënda waren opgenomen, werden in 1980 gebruikt in een biofictie voor de televisie, *Marilyn: The Untold Story*, waarin een zekere Catherine Hicks de rol van de actrice speelt. Cineast David Lynch, die lange tijd dacht aan een film over de laatste maanden van haar leven, zou een soort reliek bezitten: een stuk van de stof waarop ze zou hebben geposeerd voor de beroemde naaktkalender, gefotografeerd door Tom Kelley. Dat voorwerp heeft de cineast misschien geïnspireerd tot het thema van zijn film *Blue Velvet*.

Voorwerpen die door de vergetelheid zijn verstard, dingen die door het geheugen door elkaar zijn gehutseld en beelden die stil zijn blijven staan in de rouw, zijn tegenwoordig de relikwieën van een mythe. Maar de woorden zijn verdwenen, uitgewist of veranderd. Waarschijnlijk wordt haar leven door duizenden bladzijden omvat. Romans, essays, biografieën, onderzoeken en bekentenissen. Alleen degenen die echt van haar hielden hebben niet over haar geschreven: Joe DiMaggio, Ralph Roberts, Whitey Snyder... Toen hij *Conversations with Marilyn Monroe* in handen kreeg, interviews die halverwege de jaren zeventig geschreven en gepubliceerd waren door W. J. Weatherby, was gepensioneerd cineast Joseph Mankiewicz geschokt dat geen enkele criticus aan de auteur had gevraagd waarom hij vijftien jaar had gewacht om zijn herinneringen in het net te schrijven en er een boek van te maken. Waarom hij nu de details gaf van haar woorden, gebaren, kleding en gezichtsuitdrukkingen, die hij in de loop van de laatste twee jaar van het leven van de actrice had genoteerd. Om de 'mentale make-up' waarmee ze zich bedekte weg te nemen, antwoordde de auteur in zijn voorwoord, en 'de echte Marilyn' bloot te leggen. Mankiewicz had er een hekel aan dat er psychologie werd bedreven om gedrag te verantwoorden dat door eigenbelang was ingegeven. Voor hem was dat echte prostitutie: zeggen dat je uit liefde doet wat je voor het geld doet.

Om je te profileren in de samenleving zijn er niet veel beweegredenen, zoals liefde, haat, belang, eer, geld, wraak... Er is er maar één: dat het onbekend blijft wie je bent, de vrees niets te zijn. Seksuele angst is niets vergeleken met de angst die met status te maken heeft, de angst om niet te worden erkend door de maatschappij waarin je leeft, welke dan ook. Dat ging op voor Marilyn, dacht Mankiewicz, dat ging op voor haar psychoanalyticus, voor haar biografen en voor al diegenen die over haar hebben geschreven of films over haar hebben gemaakt, in de hoop dat een beetje sterrenstof uit haar kielzog aan het firmament van de Sixties zou neervallen. Maar laten ze het niet over liefde hebben: ze verkopen haar, ze verkopen zichzelf.

Per slot van rekening bestaan er weliswaar honderden boeken over die vrouw en die dood, maar zijn de documenten zelf verdwenen of met haar begraven. Van haar opgenomen woorden zijn de sporen kwijt of gewist. Microfoontjes, in alle kamers van haar huis geplaatst en in haar twee telefoons verstopt, hadden duizenden uren van haar stem aan de registratiedienst geleverd. Na behandeling van die afgeluisterde gesprekken, door overheidsdiensten of particuliere opdrachtgevers, werden de banden weggesloten of vernietigd. De twee machten die op Marilyns laatste maanden drukten, de politiek en de psychoanalyse, wilden alles wat in hun archieven met haar te maken had uitwissen. Van de kant van de filmwereld liet Fox, die haar had laten weten dat de film kon worden hervat en haar een nieuw, goed contract had aangeboden, de documenten met betrekking tot haar laatste opnamen begraven.

De dood van zijn patiënte had een vernietigend, maar kortstondig effect op Ralph Greenson. Hij sprak van liefde en rouw. Dat moest begrepen worden als eigenliefde en sociale ondergang. 'Marilyns overlijden is uitermate moeilijk voor hem geweest,' vertelde zijn weduwe later. 'Niet alleen omdat het een publieke gebeurtenis was, wat al afschuwelijk was. Maar vooral omdat hij dacht dat het veel beter met Marilyn ging – en vervolgens heeft hij haar verloren. Dat was heel pijnlijk.' Dokter Greensons patiënten waren verbaasd te zien dat hij opnieuw zijn baard liet groeien. Een bevriende producent vroeg hem waarom. Hij antwoordde dat hij iemand anders wilde zijn. Terwijl hij nooit zin had gehad dat te proberen, begon hij aan therapieën met kinderen. Zijn collega's constateerden dat hij niet meer het drammerige beest van vroeger was en de kop van een oude man met macht had gekregen. 'De vlam in hem is gedoofd,' verklaarde een lid van het Instituut voor psychoanalyse. 'Hij is doorgegaan, maar hij heeft zich daarna opgesloten. Hij is een beetje vreemd geworden...' Foto's van hem laten duidelijk een lichamelijke en emotionele aftakeling zien. 'Hij wilde van hoofd veranderen. Hij heeft zijn gezicht verloren,' zei een andere collega van hem.

Een week na Marilyns dood ging hij op aanraden van zijn vrouw naar New York en consulteerde hij Max Schur om hem te vragen hem in analyse te nemen. De vriendschap tussen Schur en Greenson dateerde van hun studie in Bern en Wenen. De eerste sessie duurde twaalf uur, maar de analyticus stelde

hem gerust: daarna zou hij het allemaal achter zich kunnen laten.

Terwijl hij eerst niet in staat was tot denken en schrijven,
merkte hij langzaamaan dat zich een soort fijne, haast transpa-
rante depressie in hem nestelde. Hij begon aan zijn levensver-
haal, onder de titel: *Mijn vader de dokter.*

Ik heb alleen Marilyn Monroe gekend. In onze sessies heeft ze
haar echte voornamen, Norma Jeane, alleen de eerste keer gezegd en tijdens ons laatste gesprek voordat ik naar Europa ging,
en nooit haar echte achternaam, Mortenson. Ze heeft nooit gezegd waarom ze als actricenaam voor de meisjesnaam van haar
moeder had gekozen: Monroe. Ik heb nooit het verband gelegd
met het feit dat ikzelf ook in het openbaar verschijn, patiënten
behandel, lezingen geef en artikelen schrijf onder een naam en
voornaam die niet de mijne zijn.

Romeo was onmogelijk. 'Psychoanalyticus Romeo'. Mijn vader was gek van Shakespeare, maar hoefde ons toch nog niet zo
te noemen, mij Romeo en mijn zus Juliet? Ik weet niet of Marilyn
het met kennis van zaken zei, maar op de laatste band die ze voor
mij heeft opgenomen, verkondigde ze: 'Ik heb een plan. Veel geld
verdienen en een jaar nemen om met Strasberg Shakespeare te
bestuderen. Dan betaal ik hem om hem helemaal voor mezelf te
hebben. Daarna ga ik Laurence Olivier een bak geld aanbieden
om me te regisseren. Met Shakespeare zal ik de beste scenarist
ter wereld hebben, en voor niets. Monroe gaat ze te pakken nemen. Allemaal. Ik begin met Julia. Met een goed kostuum, een
goeie cameraman en goeie make-up zal mijn spel een Julia geven
als jonge maagd van veertien, maar wier ontluikende vrouwelijk-
heid fantastisch sexy is.'

Wat Greenschpoon betreft, dat deed te veel aan het joodse
Brooklyn ervan denken. Ik heb mijn vaders naam niet verloo-
chend. Maar toen ik hem veranderde, had dat te maken met mijn

afstand van de geneeskunde. Mijn vader is huisarts gebleven. Van hem heb ik alleen zijn interesse en zorg voor zijn patiënten gehouden. Maar waarom schrijf ik dat allemaal op?

Net als Marilyn en Inger Stevens had actrice Janice Rule de lessen van Lee Strasberg in de Actors Studio gevolgd. Ook zij was patiënte van Greenson geweest. In de loop van de weken die op Marilyns dood volgden, vond ze hem verward, 'aan het kruis genageld door de pers'. Tijdens een van haar sessies zei hij iets tegen haar wat haar ontstelde: 'Ik zal nooit van mijn leven een antwoord kunnen vinden. Maar ik tel niet. Wat mij zorgen baart is hoezeer het u, mijn patiënte, aangrijpt.'

Gekenmerkt door regelmatige ziekenhuisopnamen waren de laatste jaren van Ralph Greensons leven ellendig. Janice zag haar analyticus terug aan het uiterste eind van zijn leven. Daarna vertelde ze hoe het was verlopen. Greenson had haar eerder toegestaan haar emoties de vrije loop te laten. In analyse zette ze haar sessies vaak kracht bij met een klinkend *fuck*, en de analyticus had een keer tegen haar gezegd: 'Ik heb er moeite mee uw gezicht te rijmen met wat er uit uw mond komt.' Greenson, verouderd en verzwakt na tal van infarcten en de implantatie van een derde pacemaker, werd langzamerhand afatisch. Razend dat hij niet meer uit zijn woorden kon komen, zei hij tegen Janice: 'U heeft me geleerd dat *fuck* een heel goed woord was. Toen ik weer kon praten, was dat het eerste wat ik zei.'

Greenson streed al vier jaar tegen zijn fysieke en intellectuele instorting. Een patiënte die hem kwam consulteren werd getroffen door zijn uitgemergelde voorkomen en zijn hijgende stem: 'U lijkt niet op een psychoanalyticus.' Hij trok zijn overhemd omhoog en zei, wijzend op het litteken dat de plaatsing van een pacemaker had achtergelaten: 'Wij zijn allen sterfelijk!'

Het noodlot speelt met woorden en beelden. Als een gestoorde monteuse die zich wreekt op een regisseur, plakt het op goed geluk filmscènes aan elkaar, waarbij het tegenstrijdige opnamen laat samenvallen en scènes met tegengestelde betekenis aan elkaar verbindt. Op de montagetafel zet het de dertig maanden die Romi en Marilyn met elkaars vernietiging hadden doorgebracht, elk gevangen in de gekte van de ander, achterstevoren aan elkaar. Het eind van de film draait de opnamen om. Het toont een Marilyn die alleen nog maar uit stem en woorden bestaat. Van haar laatste uren zijn alleen de banden over die ze voor haar analyticus had ingesproken, en de afgeluisterde telefoongesprekken die op aandringen van de CIA en in opdracht van de Kennedy's (als het tenminste niet tégen hen was) door Fred Otash waren gemaakt, of op verzoek van de FBI door een zekere Bernard Spindel (als het tenminste niet andersom was). Haar woorden worden haar ontstolen nadat haar beeld zesendertig jaar lang is afgepakt. Greenson verschijnt nu op de in de montagekamer herschreven filmrol als een man die niet voldoende gerechtvaardigd heeft kunnen worden door woorden, en die is afgegleden in beelden toen zijn geluidsband door de tijd werd gewist.

Toch reageerde Greenson behoorlijk snel op zijn depressie door weer aansluiting te zoeken bij het freudiaanse instituut en zich weer aan de psychoanalytische theorie te wijden. Hij nam maar een paar patiënten en dook in het onderwijs en het schrijverschap. Eerst sneed hij een thema aan dat hem al drie jaar dwars zat, 'de therapeutische band tussen patiënt en therapeut'. De thema's die hij daarin te lijf gaat zijn de therapeutische mislukking, of er in zware gevallen al dan niet behandeld moet worden, en patiënten die niet te analyseren zijn of plotselinge pathologische veranderingen vertonen. Hij verdedigt de therapeutische band als middel om impasses in de overdracht op te lossen.

Aangespoord door zijn uitgever besloot hij kort na Marilyns dood *The Technique and Practice of Psychoanalysis* af te maken. Het zal zijn enige boek zijn. In het voorwoord betoont hij eer aan zijn vader en noemt hij zijn echte naam. Zoals hij vlak voor zijn ontmoeting met Marilyn schreef, 'kan kennisoverdracht een poging zijn om een depressieve houding te boven te komen'. Boeken komen voort uit verdriet, en de psychoanalyticus, die niemand een traan om de dode Marilyn zag laten maar die bij elke gelegenheid zijn rouw en verdriet ter sprake bracht, beweende zijn patiënte in vijfhonderd bladzijden vol raadgevingen aan beginnende of ervaren analytici. Je huilt altijd in de eerste plaats om jezelf. En je bestrijdt jezelf ook als eerste wanneer je meedogenloos de gebreken en fouten van anderen verkondigt. In zijn leerboek behandelt Greenson nauwgezet onderwerpen als 'Het weekend als verlating' tot 'De werkelijke verhouding tussen patiënt en analyticus', en hij eindigt met 'Wat psychoanalyse eist van de analytische setting'. Je vindt in dat handboek een lijst van alles wat je niet met een patiënt moet doen. Bijna alles wat hij met Marilyn had gedaan, in de loop van haar dertig maanden therapie.

Een tijd lang verluchtigt Greenson zijn onderwijs aan de UCLA met tal van voorbeelden die aan de behandeling van de actrice zijn ontleend, waarbij hij steeds de juistheid van zijn klinische methode opeist. Twee jaar na de dood van zijn patiënte geeft hij een lezing aan de UCLA, *Drugs en de psychotherapeutische situatie*: 'Artsen en psychiaters moeten zich emotioneel met hun patiënten verbinden om een therapeutische vertrouwensrelatie te kunnen scheppen.' Als hij zich in een interview met de *Medical Tribune* van 24 oktober 1973 rechtvaardigt, verklaart hij dat hij voor deze patiënte een passende behandelingswijze had geprobeerd, omdat andere waren mislukt. Hij verdedigt dat hij haar bij hem thuis in zijn gezin heeft ontvangen, met de studio's heeft onderhandeld en een actieve rol heeft gespeeld in de verschillende beslissingen van haar leven: 'Ik heb het met een duidelijk doel gedaan. Mijn speciale behandelingswijze voor die speciale vrouw was de enig mogelijke, meende ik toentertijd. Maar ik ben er niet in geslaagd. Ze is dood.' Het woord *suïcide* komt nooit over zijn lippen.

Halverwege de jaren zeventig hield de psychoanalyticus vrijwel volledig op met analyses doen en zag hij af van zijn onderwijs. Hij schreef wel tal van artikelen, in 1993 verzameld onder de titel *Loving, Hating and Living Well*. Omdat hij zich nog altijd evenveel voor film interesseerde, stuurde hij vaak ondoenlijke, idiote ideeën voor scenario's naar Leo Rosten. Hij telde zijn verloren vrienden en verdwenen collega's. Bij terugkeer van een begrafenis zei hij tegen zijn vrouw: 'We moeten leren beter te leven. Dat wil zeggen: intenser genieten met je naasten, nieuwsgierig en actief blijven, werken en nog eens werken.'

In een korte tekst zet hij zijn verhouding tot de dood uiteen: 'Ik ben van beroep analyticus, maar ik ben ook jood, en daarom kan ik me niet verlaten op een of andere belofte van een hierna-maals.' Het jaar erna, als hij al door spraakproblemen is getrof-fen, snijdt hij ten overstaan van de universiteit van San Diego de 'seksuele revolutie' aan: *Voorbij de seksuele bevrediging...?*

Op 18 augustus 1978 schrijft hij een laatste, onvoltooid artikel over *De bijzondere problemen van psychotherapie bij rijke en beroemde mensen.* Zonder Marilyn te noemen, zet hij het geval uiteen van een mooie, beroemde actrice van vijfendertig jaar die hem was komen raadplegen omdat ze niet van zichzelf hield. 'Rijke en beroemde mensen denken dat langdurige psychotherapie af-zetterij is. Ze willen dat de therapeut hun vriend is, ze willen zelfs dat hun vrouw en kinderen gezinsleden van hun therapeut worden. Die patiënten zijn verleiders. Ze hebben hun therapeut vierentwintig uur per dag nodig, ze zijn onverzadigbaar. Ze zijn ook in staat jou volledig in de steek te laten en met jou te doen wat hun ouders of hun bedienden bij hen hebben gedaan. Je staat tot hun dienst en kunt elk moment weggestuurd worden.' Zijn laatste uiteenzetting geeft de psychoanalyticus op 6 okto-ber 1978 voor het psychoanalytische instituut van Zuid-Califor-nië: *Mensen zonder gezin.*

In de beroepsmatige ontreddering waar de dood van zijn be-roemde patiënte hem in onderdompelde, haalde Greenson zijn banden met het institutionele freudisme aan. Anna Freud stuur-de hem dadelijk haar condoleances: 'Het spijt me verschrik-kelijk voor Marilyn Monroe. Ik weet precies wat u doormaakt, want mij is een paar jaar geleden hetzelfde overkomen met een van mijn patiënten, die cyaankali heeft geslikt voordat ik uit de Verenigde Staten terugkwam. Je laat in je hoofd voortdurend al-les de revue passeren om te ontdekken wat je beter had kunnen doen, en dat geeft een verschrikkelijk gevoel van mislukking. Maar weet u, ik denk dat we in die gevallen werkelijk verslagen worden door iets wat sterker is dan wij en waartegen de analyse, ondanks al haar macht, een te zwak wapen is.' Greenson antwoordde per ommegaande:

Santa Monica, 20 augustus

Geachte, zeer geachte Anna Freud,

Het was werkelijk aardig om me met zo veel begrip te schrijven. In veel opzichten is het een verschrikkelijke klap geweest. Ze was mijn patiënte en ik zorgde voor haar. Ze was zo aandoenlijk en heeft zo'n afschuwelijk leven gehad. Ik had hoop voor haar en we dachten dat we vooruitgang aan het boeken waren. Nu is ze dood en ik besef dat al mijn kennis, verlangens en vastbeslotenheid niet voldoende waren. Ik ben werkelijk meer dan een voorkomende therapeut voor haar geweest. Wat dan? Dat weet ik niet. Misschien een wapenbroeder in een onduidelijke strijd. Misschien had ik moeten zien dat ik ook een vijand voor haar was, en zij voor mij. De 'werkverbintenis' heeft grenzen. Het is niet mijn fout, maar ik ben de laatste man die deze vreemde, ongelukkige vrouw heeft laten vallen. God weet dat ik het heb geprobeerd, maar ik heb niet alle destructieve krachten kunnen overwinnen die door de ervaringen uit haar vroegere leven en zelfs uit haar huidige leven in haar teweeg zijn gebracht. Soms denk ik dat de wereld haar dood wilde, of in elk geval veel mensen in de wereld, vooral degenen die zich na haar dood bedroefd hebben betoond. Dat maakt me woedend. Maar ik voel me vooral treurig en teleurgesteld. Het is een klap voor mijn trots, maar ook voor mijn tak van wetenschap, waarvan ik me een goede vertegenwoordiger voel. Ik zal er tijd voor nodig hebben om dat te verwerken, en ik weet dat het uiteindelijk een litteken zal achterlaten. Goede vrienden hebben me heel aardige brieven geschreven, en dat heeft me geholpen. De herinnering doet pijn, maar alleen door eraan terug te denken zal ik het ooit kunnen vergeten...

Een paar maanden later neemt Greenson de pen opnieuw ter hand: 'Ik moet mijn vrienden en vijanden geruststellen. Ik functioneer nog!' Anna antwoordt hem: 'Marianne Kris heeft me deze zomer veel verteld over Marilyn Monroe en over haar ervaringen met haar, ik denk dat niemand haar in dit leven had kunnen vasthouden.'

Drie jaar later schrijft Greenson een andere brief, die hij niet zal opsturen.

Santa Monica, september

Zeer geachte Anna Freud,

Ik voltooi mijn boek. Het is de enige manier om me te bevrijden van de dood. Er is een vreemde gedachte bij me opgekomen. Oordeelt u zelf. Schrijven is in wezen je overgeven aan het kind dat in ons zit. De noodzaak die mij ertoe aanzet papier te beschrijven is dezelfde als die het kind laat brullen om aandacht te trekken. Van wie?

Uw toegewijde Ralph Greenson

Tot zijn dood zal hij corresponderen met Anna, die in het volgen van de actrice de rol van controlerend analytica had gespeeld. Hij lijkt te knokken tegen een schuldgevoel door zich te beroepen op een lotsbestemming van zijn patiënte en een lotsbestemming van de psychoanalyse. In zijn papieren wordt deze onafgemaakte, ongedateerde brief teruggevonden:

Santa Monica

Geachte Anna Freud, gewaardeerde vriendin,

U heeft gelijk. Lotsbestemmingen staan geschreven. Er zijn namen, brieven en formuleringen die dieper in onze vergetelheid
staan gekrast dan grafschriften op zerken. Het treft me om in het
leven van mijn patiënte de terugkeer van bepaalde gebeurtenissen te zien. Weet u wat ik heb gehoord? De adoptiemoeder van
Marilyn, degene zonder wie ze niet de ster zou zijn geworden die
wij hebben gekend, was net als zij alcoholiste en verslaafd aan
medicijnen. Grace McKee is in september 1953 overleden aan een
overdosis alcohol en barbituraten. Ze is begraven op Westwood
Memorial Park, de plaats waar wij Marilyn heen hebben gebracht.
Maar Marilyn was niet op Graces begrafenis geweest.

In 1965 nam de verhouding tussen Greenson en Anna Freud een
nauwere institutionele en financiële wending. Greenson, die in
Los Angeles een fonds voor psychoanalytisch onderzoek had
opgericht, vond een oplossing voor het gebrek aan consultatie-
ruimte in de Hampstead Clinic. Zijn belangrijkste donateur, Lita
Annenberg Hazen, verschafte het benodigde geld voor de aan-
koop van een nieuwe ruimte, en toen Freuds huis, Maresfield
Gardens 14, te koop werd gezet, was de Hampstead Clinic in
staat het te kopen. In februari 1968 was het huis ten slotte klaar,
na werkzaamheden die waren uitgevoerd naar tekeningen van
Ernst Freud, architect en Anna's drie jaar oudere lievelingsbroer.
Op hetzelfde moment behandelde Greenson hem aan zijn afschuwelijke migraineaanvallen door middel van injecties met
kalmerende middelen.

Wanneer zijn laatste analyticus, Max Schur, in 1969 overlijdt,
richt Greenson zich weer tot Anna. Ze antwoordt hem: 'Ik ben
het met u eens dat rouw een verschrikkelijk werk is, absoluut

het moeilijkste. En het wordt alleen draaglijk gemaakt door de momenten die u ook zo goed beschrijft, als je vluchtig voelt dat de verloren persoon in ons is gekomen en dat er ergens een winst is die de dood betwist.' In dezelfde brief antwoordt ze op zijn verzoek hem toestemming te geven haar bij haar voornaam te noemen: 'Ik ben bereid u Romi te noemen, en u kunt mij Anna noemen, op één voorwaarde: dat u me belooft u niet te verzetten tegen het noodlot, God (?) en de wereld als voor mij de dag om te sterven aanbreekt. Mijn vader noemde dat: "niet stampvoeten". We stampvoeten tegen het noodlot, maar zoals u laat zien doen we alleen onszelf pijn, en daarmee degenen die ons het dierbaarst zijn. Ik zou het niet fijn vinden te weten dat ik daar ooit de oorzaak van ben voor u.'

Ralph Greenson en Anna Freud correspondeerden daarna over een documentaire over de Hampstead Clinic, die Greenson onontbeerlijk vond om fondsen te werven. Anna en Dorothy Burlingham-Tiffany accepteerden ten slotte te verschijnen in de film, die ze trouwens heel goed vonden en waarop ze veel hoop vestigden. Greenson stierf voordat hij meemaakte dat zijn plan om de film in heel Californië te vertonen vaste vorm aannam. In de laatste brief die ze hem schreef, in november 1978, vraagt Anna aan de psychoanalyticus: 'Wat zal er in de toekomst van de psychoanalyse terechtkomen? Wie zal er de ruggengraat van vormen wanneer onze generatie zal zijn verdwenen?'

Greenson sterft op 24 november 1979. Anna, die zelf net vijf dagen eerder haar partner Dorothy heeft verloren, schrijft aan Hildi: 'U vraagt me wie er nu met me op vakantie gaat. Het antwoord is eenvoudig: ik ga alleen, omdat ik niet geloof in vervangende partners. Ik probeer te leren om buiten het werk alleen te zijn.' Hildi antwoordt dat het voor haar ook het begin is van de eenzaamheid: 'Ik onderga dat verschrikkelijke gevoel van heimwee naar al die schitterende jaren, inclusief de vele keren dat wij met ons vieren samen waren.'

Tijdens een psychoanalytische bijeenkomst ter ere van hem steekt Anna in naam van het freudiaanse instituut de loftrompet over Ralph Greenson. 'Wij zorgen in de hele wereld voor de opkomst van nieuwe generaties psychoanalytici. Toch hebben we nog niet het geheim ontdekt hoe we echte opvolgers van mensen als Romi Greenson kunnen opleiden, mannen en vrouwen die de psychoanalyse tot haar uiterste grenzen gebruiken: om zichzelf te begrijpen, om hun naasten te begrijpen en om met de wereld in het algemeen te communiceren. Ralph Greenson was een hartstochtelijk man, voor wie psychoanalyse geen beroep was, maar een heuse manier van leven.' Namens de Los Angeles Psychoanalytic Society houdt Albert Solnit een lofrede over 'Captain Greenson, M. D.': 'Hij was wetenschapper, clinicus en romanticus. Van begin tot eind hield hij van het leven in al zijn facetten en in al zijn uitdrukkingsvormen: muzikaal, poëtisch, artistiek en atletisch. Hij toonde een voortdurende zorg voor hen die moeite hebben zichzelf te verwezenlijken, mislukken, door het leven op de proef gesteld worden, lijden en ontberen.'

Een jaar later overlijdt Marianne Kris, in Londen, bij Anna thuis, in de slaapkamer van Martha Freud, de weduwe van de meester. Anna is tachtig en heeft 'een hart dat kuren vertoont'. 'Het lijkt wel alsof ik heb geprobeerd de volgende te zijn, omdat ik kort na Mariannes dood hartproblemen heb gekregen,' schrijft ze aan Hildi Greenson. Ze sterft in 1982.

In Arthur Millers stuk *After the Fall*, dat voor de eerste keer in 1964 in New York werd geregisseerd door Elia Kazan, zegt Quentin, het mannelijke personage, tegen Maggie, duidelijk een Marilyn die door haar ex-man naar het theater was omgezet: 'Een zelfmoord doodt altijd twee mensen. Daar is hij zelfs voor gemaakt.' Tijdens zijn psychoanalysesessie, de dag na de voorstelling waar hij bij was geweest, zei Ralph Greenson tegen Max Schur: 'Miller laat het personage dat hij met zijn eigen liefdesgeschiedenis opzadelt, zeggen: "Je wilt mijn liefde niet meer. Je wilt mijn vernietiging." Dat kun je van Marilyn zeggen.'

'En u, zou u zeggen dat het liefde was, voor haar?' vroeg Schur.

'Ik hield van haar. Ik hield niet van haar. Ik hield niet van haar zoals een man van een vrouw houdt. Ik hield van haar zoals je van een kind houdt, een zieke, een ziek kind. Om haar zwakke plekken, haar angsten. Haar angst maakte mij bang, haar angst die groter was dan zijzelf, haar angst die haar toeverlaat was, haar angst die ik dacht te kunnen opvangen, tegenhouden, sussen.'

'Goed, daar houden we het bij,' besloot Schur.

Dat Greenson een analyticus in New York had gekozen om hem te helpen de rouw om Marilyn te verwerken, was ook om afstand te nemen van Hollywood, om in zichzelf een beetje ruimte voor woorden terug te vinden en de filmwereld te vergeten. Wanneer hij terugdacht aan die jaren, zei hij bij zichzelf dat Los

Angeles Marilyn uiteindelijk weer te pakken had gekregen en de Marilyn van New York in haar had gedood, degene die op een goeie dag Hollywood was ontvlucht om iemand anders te worden, en die bij aankomst een persconferentie had gegeven over het thema: 'De nieuwe Monroe'. Maar in de geschiedenis van de film had Manhattan aan het eind van de jaren zeventig Hollywood verslagen. Alleen in New York zou Greenson zich ten slotte dat zinnetje eigen kunnen maken dat hij 's ochtends vroeg tegen sergeant Clemmons had herhaald, terwijl de ambulancebroeders van maatschappij Schaefer haar lichaam meenamen: 'We zijn haar kwijt.' Hij herhaalde dat zinnetje vaak voor Schur, maar verduidelijkte niet wie hij met 'we' bedoelde.

In de loop van de sessies vroeg hij zich af wat hem nu juist bij deze psychoanalyticus had gebracht. Schur was Freuds arts geweest gedurende diens laatste jaren in Wenen, en daarna in Londen. Beoogde Greenson een terugkeer naar Freud, van wie hij zich had verwijderd door zijn onorthodoxe techniek bij Marilyns behandeling? Wellicht was er identificatie tussen hem en Schur. De laatste was meer arts dan analyticus geweest – en gebleven. Maar er was een meer onbewuste reden die Greenson had aangetrokken. Die ontdekte hij pas na Schurs dood, toen in 1972 het boek werd gepubliceerd dat hij nog net had kunnen voltooien: *Freud: Living and Dying*. Naderhand interpreteerde hij zijn keus voor een vierde analyticus als een herhaling die was ingegeven door tekens van het noodlot.

Terwijl de pers begon te insinueren dat hij zijn patiënte met een injectie in het hart had gedood, las Greenson dat Schur de arts was die Freud de injectie met morfine had gegeven die hem uit zijn lijden en van zijn leven had verlost. 'Op 21 september, terwijl ik aan zijn ziekbed zat, nam Freud mijn hand en zei: "Mijn waarde Schur, u herinnert zich ons eerste gesprek. U heeft me toen beloofd me niet in de steek te laten wanneer mijn tijd gekomen zou zijn. Nu is het alleen nog maar een marteling en dat heeft geen zin." Ik gebaarde naar hem dat ik mijn belofte niet was vergeten. Opgelucht slaakte hij een zucht en nog steeds met mijn hand in de zijne zei hij: "Ik dank u." Daarna voegde hij er na een ogenblik van aarzeling aan toe: "Spreek daarover met Anna." Er zat in dat alles niet het minste spoor van sentimentaliteit of zelfmedelijden, alleen maar een volledig bewustzijn van de werkelijkheid. Volgens Freuds wens bracht ik Anna op de hoogte van ons gesprek. Toen zijn lijden opnieuw ondraaglijk werd, gaf ik hem een onderhuidse injectie met twee centigram morfine. Hij voelde zich weldra opgelucht en gleed weg in een vredige slaap. De uitdrukking van leed was van zijn gezicht verdwenen. Ik herhaalde de dosis ongeveer twaalf uur later. Freud was duidelijk aan het eind van zijn krachten. Hij raakte in coma en werd niet meer wakker. Hij stierf op 23 september 1939 om drie uur 's ochtends.'

Greenson bleef zeven jaar in analyse bij Max Schur. Met tussenpozen.

Er werd al beweerd dat Marilyn Monroe vermoord was. Vanaf de dag na haar dood waren er vragen gekomen over de rol van haar laatste psychoanalyticus, insinuaties dat hij aan een misdrijf had meegewerkt, beschuldigingen dat hij die had gepleegd. Daarna werd het beeld van Greenson in de loop der jaren grimmiger. Hij nam de vorm aan van een soort dokter Mabuse die haar had gemanipuleerd tot gekte en dood erop volgden, terwijl Eunice de reïncarnatie was geworden van Mrs Danvers, de wrede gouvernante in *Rebecca* die de tweede mevrouw De Winter terroriseerde. De versies volgens welke de analyticus opdrachtgever of uitvoerder van een moord zou zijn geweest, waren niet talrijk en gebaseerd op één of twee weinig geloofwaardige getuigenissen. De beweegredenen varieerden: verliefde jaloezie, medeplichtigheid met de gebroeders John en Robert Kennedy, uitvoering op bevel van een maffiabaas of deelname aan een communistisch complot. Aannemelijker daarentegen leken de scenario's die hem ervan beschuldigden dat hij zijn patiënte had gedood door een verkeerde medische handeling, zonder het te hebben gewild.

John Miner wilde het begrijpen. Greensons tweede versie, die aan moord deed denken, onthief de psychoanalyticus van het schuldgevoel dat hij zijn patiënte niet had kunnen beletten te sterven. Maar zijn eerste versie, die van zelfmoord, kon net zo goed zijn werkelijke schuldgevoel verhullen als hij aan haar dood had meegewerkt. Was ze gestorven aan een dodelijke combinatie van Nembutal en chloraalhydraat, of aan een fatale mix van psychoanalytische zorg en verliefde gekte? De belangrijkste vraag bleef voor Miner of hij in eerste instantie had meegewerkt aan een enscenering van zelfmoord, en vervolgens aan het camoufleren van de sporen van een onvrijwillige dood. Maar dat bevestigde niet noodzakelijkerwijs medeplichtigheid aan moord, behalve als je van mening bent dat schuldgevoel begint met het uitwissen van de sporen van een misdaad, zoals Freud in een van zijn laatste teksten schrijft, die Greenson graag citeerde toen Miner zijn colleges aan de UCLA volgde. Maar waarom zou Greenson dat hebben gedaan? Impliceerde die dood een politieke macht waaraan hij verbonden was, een subversieve beweging waarmee hij zich verwant voelde, een onderwereld die hem in zijn greep had, of was het eenvoudigweg een illustratie van de mislukking van de psychoanalyse, die de actrice niet had kunnen redden?

Miner belde Greenson.
'Ik wil u graag ondervragen, dat u me het hele verhaal vertelt.'
'Welk verhaal?' antwoordde de analyticus. 'U weet best dat er nooit een verhaal is. Er is alleen een verhaal van verhalen. Wat ik u zal vertellen is niet het verhaal van Marilyns laatste jaren of uren, en niet eens dat verhaal zoals ik het heb beleefd. Bij wat ik u zal vertellen vraag ik u niet te geloven dat alles waar is, maar dat alles noodzakelijk is. U zult alleen haar stem horen, en ook de mijne als ik iets kan toevoegen aan die voor zichzelf sprekende opnamen. Ik wil de afgelopen jaren, de mooiste en de verschrikkelijkste van mijn leven, graag met u herbeleven. Komt u maar aan het eind van de middag, om vijf uur, na de begrafenis.'
Miner viel met de deur in huis. Hij zat nog maar nauwelijks of hij stak van wal: 'Antwoordt u mij eerst eens, waarom heeft u eerst gezegd: "Marilyn Monroe heeft zelfmoord gepleegd"?'

'Dat is niet wat ik zei toen ik de politie belde. Ik zei: "Marilyn Monroe is dood door een overdosis." Wat niet uitsloot dat iemand die haar had toegediend. Pas later heb ik gezegd dat ze voor de dood had gekozen. Ik had ook kunnen zeggen: "Ze heeft voor het leven gekozen." Ze zouden niet hebben begrepen dat je kunt willen sterven omdat je walgt, niet van het leven maar van de dood. Van die bittere dood die je drinkt om hem te vergeten, die je wegslikt bij angstaanvallen en die je misselijk maakt. De waarheid van deze dood zullen we nooit kennen, want de stelling van zelfmoord en die van moord staan alleen tegenover elkaar bij bewuste daden en beweegredenen. Voor het onbewuste is zelfmoord bijna altijd moord, en moord soms zelfmoord. Marilyn zei eens tegen me: "Ik ben niet bang om dood te gaan. Dat is al gebeurd." Iedereen is bang voor de dood, antwoordde ik. We weten er niets van. Tegenover die angst, die ieder van ons in verschillende mate in zich draagt, is het geloof in het paradijs en in onsterfelijkheid zeker een steun. Ik aanvaard dat iemand die wanhopig is en op sterven ligt, zijn toevlucht tot die gedachte neemt. Maar ik bestrijd het idee dat je kunt leven door op die onsterfelijkheid te rekenen. We zijn allemaal bang voor de dood, maar de beste manier om daar redelijk mee om te gaan is door goed te leven. Iemand die goed heeft geleefd, die een rijk en goed leven heeft gehad, kan de dood aan. Hij vreest hem, ontmoet hem en sterft op een acceptabele manier. Ja, ik geloof dat de enige onsterfelijkheid waar we op kunnen hopen, is dat we een tijd voortleven in de herinnering die anderen aan ons zullen bewaren.'

'Over wie heeft u het? Tegen wie?' onderbrak Miner hem, van zijn stuk gebracht door die klinische, filosofische uitweiding.

Toen Miner doorging met zijn ondervraging, had Greenson nog een jaar of vijftien voor de boeg om zich Marilyn te herinneren en zijn eigen dood te trotseren. In oktober 1971, tijdens een door de UCLA georganiseerde conferentie, *Bekende gevallen van een gewelddadige dood*, gaf de psychoanalyticus een lezing waarin hij zijn verhouding tot de gewelddadige dood, toegebracht of ondergaan, ter sprake bracht. 'Onze fascinatie voor de dood vermengt bewuste en onbewuste gevoelens en impulsen. Ze roept angst, afkeer en haat op, maar kan ook verleidelijk, roemrijk en onweerstaanbaar zijn.' Hij citeert Freud: '"We kunnen ons onze eigen dood niet voorstellen." Daarom zitten films vol beelden van de dood, omdat die onvoorstelbaar is,' voegt hij eraan toe.

Daarna heeft hij het over zelfmoord, waarvan hij het toenemende aantal gevallen opmerkt en tussen andere auteurs de doktoren Robert Litman en Norman Farberow citeert, degenen die van de procureur van Los Angeles hadden moeten analyseren hoe waarschijnlijk die van Marilyn was. Marilyn had eens tegen hem gezegd: 'Zelfmoord is iets wat ons toebehoort. Een voorrecht, geen zonde of misdaad. Een recht, zelfs als het nergens toe leidt.' Greenson had vernomen dat al in 1950 een poging met Nembutal was afgelopen met een briefje dat Marilyn voor Natasha Lytess had achtergelaten, waarin ze haar het enige ding van waarde naliet dat ze bezat: een bontstola. Hij wist ook van de poging in 1959, tijdens de opnamen van *Some Like It Hot*, en twee jaar later was hij haar zelf te hulp gekomen tijdens *The Misfits*, in de overtuiging dat hij nog maar net had voorkomen dat ze tot de daad overging.

In zijn verhandeling, waarin hij de dichter E.E. Cummings citeert, die hetzelfde jaar als Marilyn was overleden, stelt de psychoanalyticus doodgaan en dood zijn tegenover elkaar. Hij noemt een patiënt die zelfmoord had proberen te plegen om doodgaan te voorkomen, en beweert dat de angst dood te gaan samen kan gaan met het verlangen dood te zijn. Hij brengt ook een patiënte ter sprake die hem had laten beloven dat hij, of een andere arts die ze graag mocht, aan haar ziekbed zou blijven als ze een dodelijke ziekte zou krijgen, zelfs als ze volledig buiten bewustzijn was, totdat hij absoluut zeker wist dat ze dood was. Ook voor Marilyn – hij citeert haar geen enkele keer in die verhandeling, maar mogelijk heeft zij hem tot die regels geïnspireerd – was de dood niet meer dan een vorm van eenzaamheid, een beetje harder, een beetje langer. Ze had geschaakt tegen de dood, ze had verloren.

Ralph Greenson bleef zich daarna altijd rechtvaardigen over de rol die hij in de laatste periode van Marilyns leven en bij haar dood had gespeeld, maar hij leek haarzelf te zijn vergeten. In de zomer van 1971 ontmoet hij in Wenen Paul Moor, een internationaal journalist en musicus. Ze spreken met elkaar. Met name over muziek, en een beetje over Marilyn. 'Ze had vooral die hartelijke warmte nodig die ons gezin haar gaf,' zegt hij zeer op zijn gemak. 'Iets wat ze nooit had gekend en vanwege haar beroemdheid niet meer kon leren kennen.' Voor de Duitse televisie verklaart hij kort daarna: 'De mooiste mensen kunnen geloven dat men hen begeert, niet dat men van hen houdt.'

☙

Het was al donker geworden toen John Miner Greenson nog steeds ondervroeg.

'Ik wil graag feiten horen. Interpreteren doe ik zelf wel, dokter, tenminste, als u dat goedvindt.'

'Ik zal u vertellen wat ik al bij herhaling tegen de rechercheurs heb gezegd. Op zaterdag ben ik om een uur of één bij mijn patiënte langsgegaan, en daarna ben ik 's middags van vijf tot zeven uur teruggekomen om de therapie voort te zetten. Om halféén 's nachts werd ik gebeld door Eunice Murray, zoals ik haar had gevraagd te doen als er problemen waren. Na een paar keer overgaan heb ik opgenomen. "Kom zo snel mogelijk!" Ik antwoordde dat ik er over een minuut of tien zou zijn.

De slaapkamer zat op slot en onder de deur door was te zien dat er licht in de kamer brandde. Ik moest weer naar buiten om door het raam te kijken, dat ook dicht zat. Ik heb een pook gepakt en de ruit van het raam zonder tralies ingeslagen. Toen heb ik mijn hand naar binnen gestoken, de hendel omgedraaid en ben ik de kamer binnengeklommen. Marilyn lag naakt op bed, met haar gezicht naar het laken gekeerd. Het waren blauwe lakens. Ze hield de hoorn nog in haar rechterhand, van die telefoon die ze tegenover mij vaak haar "beste bondgenoot" had genoemd. Daarna heb ik de deur opengemaakt zodat Mrs Murray ook binnen kon komen.'

Miner verbaasde zich over twee details. Je kon geen licht uit de slaapkamer zien komen, want de kier onder de deur werd aan het oog onttrokken door hoogpolig tapijt, en de slaapkamer had geen slot: sinds haar psychiatrische opname in New York kon Marilyn daar niet tegen. Hij veronderstelde dat Greenson van slag was en het zich niet goed herinnerde, of dat hij de elementen van het tafereel die niet bij een goed scenario zouden passen, veranderde. De verontrustende streep licht, de omtrekkende beweging in het donker via het terras, om de afgesloten slaapkamer heen, het gekletter – door een heldhaftig gebaar van de verlosser – van het raam waarop het verzonken zwembad blauwe weerkaatsingen liet dansen, dat alles was niet nodig om de dode actrice te hulp te komen, maar het vormde een mooie nachtelijke buitenscène. Misschien had de psychoanalyticus niet iets te verbergen. Hij had zeker iets uit te leggen. John Miner dreef hem niet in het nauw.

Greenson onderbrak zijn verhaal. De rest van zijn gedachten hield hij voor zichzelf. Ik heb het raam gebroken, zoals ze me had verteld dat zij dat tijdens haar opname in New York had gedaan. Ik heb hetzelfde gebaar gemaakt. Waarom had ze die stoel gegooid? Om de kamer uit te kunnen, of om in zichzelf binnen te kunnen treden, om de gebroken spiegel te passeren? Waarom heb ik het tuinraam gebroken? Om ten slotte die vrouw te zien wier dood me ziek maakte, wier lichaam me ertoe bracht mijn blik af te wenden? Om zelf ook naar de andere kant van de dingen te gaan? Wat is er na haar dood van ons schaakstuk geworden? Gekweld door zijn zwart-witherinneringen dacht Greenson terug aan het glazen schaakstuk. Als ik echt zou vertellen wat er is gebeurd, zou ik een verslag maken dat ik *Marilyn: Living and Dying* zou noemen, op de manier van Schur. Of *Marilyn: The Defense*, zoals Nabokov. Een leven, verteld van de kindertijd tot de dood, zou geen echt verhaal zijn. Meer een ordeloze verzameling punten. Een schaakprobleem waarbij de verplaatsingen van de stukken op de velden worden getoond. Een hoeveelheid acties, reacties, klappen, fouten, vergissingen, verraad, egoïsme en onmogelijke excuses. Het geheel onder het oog van een on-waarschijnlijke god. En de waarheid zou zich ophouden in de stilte tussen de woorden.

Geïrriteerd door die berouwvolle stilte ging Miner verder: 'Waarom heeft u geprobeerd toxicoloog R.J. Abernethy te ont-moeten voordat hij het rapport had opgesteld dat hij mij op 13 augustus heeft overhandigd, en heeft u hem onmiddellijk op de stelling van zelfmoord gezet?'

'Ze wilde niet dood. Ze had te veel plannen. Mensen bij wie het lukt als ze zelfmoord plegen zijn mensen die aan het eind van hun Latijn zijn.'

'Wat is dat voor een verhaal van dat dagboek dat verdwenen zou zijn bij de grote schoonmaak in haar huis nadat ze naar het mortuarium was gebracht?'

'Rood. Het rode zakboekje. Rood als ik en mijn cryptocom-munistische vrienden. Dat maakt het waarachtiger in het scena-rio. Rood als het vergoten bloed. Dat maakt het beter in techni-color.'

'Als ik tegen u zeg: wie heeft Marilyn Monroe vermoord?'

'Dat weet ik niet. De psychoanalyse heeft vast een rol ge-speeld. Die heeft haar niet vermoord, zoals de antifreudianen en antisemieten zeggen, maar ook niet geholpen om te overleven.'

Greenson kon Miner er niet meer over vertellen, maar in zijn postume papieren werd de volgende notitie gevonden, waar-schijnlijk van eind zomer 1978.

Ik zal nooit 'De casus MM' schrijven. Ik heb er geen woorden voor. Ik begrijp niets, zoals in bepaalde films als de beelden te sterk zijn.

Wat kun je je over jezelf vergissen! Zelfanalyse is onmogelijk. Men heeft me verweten – en ik heb mezelf verweten – dat ik Marilyn in mijn gezin heb opgenomen, dat ik een gezinslid van haar heb gemaakt. Heb ik haar vermoord? Of de psychoanalyse, zoals er stemmen beginnen op te gaan? Als ze zeggen dat ze gedood is door de te grote invloed die mijn familie op haar had, zien ze niet dat het misschien om mijn andere familie ging, die van de psychoanalytici. De familie Freud & Co.

Ik probeer de verwantschappen te begrijpen, de banden binnen de afhankelijkheidsrelatie waarin ik Marilyn heb verstrikt zonder dat ik het zelf wist, en uiteraard zonder dat zij het wist. Zouden de fouten van vaders werkelijk afstralen op hun kinderen? Tot welke generatie?

Ik zal een poging doen de psychoanalytische familie te beschrijven waarin ik met haar verstrikt was geraakt. Ik heb een grafiek nodig. Om te proberen er helderheid in te krijgen heb ik schema's en diagrammen nodig. Een restje wetenschappelijke opleiding of deformatie. Of misschien de behoefte om het gebied dat zich tussen haar en mij bevindt, de ruimte van denken en daden om ons heen, te verkennen en te visualiseren. Er zijn dingen die je pas begrijpt als je ze weergeeft.

Zonder iets te weten van mijn geschiedenis, van mijn geschiedenissen in de psychoanalyse, is Marilyn er misschien door getekend. Haar andere drie analytici waren allemaal heel persoonlijk verbonden met Anna Freud. In haar fantasie, en in de onze, hoorde ze bij onze familie, die van Europese joden in ballingschap in Californië. Zelfs het huis dat ik haar heb laten kopen, zodat ze ten slotte thuis zou zijn, leek op dat van Hannah Fenichel, de weduwe van mijn tweede analyticus. Maar het vreemdste is dit verband: Anna Freud vertelde me dat Marianne Kris in 1940 naar de Verenigde Staten heeft kunnen emigreren dankzij Joseph Kennedy, Johns vader, die toen ambassadeur in Londen was. Marianne, die de analytica werd van Jackie, JFK's vrouw, nadat ze die van diens maîtresse, Marilyn, was geweest.

Het duizelt me. Ik stop.

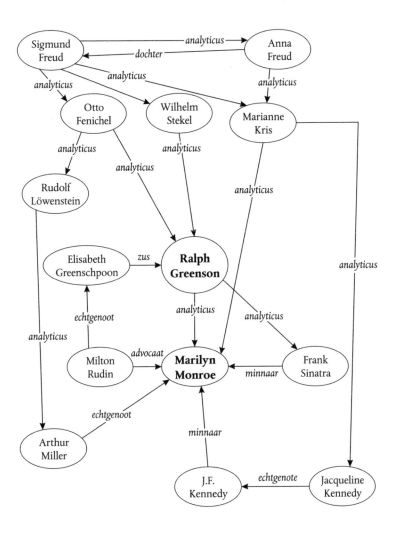

∾

'Milton, wil je lezen wat ik over onze ster aan het schrijven ben?' vroeg Greenson.

'Jij kunt er niets over zeggen. Jij niet, vooral jij niet. Je zit er nog middenin. Je moet niet hopen dat je je aan die geschiedenis kunt onttrekken en er de waarheid van zult vinden. Het ging om een samenstel van affecten en belangen, personen en relaties. Zij en jij hebben jullie opgesloten in de psychoanalyse.'

'Je hoeft me niet aan de verbanden te herinneren, ik heb de plaatsen en figuren zelf genoemd. Jij weet niet alles. Kijk...'

'Vreemd, jouw manier van praten. Een analyticus zou eerder: "Luister!" zeggen, maar goed, laat maar.'

'Luister! als je wilt, en onderbreek me niet! Marilyn is geanalyseerd door Marianne Kris, die daarvoor geanalyseerd was geweest door Anna Freud, die Marilyn ook kortstondig heeft geanalyseerd. Anna Freud was geanalyseerd door haar vader, die ook de analyticus was geweest van Marianne Kris, Otto Fenichel en Wilhelm Stekel. Die laatste twee zijn mijn analytici geweest, en ik ben dus in dubbel opzicht "Freuds kleinzoon". Fenichel is de analyticus geweest van Rudolf Löwenstein, die zelf de analyticus was van Arthur Miller, Marilyns derde echtgenoot. Zelf was ik de analyticus van Frank Sinatra, haar minnaar. In die omgeving is Marilyn in analyse geweest.'

'Dat alles is geen omgeving,' onderbrak Wexler hem, 'dat is een structuur. Ik bedoel dat het geen sociologische toevalligheden zijn, maar incestueuze psychische verbanden, die een stramien vormen, een vangnet, een vlechtwerk, noem het zoals je

wilt, waarbinnen Marilyns psychische leven en haar behandelingen zich hebben afgespeeld. Door de dood van je patiënte is
het systeem uit elkaar gevallen. Ik heb lang nagedacht over die
foto die vier dagen na haar begrafenis op het jacht *Manitou* is
genomen. President JFK staat erop, zijn zwager Peter Lawford
en zijn zus Patricia Kennedy, een goeie vriendin van Marilyn, en
ook Pat Newcomb, die zich volgens mij aan het eind bezighield
met haar betrekkingen met de media en haar laatste ochtend
met haar had doorgebracht. Maar goed, als je naar die rij witte
tanden kijkt, naar die glimlach van belangrijke types die onder
de vlag met sterren van de Verenigde Staten poseren, begrijp je
wel hoe het zit. Eén, jij staat niet op de foto. Twee, jij had hem
kunnen maken, want jij vormde de verbinding tussen al die personen. Drie, iets tragisch ging ontbinden wat Marilyn bij elkaar
had gebracht. De sterren gingen zich verspreiden in de dood.'

Dat waren de laatste woorden die Greenson van Wexler hoorde. In de maanden die volgden zag en sprak hij hem niet meer.
Hij had niet kunnen zeggen waarom.

Noch Greenson, noch Wexler had over 'de casus Marilyn' kunnen vertellen, hem objectief kunnen bekijken, hem voor waar
kunnen houden. Zoals alle casussen waarover psychoanalytici
vertellen, is het maar fictie geweest, een spiraal van duidingen,
een traject dat honderd keer in alle richtingen is bekeken. Niemand zal voorkomen dat andere informatie de feiten opnieuw
ter discussie stelt, de kaarten opnieuw schudt en het verhaal in
nieuwtjes, meningen en onduidelijkheden verdeelt. Een legende.
Een verhaal is alleen waar wanneer iemand erin gelooft, en het
verandert bij elke verteller van inhoud. Een klinische casus is
geen roman die vertelt wat er is gebeurd, maar een soort fictie
die de analyticus van zichzelf geeft. Het leven van de analyticus
valt niet los te zien van de casus van de patiënt. Ze lopen door
elkaar en wat er in het openbaar over wordt gezegd is heel wat
anders dan wat er privé is gebeurd. Zelfs wanneer dat wat privé

bleef openbaar wordt, kom je niet dichter bij de waarheid. Dat wat al bekend was, wordt gewoonweg door die nieuwe elementen veranderd en vormt een nieuwe versie van de legende. Aan het eind weet niemand iets van wat er werkelijk is gebeurd. Psychoanalyse vertelt niet de waarheid van de mensen die zich ermee bezighouden. Ze geeft hun een aanvaardbaar verslag van wie ze zijn en vertelt hoe de dingen hadden kunnen lopen.

∾

Gezeten tegenover de journalist die hij had opgedragen samen met hem zijn memoires te schrijven, begon Wexler langzaam sprekend met zijn verhaal.

'Voordat ik de beslissende streep passeer – ik ben bijna tachtig jaar – zal ik in een kleine spiegel kijken naar wat er in "de jaren Marilyn" zo onduidelijk, merkwaardig en aangrijpend is geweest. U heeft geen idee wat de psychoanalyse in Hollywood inhield. Wanneer de regisseurs op onze divans lagen, schreven wij scenario's voor hen. Freud dacht dat zijn verhalen over casussen als romans gelezen konden worden, Romi – Ralph Greenson – wilde dat zijn behandelingen op films leken die hij had geregisseerd. Zelf gaf ik de voorkeur aan vertellen, rechtstreeks een scenario maken, een beetje in scène zetten. Ik ben hem iets verschuldigd. Dat moet ik zeggen. Hij heeft mij in de filmwereld geïntroduceerd. We gingen vaak op zondag brunchen bij schrijver en producent Dore Schary, waar de crème de la crème van Los Angeles kwam. We raakten snel bevriend en besloten een praktijkruimte te delen. Daardoor konden we samenwerken, onze casussen met elkaar vergelijken en soms artikelen met ons beider namen ondertekenen. Wanneer Romi op vakantie ging, verving ik hem.'

'Vertelt u eens over hem?'

'Dat ging ik net doen. Ik heb vaak zin gehad om een film te maken die een analyticus van sterren zou laten zien in het Hollywood dat ik heb gekend, in de tijd waarin de psychoanalytische vereniging achter mij aan zat. Ik ben er niet van overtuigd

dat dat de massa tegenwoordig zou boeien, laat staan een producent. Een film? Met wie? Voor wie? Waarom? Maar als ik het
zou doen, zou ik openen met een vlucht over een zee van para-
plu's waaruit een kale schedel opdoemt, de mijne. Volhardender
dan de regen zou ik naar de open hemel mijn verloren vriend
groeten. Nou ja, het is lang geleden dat we elkaar zijn verloren.
Dat is niet van gisteren.

Gisteren was Romeo's begrafenis, op Hollywood Forever Cemetery op Santa Monica Boulevard, een klucht, zoals alle begrafenissen. Toen ik daar was, heb ik er een bitter plezier in ge-
schept om mijn oude beelden de revue te laten passeren, en om
te proberen me onze laatste ontmoeting weer voor de geest te
halen. Ik geef toe dat mijn blik vertroebeld is. Wees maar gerust,
dat komt door de leeftijd, niet door tranen. Ik ben blind. Klinisch gesproken zie ik niets. Een blinde psychoanalyticus, dat is
eigenlijk het ultieme oedipuscomplex. U kunt zich niet voorstellen hoe weinig ik mijn gezichtsvermogen mis. Films kijk ik niet
meer, ik herinner ze me.

Als ik een film zou maken over de plechtigheid van gisteren,
zou het er ongeveer zo uitzien. Tekstinzet: NOVEMBER 1979. Algemene opname van de begraafplaats, dan, *cut*, close-up van de
gedenkplaat van een graf. RALPH GREENSON. Een oud geworden mannenstem, *off*: "Ik werd Romi genoemd. Ik wilde daar
rusten, op de begraafplaats van de sterren. Zij ligt op Westwood
Memorial Park Cemetery. Ik ben nooit teruggegaan naar haar
gedenkplaat. Ik heb niet zoals zij mijn handpalm verzonken
in het cement van Hollywood Boulevard, en geen bronzen ster
vastgezet in het steen van de *Walk of Fame*. Ik ben een tweede-
rangs ster, niet van het soort dat je nog lang na hun verdwijning
ziet.'"

De dag ervoor, een mistige dag, had Milton Wexler afscheid genomen van Ralph Greenson. Die had zich tot het eind toe druk

gemaakt om uiterlijkheden, beelden en symbolen, en had erop gestaan dat zijn stoffelijke resten in het mausoleum van Hillside Memorial Park Cemetery zouden worden ondergebracht, tussen andere filmberoemdheden. Wexler vond dat het enige wat je met een dode vriend kon doen hem verfoeien was, hem kwalijk nemen dat hij ervandoor was gegaan, de onaardige woorden tegen hem zeggen die je tijdens zijn leven niet tegen hem had kunnen zeggen. Toen hij de urn met Romi's as in de muur weggezet zag worden, voelde hij te veel haat, vermengd met tederheid, om te denken dat hij een vriend had verloren.

Arme Romi, dacht hij toen hij terugkwam van het mausoleum waar ze Greenson in zwart marmer hadden weggezet. Hij heeft niet veel van die geschiedenis begrepen, en onze collega-psychoanalytici hebben niet veel begrepen van zijn noodlot. De echo van de hulde die Robert Stoller had uitgesproken was nog niet weggestorven.

Van zijn eerste tot zijn laatste artikel zien we steeds weer die oorspronkelijke, plagerige, zachtaardige, provocerende, choquerende, erudiete, grappige, empathische, warme, krachtige, indiscrete, volhardende, bescheiden, verfrissende, exhibitionistische, verlegen en dappere stijl. Zelfs een vreemde werd getroffen door Greensons ongelooflijke aanwezigheid, want hij kon alleen denken en schrijven door uit zichzelf te putten, door in de bronnen van zijn psychische leven een ervaring te zoeken die hij had gevoeld en beleefd. Alleen aan die mysterieuze, rijke bron kon hij zijn theorie ontlenen.

Op een dag werd hij door een ramp getroffen: hij kreeg een beroerte. Onmiddellijk verloor hij het vermogen om met woorden te communiceren. Een paar maanden lang kon hij niet praten, schrijven of lezen. Het verschrikkelijkste was dat hij verloor wat in zijn ogen van onschatbare waarde was: hij kon niet meer dromen. Met zijn artsen vond hij zijn wil en kracht terug. Hij leerde opnieuw lezen, spreken en schrijven. Op een dag herinnerde hij zich bij het wakker worden dat hij weer had gedroomd. Daarna kon hij enige tijd teruggaan naar wat altijd zijn grootste plezier was geweest: het klinische werk. En zijn grootste gave: het denken en schrijven over de aard van de psychoanalyse. Maar zijn spraakvermogen werd nooit meer helemaal wat het was geweest, ook al ging hij, niet zonder moed, verder met het geven van enkele lezingen, het bespreken van artikelen van anderen en het deelnemen aan conferenties.

Beetje bij beetje werd hij gedwongen het op te geven, want zijn hart kon het niet meer aan. Ten slotte bleef hem niets meer over. Werk en liefde, dat was zijn levensmotto. Met één toevoeging: voor iemand die zijn leven goed heeft geleefd, is werk liefde.

'Liefdewerk, nou, vooruit,' ging Wexler verder, terwijl hij zich tot de draaiende bandrecorder van de journalist richtte. 'Dat is analyse een beetje. Veel. Maar je vraagt je altijd af: voor wie ziet de patiënt zijn therapeut aan bij de overdracht, en minder: voor wie ziet de therapeut zichzelf aan bij de tegenoverdracht: de vader, de moeder of het kind van zijn patiënt? Romi was geen goedmoedige humanist. Een beetje het tegenovergestelde van het beeld dat Stoller gisteren schetste. Hij deed geen behandelingen door middel van woorden, maar behandelingen door middel van drama en tragiek. Hij was een geweldenaar, een tijger die zijn prooi graag stevig vasthield, een krokodil die te veel zijn tranen liet zien om er nog in te geloven. Hij herhaalde vaak deze vreemde zin: "Niets is moeilijker dan te laten geloven in een gevoel dat je echt hebt." Hij geloofde nergens in. Hij geloofde alleen in zijn eigen vermogen om te laten geloven. Niets was heilig voor hem, analyse niet, psychiatrie niet, psychologie niet, gewone sociale verhoudingen niet. Hij zette overal vraagtekens bij, durfde alles. Hij was aantrekkelijk door zijn minachting voor regels en grenzen. Hij was een acteur, altijd aan het spelen, die zijn rol steeds herschreef. Een gokker. Dat zou ik bij zijn graf hebben gezegd, als ze mij om een praatje hadden gevraagd.'

'En zijn analyse van Marilyn Monroe?'

'De laatste tijd kwam er in zijn enigszins verwarde woorden vaak een woord terug: "droefenis". Hij had me weer verteld over zijn filmbewerking van *Tender Is the Night* van F. Scott Fitzgerald. Het verhaal van een psychoanalyticus en een gestoorde vrouw, zoals u weet. Twee levens die elkaar verwoesten. In werkelijkheid begreep hij niet wat er tussen hem en zijn patiënte was gebeurd. Misschien was hij te veel arts, te veel man van het lichaam om naar Marilyns leed te luisteren zonder het koste wat kost te willen verhelpen. Te veel toneelspeler ook om tot het eind toe psychoanalyticus te blijven. Maar er is iets anders, geloof ik. In elk van ons zijn woorden en beelden met elkaar in conflict. Misschien is Marilyn aan het eind bevrijd geweest van haar behoefte alleen maar beeld te zijn. Misschien hebben bij Romi de beelden hem ten slotte meegesleept. Hij had dat ook willen maken: films, als auteur, als kunstenaar. Maar hij durfde niet, toen niet en later niet. Hij gaf zijn meningen van achter de schermen, door een suggestie voor een verandering van de dialoog te fluisteren, een kadrering te betwisten, te proberen een hele opname voor te schrijven, een bewerking te herschrijven. De scenaristen en regisseurs ergerden zich, maar moesten zich neerleggen bij die kleine inmengingen van de "geachte dokter" bij de samenstelling van beelden, waarvan zijn patiënte meer lijdend voorwerp dan onderwerp was. Romi is geveld door de beelden. U weet dat de woorden hem in de steek hadden gelaten, de laatste tijd. Het lot is wreed: het heeft hem stilte gebracht, mij duisternis. Het woord en de droom, de twee tegengestelden waartussen de psychoanalyse verdeeld en verscheurd is, hebben ons geroepen toen de dood naderde. De beelden hebben hem gevangen, en mij rest alleen nog de klank van stemmen. Schrijf op! Schrijf dat op! Dat is toch mooi gezegd?'

'Kunt u me over haar vertellen?' onderbrak de journalist hem. 'Ik meen dat u haar ook een tijdje heeft behandeld?'

Wexler zweeg een ogenblik, haalde toen adem.

'Ik ben de overlevende van een smerig verhaal, dat zoals alle verhalen bestaat uit dromen en geld, macht en de dood. Arme Romi! Hij had de belangrijkste rol willen hebben, of minstens de op één na belangrijkste, de partner van de ster willen zijn. Hij heeft zich niet gerealiseerd dat hij een figurant in Marilyns leven zou worden, alleen maar een figurant. Een belangrijke, zeker: de laatste die met haar zou praten toen ze nog leefde en de eerste, voor zover bekend, die haar dood zou zien. Met die op één na belangrijkste rol ben ik onrechtvaardig: voordat hij haar in analyse nam, was hij al een ster in het circuit van conferenties voor intellectuelen, en zijn divan was onvermijdelijk voor iedereen die er aanspraak op maakte deel uit te maken van de filmelite. Maar Marilyns dood heeft hem gebroken. Daarna heeft hij overleefd, maar hij is nooit meer dezelfde geworden. Er was tussen hen iets geheims geweest, een soort pact in hartstocht, waarbij ze allebei tegen de ander leken te zeggen: "Ik zal niet doodgaan zolang ik in jouw greep blijf."'

De dag na Greensons dood liet zijn zoon aan Milton Wexler de zorg over om zijn papieren uit te zoeken, alvorens ze te censureren en op de psychiatrieafdeling van de UCLA te archiveren. Wexler was dagenlang aan het lezen en herlezen. In een van de ordners, waarin zorgvuldig kladversies van gepubliceerde artikelen waren verzameld en stapels losse aantekeningen waren opgeborgen, tussen notities die bij honderden sessies van tientallen patiënten waren gemaakt, las hij de volgende aantekeningen die zijn collega blijkbaar had gemaakt om zich op een ondervraging voor te bereiden.

'In januari 1960 is Marilyn Monroe me komen raadplegen. Ze zei tegen me dat ik haar vierde analyticus was, maar haar eerste "mannelijke analyticus". Ik wist niet dat ik de laatste zou zijn (ik tel Milton Wexler niet mee, die me in het voorjaar van 1962 een paar weken bij haar heeft vervangen). Ze bevond zich toen in zo'n zwakke fysieke en psychische toestand dat ik begreep dat de partij zou worden gespeeld en dat...'

Er ontbraken een of meer bladzijden.

Wexler herinnerde het zich. Romi vergeleek psychoanalyse vaak met het schaakspel. Toen hij hem eens verveelde met zijn metaforen van openingsmat, flankspel en andere gambieten, was Greenson door de afwezige blik van zijn collega uit zijn slof geschoten: 'Maar weet je, Freud zelf vergelijkt de kuur met een schaakpartij. Wil je dat ik je voorlees wat hij heeft geschreven?'

Hij liep zijn kantoor in en kwam een paar minuten later terug, met een gekreukt vel papier in zijn hand, waarschijnlijk overgeschreven met het oog op een artikel. Hij declameerde bijna: '"Degene die uit boeken het edele schaakspel probeert te leren, zal spoedig ontdekken dat alleen de zetten van begin en eind het mogelijk maken van dit spel een volledige, schematische beschrijving te geven, terwijl de immense complexiteit ervan, direct vanaf het begin van de partij, zich tegen elke beschrijving kant. De regels waaraan de praktische toepassing van de psychoanalytische behandeling gebonden blijft, houden dezelfde restricties in." Sigmund Freud, 1913,' benadrukte Greenson, heel opgewonden, en vreemd genoeg bijna in tranen.

Hij ging door met voorlezen, voor een stomverbaasde Wexler: '"Het is uitermate droevig te weten dat het leven op een schaakpartij lijkt, waarbij een slecht gespeelde zet ons kan verplichten de partij gewonnen te geven, met dit verschil dat er voor ons geen enkele mogelijkheid bestaat voor een tweede partij of een revanche." Sigmund Freud, 1915.'

Wexler luisterde niet meer. Hij liep het kantoor uit en sloeg de deur achter zich dicht.

Na jaren die hij niet meer wilde tellen, met de ongeordende stapel papieren voor zich en zich losrukkend uit zijn dromen, gaf Milton Wexler zich in het donker over aan gedachten die hij noch in de tijd van Marilyn, noch tegenover Greenson had kunnen uiten. Hij dacht aan het schaakspel. Hij zag de zwierige beweging van het paard voor zich, springend over de velden die voor hem bedoeld zijn, voorwaarts in twee bewegingen, de ene verticaal en de andere horizontaal, en altijd uitkomend op een andere kleur dan die van zijn vertrek. Hij dacht aan de zwarte koningin, het figuur waar Marilyn een glimp van liet zien vanuit de diepte van dat meedogenloze bewustzijn dat ze het verafschuwde te leven. Van haar moeder had Marilyn het zoeken naar seksuele perfectie overgenomen, en de kunst mannen te vangen en zich er na gebruik van te ontdoen. En ook de angst oud te worden, het verschil tussen wat ze was en wat ze achter in de spiegel bleef zien. Net als haar moeder was ze vast in paniek geweest over het verlies aan begeerlijkheid waartoe de vrouw die moeder wordt is veroordeeld. Greenson had die herhalingen tussen wat ze in *Something's Got to Give* speelde en wat ze vroeger met haar moeder had meegemaakt niet op hun waarde geschat. De betekenis van de scènes die gefilmd moesten worden vormde een afspiegeling van haar vroegere leven, dat ze niet had verwerkt en niet was vergeten. De scène van de terugkeer van de verdwenen moeder, een van de weinige die ze had gespeeld toen ze door haar analyticus alleen was gelaten en Wexler was komen consulteren, was het omgekeerde beeld van die andere scène: op een dag had ze haar moeder, van wie ze dacht dat ze dood was, zien terugkomen uit de inrichting waar ze was opgenomen.

Misschien, dacht Wexler, was Gladys Baker gek geworden omdat ze moeder was geworden. Misschien had het feit dat ze op haar zesendertigste geen moeder was geworden Marilyn gek gemaakt, toen ze voor de eerste keer in een film de rol van een moeder had moeten spelen? Een moeder die niet herkend wordt door haar kinderen en die ervoor zorgt dat ze haar niet herkennen. Er is beweerd dat ze zwanger was tijdens de opnamen, en dat ze zich heeft laten aborteren nadat ze ontslagen was. Er is beweerd dat ze niet wist van wie het kind zou zijn geweest. Er is zoveel beweerd, hoe kom je erachter?

De schaakpartij tussen de ster en de analyticus was beslecht zonder winnaar. Wie had Marilyn gedood? Romi niet, dacht Wexler. Daar was hij te laf voor. Wie dan? Norma Jeane, zoals beweerd is, of haar moeder, Gladys? Marilyns verhaal begint met een glazen ruit waardoorheen een vrouw naar een andere vrouw kijkt. De kleine Norma Jeane gluurt door een raam naar haar moeder, die haar is komen ophalen bij het pleeggezin waar ze haar heeft ondergebracht. Daarna een spiegel, waarin de moeder zichzelf bekijkt en haar schoonheid nader bestudeert, starend naar de vrouw die ze is. En een andere, of dezelfde, waarin het kleine meisje, dat niet weet wiens naam ze draagt, kijkt hoe haar moeder naar zichzelf kijkt. Wanneer het verhaal doorgaat, worden glazen stukken in stilte op een glazen schaakbord verplaatst. Zoals in sprookjes. Sneeuwwitje en haar moeder.

Gedurende de hele partij komen de witte koningin (nog geen koningin, maar ervan dromend) en de zwarte koningin (nog niet in het duister van de waanzin, maar ontregeld door jarenlang filmbeelden in negatief te hebben gezien) met elkaar in botsing. Misschien wilde ze daarom dat er gezegd werd dat ze platinablond was. Om niet op Sneeuwwitje te lijken, met haar bleke huid, kersen- of bloedrode lippen en zwarte wenkbrauwen en haren? Ze heeft geen keus, wordt een jonge vrouw, doodsbang wanneer het glazen oog van de camera haar niet wil en radeloos wanneer het haar aanstaart. Haar enige uitweg is om op het doek te worden geprojecteerd, een spiegel waarin ze van zichzelf droomt. Wie doodt in sprookjes de vervlogen schoonheid die de slechte vrouw in het gezicht van haar dochter ziet? De moeder met de vergiftigde kam, of als ze er de leeftijd voor heeft de appel van de zonde, die kennis en seksualiteit brengt en daarmee werk, verdriet en de dood? Wie heeft gewonnen, de witte of de zwarte koningin? Marilyn had eens in haar zakboekje geschreven: 'Wit is passiviteit, passiviteit van wie bekeken wordt, van wie in de val is gelopen. Zwart is de pupil van het oog, het doek aan het eind van de film, het hart van de man die je verlaat om te slapen of om te verdwijnen.'

Wexler rukte zich los uit zijn dromen en zag de stervende Romi weer voor zich. Tussen onbegrijpelijk gemompel hadden ze hem deze woorden horen zeggen: 'Niet de witte koningin... twee zwarte paarden... diagonaal... gek...'

Geconfronteerd met Miners volhardende vragen leek Greenson niet zozeer kwaad als wel ontmoedigd, bedroefd en verslagen. Zonder iets te zeggen zette hij voor de perplexe interviewer de eerste band aan. 'Sinds u me bij u thuis heeft laten komen en me uw gezin heeft laten ontmoeten,' zei Marilyns stem, 'denk ik dat het fijn zou zijn uw dochter te zijn, in plaats van uw patiënte. Ik weet wel dat dat niet kan zolang ik uw patiënte ben, maar als u me eenmaal heeft genezen kunt u me misschien wel adopteren. Dan zou ik meteen de vader hebben die ik altijd heb willen hebben, en uw vrouw, op wie ik dol ben, zou mijn moeder kunnen worden. Nee, dokter, ik zal u niet dwingen. Maar het is mooi om over na te denken. Ik stel me voor dat u weet dat ik huil...' Bij deze passage zag Miner dat het gezicht van de psychoanalyticus nat van de tranen was. Hij stelde hem voor de band even stop te zetten. De psychoanalyticus haalde zijn schouders op.

'U was heel close met haar, dokter. Hoe reageert u op haar dood?'

'U begrijpt het niet. U kunt niet begrijpen dat ze mij heeft bevrijd en tegelijkertijd heeft veroordeeld. Ik ben haar verloren op het moment dat ze bijna bij me was. De taal roerde zich in haar. Ze praatte eindelijk tegen míj. Na bijna drie jaar waarin ze alleen maar in mijn bijzijn voor zich uit had gepraat. Ze keek het leven in de ogen, en niet meer naar die duistere weg achter zich...'

'Wat bewaart u van haar?'

'Wat ik van haar bewaar? Dat zal ik u zeggen: niet haar beeld, waarvan ik mijn ogen moest afwenden en dat me pijn deed zoals alleen schoonheid dat kan. Nee, niet haar beeld, maar haar stem. Die melancholieke stem van een geest, die twee refreinen zong van *Happy Birthday, Mr. President*. Ik heb het gisteren weer gehoord, bij de beelden die alle televisiekanalen hebben herhaald. Weet u, in de psychoanalyse hebben we alleen maar met stemmen te maken. Freud heeft niet voor niets die vreemde opstelling uitgevonden, die de patiënt fysiek in tweeën deelt. Aan de ene kant zijn beeld, zijn lichaam, zijn manier om de ruimte te vullen, en aan de andere kant zijn stem die ons oor bereikt, en die zijn spoor in de tijd beter achterlaat wanneer het beeld afwezig is. Een analyse is een beetje zoals de film voordat er geluid bij kwam: stomme scènes volgen op tussenteksten tegen een zwarte achtergrond. De woorden laten de dingen ontstaan. Ik ben ook niet voor niets zo terughoudend geweest ten aanzien van films die de psychoanalyse wilden laten zien en het onzichtbare werk van woorden te kijk wilden zetten. Het is ook niet voor niets – het lot doet de dingen goed – dat de enige sporen die we van Freud hebben enerzijds beelden zonder woorden zijn, uren stomme film, en anderzijds interviews die voor de radio zijn opgenomen.'

Greenson wond zich op: 'Het is niet voor niets dat Marilyn Monroe die banden die u net heeft beluisterd 's nachts in het donker had opgenomen, en dat ze niet haar sessie had gebruikt om die dingen te zeggen terwijl ik haar lijfelijk zag. Marilyn wist dat: de werkelijkheid zit in de stem wanneer die zich van de beelden bevrijdt. Op een keer zei ze tegen me: "Het is niet nodig je stem op een speciale manier te gebruiken. Als je aan iets seksueels denkt, volgt je stem als vanzelf." Ze had in feite twee stemmen, die van haar films, aangeleerd, veroverd, dat hakkelige gemompel, die ongearticuleerde ademtocht die over haar lippen kwam zoals je uit je slaap ontwaakt, aan het eind van je dromen. En dan de andere, die ze buiten het doek aannam, bedachtzaam, helderder. Bij de sessies ging ze van de ene op de andere over.

Tegen het eind gebruikte ze haar actricestem niet meer. Zelfs in haar laatste film houdt ze op het doek haar stadsstem.'

De psychoanalyticus hernam zich en ging rustiger door met zijn monoloog.

'Bij haar heeft zich van meet af aan een drama afgespeeld tussen haar stem en haar huid. Zij geloofde dat alleen haar huid, die gezien, aangeraakt en gekwetst was, kon spreken. Ik weet het niet. Ik weet niet wat er is gebeurd, maar op het gevaar af u te schokken, ik geloof dat het de laatste tijd beter met haar ging; dat ze begon te praten. Maar ik verveel u met mijn verhalen. Ik laat u alleen met haar, met haar stem zonder beelden. Luister naar die banden, en nogmaals! Ik ga terug naar mijn patiënten. Maak aantekeningen als u denkt dat dat nuttig is, maar neem ze niet mee!'

Zonder iets te zeggen ging Miner in een fauteuil zitten, tegenover het grote raam dat door de ondergaande zon werd verlicht. Marilyn was eindelijk buiten beeld. Haar waarheden konden worden beluisterd zonder te worden versluierd door het kijken waar haar schoonheid altijd om vroeg. De onderzoeker ging de laatste band een paar keer afspelen. Hij drukte op de knop RE-WIND.

ભ

In het volledig verlichte gebouw van de *Los Angeles Times* bleef
Forger Backwright alleen achter zijn computer zitten. Nadat hij
de opname van John Miners verhaal opnieuw had beluisterd,
had hij besloten de inhoud van Marilyns laatste sessies te publiceren en de waarheid van de transcriptie die de voormalige assistent van de patholoog-anatoom ervan gemaakt zei te hebben,
niet in twijfel te trekken. In zijn inleidende stukje verduidelijkte
hij niet dat Miner zich tegenover Greenson niet van het beloofde geheim had ontdaan om diens nagedachtenis in ere te herstellen, maar omdat hij financiële problemen had. Backwright
onthulde niet dat de oude man hard had onderhandeld over het
afstaan van zijn herinneringen. Hij zei niet dat hij zijn twijfels
had bij wat die laatste sessies Marilyn lieten zeggen, en vooral
bij de heldere, hoopvolle toon van haar ontboezemingen aan
haar psychoanalyticus. Hij benadrukte niet hun al te grote overeenkomst met wat dokter Greenson steeds was blijven zeggen
en schrijven. Door: 'Ze hebben haar vermoord' te laten horen,
zeiden de banden tussen de regels door: 'Ze heeft geen zelfmoord gepleegd' en tussen de woorden door: 'Ik heb haar niet
vermoord.' De journalist was niet zozeer sceptisch over het
beeld van een van optimisme stralende Marilyn, als wel over het
oppervlakkig geschetste beeld van een Greenson die onverschil-
lig voor geld, een trouwe echtgenoot, een betrokken analyticus
en een attente vader van een klein verloren en teruggevonden
meisje was.

Over Marilyn had Forger Backwright ook geen enkele zekerheid. Hij begon weer vanaf het begin te kijken naar de film die hij op *eMule* had weten te downloaden, nadat hij er een hele tijd op *BitTorrent* naar had gezocht. Marilyn deed in zwarte onderjurk schunnige dingen in het trillende licht van een door de tijd aangevreten filmpje. Hij bedacht dat het vreemd was. Al was zij het, al was deze pornografische scène werkelijk door Marilyn Monroe gespeeld in de tijd dat ze nog Norma Jeane Mortenson was, ze zag er op deze film, waarop ze nog geen twintig jaar was, ouder uit dan op de opnamen waarbij ze zich vijftien jaar later, bij de laatste take van *Something's Got to Give*, voor een camera ontblootte. De huid van films lijkt op die van vrouwen: hij raakt uitgeput, uitgezakt door de tijd. De dood kwam op die oude beelden al aan de oppervlakte. Maar om te vertellen over seks en de ellende ervan waren ze beslist minder sprekend dan woorden.

Tegenover de beelden die in hem waren opgekomen door de banden over Marilyn te beluisteren en de duizenden bladzijden te lezen die over haar laatste jaren waren geschreven, voelde Backwright zich een soort filmmonteur, die met fragmenten zonder kop of staart een verhaal met een begin en een eind probeerde te vormen. Hij wist dat de waarheid alleen te vinden was in die tegenstrijdigheden tussen verschillende takes van dezelfde scène, in die fragmenten van onderbroken dialogen, die eindstukjes die van de *final cut* waren uitgesloten, die continuïteitsfouten tussen scènes, die afgeknotte bewegingen van de camera. Hij zou niet proberen de eindeloze draad van een overbodige plot te weven en hoopte alleen maar dat zijn boek gelezen zou kunnen worden in een volgorde of ertegenin, met sprongen over gedeelten die apart konden bestaan, of in de continuïteit die er een andere betekenis aan zou geven.

De ochtendkrant was gesloten, maar het was ook niet meer om te werken dat de journalist midden in de nacht voor zijn scherm bleef zitten. Backwright had besloten zijn vragen voor zich te houden en er de enige vorm aan te geven die een waarheid zou kunnen benaderen. Hij las nog eens de eerste bladzijde van de roman waaraan hij acht maanden eerder was begonnen, nadat hij de herinneringen en de opnamen die aan John Miner waren toevertrouwd of door hem waren verzonnen, had bestudeerd. Hij ging een punt zetten achter die roman. Dat hele sombere verhaal aan zich voorbij laten trekken. Hij was niet zeker van de titel: MARILYN. DE LAATSTE SESSIE? Hij zou wel zien.

Hij ging terug naar de eerste bladzijde van het manuscript dat op het scherm stond en las opnieuw.

LOS ANGELES, DOWNTOWN,
WEST 1ST STREET, AUGUSTUS 2005

De band op nul terugzetten. Het hele verhaal opnieuw beginnen. Marilyns laatste sessie nog eens afdraaien. De dingen beginnen altijd met hun einde.

Als beginwoord voegde Forger Backwright toe: REWIND.

Net als de meeste auteurs van boeken over Marilyn Monroe heeft de auteur geen toegang gehad tot particuliere bronnen om brieven en documenten met betrekking tot de twee hoofdpersonages van dit boek te raadplegen.

In de Library of Congress in Washington, waar de correspondentie tussen Marianne Kris en Anna Freud is opgeslagen, zijn alle brieven die met hun gemeenschappelijke patiënte te maken hebben 'niet te raadplegen'. In de bibliotheek van de University of California in Los Angeles is de briefwisseling tussen Ralph Greenson en de twee bovengenoemde analytici niet in te zien. In de bibliotheek van de Los Angeles Psychoanalytic Society is alles wat met Marilyns analyse te maken heeft ontoegankelijk.

De woorden die hier binnen en buiten haar sessies aan Marilyn Monroe zijn toegeschreven, zijn uit verschillende bronnen (biografieën, interviews) opgetekend. De tekst die was ingesproken op de banden die dokter Greenson in handen zou hebben gehad, is geciteerd naar de transcriptie ervan in het boek van Matthew Smith, *Victim, The secret tapes of Marilyn Monroe*, en in de editie van de *Los Angeles Times* van 5 augustus 2005.

De klinische of theoretische opmerkingen van dokter Greenson zijn uit de door hem gepubliceerde boeken gehaald, of uit zijn archieven die aan de University of California in Los Angeles zijn toevertrouwd. Donald Spoto, Marilyn Monroes biograaf, heeft die kunnen raadplegen en ze zijn hier geciteerd naar de Amerikaanse uitgave van zijn werk. Dat gaat ook op voor de lange brief van Marilyn aan dokter Greenson, van februari 1961.

Al die teksten zijn door de auteur in het Frans vertaald en soms bewerkt. De Nederlandse vertaalster heeft bij citaten voor zover mogelijk de oorspronkelijke Amerikaanse teksten gebruikt, maar daarbij geprobeerd de bewerkingen van de auteur te respecteren.

De herinneringen van Billy Wilder zijn toevertrouwd aan Cameron Crowe in een boek met interviews.

Al zijn de dialogen, opmerkingen en brieven soms door de auteur van deze roman verzonnen, toch zijn ze meestal nauwkeurig overgenomen uit de artikelen of boeken die in onderstaande bibliografie zijn vermeld.

Eve Arnold, *Marilyn Monroe*, Editions de La Martinière.

George Barris, *Marilyn, Her Life in Her Own Words*, Citadel Press.

Detlev Berthelsen, *La famille Freud au jour le jour, souvenirs de Paula Fichtl*, PUF.

Peter Harry Brown, B. Patte Barham, *Marilyn, Histoire d'un assassinat*, Pocket.

Truman Capote, *Music for Chameleons*, Random House.

Sarah Churchwell, *The Many Lives of Marilyn Monroe*, Granta Books.

Cameron Crowe, *Conversations avec Billy Wilder*, Institut Lumière/Actes Sud.

André de Dienes, *Marilyn mon amour*, New York, St Martin Press.

André de Dienes, *Marilyn*, Taschen.

Stephen Farber, Mark Green, *Hollywood on the Couch*, William Morrow and Company.

Lucy Freeman, *Why Norma Jeane Killed Marilyn Monroe*, Hastings House.

Ralph Greenson, *Technique et pratique de la psychanalyse*, PUF.

Ralph Greenson, *Explorations in Psychoanalysis*, International Universities Press.

Ralph Greenson, *On Loving, Hating and Living Well*, International
   Universities Press.
Barbara Leaming, *Marilyn Monroe*, Crown Publishers.
Norman Mailer, *Mémoires imaginaires de Marilyn*, 10/18.
Luciano Mecacci, *Il Caso Marilyn M. e altri disastri della psychoana-
   lisi*, Editori Laterza.
Marilyn Monroe, *My Story*, Stein and Day Publishers.
Joyce Carol Oates, *Blonde*, Ecco Press.
Norman Rosten, *Un autre regard*, Editions Lherminier.
Jean-Paul Sartre, *Le scénario Freud*, Gallimard.
Max Schur, *La mort dans la vie de Freud*, Gallimard.
Matthew Smith, *Victim, The secret tapes of Marilyn Monroe*, Arrow
   Books.
Donald Spoto, *Marilyn Monroe, The Biography*, Harper Collins.
Anthony Summers, *Les vies secrètes de Marilyn Monroe*, J'ai Lu.
Adam Victor, *The Marilyn Encyclopedia*, The Overlook Press.
Gary Vitacco-Robles, *Cursum Perficio, Marilyn Monroe's Brentwood
   Hacienda, The Story of Her Final Months*, Writers Club Press.
W. J. Weatherby, *Conversations with Marilyn*, Paragon House.
Milton Wexler, *A Look Through the Rearview Mirror*, Xlibris Cor-
   poration.
Don Wolfe, *Marilyn Monroe, enquête sur un assassinat*, J'ai Lu.
Elisabeth Young-Bruehl, *Anna Freud*, Payot.
Maurice Zolotov, *Marilyn Monroe*, Gallimard.

DANKBETUIGING

Mijn dankbaarheid gaat uit naar Martine Saada, zonder wie dit boek er niet zou zijn geweest.